I0882567

Stichproben: Theorie und Verfahren

Von

Prof. Dr. Fritz Pokropp

Universität der Bundeswehr Hamburg

2., vollständig überarbeitete Auflage

R. Oldenbourg Verlag München Wien

Für Angela

Die Deutsche Bibliothek - CIP-Einheitsaufnahme

Pokropp, Fritz:
Stichproben : Theorie und Verfahren / von Fritz Pokropp. - 2., vollst. überarb. Aufl. - München ; Wien : Oldenbourg, 1996
ISBN 3-486-23856-6

© 1996 R. Oldenbourg Verlag GmbH, München

Das Werk einschließlich aller Abbildungen ist urheberrechtlich geschützt. Jede Verwertung außerhalb der Grenzen des Urheberrechtsgesetzes ist ohne Zustimmung des Verlages unzulässig und strafbar. Das gilt insbesondere für Vervielfältigungen, Übersetzungen, Mikroverfilmungen und die Einspeicherung und Bearbeitung in elektronischen Systemen.

Gesamtherstellung: Hofmann Druck Augsburg GmbH, Augsburg

ISBN 3-486-23856-6

Vorwort zur zweiten Auflage

Das in erster Auflage 1980 im damaligen Athenäum Verlag erschienene Buch (gleichen Titels) ist seit mehreren Jahren im Handel nicht mehr erhältlich gewesen. Umso mehr danke ich dem Oldenbourg Verlag, daß er nun die zweite und völlig überarbeitete Auflage herausbringt.

Das Grundkonzept des Buches ist unverändert geblieben, da es sich m.E. bewährt hat. Es kommt mir darauf an, daß der Text

einerseits	demjenigen erschließbar ist, der vom Interesse an der gerade im Bereich der Stichprobentheorie so wichtigen praktischen Anwendung geleitet ist,
andererseits	das nötige (und eben doch auch mathematische) Rüstzeug liefert, mit der Struktur auch der praktischen Probleme umgehen zu können.

Formale/mathematische Schreibweisen sind oft nötig, wenn Sachverhalte (Definitionen, Sätze, Beispiele, ...) kurz und genau mitgeteilt werden sollen. Wer bereit ist, seine eventuellen Widerstände gegen "die Mathematik" einstweilen zurückzustellen, hat die Chance zu erfahren, daß die "Kurzschrift"/"Sprache", die die Mathematik anbietet, den Umgang sowohl mit theoretischen als auch mit praktischen, komplex strukturierten Problemen erleichtern kann, manchmal überhaupt erst ermöglicht.

Bei dem Bemühen, komplexe Sachverhalte "verständlich" und gleichzeitig "unmißverständlich" darzustellen, muß ein Minimum an Mathematik auch dem Nicht-Mathematiker zugemutet werden dürfen, wenn ein Weg aus der Routine des *"das haben wir immer so gemacht"* hinausführen soll. Ich setze daher voraus, daß der Leser dieses Buches im wesentlichen

(A) mit *Grundbegriffen der Wahrscheinlichkeitstheorie und Statistik* vertraut ist,

(B) bereit ist, sich auch auf für ihn neue formale Schreibweisen einzulassen.

Zur Orientierung hinsichtlich **(A)** sei auf die Statistik-Grundausbildung an Wirtschaftswissenschaftlichen Fakultäten/Fachbereichen an deutschen Universitäten verwiesen (siehe z.B. POKROPP (1990)). Darüber hinaus ist im *Mathematischen Anhang* (Kapitel 9) notwendiges mathematisches/statistisches Rüstzeug in Kürze bereitgestellt.

Der unter **(B)** genannte Punkt ist gerade bei der Beschäftigung mit der Stichprobentheorie wichtig, weil sich hier die notationellen Probleme stärker als in anderen Gebieten der Statistik bemerkbar machen und die Genauigkeit von Schreibweisen besondere Aufmerksamkeit verdient — selbst wenn dies manchmal umständlich und vielleicht gar überflüssig erscheint. (Es gilt die Devise: Genauigkeit hat Vorrang vor [mißverständlicher] Einfachheit.) Grundsätzlich und durchweg werden hier — teilweise abweichend von notationellen Traditionen in der Literatur zur Stichprobentheorie, jedoch im Einklang mit Usancen in der allgemeinen Statistik-Literatur — Parameter der zugrunde liegenden *(hier) endlichen Population* G (auch *Grundgesamtheit* genannt) mit griechischen Buchstaben bezeichnet. So ist beispielsweise

μ der Mittelwert, σ^2 die Varianz
des Untersuchungs-/Erhebungsmerkmals auf G.

Das Thema dieses Buches ist, insbesondere den Paramater μ aufgrund von *Erhebungs-Ergebnissen*, die auf *Stichproben* ermittelt werden, zu schätzen — und zwar *möglichst genau* und mit *möglichst geringen Kosten*. Es werden unterschiedliche und in der praktischen Anwendung wichtige Verfahren der *Stichprobenziehung* und *Parameterschätzung* vorgestellt.

Gegenüber der 1. Auflage habe ich folgende Veränderungen vorgenommen:

(1) Die Erörterungen des damaligen 8. Kapitels — geschrieben von Dr. I. THEUERKAUF — über die Wahl der Stichprobenlänge sind nun im laufenden Text an jeweils geeigneter Stelle untergebracht worden.

(2) Statt der im damaligen 10. Kapitel gesammelt mitgeteilten Beispiele sind nun Beispiele in größerer Zahl ebenfalls im laufenden Text zur unmittelbaren Illustration von theoretischen Aussagen und praktischen Anwendungsmöglichkeiten eingefügt worden.

(3) Kapitel 6 ist ergänzt worden um neuere Ergebnisse über Eigenschaften von in Anwendungen sehr häufig genutzten "Schätzern mit Vorkenntnissen" bei gewissen ("quasi-heteroskedastischen") Strukturen in der zugrunde liegenden Population.

(4) Schließlich wurde das umfangreiche Literaturverzeichnis aktualisiert.

Für die nunmehr vorliegende zweite Auflage ergab sich insgesamt folgende Gliederung: Nach einer ausführlichen Einleitung (Kapitel 1) werden — in den Kapiteln

2 bis 7 — die wichtigsten und in der Praxis gängigsten Stichprobenverfahren, sowie die damit verbundenen Möglichkeiten der Parameterschätzung, vorgestellt. Die *statistische Analyse* der behandelten *Schätz–Strategien* wird vorwiegend vom Interesse an praktischer Anwendbarkeit getragen. In Kapitel 8 wird über einige (in der Praxis mannigfaltig auftretende) nicht–statistische Probleme — nämlich fehlerhafte Antworten in Erhebungen — berichtet.

Bei der Behandlung der *Schätz–Strategien* werden nahezu durchweg — nämlich bis auf Erörterungen im 6. Kapitel — keine besonderen Modelle über die *Verteilung des Untersuchungsmerkmals* unterstellt (wie dies im Gegensatz dazu in der neueren *Superpopulations–Theorie* der Fall ist). So bleibt der Vorteil der *robusten* (von Modell–Annahmen nicht beeinflußten) *Ergebnisse* der *konventionellen Stichprobentheorie* erhalten. Im Übrigen ist es für den Anwender oft sehr schwer, in einer konkreten Situation eine Entscheidung für bestimmte Modell–Annahmen zu treffen.

Die 9 Kapitel des Buches sind in Abschnitte gegliedert, die ihrerseits Unterabschnitte enthalten können. Die 'markanten' Aussagen — wie Definitionen, Sätze, Bemerkungen, Beispiele u.ä. — sind durch Angabe von Kapitel–No, Abschnitts–No und Aussage–No *f o r t l a u f e n d markiert*. Beispielsweise ist (2.4.3) die 3. markierte Aussage des 4. Abschnitts in Kapitel 2. (2.4.3) ist ein Satz, während (2.4.6) eine wichtige Beziehung festhält und (2.2.1) eine Definition markiert.

****

Gern danke ich denjenigen, die bei der Erstellung der zweiten Auflage mitgewirkt haben. Ich nenne in Sonderheit Frau Dr. J. ARRENBERG (der ich für vielfältige Diskussionen Dank schulde), Frau Dipl. Math. A. NEUMANN (die nicht nur die mühevolle — und oft undankbare — Aufgabe des Korrektur–Lesens übernahm, sondern auch viele Verbesserungsvorschläge einbrachte), Herrn stud. math. D. MAHNKE (dessen Beitrag zur Erstellung des TEX-Manuskripts außerordentlich signifikant war).

Wie schon die erste Auflage dieses Buches ist auch die zweite meiner lieben Frau gewidmet.

Fritz Pokropp

Inhaltsverzeichnis

Kapitel 1

Einleitung

Der Begriff der “Stichprobe” gehört heute zum öffentlichen/gesellschaftlichen/ politischen (etc....) Sprachgebrauch, und wenn er mit dem schmückenden Prädikat “repräsentativ” einherstolziert, besteht Gefahr, daß Ansprüche auf Glaubwürdigkeit angemeldet werden, die eher suggestiv als überzeugend sind. Streng genommen ist die Redeweise von der *repräsentativen Stichprobe* töricht. Es gibt viele Arten, Stichproben zu ziehen und folglich viele Möglichkeiten, aus Stichproben richtige (— oder auch falsche —) Schlüsse zu ziehen.

Dieses einleitende Kapitel skizziert,

(1) mit welchen Typen von Ausgangssituationen man bei der Ziehung von Stichproben konfrontiert ist (siehe Abschnitt 1.2),

(2) welche Arten von Problemen im vorliegenden Buch mit Hilfe von Stichproben behandelt werden (siehe Abschnitt 1.1; die Präzisierung der dabei benötigten Begriffe erfolgt in Abschnitt 1.3),

(3) wie man die aus Stichproben gewonnenen Ergebnisse beurteilen kann (siehe Abschnitt 1.4).

1.1 Vorläufige Formulierung des Problems

Wir betrachten eine *Gesamtheit/Menge* G (*Grundgesamtheit, Population*) von “sehr vielen”, jedoch *endlich* vielen Elementen (*Personen, Merkmalsträgern, statistischen Einheiten etc. ...*) — bezeichnet mit u_i . Die Anzahl der Elemente von G wird stets mit N bezeichnet. Wir notieren i.d.R.: $G = \{u_1, \ldots, u_N\}$. (Siehe jedoch auch (1.2.1).) Unser Interesse gilt einem ganz bestimmten Merkmal, dem *Untersuchungsmerkmal*, und zwar insbesondere seinem *Mittelwert*. Das Untersuchungsmerkmal wird stets mit Y bezeichnet, der Mittelwert mit μ . Man betrachte zur Illustration das

Beispiel
$G =$ Gesamtheit von 20 000 Studenten einer Universität;
$Y =$ monatliche Ausgaben (eines Studenten in G) für Wohnen;
$\mu =$ durchschnittliche Monatsausgaben (in G) für Wohnen. ■

Natürlich könnte man den Mittelwert ermitteln, indem man in einer *Vollerhebung* *alle* Elemente von G nach ihrem Y–Wert befragt und daraus den Mittelwert errechnet. Es gibt jedoch mehrere Gründe, in vielen Fällen eine solche Vollerhebung nicht vorzunehmen und sich stattdessen mit einer *Stichprobe* zufriedenzugeben:

(1) Das Beschaffen von Informationen über Y ist i.a. mit Kosten verbunden (z.B. für Interviewer, Fragebogen, ...); man wird daher versuchen, nur wenige — etwa n statt aller N — Einheiten zu befragen und dann aus den so erhaltenen wenigen Y–Werten eine *Schätzung* (!) von μ vorzunehmen (wobei der Einfluß der Größe von n auf die "Güte" der Schätzung zu beachten sein wird).

(2) Ist N sehr groß, kann die vollständige Erhebung aller Merkmalswerte so lange dauern, daß das Ergebnis nicht mehr aktuell ist und nicht mehr interessiert.

(3) Es kann sein, daß die Ermittelung des Y–Wertes mit der Zerstörung des Merkmalsträgers verbunden ist. (So wird z.B. bei der Messung einer "Schadstoffkonzentration" in einem Apfel der geprüfte Apfel im Labor zerstört.)

Weitere Gründe, die gegen eine Vollerhebung (und für Stichprobenerhebungen) sprechen, lassen sich leicht anführen.

Wir bezeichnen die für eine Befragung/Untersuchung ausgewählten Elemente mit S und nennen sie ganz allgemein eine *Stichprobe.* (Wenn wir von *Befragung* reden, ist damit stets ein geeignetes Verfahren der *Ermittelung der Y–Werte* gemeint — wie "Messung", Ermittelung vermöge einer "Untersuchung" oder einer "Fragebogen–Aktion" oder mit Hilfe von "Interviewern" etc.) Die Y–Werte der in S ausgewählten Elemente bestimmen den Schätzwert für den *unbekannten Mittelwert* μ. Wir bezeichnen diesen *ermittelten Schätzwert* mit $\widehat{\mu}$. Es ist wichtig, zwischen dem wahren (aber unbekannten) Mittelwert μ und dem aus der Stichprobe gewonnenen Schätzwert $\widehat{\mu}$ zu unterscheiden! Natürlich haben wir uns deshalb mit der Frage zu befassen, wie "gut" / "zuverlässig" eine solche *Mittelwertschätzung* ist.

Die soweit geschilderte Problemlage stellen wir wie folgt schematisch dar:

(1.1.1) (1)

G	—	Y	→ μ
Population	—	Merkmal	→ Mittelwert/ Durchschnittswert

(2)	S	→ Y →	$\widehat{\mu}$
	Stichprobe	→ Erhebung/Befragung →	Schätzung des Mittelwertes

Die beiden "Ketten" (1.1.1)(1) und (2) sind an zwei Stellen miteinander verbunden:

(1) durch das *Stichprobenverfahren* (kurz: SV), mit dessen Hilfe S aus G ausgewählt wird;

(2) durch die *Stichprobentheorie* (kurz: ST), die das Instrumentarium bereitstellt, aus dem "Zufallsergebnis" $\widehat{\mu}$ — bedingt durch den Zufallscharakter der Stichprobenziehung — die richtigen (statistischen, wahrscheinlichkeitstheoretischen) Schlüsse über μ zu ziehen.

Schematisch läßt sich die Situation so darstellen:

(1.1.2)	(1)	G	→ SV →	S
		Population	→ Stichprobenverfahren →	Stichprobe
	(2)	$\widehat{\mu}$	→ ST →	Folgerung für μ
		Mittelwert-Schätzung	→ Stichprobentheorie →	Information über den Mittelwert

In jeder der angegebenen Ketten (1.1.1), (1.1.2) gibt es charakteristische Fehlerquellen:

Zu (1.1.1)(1): Merkmale können sehr komplexer Natur sein, und wie Merkmalswerte zu ermitteln/messen sind, kann eine ganz schwierige Frage sein. (Z.B.: Soll "Intelligenz" durch Ermittelung eines "Intelligenzquotienten" "gemessen" werden?) Wir werden hier solche Fragen nicht erörtern, da sie in Theorien des Messens systematisch abgehandelt werden. Der Praktiker mache sich jedoch klar, daß in außerordentlich vielen Situationen der Vorgang der Befragung problematisch ist und deshalb der Problematisierung bedarf.

Zu (1.1.1)(2): Es kann sein, daß die Elemente der Stichprobe S entweder nicht bereit sind zu antworten oder sogar willentlich falsche Antworten geben. Antworten können jedoch auch dadurch verfälscht werden, daß Befragte sich über ihre Merkmalswerte nicht im klaren sind, durch "Interviewer" oder Fragestellungen beeinflußt werden etc .... (Man denke an die suggestiven, teilweise die gewünschten Antworten schon fast vorgebenden Fragestellungen bei "Umfragen" im täglichen politischen und gesellschaftlichen Bereich.) Kapitel 8 befaßt sich kurz mit Modellen solcher Antwortfehler. Ansonsten unterstellen wir in diesem Buch allerdings, daß die Erhebung von Y auf S im Prinzip keine Schwierigkeiten macht. (Siehe jedoch die Abschnitte 2.5 und 2.7.)

Zu (1.1.2)(1) und (2): Das eigentliche Thema dieses Buches lautet: Wie zuverlässig sind (die im folgenden vorgestellten) Mittelwertschätzungen? Welche Informationen lassen sich aus $\widehat{\mu}$ über μ gewinnen, wenn S aus G in dieser oder jener Weise ausgewählt wurde? Welche Auswahlverfahren für die Stichprobe S sind in welchen Situationen angezeigt? Da die Ergebnisse von S und folglich von $\widehat{\mu}$ jeweils nur mit (durch das Stichprobenverfahren) bestimmten *Wahrscheinlichkeiten* auftreten, sind Schlußfolgerungen mit statistischen Fehlern behaftet. Die *Stichprobentheorie* (als Teil der Statistik) liefert das Instrumentarium für den Umgang mit solchen mit statistischen Fehlern behafteten Resultaten.

Nach dem Gesagten sollte klar sein, daß es auf die "Kombination" $(\mathsf{S}, \widehat{\mu})$, die wir auch *Strategie* nennen, ankommt. Es kommt nicht eigentlich darauf an, lediglich S in einer ganz bestimmten Weise zu wählen — etwa "repräsentativ" (was immer das auch sein mag) —; vielmehr ist es wichtig, $\widehat{\mu}$ *und* S geeignet zu kombinieren, um korrekte Schlüsse aus $\widehat{\mu}$ über μ ziehen zu können. Man könnte das Programm des Buches auch so formulieren: gebräuchliche und gute Strategien sind vorzustellen und zu untersuchen.

1.2 Einige Typen von Ausgangssituationen

Wir schildern in diesem Abschnitt einige Typen von Situationen, die das anzuwendende Stichprobenverfahren teilweise oder ganz bestimmen oder zumindest nahelegen.

(1.2.1) Situations–Typ 1

Alle N Elemente von G sind in einer "Datei" verfügbar und können ohne Probleme mit den Nummern (= **Adressen**, engl. **labels**) $1, 2, \ldots, N$ versehen werden. (i ist die Adresse von u_i.) Eine Auswahl aus G kann dann unmittelbar dadurch vorgenommen werden, daß aus den Nummern $1, 2, \ldots, N$ ausgewählt wird und sodann die zu diesen Adressen gehörenden Einheiten die Stichprobe S bilden.

(1.2.2) Bemerkung

Ohnehin werden wir für die Erörterung praktischer Stichprobenverfahren — i.e. von Verfahren zur "Ziehung" (Auswahl) der Stichprobe S — eine "Identifikation" von *Adressen* und zugehörigen *statistischen Einheiten* vornehmen. Wir können also z.B. G mit der Population der Adressen von G "identifizieren". Natürlicherweise notiert man dann $G = \{1, 2, \ldots, N\}$. ∎

Beispiel
$G =$ Studenten einer bestimmten Universität, $N = 20\,000$. Das Studentensekretariat hat die Anschriften ("Adressen") und kann sie mit den Zahlen $1, 2, \ldots, N$ versehen, ggf. verschlüsselt durch die Matrikelnummer. ■

Schematische Darstellung zu (1.2.1)

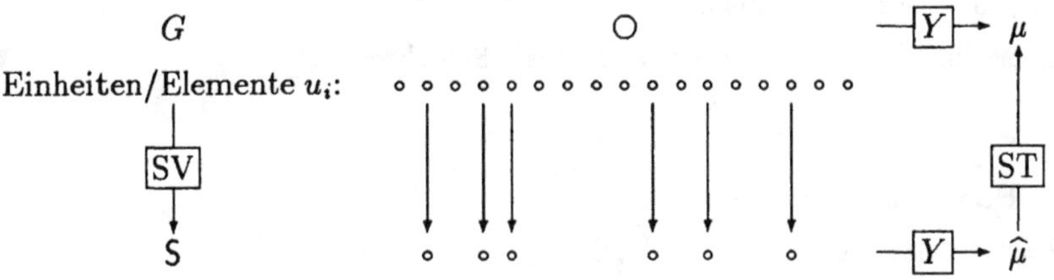

Die Behandlung dieser wohl elementarsten Situation findet man in Kapitel 2 unter der Annahme, daß alle Elemente von G "gleich–wichtig" sind und daher keine Elemente bei der Stichprobenziehung "bevorzugt" werden. Kapitel 4 hingegen behandelt die Situation (1.2.1) unter der zusätzlichen Annahme, daß verschiedenen Elementen in G auch verschiedene Bedeutung/Wichtigkeit zukommen kann und folglich die Wahrscheinlichkeit, daß ein bestimmtes Element u in die Stichprobe kommt, von diesem u abhängt. In diesem Fall muß man natürlich zusätzliche Informationen über die "Wichtigkeit" der Elemente von G haben.

(1.2.3) Situations–Typ 2
Die Gesamtheit G ist in Teilgesamtheiten zerlegt resp. organisiert (wie z.B. die Bundesrepublik in die Bundesländer). Wir bezeichnen diese Teilgesamtheiten mit $G_1, G_2, \ldots, G_k$. Liegen nur für diese G_i Dateien vor, nicht jedoch für G insgesamt (Datenschutz!), zieht man aus jeder Teilgesamtheit eine Teilstichprobe — etwa S_i aus G_i — und setzt die Gesamtstichprobe S aus $\mathsf{S}_1, \mathsf{S}_2, \ldots, \mathsf{S}_n$ zusammen. Man spricht dann von einer **geschichteten Stichprobe**. Dieses (ggf. schon aus organisatorischen Gründen unumgängliche) Vorgehen ist besonders dann vorteilhaft, wenn das Merkmal Y in jeder Teilgesamtheit G_i nur wenig "variiert", wenn also — wie man sagt — die G_i bezüglich Y *homogen* sind; man sagt auch: Y ist "schichtenspezifisch" mit den **Schichten** (bzw. bei der **Schichtung**) $G_1, G_2, \ldots, G_k$. (Man denke z.B. an *soziale* Schichten und schichtenspezifisches Verhalten bei bestimmten Merkmalen — wie z.B. bei politischen Wahlen.) Die Schichtung einer Population G ist eine *Vorinformation* über G, die man sich zusammengefaßt denken kann im **Schichtungsmerkmal**, das jedem Element $u \in G$ diejenige Schicht, in der u liegt, zuordnet.

Beispiel

G = Einwohner der Bundesrepublik,

G_i = Einwohner des i–ten Bundeslandes.

Diese Schichtung in Bundesländer kommt in der amtlichen Statistik außerordentlich oft vor. Man könnte vermuten, daß das Merkmal

Y = jährlicher Weinkonsum

schichtenspezifisch mit den Bundesländern als Schichten ist! ∎

Beispiel

G = Haushalte einer Stadt,

G_i = Haushalte des i–ten Stadtteils,

Y = Ausgaben für Wohnen.

Läßt sich jedem Stadtteil eine bestimmte "Wohnqualität" zuordnen, wird Y in den G_i eher homogen sein, sich also schichtenspezifisch verhalten. ∎

Schematische Darstellung zu (1.2.3)

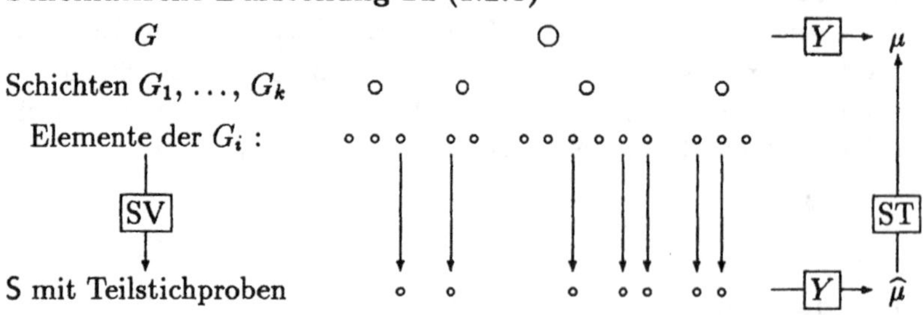

Um eine solche geschichtete Stichprobe ziehen zu können, muß natürlich jede Schicht G_i für eine Ziehung verfügbar sein; man muß auf die Adressen der Elemente jeder Schicht zugreifen können. Gegebenenfalls muß, falls G_i nicht verfügbar ist, ein "ausreichend großer" Teil von G_i für die Ziehung verfügbar gemacht werden können (siehe auch Erörterungen zu (1.2.6)).

In Kapitel 3 werden die geschichteten Stichproben ausführlich behandelt. Angesichts der Vorteile, die geschichtete Stichproben bieten können, wird auch untersucht, wie man diese Vorteile gleichsam im Nachhinein — nach Ziehen einer *einfachen* Zufalls–Stichprobe — nutzen kann (durch "nachträgliche" Schichtung).

(1.2.4) Situations–Typ 3

Es kann zweckmäßig sein, die Stichprobe nicht durch das Ziehen *einzelner* Elemente aus G zu bewerkstelligen, sondern durch das Auswählen von (einigen) *Element–Gruppen*, nachdem zuvor G in Gruppen $K_1, K_2, \ldots, K_R$ — genannt **Klumpen** —, aufgeteilt wurde. Bei einer solchen **Klumpenstichprobe** werden also *einige* (— ihre Anzahl sei bespielsweise r —)

Klumpen aus der

"Klumpengesamtheit" $G^K = \{K_1, \ldots, K_R\}$

ausgewählt, und in diesen ausgewählten Klumpen — bezeichnet mit $\mathsf{K}_1, \ldots, \mathsf{K}_r$ — werden *alle* Merkmalswerte erhoben. (Im Gegensatz dazu wurden bei einer geschichteten Stichprobe aus *allen* Schichten jeweils nur *einige* Elemente für die Erhebung der Merkmalswerte ausgewählt.)

Grundlage für eine Klumpenstichprobe ist — wie noch genauer zu erörtern sein wird — das Vorhandensein oder die problemlose Bildung von Klumpen. Als wichtig wird sich dabei herausstellen, daß die Varianz von Y in *jedem* Klumpen möglichst groß (!!) ist, damit in jedem K_i sich möglichst viel vom gesamten Wertebereich (von Y auf G) findet.

Schematische Darstellung zu (1.2.4)

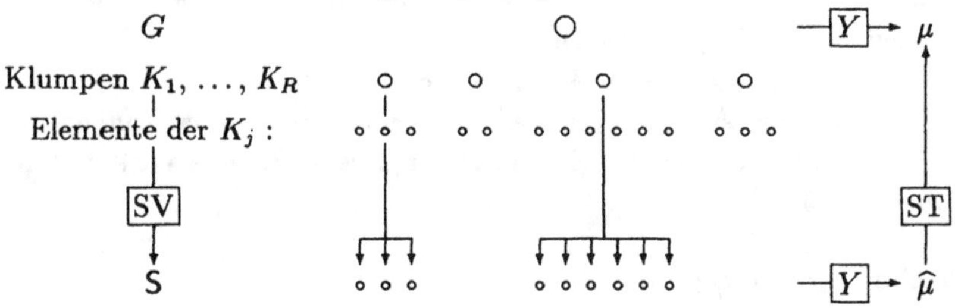

Beispiel

$G = \{$ Schulanfänger (einer Stadt) $\}$ mit den R neuen ersten Klassen als Klumpen. Befragungen (Austeilen/Einsammeln von Fragebögen) über z.B.

Y = Anzahl der defekten Zähne

sind in der Klasse entschieden leichter zu bewerkstelligen als beim "Hausbesuch" jedes einzelnen in einer Stichprobe ausgewählten Schulanfängers. Es werden also ganze Klassen für die Befragung ausgewählt. ∎

Es gibt im wesentlichen drei Gründe für das Ziehen von Klumpenstichproben:

(1) *Kostengesichtspunkte.*
Liegen die Elemente eines Klumpens "topographisch" nahe beieinander, sind alle Elemente eines Klumpens vergleichsweise leicht und kostengünstig erreichbar, wenn der Interviewer erst einmal in die Nähe des Klumpens kommt.

(2) *Repräsentanz.*
Den oben angesprochenen Sachverhalt, daß möglichst der gesamte Wertebereich von Y in jedem K_i "vertreten" ist, könnte man "Repräsentanz" jedes Klumpens für die gesamte Population nennen. "Hohe Repräsentanz" führt zu guten Schätzern. Hat man solche Klumpen zur Verfügung, sollte man sie nutzen.

(3) *Organisatorisches.*
Liegen keine Dateien und/oder Gruppierungen von G vor, so wird man notfalls "künstlich" — etwa mit Hilfe von Einteilungen auf einer Landkarte, einem Stadtplan — eine Gruppierung erzeugen. Nach Auswahl einiger der so gebildeten Gruppen wird man ggf. — nämlich wenn die Gruppen für Befragungen noch zu groß sind — jede der ausgewählten Gruppen erneut "künstlich" gruppieren. Durch wiederholte Anwendung dieser "künstlichen" Klumpenbildung kann man schließlich zu für Befragungen/Erhebungen geeigneten Klumpen gelangen.

(1.2.5) Situations–Typ 4
Oft kann man davon ausgehen, daß das Untersuchungsmerkmal Y in einem (mehr oder weniger engen) Zusammenhang steht mit einem anderen (Hilfs–)Merkmal X, über das bereits "brauchbare" Informationen vorhanden sind. Wir gehen davon aus, daß stets

$$\mu_X = \text{Mittelwert von } X \text{ in } G$$

bekannt ist. Ferner wird ein im wesentlichen *linearer Zusammenhang* zwischen Y und X unterstellt. Es kommt nun darauf an, diese **Vorkenntnis** (über X) für die Schätzung von $\mu = \mu_Y$ zu nutzen.

Schematische Darstellung zu (1.2.5)

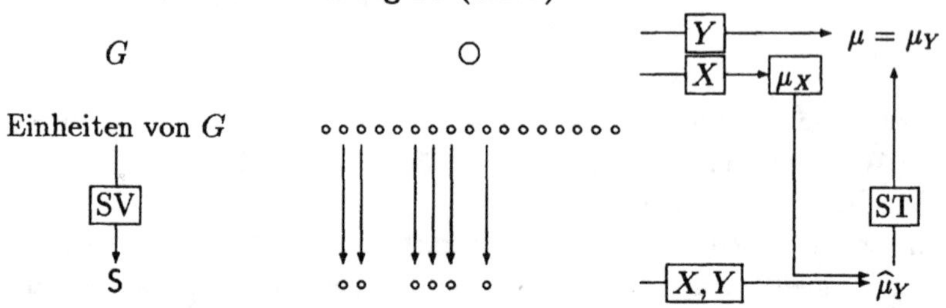

Beispiel
Typisch ist die Situation, in der

X = Merkmal M zur Zeit t_0 ,

Y = Merkmal M zur Zeit t_1 mit $t_0 < t_1$

ist. Man denke etwa — in der Population der Stimmbezirke (oder der Wahlkreise) — an das Merkmal

M = Stimmenanteil für eine bestimmte Partei A.

Die Information über das Wahlergebnis für A bei den vorangegangenen Wahlen (t_0) sollte für die "Hochrechnung" des Anteils für A heute (t_1) genutzt werden. ■

Die mit der "Konstituierung" empirischer Zusammenhänge (in der *endlichen* Population G) verbundenen Probleme werden in Abschnitt 6.1 diskutiert.

(1.2.6) Situations–Typ 5

In der soeben in (1.2.5) geschilderten Situation kann es oft vorkommen, daß zwar X und damit μ_X nun doch nicht bekannt ist, die Erhebung von X jedoch — im Vergleich mit der von Y — außerordentlich preiswert, schnell, leicht zu bewerkstelligen ist. Eine vergleichbare Problemlage ergibt sich, wenn eine *gewünschte* Schichtung (für geschichtete Stichproben) zwar nicht vorliegt, das Schichtungsmerkmal (für diese *gewünschte* Schichtung) jedoch leicht zu erheben ist.

Eine "lange" (Vor–)Stichprobe $\mathbf{S}$ (SV 1) für die Erhebung von X *allein* (z.B. für die Schichtenbildung auf $\mathbf{S}$) und/oder für die nun mögliche "zuverlässige" Schätzung von μ_X ist dann angebracht; die *eigentliche* Stichprobe S für die (aufwendige) Y–Erhebung und Schätzung von μ_Y kann dann wieder eher "kurz" sein. Die Ziehung von S wird — je nach Problemlage —

(a) **entweder** unabhängig von $\mathbf{S}$ direkt aus G erfolgen (SV 2a),

(b) **oder** aus der Vorstichprobe $\mathbf{S}$ (SV 2b).

Für die Schätzung von $\mu = \mu_Y$ benötigen wir insgesamt also die **Doppelstichprobe** $(\mathbf{S}, \mathsf{S})$.

Schematische Darstellung zu (1.2.6)

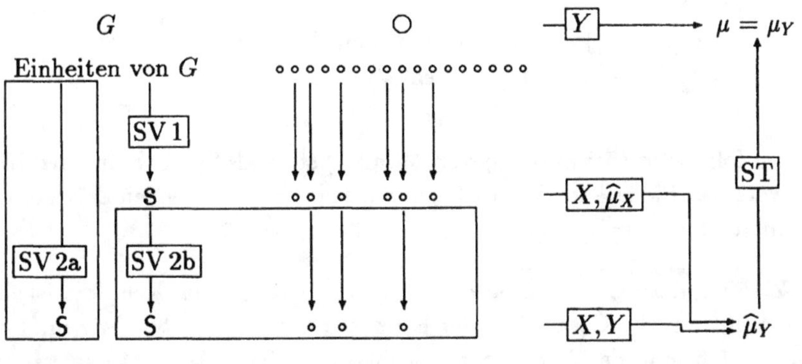

Beispiel

Man möchte — für eine aufwendige medizinische Untersuchung — nach "Rauchern" und "Nichtrauchern" schichten. Ob jemand Raucher ist, kann schnell und preiswert in der "langen" Stichprobe $\mathbf{S}$ ermittelt werden. Aus $\mathbf{S}$ wird nun eine *geschichtete* Stichprobe S gezogen. ■

Beispiel

Man möchte die mittleren Ausgaben für Wohnen aufgrund einer Stichprobe S aus G schätzen. Als Hilfsvariable benutzt man die auf einer "langen" Stichprobe $\mathbf{S}$

(aus vorhandenen Dateien) leicht zu ermittelnde Wohnungsgröße. S und S werden voneinander unabhängig aus G gezogen. ■

In Kapitel 7 werden verschiedene typische Anwendungen von Doppelstichproben behandelt.

In der Praxis werden i.a. kompliziertere Situationen vorliegen als die in diesem Abschnitt geschilderten. Dennoch dürfte die Orientierung an den hier vorgestellten "Typen" zumindest in Teilbereichen instruktiv und von Nutzen sein.

1.3 Grundlegende Definitionen und Notationen

Population/Grundgesamtheit

Es sei G die endliche Grundgesamtheit / Population (bestehend aus N verschiedenen Elementen, den **statistischen Einheiten**, **Merkmalsträgern**), aus der die Stichprobe zu ziehen ist. Wir schreiben diese (**ungeordnete**, nicht weiter strukturierte) **Grundgesamtheit / Population** in folgender Weise:

(1.3.1) $G = \{u_1, \ldots, u_N\}$ (u steht für "unit" = Einheit),
$N = \#(G) =$ Anzahl der Elemente/Einheiten in G .

$\#$ wird im folgenden (bei *ungeordneten* Mengen) stets als Symbol für **Anzahl in** benutzt werden. (Siehe jedoch (1.3.4)(4) und die dort anschließenden Erörterungen für *geordnete* Mengen[=Tupel].)

Für die Ziehung der Stichprobe benötigen wir oft, daß G *(an–)geordnet* ist; d.h. daß man nicht nur die Gesamtheit der Elemente von G kennt — wie in (1.3.1) —, sondern daß man darüber hinaus sagen kann, welches Element das erste ist, welches das zweite etc. ... Wir schreiben dann G als N–Tupel:

(1.3.2) $G = (u_1, \ldots, u_N) =$ **angeordnete Grundgesamtheit / Population**

mit u_j als j–tem Element von G . Eigentlich müßten wir in (1.3.2) ein neues Symbol einführen — etwa G_{ord} —, um den Unterschied zu (1.3.1) zu verdeutlichen. Im Interesse einer nicht zu schwerfällingen Notation unterbleibt dies jedoch, da Mißverständnisse nicht zu befürchten sind.

(1.3.3) Bemerkung
Das Wichtigste in (1.3.1) und (1.3.2) ist die *Unterscheidbarkeit* der statistischen Einheiten. Diese ist gewährleistet durch die Unterschiedlichkeit der **Etiketten** $\{1, \ldots, N\}$ — auch **Adressen** genannt — (englische Terminologie: **labels**; siehe auch (1.2.1)). Man kann statt (1.3.1) und (1.3.2) deshalb auch kurz und abstrakter notieren (wie in (1.2.2))

$G = \{1, \ldots, N\}$ resp. $G = (1, \ldots, N)$ (**Etiketten–Population**). ∎

Natürlich sollten die Eigenschaften der Schätzung $\widehat{\mu}$ möglichst nicht von der in (1.3.2) gewählten Anordnung abhängen, auch wenn die Anordnung für die *Ziehung* der Stichprobe S benötigt wird. Bei fast allen im folgenden beschriebenen Verfahren wird in der Tat die Anordnung keinen Einfluß auf die statistischen Eigenschaften von $\widehat{\mu}$ haben. (Eine wichtige Ausnahme findet sich in Abschnitt 4.5; siehe (4.5.12), (4.5.13) und die dort anschließenden Ausführungen.)

Stichprobe

(1.3.4) Definition
Eine ***geordnete Stichprobe*** *aus G (ggf. aus einer Teilmenge von G) ist ein* Zufallsexperiment S , *dessen Ergebnisse endliche Folgen von Elementen aus G sind. Wir benutzen folgende Notationen:*

(1) $\mathsf{S} = (\mathsf{U}_1, \ldots, \mathsf{U}_n) =$ Stichprobe *mit*

(2) $\mathsf{U}_i =$ *i-te* ***Komponente*** *von* S
$=$ *Teilexperiment "Ziehen des i-ten Elements";*
$\mathsf{U}_i \in G$ *bedeutet: das i-te Element wird aus G gezogen.*

(3) *Für* $\mathsf{s} = (\mathsf{u}_1, \ldots, \mathsf{u}_n)$ *bedeutet* $\{\mathsf{S} = \mathsf{s}\}$:
S *hat das Ergebnis* s, U_i *das Ergebnis* u_i .

(4) $\#(\mathsf{S}) = n =$ "Anzahl der Komponenten von S" $=$ ***Stichprobenlänge***.

(5) $\#_e(\mathsf{S}) = n_e =$ *"Anzahl der* *v e r s c h i e d e n e n* *Elemente von* S *"*
$=$ ***effektive Stichprobenlänge*** .

Die Menge aller möglichen Ergebnisse von S *heißt*

(6) $\mathcal{S}$ $=$ ***Stichprobenraum*** *von* S :
$\mathcal{S} = \{$ *mögliche Ergebnisse von* S $\} \subset G^n$ *mit*
$G^n = G \times G \times \cdots \times G$ *(n fach)* $= \{(\mathsf{u}_1, \ldots, \mathsf{u}_n) : \mathsf{u}_i \in G$ *für* $i \in \{1, \ldots, n\}\}$.

Statt $\mathcal{S}$ wird oft Ω zur Bezeichnung von Stichprobenräumen benutzt; Ω ist die übliche Bezeichnung für die Menge aller möglichen Ergebnisse eines (beliebigen) Zufallsexperiments. Siehe auch (9.1.1), (9.1.2). Man beachte: die Elemente von S müssen nicht notwendigerweise verschieden sein; jedoch entsteht S durch n verschiedene *Teilexperimente* ("Stichprobenzüge"): $\mathsf{U}_1 \cong$ Auswahl des ersten Elements, $\mathsf{U}_2 \cong$ Auswahl des zweiten Elements, ..., $\mathsf{U}_n \cong$ Auswahl des n-ten Elements. (Diese Auswahlschritte müssen durchaus nicht nacheinander erfolgen.) Das Symbol $\#$ vor einer ***angeordneten*** Stichprobe S bezeichnet die Anzahl der *Komponenten* von S ; die Anzahl der ***verschiedenen*** Elemente von S wird durch das Symbol $\#_e$ (vor S) angegeben.

(1.3.5) Beispiel
$G = \{1, 2, \ldots, 10\}$ $(N = 10)$; für $n = 4$ ist
$G^n = G^4 = \{$ Menge aller 4–Tupel mit Komponenten aus $G\} =$
$\{(1,1,1,1),(1,1,1,2),\ldots,(1,1,2,1),(1,1,2,2),\ldots(10,10,10,9),(10,10,10,10)\}$;
$\mathsf{S} = (\mathsf{U}_1, \ldots, \mathsf{U}_4)$; betrachte $\mathsf{s} = (4, 3, 7, 3)$. Wird nun bei der Stichprobenziehung an 1. Stelle 4, an 2. Stelle 3, an 3. Stelle 7, an 4. Stelle 3 gezogen, tritt das Ereignis $\mathsf{S} = \mathsf{s}$ ein, und es ist $n_e = n_e(\mathsf{s}) = 3$. ∎

Wollen wir zum Ausdruck bringen, daß ein bestimmtes Element $u \in G$ in der geordneten Stichprobe S (1.3.4)(1) vorkommt oder daß über die *Komponenten* (*nicht* über die verschiedenen Elemente) von S summiert wird, so schreiben wir

(1.3.6) (1) $u \in \mathsf{S}$: es gibt ein $j \in \{1, \ldots, n\}$ mit $\mathsf{U}_j = u$;

(2) $\sum_{\{u \in \mathsf{S}\}} \equiv \sum_{\{\mathsf{U}_j:\, j=1,\ldots,n\}}$ (n Summanden!).

Die Ziehung von S erfolgt gemäß einem bestimmten **Stichprobenverfahren**, das — gleichsam durch seine technische Prozedur — festlegt (siehe (1.3.13)), welche Ergebnisse für S mit welchen Wahrscheinlichkeiten eintreten. Jedes mögliche Ergebnis von S ist ein n-Tupel $\mathsf{s} = (\mathsf{u}_1, \ldots \mathsf{u}_n)$ (siehe (1.3.4)(3)).

In der Literatur kommen vielfach außer geordneten auch *ungeordnete* Stichproben vor, die wir hier nur kurz vorstellen:

(1.3.7) Definition

(1) *Eine* (ungeordnete) *Teilmenge* $\mathbf{S}$ *der ungeordneten Population* G (1.3.1) *heißt* ***ungeordnete Stichprobe*** *aus* G . *Die* ***Stichprobenlänge*** $n = \#(\mathbf{S})$ *ist die Anzahl der (verschiedenen) Elemente in* $\mathbf{S}$. *Der* **Stichprobenraum** $\boldsymbol{\mathcal{S}}$ *— die Menge der möglichen Ergebnisse von* $\mathbf{S}$ *— ist eine (ggf. unechte) Teilmenge der* Potenzmenge (= *Gesamtheit aller Teilmengen) von* G .

(2) *Aus einer g e o r d n e t e n Stichprobe* S *bildet man durch* **Reduktion** *die aus den v e r s c h i e d e n e n Elementen von* S *bestehende* **reduzierte Stichprobe** S^r, *nämlich die*

u n g e o r d n e t e M e n g e $S^r = \{u \in G : u \in S\} =$

$\{u_j \in G : u_j \in S,\ j = 1, \ldots, N\} = \{u_{j_1}, \ldots, u_{j_{n_e}}\}$.

(Man beachte $\#(S^r) = \#_e(S)$ *.)*

Beispiel

In (1.3.5) ist $S^r = \{3, 4, 7\}$ (wegen $S = (4, 3, 7, 3)$) . ∎

(1.3.8) Bemerkung

Oft ist es leichter, mit *geordneten* Stichproben (also im Stichprobenraum $\mathcal{S}$ (1.3.4)(6)) zu rechnen und — wie es z.B. beim Lotto passiert ! — eine *ungeordnete* Stichprobe dadurch zu ziehen, daß man zunächst eine *geordnete* Stichprobe zieht und anschließend die Ordnung aufhebt. Wir werden daher im folgenden stets mit dem Terminus "Stichprobe" eine geordnete Stichprobe meinen — sofern nicht anderes ausdrücklich festgestellt wird. Natürlich folgt daraus nicht, daß eine auf der geordneten Stichprobe $S = (U_1, \ldots, U_n)$ basierende Schätzung $\widehat{\mu}$ von der *Reihenfolge* der U_i abhängt ! ∎

Stichprobenverfahren, Stichprobenplan

Das Stichprobenverfahren für die Auswahl von S wird mathematisch durch eine **Wahrscheinlichkeitsverteilung** (kurz: **W–Verteilung**) auf $\mathcal{S}$ (oder auch auf G^n) beschrieben:

(1.3.9) $P_{(n)} : G^n \to [0, 1] \subset \mathbb{R}$, **W–Verteilung** auf $\mathcal{S}$,

$P_{(n)}(s) =$ Wahrscheinlichkeit, daß das Ereignis $\{S = s\}$ eintritt, also

$P_{(n)}(s) = P\{(U_1, \ldots, U_n) = (u_1, \ldots, u_n)\}$ (für $s = (u_1, \ldots, u_n)$)

$=$ Wahrscheinlichkeit, daß $U_i = u_i$ für $i = 1, \ldots, n$ ist.

Kurz–Schreibweise: $P_{(n)}(s) = P_{(n)}(S = s) = P(S = s)$ mit P für $P_{(n)}$.

(1.3.10) Bemerkung

Da G — und folglich G^n für festes n — nach Voraussetzung stets endlich ist, verzichten wir auf die explizite Angabe einer der W–Verteilung zugrunde liegenden Ereignis–Algebra (σ–Algebra); man möge z.B. stets die Potenzmenge von G unterlegen. Wir reden daher i.d.R. kurz von einer W–Verteilung "auf G" (oder "auf G^n" statt "auf der Potenzmenge von G" (oder "auf der Potenzmenge von G^n"). ∎

(1.3.11) Definition
Gegeben sei eine Population G (1.3.1). Eine W–Verteilung $P_{(n)}$ (1.3.9) auf G^n (1.3.4)(6) heißt ***(geordneter) Stichprobenplan*** *oder* ***(geordnetes) Stichprobenverfahren*** *auf G. Für den* ***Stichprobenraum*** *$\mathcal{S}$ (1.3.4)(6) und seine Elemente s, die* ***Stichprobenergebnisse****, gilt:*

$$\mathcal{S} = \{\mathsf{s} : \mathsf{s} \in G^n\,,\ P_{(n)}(\mathsf{s}) > 0\}\ .$$

Das durch $(G^n, P_{(n)})$ resp. $(\mathcal{S}, P_{(n)})$ resp. auch kurz nur durch S [mit $\mathsf{S} = (\mathsf{U}_1, \ldots, \mathsf{U}_n)$ gemäß (1.3.4)] beschriebene Zufallsexperiment heißt (Ziehung einer) ***(geordneten) Stichprobe*** *aus G — mit (fest gegebener)* ***(Stichproben–)Länge*** *n —* ***zum Stichprobenplan*** *$P_{(n)}$. (Die Anzahl $\#_e(\mathsf{S}) = \#(\mathsf{S}^r)$ der verschiedenen Elemente in S — also die* ***effektive Stichprobenlänge*** *— ist eine Zufallsvariable.)*

Beispiel
Betrachte in (1.3.5) den Stichprobenplan

$P_{(4)}(\mathsf{s}) = 0.25$ für $\mathsf{s} \in \{\mathsf{s}_1 = (1,2,3,4),\ \mathsf{s}_2 = (4,3,2,1)\}$ und $P_{(4)}(\mathsf{s}) = 0.125$

für $\mathsf{s} \in \{\mathsf{s}_3 = (1,1,1,1),\ \mathsf{s}_4 = (2,2,2,2),\ \mathsf{s}_5 = (3,3,3,3),\ \mathsf{s}_6 = (4,4,4,4)\}$.

Ein *Stichprobenverfahren*, das die Stichprobenziehung gem. $P_{(4)}$ bewirkt, könnte sein, in eine "Urne" 8 *verschiedene* Zettel $\{z_i : i = 1, \ldots, 8\}$ mit Aufschriften $\{\mathsf{s}_1, \mathsf{s}_1, \mathsf{s}_2, \mathsf{s}_2, \mathsf{s}_3, \mathsf{s}_4, \mathsf{s}_5, \mathsf{s}_6\}$ (resp.) zu legen und *einen* Zettel "rein zufällig" — i.e. mit Wahrschinlichkeit 0.125 für jeden der 8 Zettel — aus der **Zettelpopulation** (d.h. aus der Urne) zu ziehen. Wir setzen

$\mathsf{S} = \mathsf{s}_j$ genau dann, falls s_j auf dem gezogenen Zettel steht.

(Siehe auch (1.3.13).) ■

(1.3.12) Bemerkung
In (1.3.11) sind offenbar nur Stichproben S mit fest vorgegebener Länge n (und variabler effektiver Länge $1 \le \#_e(\mathsf{S}) \le n$) subsummiert. Will man *beliebige* Stichprobenlängen zulassen, muß man statt des in (1.3.11) zugrunde liegenden Zufallsraumes G^n die Vereinigungsmenge von

$$G \cup G^2 \cup G^3 \cup \cdots\cdots = \bigcup_{i=0}^{\infty} G^i$$

als Zufallsraum zugrunde legen; denn diese Vereinigung enthält *alle endlichen* Folgen ("Tupel") (beliebiger Länge) mit Elementen aus G. Obgleich sich nicht alle in den folgenden Kapiteln behandelten Verfahren unter (1.3.11) — streng genommen — subsummieren lassen, werden wir im wesentlichen mit (1.3.11) auskommen. ■

Die in (1.3.11) gewählte Bezeichnung "Stichprobenplan/–Verfahren" für die W–Verteilung $P_{(n)}$ wird gerechtfertigt durch folgenden Sachverhalt:

(1.3.13) Zu jeder W–Verteilung (1.3.9) gibt es ein *technisches* **Stichproben–Verfahren**, das die W–Verteilung "realisiert": bei Anwendung dieses technischen Verfahrens tritt jedes Ereignis mit der durch die W–Verteilung gegebenen Wahrscheinlichkeit ein.

(Zum *Beweis*: siehe GODAMBE (1965), Theorem 1, S. 246 .)

(1.3.14) Beispiel
Das vielleicht bekannteste Beispiel zu (1.3.13) ist das folgende: Die W–Verteilung

$$P_{(n)}(\mathbf{s}) = \frac{1}{N^n} \quad \text{für alle } \mathbf{s} \in G^n \text{ (\textbf{uniforme Verteilung} auf } G^n)$$

wird realisiert durch das folgende **technische Verfahren**:

Ziehe n mal (nacheinander) — mit "Chancengleichheit" (ohne Bevorzugung irgendeines Elements) — ein Element aus G (beachte (1.2.2)); lege dabei nach jedem Zug das gezogene Element in die Population G zurück (Ziehen "mit Zurücklegen").

■

Wir werden zu den gebräuchlichsten Verteilungen/Verfahren an jeweils geeigneter Stelle Techniken der Realisierung (im Sinne von (1.3.13)) angeben.

(Untersuchungs–, Erhebungs–) Merkmal

Wir wenden uns nun dem eigentlichen Gegenstand unseres Interesses zu, dem "Untersuchungsmerkmal" Y , seinem Mittelwert μ, seiner Varianz σ^2 . Wir präzisieren:

(1.3.15) Definition
Ein ***Merkmal*** Y *ist eine Zuordnung von* G *in die reellen Zahlen* $\mathbb{R}$*; kurz:*

$$Y : G \to \mathbb{R} .$$

(Ggf. nimmt Y *nur Werte in* $\{0, 1\}$ *an — nämlich dann, wenn* Y *lediglich anzeigt, ob einem Element aus* G *eine bestimmte Eigenschaft zukommt* $[Y = 1]$ *oder nicht* $[Y = 0]$*.) Aufgrund von (1.3.10) können wir auch sagen:* Y *ist eine auf* G *definierte* ***Zufallsvariable****, wobei wir* G *"identifizieren" mit der Menge der möglichen Ergebnisse des Zufallsexperiments "Ziehe ein Element aus* G*". (Über die W–Verteilung ist hierbei noch nichts ausgesagt.) Die reelle Zahl*

$y_j = Y(u_j)$ *resp.* $y = Y(u)$ *heißt* ***Merkmalswert*** *des Elements* $u_j \in G$ *resp.* $u \in G$;

$y_1, \ldots, y_N$ *heißen auch* ***Populations–Parameter***;

Funktionen von $y_1, \ldots, y_N$ *heißen* **Parameter–Funktionen**.
Von Interesse sind insbesondere

(1) $\mu = \mu_Y = \frac{1}{N}\sum_{j=1}^{N} y_j = \frac{1}{N}\sum_{u \in G} Y(u)$,

der **Mittelwert** *von* Y *(in* G*),*

(2) $\sigma^2 = \sigma_Y^2 = \frac{1}{N}\sum_{j=1}^{N}(y_j - \mu)^2 = \frac{1}{N}\sum_{u \in G}(Y(u) - \mu)^2$,

die **Varianz** *(oder* **Streuung***) von* Y *(in* G*)*,

$\sigma = \sqrt{\sigma^2}$, *die* **Standardabweichung** *von* Y *(in* G*)*,

(3) $\sigma^{*2} = \sigma_Y^{*2} == \frac{N}{N-1}\sigma^2 = \frac{1}{N-1}\sum_{j=1}^{N}(y_j - \mu)^2$,

die ***korrigierte Varianz (Streuung)*** *von* Y *(in* G*)*.

(1.3.16) Bemerkung
Zur Rechtfertigung der gewählten Bezeichungsweise sei auf (1.3.24) verwiesen. In der Literatur findet man weit verbreitet Notationen wie $\overline{y}$ statt μ und s^2 statt σ^2. Damit sind jedoch Gefahren für Unklarheiten bei der Notation von *Statistiken* wie *Arithmetisches Mittel* und *Streuung* auf *Stichproben* (!) zu befürchten. Die hier gewählte Notation macht klar, daß es sich (bei unveränderter Population) hier um unveränderliche Populations–Parameter handelt. ■

Bekannt und oft benutzt ist die Zerlegung

(1.3.17) $\sigma^2 = \frac{1}{N}\sum_{j=1}^{N} y_j^2 - \mu^2$, also $\sigma^{*2} = \frac{1}{N-1}\sum_{j=1}^{N} y_j^2 - \frac{N}{N-1}\mu^2$.

(1.3.18) Beispiel
$G = \{21, 12, 113, 5211, 5, 60, 922, 18, 4655, 25\}$, $N = 10$;
$Y(u) =$ letze Ziffer von u; $(y_1, \ldots, y_{10}) = (1, 2, 3, 1, 5, 0, 2, 8, 5, 5)$.
$\mu = (1/10) \cdot (1 + 2 + 3 + 1 + 5 + 0 + 2 + 8 + 5 + 5) = 3.2$;
$\sigma^2 = (1/10) \cdot (1 + 4 + 9 + 1 + 25 + 0 + 4 + 64 + 25 + 25) - 3.2^2 = 5.56$;
$\sigma^{*2} = (10/9) \cdot 5.56 = 6.18$. ■

Gelegentlich fassen wir die y_j^2 als Werte des Merkmals

$$Y^2 : u \in G \rightarrow Y^2(u) = (Y(u))^2$$

auf. Analoges gilt für andere Funktionen h eines Merkmals oder mehrerer Merkmale:

(1.3.19) $h(X, Y, Z, \ldots) : u \in G \rightarrow h(X(u), Y(u), Z(u), \ldots)$.

Stichprobe aus einem Merkmal

Ein **Untersuchungsmerkmal** — auch **Erhebungsmerkmal** — zeichnet sich vor anderen Merkmalen dadurch aus, daß seine Werte auf einer Stichprobe aus G erhoben werden. Wir präzisieren:

(1.3.20) Definition
Es sei Y ein Merkmal auf G. Dann lassen sich auf dem Stichprobenraum $\mathcal{S}$ (1.3.4)(6) *der Stichprobe* S *folgende n Zufallsvariable $Y_1, \ldots, Y_n$ definieren durch*

(1) $Y_j(\mathsf{s}) := \mathsf{y}_j := Y(\mathsf{u}_j) \quad$ für $\mathsf{s} = (\mathsf{u}_1, \ldots, \mathsf{u}_n) \in \mathcal{S}$.

($Y_j(\mathsf{s})$ ist also der Merkmalswert y_j der j-ten Komponente u_j von s *.) Ist* S *eine Stichprobe der Länge n aus G, so setzen wir*

(2) $Y_j = Y_j(\mathsf{S}) : = Y(\mathsf{U}_j) \quad$ für $\mathsf{S} = (\mathsf{U}_1, \ldots, \mathsf{U}_n)$.

(Y_j steht also für den Merkmalswert des an j-ter Stelle zu ziehenden Elements.)

(3) $\boldsymbol{Y}(\mathsf{S}) = \boldsymbol{Y} = (Y_1, \ldots, Y_n)$ *heißt* ***Stichprobe aus*** Y *der Länge n .*

Das Verfahren, nach dem S *gezogen und $\boldsymbol{Y}(\mathsf{S})$ ermittelt wird, heißt* ***Erhebungs–Verfahren****.*

(1.3.21) Beispiel
Betrachte (1.3.18). $\mathsf{S} : \mathsf{s} = (113, 25, 12, 922)$; $\quad \boldsymbol{Y} : (\mathsf{y}_1, \ldots, \mathsf{y}_4) = (3, 5, 2, 2)$. ■

Die Verteilung $P_{(n)}$ (1.3.9) auf $\mathcal{S} \subset G^n$ erzeugt in der üblichen Weise eine **Verteilung von $\boldsymbol{Y}$** gemäß

(1.3.22) $P_{\boldsymbol{Y}}(\boldsymbol{y}) = P_{(n)}(\boldsymbol{Y} = \boldsymbol{y}) \qquad$ für $\boldsymbol{y} = (\mathsf{y}_1, \ldots, \mathsf{y}_n) \in \mathbb{R}^n$
mit der abkürzenden Schreibweise

$$\begin{aligned} P_{(n)}(\boldsymbol{Y} = \boldsymbol{y}) &= P_{(n)}\{\mathsf{s} : (Y_1(\mathsf{s}), \ldots, Y_n(\mathsf{s})) = (\mathsf{y}_1, \ldots, \mathsf{y}_n)\} \\ &= P_{(n)}\{\mathsf{s} : Y(\mathsf{u}_1) = \mathsf{y}_1, \ldots, Y(\mathsf{u}_n) = \mathsf{y}_n\} \ . \end{aligned}$$

Als **Beispiel** betrachte man (1.4.8).

Analog erzeugt eine Verteilung P auf G eine
Verteilung von Y : $P_Y(y) = P(Y = y) = P\{u \in G : Y(u) = y\}$.
Von besonderem Interesse wird die **uniforme Verteilung** P_0 auf G sein:

(1.3.23) $P_0(u) = \frac{1}{N}$ für alle $u \in G$.

Die durch P_0 erzeugte Verteilung von Y bewirkt offensichtlich folgendes Ergebnis bei der Berechnung von

(1.3.24) Erwartungswert $\mathrm{E}(Y)$ und **Varianz** $\mathrm{Var}\, Y$:

Unter (1.3.23) gilt — mit den in (1.3.15)(1),(2) eingeführten Parameterfunktionen : $\mathrm{E}_{P_0}(Y) = \mathrm{E}(Y) = \mu$, $\mathrm{Var}_{P_0}\, Y = \mathrm{Var}\, Y = \sigma^2$;

denn es ist ja z.B. $\mathrm{E}_{P_0}(Y) = \sum_{u\in G} Y(u) \cdot P_0(u)$. (Siehe (2.1.4)(1) für die ausführliche Beweisführung.)

Eine nur von $\boldsymbol{Y}$ abhängende Zufallsvariable auf G^n heißt **Statistik**. Von besonderer Wichtigkeit werden sein

(1.3.25) (1) $\overline{Y} = \frac{1}{n}\sum_{i=1}^{n} Y_i$, das **arithmetische Mittel** der Stichprobe, kurz: **Stichprobenmittel**,

(2) $S^2 = \frac{1}{n}\sum_{i=1}^{n} (Y_i - \overline{Y})^2$, die **Stichprobenstreuung/–varianz**,

(3) $S^{*2} = \frac{n}{n-1} S^2 = \frac{1}{n-1}\sum_{i=1}^{n} (Y_i - \overline{Y})^2$,

die **korrigierte Stichprobenstreuung/–varianz.**

Bekannt und häufig benutzt ist folgende Zerlegung:

(1.3.26) $S^2 = \frac{1}{n}\sum_i Y_i^2 - \overline{Y}^2$, also $S^{*2} = \frac{1}{n-1}\sum_i Y_i^2 - \frac{n}{n-1}\overline{Y}^2$.

(1.3.27) Beispiel
Betrachte (1.3.21); $\overline{Y} = (1/4) \cdot (3+5+2+2) = 3$,
$S^2 = (1/4) \cdot (0+4+1+1) = 1.5$, $S^{*2} = 6/3 = 2$. ■

Gelegentlich werden wir — falls von mehreren Merkmalen X, Y ... die Rede ist (und wie schon in (1.3.15) angedeutet wurde) — μ, σ^2, S^2 etc ... mit dem Index X, Y... versehen und μ_X, μ_Y, σ_X^2, σ_Y^2, S_X^2, S_Y^2 etc ... schreiben, um eventuelle Mißverständnisse zu vermeiden.

1.4 Zur Beurteilung von Schätzverfahren/ Strategien

Schätzfunktion, Strategie

Eine Schätzung $\widehat{\mu}$ von $\mu = \mu_Y$ wird durch das Stichprobenergebnis s für die Stichprobe S und durch die Werte, die Y diesem Ergebnis s zuordnet, bestimmt. Setzen wir weiterhin

(1.4.1) $\boldsymbol{y}(\mathsf{s}) = \boldsymbol{y} = (\mathsf{y}_1, \ldots, \mathsf{y}_n) \quad \text{mit } \mathsf{y}_i = Y(\mathsf{u}_i),\ \mathsf{s} = (\mathsf{u}_1, \ldots, \mathsf{u}_n)$,

so können wir mit (1.3.20)(1) und (2) zunächst sagen:

(1.4.2) Ist $\mathsf{S} = \mathsf{s}$, so ist $\boldsymbol{y}$ (1.4.1) der Wert von $\boldsymbol{Y}$;

sodann stellen wir fest: eine Schätzung $\widehat{\mu}$ von μ wird durch eine Funktion gegeben — die wir (der Einfachheit wegen) sogleich in (1.4.3) ebenfalls mit $\widehat{\mu}$ bezeichnen werden —, die mit folgender Interpretation ("Lese–Anweisung", "Handlungsanweisung") verbunden wird:

(1.4.3) $\widehat{\mu}(\boldsymbol{y}, \mathsf{s}) =$ Schätzwert für μ , falls $\mathsf{S} = \mathsf{s}$ ist (mit (1.4.2)).

(1.4.4) Definition
Eine Funktion $\widehat{\mu} = \widehat{\mu}(\boldsymbol{Y}, \mathsf{S})$ (mit (1.3.20)(3)) heißt ***Schätzfunktion*** *für μ , wenn für ihre Werte $\widehat{\mu}(\boldsymbol{y}, \mathsf{s})$ die Anweisung (1.4.3) gilt. (In der Praxis nennt man $\widehat{\mu}$ oft auch eine* ***Hochrechnung*** *für μ . Man spricht von* ***gebundener*** *Hochrechnug, falls Vorkenntnisse über — mit Y möglichst hoch korrelierte — Hilfsvariable in $\widehat{\mu}$ eingehen, andernfalls von* ***freier*** *Hochrechnung.)*

Bemerkung
In der Notation (1.4.3)/(1.4.4) ist ausdrücklich festgehalten, daß $\widehat{\mu}$ nicht nur über $\boldsymbol{Y}$ von S , sondern auch noch direkt von S abhängt resp. abhängen kann. Dies ist ein wichtiger Unterschied zur allgemeinen statistischen Schätztheorie, in der eine Schätzstatistik nur von $\boldsymbol{Y}$ abhängen würde, da sie sich (i.d.R.) nicht auf endliche Populationen bezieht und folglich keinen Bezug zu den "identifizierbaren" Elementen (Adressen, "labels"), die in der Stichprobe vorkommen, herstellen kann. Dieser Unterschied wird noch Folgen haben, wie in (1.4.13) und den dort anschließenden Erörterungen bemerkt wird. ∎

(1.4.5) Beispiel
Betrachte (1.3.21) mit (1.3.18). Setze:

(1) $\widehat{\mu}_1 = \overline{Y}$ = arithmetisches Mittel der Y–Werte der Stichprobe S ,

(2) $\widehat{\mu}_2$ = arithmetisches Mittel der Y–Werte der reduzierten Stichprobe S^{r} (1.3.7).

Im Falle S = (113, 25, 12, 922) haben $\widehat{\mu}_1$ und $\widehat{\mu}_2$ denselben Wert 3 . Wäre aber (z.B.) S = (113, 25, 12, 12) , hätte $\widehat{\mu}_2$ den Wert 10/3=3.3333 . ∎

Natürlich ist $\widehat{\mu}$ eine auf $\mathcal{S} \subset G^n$ erklärte Zufallsvariable: $\widehat{\mu} = \widehat{\mu}(\mathsf{s}) = \widehat{\mu}(\boldsymbol{y}, \mathsf{s})$ (in laxer Notation) mit $\boldsymbol{y}$ aus (1.4.1). Die Verteilung dieser Variablen wird durch den Stichprobenplan $P_{(n)}$ und den Populationsparameter $(y_1, \ldots, y_n)$ (siehe (1.3.15)) über die Verteilung von $\boldsymbol{Y}$ (siehe (1.3.22)) erzeugt. Der Stichprobenplan bestimmt also die Eigenschaften von $\widehat{\mu}$.

In den folgenden Kapiteln werden verschiedene Stichprobenverfahren/–Pläne $P_{(n)}$ geschildert, und zu jedem $P_{(n)}$ wird wenigstens eine Schätzfunktion $\widehat{\mu}$ angegeben; es werden also jeweils *Paare* der Form $(P_{(n)}, \widehat{\mu})$ vorliegen.

(1.4.6) Definition
Ein Paar $(P_{(n)}, \widehat{\mu})$ *heißt* ***Strategie****, wenn* $\widehat{\mu}$ *eine Schätzfunktion im Sinne* (1.4.4) *mit* S *als Stichprobe zu* $P_{(n)}$ *(siehe* (1.3.11)*) ist.*

Erwartungswert, Varianz

Um die "Brauchbarkeit", "Güte" einer Strategie zu beurteilen, werden wir jeweils ganz oder teilweise folgende Fragen untersuchen:

(1) Ist $\widehat{\mu}$ eine "unverzerrte" (siehe (1.4.7)) Schätzung?

(2) Wie kann man die Varianz von $\widehat{\mu}$ berechnen?

(3) Wie läßt sich die i.a. ja auch unbekannte Varianz von $\widehat{\mu}$ schätzen?

(1.4.7) Definition
Eine Schätzfunktion $\widehat{\mu} = \widehat{\mu}(\boldsymbol{Y}, \mathsf{S})$ *heißt* ***unverzerrt*** *oder* ***erwartungstreu*** *für* μ *, falls gilt:* $\mathrm{E}_{P_{(n)}}(\widehat{\mu}) = \mu$ *. (Man beachte jedoch* (1.4.9)*.) Hierbei ist* $\mathrm{E}_{P_{(n)}}$ *der Operator der* ***Erwartungswertbildung*** *zum* ***Stichprobenplan*** $P_{(n)}$ *:*

(1) $\mathrm{E}_{P_{(n)}}(\widehat{\mu}) = \sum_{\mathsf{s}:\mathsf{s}\in\mathcal{S}} \widehat{\mu}(\boldsymbol{y}, \mathsf{s}) \cdot P_{(n)}(\mathsf{s})$ *(mit* (1.4.1)*).*

Analog ist die ***Varianz*** *von* $\widehat{\mu}$ *erklärt:*

(2) $\mathrm{Var}_{P_{(n)}}\, \widehat{\mu} = \sum_{\mathsf{s}:\mathsf{s}\in\mathcal{S}} \left(\widehat{\mu}(\boldsymbol{y},\mathsf{s}) - \mathrm{E}(\widehat{\mu}(\boldsymbol{y},\mathsf{s}))\right)^2 \cdot P_{(n)}(\mathsf{s})$.

Wir schreiben künftig i.d.R. (und wenn klar ist, von welchem Stichprobenplan die Rede ist) kurz E *statt* $\mathrm{E}_{P_{(n)}}$ *und* Var *statt* $\mathrm{Var}_{P_{(n)}}$.

Die **Standardabweichung** *von* $\widehat{\mu}$ *ist natürlich als* $\sigma_{\widehat{\mu}} = \sqrt{\mathrm{Var}\ \widehat{\mu}}$ *definiert. Ganz analog zu* (1) *und* (2) *sind* **Erwartungswert, Varianz** *und* **Standardabweichung** *für eine* beliebige **Stichprobenfunktion** *(oder* **Statistik***)* $T = T(\boldsymbol{Y}, \mathsf{S})$ *(statt* $\widehat{\mu}$*) erklärt.*

(1.4.7)(1) kann man wie folgt in Worte fassen: $\widehat{\mu}$ heißt unverzerrt für μ , wenn der "Durchschnitt" aller möglichen Werte von $\widehat{\mu}$ — gewichtet gemäß der durch $P_{(n)}$ erzeugten Verteilung von $\widehat{\mu}$ — gleich μ ist.

(1.4.8) Beispiel

Betrachte (1.3.18) und den folgenden Stichprobenplan $P = P_{(4)}$ auf dem Stichprobenraum (siehe (1.3.11))

$$\mathcal{S} = \left\{ \begin{matrix} \mathsf{s}_1 = (113,\ 25,\ 12,\ 922) \\ \mathsf{s}_2 = (12,\ 5211,\ 113,\ 4655) \\ \mathsf{s}_3 = (25,\ 60,\ 113,\ 25) \end{matrix} \right\} : \qquad \begin{matrix} P(\mathsf{s}_1) = 0.50 \\ P(\mathsf{s}_2) = 0.25 \\ P(\mathsf{s}_3) = 0.25 \end{matrix}$$

Für das Merkmal Y = "letzte Ziffer" ist $\mu = 3.2$ (siehe (1.3.18)); die Schätzfunktion $\widehat{\mu} = \overline{Y}$ hat die folgenden Werte mit folgenden Wahrscheinlichkeiten:

$$3 = 12/4 \text{ mit } 0.50\ , \quad 11/4 \text{ mit } 0.25\ , \quad 13/4 \text{ mit } 0.25\ .$$

Damit ergibt sich

$$\mathrm{E}_P(\widehat{\mu}) = (1/4)\cdot(12\cdot 0.50 + 11\cdot 0.25 + 13\cdot 0.25) = 3 \neq \mu = 3.2\ .$$

$\widehat{\mu}$ ist also nicht unverzerrt. Weiter findet man

$\mathrm{Var}\ \widehat{\mu} = 0.50\cdot(3-3)^2 + 0.25\cdot(11/4-3)^2 + 0.25\cdot(13/4-3)^2 = 1/32 = 0.03125$ und daher $\sigma_{\widehat{\mu}} = 0.1768$. ■

Statt $\mathrm{E}_{P_{(n)}}(\widehat{\mu})$ werden wir meistens kurz $\mathrm{E}(\widehat{\mu})$ schreiben, falls keine Mißverständnisse zu befürchten sind. Gelegentlich jedoch wird es hilfreich sein, auch notationell und explizit anzugeben, über welchen Bereich und mit welcher Verteilung die Erwartungswertbildung erfolgt. Dies ist insbesondere dann der Fall, wenn eine Stichprobenziehung in mehreren Schritten erfolgt und auf Zwischenstufen "bedingte" Erwartungen auftreten. (Siehe hierzu auch die Erörterungen im Mathematischen Anhang (Kapitel 9) im Anschluß an (9.3.15).)

(1.4.9) Bemerkung
Offenbar ist Unverzerrtheit (1.4.7) ein Begriff, der sich eigentlich auf eine *Strategie* $(P_{(n)}, \widehat{\mu})$ bezieht und nicht auf $\widehat{\mu}$ allein. Wir schließen uns jedoch der gängigen Terminologie an und reden oft lediglich von der Unverzerrtheit einer *Schätzfunktion*; es wird dann jeweils klar sein, welcher Stichprobenplan zugrunde liegt und von welcher Strategie folglich die Rede ist. Analoges ist bezüglich des im folgenden definierten "mittleren quadratischen Fehlers" und der "Verzerrung" ("Bias") sowie der Varianz zu vermerken. ■

(1.4.10) Definition

(1) $\mathrm{MSE}_{P_{(n)}}(\widehat{\mu}) = \mathrm{E}_{P_{(n)}}\left((\widehat{\mu}-\mu)^2\right)$ *heißt* ***mittlerer (Mean) quadratischer (Squared) Fehler (Error)*** *von* $\widehat{\mu}$ *(für* μ *)* ;

(2) $B_{P_{(n)}}(\widehat{\mu}) = \mathrm{E}_{P_{(n)}}(\widehat{\mu}) - \mu$ *heißt* ***Verzerrung (Bias)*** *von* $\widehat{\mu}$ *(für* μ*)* .

Wir verzichten i.d.R. auf das Subscript $P_{(n)}$; gelegentlich jedoch wird es explizit aufgeführt. Man prüft folgende Relationen leicht nach:

(1.4.11) (1) $\mathrm{Var}_{P_{(n)}}\ \widehat{\mu} = \mathrm{E}_{P_{(n)}}\left[((\widehat{\mu}-\mathrm{E}(\widehat{\mu}))^2\right] = \mathrm{E}(\widehat{\mu}^2) - (\mathrm{E}(\widehat{\mu}))^2$;

(2) $\mathrm{MSE}(\widehat{\mu}) = \mathrm{Var}(\widehat{\mu}) + (B(\widehat{\mu}))^2$.

Bei einer unverzerrten Schätzfunktion $\widehat{\mu}$ ist $B(\widehat{\mu}) = 0$ und daher $\mathrm{MSE}(\widehat{\mu}) = \mathrm{Var}(\widehat{\mu})$. Zuweilen liegt nur **asymptotische Unverzerrtheit** vor: wird die Stichprobenlänge n "sehr groß", so wird die Verzerrung B "sehr klein" (siehe Abschnitt 9.5 mit (3.5.5)(1), (2), (3)). In den folgenden Kapiteln spielen unverzerrte oder zumindest asymptotisch unverzerrte Schätzer/Strategien die Hauptrolle. Statt des MSE betrachten wir daher i.d.R. die Varianz eines Schätzers, wenn wir Aufschluß über seine Güte erhalten wollen. Diese Varianz ist i.d.R. unbekannt und daher selbst durch eine geeignete Statistik zu schätzen. Wir bedienen uns der Notation

(1.4.12) $\widehat{\mathrm{Var}}_{P_{(n)}}\ \widehat{\mu} = \widehat{\mathrm{Var}}\ \widehat{\mu} =$ Schätzfunktion für $\mathrm{Var}\ \widehat{\mu}$.

Man ist natürlich daran interessiert, möglichst "gute", ja "beste" Strategien, sofern sie überhaupt existieren, zu konstruieren. Damit befindet man sich zunächst innerhalb der Fragestellungen der "klassischen" Schätztheorie. Leider jedoch ist zu bemerken:

(1.4.13) Die Ergebnisse der allgemeinen statistischen Schätztheorie hinsichtlich der Existenz und Konstruktion "bester" Schätzer lassen sich nicht ohne weiteres auf Strategien (1.4.6) resp. Schätzer (1.4.4) in der Stichprobentheorie übertragen.

Ohne (1.4.13) genauer zu formulieren und nachzuweisen, sei doch ein zumindest intuitiv einleuchtendes Argument zur Illustration und Untermauerung von (1.4.13) genannt: In einen Schätzer $\widehat{\mu}$ (1.4.4) geht nicht nur die Stichprobe $\boldsymbol{Y} = \boldsymbol{Y}(\mathsf{S})$ (1.3.20)(3) ein, sondern auch die Stichprobe S selbst! Hat man zwei Stichprobenergebnisse $\boldsymbol{y}_1$ und $\boldsymbol{y}_2$, so kann der Fall $\boldsymbol{y}_1 = \boldsymbol{y}_2$ zwei verschiedene Gründe haben:

(A): es ist $\boldsymbol{y}_1 = \boldsymbol{Y}(\mathsf{s}_1) = \boldsymbol{Y}(\mathsf{s}_2) = \boldsymbol{y}_2$, jedoch $\mathsf{s}_1 \neq \mathsf{s}_2$;

(B): es ist $\mathsf{s}_1 = \mathsf{s}_2$ und folglich $\boldsymbol{y}_1 = \boldsymbol{Y}(\mathsf{s}_1) = \boldsymbol{Y}_2(\mathsf{s}_2) = \boldsymbol{y}_2$.

Die allgemeine Schätztheorie könnte **(A)** und **(B)** nicht unterscheiden, weil sie keine Information über die Stichprobe S zur Kenntnis nehmen kann. Hingegen geht die zusätzliche Information S explizit in den Schätzer $\widehat{\mu}$ (1.4.4) ein. Eine Folge davon ist, daß ein in der klassischen Schätztheorie "bester" Schätzer nun in der Stichprobentheorie nicht mehr "bester" Schätzer sein muß! (Siehe z.B. Satz (2.6.3).)

Die in den folgenden Kapiteln vorgestellten Strategien/Schätzer werden — ohne daß wir das dann jeweils festhalten werden — i.d.R. gute Eigenschaften haben; sie werden z.B. "zulässig" sein, also nicht von "besseren" Strategien/Schätzern übertroffen werden. Eine genaue Erörterung würde den Rahmen dieses Buches weit überschreiten. Der Leser sei hierzu auf CASSEL/SÄRNDAL/WRETMAN (1977) verwiesen.

Dieses Buch ist der **konventionellen Stichprobentheorie** verpflichtet: Über die Populationsparameter $(y_1, \ldots, y_N)$ und über den Mittelwert μ werden keine "Verteilungsannahmen" (oder sonstige Annahmen) eingeführt; $y_1, \ldots, y_N$ und μ sind feste unbekannte reelle Zahlen in der fest gegebenen Population G . Wenn man nun doch Verteilungsannahmen über die Populationsparameter zuläßt — wie dies in der **Superpopulations–(Stichproben–)Theorie** geschieht —, erhält man neue Schätzer und Beurteilungskriterien. Dies erfolgt allerdings zu Lasten der ***Robustheit***: man benötigt sehr viel mehr Vorinformationen, um die Theorie anwenden zu können. (Siehe Abschnitt 6.7.)

Stichprobenlänge

Obgleich die Stichprobenlänge n im Stichprobenplan (1.3.9), (1.3.11) *fest* gewählt ist, bleibt zu klären, *wie groß* denn n zu wählen ist. Es ist zu vermuten — und wird im einzelnen noch bestätigt werden —, daß i.d.R. für "vernünftige" Schätzer $\widehat{\mu}$ die Varianz und der MSE (sowie die Verzerrung) um so kleiner sind, je größer die Stichprobenlänge ist (ganz ähnlich wie in der klassischen Schätztheorie). Man kann i.d.R. davon ausgehen, daß für in diesem Buch betrachtete Klassen von Strategien $\{(P_{(n)}, \widehat{\mu}) : n \in \mathbb{N}\}$ gilt:

(1.4.14) $\mathrm{Var}(n) := \mathrm{Var}\,\widehat{\mu}$ und $\mathrm{MSE}(n) := \mathrm{MSE}(\widehat{\mu})$
sind (streng) monoton fallende Funktionen in n .

Dem Wunsch nach einer möglichst großen Stichprobenlänge stehen natürlich die Kosten für die Ziehung der Stichprobe (und die Ermittelung der Merkmalswerte in der Stichprobe) entgegen. Die Kosten werden i.d.R. mit n steigen. Wir unterstellen — bei gegebener Strategie $(P_{(n)}, \widehat{\mu})$ — für

(1.4.15) $C(n) =$ Kosten für die Ziehung von S (gemäß $P_{(n)}$) und die Ermittelung von $\boldsymbol{Y}$:
$C(n)$ ist eine (streng) monoton wachsende Funktion in n .

Bei der Bestimmung von n werden nun — auf Überlegungen von THEUERKAUF (1981) zurückgreifend — zwei Prinzipien vorgeschlagen.

Erstens will man eine vorgegebene Varianz (Schätzgenauigkeit!) auf jeden Fall einhalten:

(1.4.16) **Prinzip 1**: Minimiere $C(n)$ (1.4.15) unter der Nebenbedingung $\mathrm{Var}\,(n) \le a$ (mit gegebenem $a \in \mathbb{R}$) .

In der Praxis steht oft ein fest vorgegebener Geldbetrag A zur Verfügung; dann findet — in Modifikation von Prinzip 1 — folgender Grundsatz Anwendung:

(1.4.17) **Prinzip 1***: Minimiere $\mathrm{Var}(n)$ unter der Nebenbedingung $C(n) \le A$ (mit gegebenem $A \in \mathbb{R}$) .

Prinzip 1* ist gleichsam "dual" zu Prinzip 1: es werden lediglich die Rollen von $C(n)$ und $\mathrm{Var}(n)$ vertauscht. Die gefundenen Werte für n stimmen bei Anwendung von Prinzip 1 und 1* natürlich überein, wenn A in (1.4.17) gleich $C_{\mathbf{Min}} = C(n_{\mathbf{Min}})$ aus (1.4.16) gesetzt wird (resp. in (1.4.16) $a = \mathrm{Var}(n_{\mathbf{Max}})$ aus (1.4.17)).

Zweitens will man $\mathrm{Var}(n)$ gegen $C(n)$ gleichsam aufrechnen. Dazu hat man zunächst zu bestimmen, welchen Wert in Geldeinheiten eine Verkleinerung der Varianz (Vergrößerung der Schätzgenauigkeit) um 1 hat. Es sei dies der Betrag d. Dann wird die Vergrößerung der Kosten um den Betrag d durch die Verkleinerung der Varianz um 1 "aufgewogen". Um den "Gesamtschaden" aus Kosten und Schätzungenauigkeit zu minimieren, folgen wir daher dem

(1.4.18) Prinzip 2: Minimiere $C(n) + d \cdot \text{Var}(n)$
($d =$ "Geldwert" einer Varianzveränderung um 1) .

Welchem der genannten Prinzipien man den Vorzug gibt, hängt natürlich von der konkreten Anwendung und den Präferenzen des Anwenders ab. Wir werden im folgenden Kapitel beide Prinzipien nutzen, um die Stichprobenlänge für den gleichsam einfachsten Fall der Stichprobenziehung zu bestimmen. Im 3. Kapitel findet vor allem Prinzip 1 Berücksichtigung (mutatis mutandis). Auf die — approximative — Bestimmung von n über die Konstruktion von Konfidenzintervallen mit Hilfe des *Zentralen Grenzwertsatzes* gehen wir nur kurz in (2.1.11) ein, da wir im Interesse der Robustheit möglichst wenig Gebrauch von Verteilungsannahmen machen wollen. In den weiteren Kapiteln, die von komplexeren Stichproben-Verfahren handeln, unterbleibt die explizite Bestimmung von n ; sie dürfte dem Leser jedoch keine grundsätzlichen Schwierigkeiten bereiten.

Weitere Literatur:

Cassel, C. M., Särndal, C. E., Wretman, J. H. (1977); Dalenius, T. (1962); Frank, O. (1970); Godambe, V. P. (1965); Godambe, V. P., Joshi, V. M. (1965); Joshi, V. M. (1965a), (1965b), (1968b), (1971a), (1971c), (1979a), (1979b); Karlin, S. (1974); Kellerer, H. (1963); Kish, L., Frankel, M. R. (1974); Kreienbrock, L. (1989); Kruskal, W., Mosteller, F. (1979a), (1979b), (1979c); Lanke, J. (1973); Leiner, B. (1989); Morimoto, H. (1973); Pötter, U., Rendtel, U. (1993); Pokropp, F. (1984a); Raj, D. (1972); Royall, R. M. (1968), (1970a); Särndal, C. E. (1976); Smith, M. F. (1976); Solomon, H., Zacks, S. (1970); Statistisches Bundesamt (Hrsg.) (1976); Stenger, H. (1972b), (1973), (1974a), (1979a), (1979b);

Kapitel 2

Einfache Zufalls–Stichproben (Simple Random Sampling)

Gegeben sei die Population G mit $\#(G) = N$. Y sei ein Merkmal auf G mit Mittelwert μ und Streuung σ^2 . Es liege die in (1.2.1) geschilderte Ausgangssituation vor. Da nun nach Voraussetzung die Elemente von G verfügbar (und angeordnet) sind, läßt sich das Zufallsexperiment "Ziehe n Elemente aus G" ausführen, und zwar in den beiden Versionen "mit Zurücklegen" und "ohne Zurücklegen". (Die technische Ausführung dieses Zufallsexperiments wird in 2.3 beschrieben.) Beim Ziehen mit Zurücklegen wird nach jedem Zug das gezogene Element wieder zur Population G gefügt, so daß für den nächsten Zug G vollständig und unabhängig von vorausgegangenen Ergebnissen zur Verfügung steht. Bei der Ziehung ohne Zurücklegen steht ein gezogenes Element für weitere Züge nicht mehr zur Verfügung. (Einstweilen mag man sich die Ziehungen mit Hilfe einer "Fee" und numerierten Zetteln $1, \ldots, N$ in einer Lostrommel vorstellen.)

Die Stichproben werden benutzt, um den Mittelwert μ durch eine geeignete Schätzfunktion $\widehat{\mu}$ zu schätzen und um die Varianz von $\widehat{\mu}$ zu schätzen. Wir behandeln in Abschnitt 2.1 die Stichproben mit Zurücklegen, in 2.2 die ohne Zurücklegen. In 2.4 geben wir eine gemeinsame Darstellung beider Verfahren, die vor allem im Hinblick auf spätere Kapitel von Interesse ist. Abschnitt 2.5 behandelt als Spezialfall die Schätzung von Anteilswerten. (Natürlich ist — wie sich zeigen wird — jeder Anteilswert als Mittelwert darstellbar.) In 2.6 findet man eine Modifikation von Stichproben mit Zurücklegen, bei der nur die verschiedenen Elemente zur Schätzung benutzt werden und so eine Verbesserung der Schätzung erreicht wird. Soweit wird implizit unterstellt, daß die Erhebung von Y keine Probleme verursacht, d.h. daß prinzipiell mit der Stichprobe S auch die Stichprobe $\boldsymbol{Y}$ vorliegt. In 2.7 schildern wir einen Versuch, $\boldsymbol{Y}$ ein wenig von S "abzukoppeln" und zuzulassen, daß man die Antworten $\boldsymbol{Y}$ auf S nur mit gewissen Wahrscheinlichkeiten erhält. Mit einer solchen "Abkoppelung" ist in vielen praktischen Situationen zu rechnen. (Davon zu unterscheiden ist das Problem der "Verweigerer", die ihren Y–Wert überhaupt nicht preisgeben. Damit befassen wir uns erst in 7.5 .)

2.1 Einfache Zufalls–Stichproben mit Zurücklegen (Simple Random Sampling with Replacement [srswr])

Stichprobenverteilung

Bei einer einfachen Stichprobe mit Zurücklegen (*mZ*) $\mathsf{S} = (\mathsf{U}_1, \ldots, \mathsf{U}_n)$ werden alle Elemente von G gleich behandelt; alle n Züge sind voneinander unabhängig und erfolgen unter identischen Bedingungen. Wir spezifizieren daher die in (1.3.11) und (1.3.20) gegebenen Definitionen wie folgt:

(2.1.1) Definition
Es sei P_0 die uniforme Verteilung auf $G = \{u_1, \ldots, u_N\}$ (siehe (1.3.23)):

(1) $P_0(u_i) = \dfrac{1}{N}$ für $i = 1, \ldots, N$;

es sei ferner P_0^n das n–fache Produkt von P_0 auf G^n :

(2) $P_0^n(\mathsf{u}_1, \ldots, \mathsf{u}_n) = P_0(\mathsf{u}_1) \cdot P_0(\mathsf{u}_2) \cdot \ldots \cdot P_0(\mathsf{u}_n) = (1/N)^n$, $\mathsf{u}_i \in G$.

*Setze $P_{(n)} = P_0^n$ in (1.3.11). Dann nennen wir S eine **einfache** mZ–**(Zufalls–) Stichprobe** aus G . $\boldsymbol{Y} = (Y_1, \ldots, Y_n)$ heißt **einfache** mZ–**Stichprobe aus** Y . Wir schreiben auch einfach P oder P_{mZ} statt P_0^n . Wir haben dann also*

(3) $P_{mZ}(\{\mathsf{S} = \mathsf{s}\}) = (1/N)^n$ *für jedes* $\mathsf{s} = (\mathsf{u}_1, \ldots, \mathsf{u}_n) \in G^n$.

Schätzer

Wir betrachten nun folgende Schätzfunktion $\widehat{\mu}$ für μ und $\widehat{\text{Var}}\,\widehat{\mu}$ für die Varianz von $\widehat{\mu}$ (siehe zur Erinnerung (1.3.15)(1) bis (3), ferner (1.3.25)(1) bis (3)):

(2.1.2) Schätzer aus einfachen *mZ*–Stichproben:

$$\widehat{\mu} = \overline{Y}, \qquad \widehat{\operatorname{Var}}\,\widehat{\mu} = \frac{1}{n-1}S^2 = \frac{1}{n}S^{*2}\ .$$

(2.1.3) Satz
Für die Schätzfunktionen in (2.1.2) *gilt:*

(1) $\mathrm{E}(\widehat{\mu}) = \mu\ ;$

(2) $\operatorname{Var}\,\widehat{\mu} = \frac{1}{n}\cdot\sigma^2\ ;$

(3) $\mathrm{E}(\widehat{\operatorname{Var}}\,\widehat{\mu}) = \operatorname{Var}\,\widehat{\mu}\ ;$

(4) $\mathrm{E}(S^2) = \frac{n-1}{n}\sigma^2$ *oder* $\mathrm{E}(S^{*2}) = \sigma^2\ .$

Bevor wir (2.1.3) beweisen (nach (2.1.6)), zeigen wir

(2.1.4) Lemma
Mit der durch P_0 (2.1.1)(1) *erzeugten Verteilung von* Y *gilt:*

(1) $\mathrm{E}(Y) = \mu$, $\operatorname{Var} Y = \sigma^2$ *(siehe auch* (1.3.24)*);*

(2) *jedes* Y_i *hat dieselbe Verteilung wie* Y *;*

(3) $Y_1,\ldots,Y_n$ *sind voneinander stochastisch unabhängig.*

Beweis (von (2.1.4)):

(1) $\mathrm{E}(Y) = \sum_y y\cdot P_0(Y=y) = \sum_{u\in G} Y(u)\cdot P_0(u) = \sum_u Y(u)\cdot\frac{1}{N} = \mu\ .$
$\operatorname{Var} Y = \mathrm{E}(Y^2) - \mu^2 = \sum_{u\in G} Y^2(u)\cdot P_0(u) - \mu^2 = \frac{1}{N}\cdot\sum_u Y^2(u) - \mu^2 = \sigma^2$
(mit (1.3.17)). Wir bemerken nebenbei:

(2.1.5) $$\mathrm{E}(Y^2) = \frac{1}{N}\cdot\sum_{u\in G} Y^2(u) \quad = \quad \mu^2+\sigma^2\ .$$

(2) In einer abgekürzten, aber offensichtlichen Schreibweise ist

$$P_{Y_i}(y) = P_{\mathbf{Y}}(\mathbb{R},\ldots,\mathbb{R},y,\mathbb{R},\ldots,\mathbb{R}) = P_0^n(G,\ldots,\{Y=y\},G,\ldots,G)$$

wegen (1.3.20)(2) (mit $\mathbb{R} =$ die Menge der reellen Zahlen) . Also ist wegen (2.1.1)(2) $P_{Y_i}(y) = P_0(G)\cdot\ldots\cdot P_0(G)\cdot P_0(Y=y)\cdot P_0(G)\cdot\ldots\cdot P_0(G) = P_0(Y=y) = P_Y(y)$.

(3) Wegen (2.1.1)(2) ist $P_0^n(Y_1=y_1,\ldots,Y_n=y_n) = P_0(Y_1=y_1)\cdot\ldots\cdot P_0(Y_n=y_n)$, und hieraus hat man die Behauptung. ■

(2.1.6) Bemerkung
Die Aussagen (2.1.4)(2) und (3) wurden ohne Gleichung (1) (und nur unter Ausnutzung der *Produktstruktur* von P_0^n in (2)) bewiesen. Sie gelten offenkundig auch dann, wenn P_0 durch *irgend eine* W–Verteilung P auf G und P_0^n durch $P_{(n)} = P^n$ auf G^n ersetzt wird. ∎

Beweis (von (2.1.3)):

(1) $\mathrm{E}(\widehat{\mu}) = \mathrm{E}(\overline{Y}) = \frac{1}{n}\sum_{i=1}^n \mathrm{E}(Y_i)$. Wegen (2.1.4)(1) und (2) ist $\mathrm{E}(Y_i) = \mathrm{E}(Y) = \mu$, und hieraus folgt die Behauptung.

(2) $\mathrm{Var}\,\widehat{\mu} = \mathrm{Var}\,\overline{Y} = (1/n^2)\cdot\sum_{i=1}^n \mathrm{Var}\,Y_i$ wegen (2.1.4)(3). Mit (2.1.4)(1) und (2) erhält man $\mathrm{Var}\,Y_i = \sigma^2$ und damit $\mathrm{Var}\,\widehat{\mu} = (1/n^2)\cdot n\sigma^2 = \frac{1}{n}\sigma^2$.

(3) Trivial wegen (2.1.3)(4).

(4) Es ist $\mathrm{E}(S^2) = \mathrm{E}\left(\frac{1}{n}\sum Y_i^2\right) - \mathrm{E}(\overline{Y}^2)$ mit (1.3.26), also

$$\begin{aligned} \mathrm{E}(S^2) &= \mathrm{E}(Y^2) - \mathrm{E}(\overline{Y}^2) \text{ (wegen (2.1.4)(2))} \\ &= (\mu^2+\sigma^2) - (\mu^2 + \tfrac{1}{n}\sigma^2) \text{ (wegen (2.1.5), (1.3.17) für } Y \text{ und } \overline{Y}) \\ &= \sigma^2\cdot(1-\tfrac{1}{n}) . \end{aligned}$$ ∎

(2.1.7) Beispiel
Betrachte (1.3.18) mit unbekanntem (!) μ. Eine einfache *mZ*-Stichprobe — realisiert durch viermaliges Ziehen aus G “mit jeweiligem Zurücklegen” durch eine “faire” Glücksgöttin — ergab

$\mathsf{S} = (5211, 60, 5, 25)$, $\boldsymbol{Y} = (Y_1,\ldots,Y_4) = (1, 0, 5, 5)$, $\widehat{\mu} = \overline{Y} = 11/4 = 2.75$.

Wäre $\sigma^2 = 5.56$ (siehe (1.3.18)) bekannt, hätten wir $\mathrm{Var}\ \widehat{\mu} = \frac{1}{4}\cdot 5.56 = 1.39$. Ist — wie dies in der Praxis i.d.R. der Fall ist — σ^2 unbekannt, errechnen wir $S^2 = \frac{1}{4}\cdot(1+0+25+25) - 2.75^2 = 5.1875$, $\widehat{\mathrm{Var}}\ \widehat{\mu} = \frac{1}{3}\cdot 5.1875 = 1.73$. ∎

Wahl der Stichprobenlänge

Die Frage der Bestimmung von n beantworten wir anhand der in Kapitel 1 genannten *Prinzipien* 1 (1.4.16) und 2 (1.4.18). Dabei unterstellen wir eine

lineare Kostenfunktion : $C(n) = c_0 + c\cdot n$.

Die gem. (1.4.16) *zu lösende Aufgabe* mit (2.1.3)(2) lautet nun:

Minimiere n unter der Nebenbedingung $\sigma^2/n \le V_0$ mit
$V_0 =$ *vorgegebene Varianz von* $\widehat{\mu} = \overline{Y}$.

Die Lösung ist offenkundig:

(2.1.8) $n = [\text{ kleinste natürliche Zahl} \geq \sigma^2/V_0\ ]$ **(Prinzip 1)** .

Beispiel
Hat man eine Population mit $N = 1000$ Elementen, auf der das Erhebungsmerkmal Y die Varianz $\sigma^2 = 625$ hat, so sollte man, um einen Schätzer $\widehat{\mu}$ für μ mit Var $\widehat{\mu} \leq 15$ zu haben, wegen $625/15 = 41.67$ die Stichprobenlänge $n = 42$ wählen. ■

Die gem. (1.4.18) *zu lösende Aufgabe* lautet offenbar:

(2.1.9) Minimiere die Funktion $R(n) = c \cdot n + d \cdot \sigma^2/n$.

Betrachten wir $R(z)$ für jedes positive $z \in \mathbb{R}$, so findet man leicht — durch Differenzieren — die Minimalstelle der Funktion R : $z_{\text{Min}} = \sigma\sqrt{d/c}$. Als Lösung der gestellten Aufgabe nehmen wir deshalb

(2.1.10) $n = [\text{ nächste natürliche Zahl bei } \sigma \cdot \sqrt{d/c}\ ]$ **(Prinzip 2)** .

Beispiel
Man betrachte eine Population mit $N = 1000$ Elementen, auf der das Erhebungsmerkmal Y die Varianz $\sigma^2 = 625$ hat. Die Erhebungskosten pro Einheit sind $c = 10$. Der Geldwert einer Veränderung von Var $\widehat{\mu}$ um eine (Maß–)Einheit ist 52.5 . Man sollte — wegen $25 \cdot \sqrt{52.5/10} = 57.28$ — die Stichprobenlänge $n = 57$ wählen. ■

In der Literatur üblich ist auch, mit Hilfe des *Zentralen Grenzwertsatzes* ein gewünschtes Konfidenzintervall für μ — mit vorgegebener Konfidenz $1-\alpha$ und vorgegebener Intervallbreite 2ε — zugrunde zu legen:

(2.1.11) $P(\overline{Y} - \varepsilon < \mu < \overline{Y} + \varepsilon) \approx 1 - 2 \cdot \Phi(-\frac{\varepsilon}{\sigma/\sqrt{n}}) = 1 - \alpha$.

Aus $\sigma, \varepsilon, \alpha$ wird nun n bestimmt.

2.2 Einfache Zufalls–Stichproben ohne Zurücklegen (Simple Random Sampling without Replacement [srswor])

Stichprobenverteilung

Bei einer einfachen Stichprobe ohne Zurücklegen (oZ) $\mathsf{S} = (\mathsf{U}_1, \ldots, \mathsf{U}_n)$ erfolgt die Ziehung von U_i aus der Menge $G - \{\mathsf{U}_1, \ldots, \mathsf{U}_{i-1}\}$, wobei keines der zur Verfügung stehenden Elemente bevorzugt wird. Wir spezifizieren daher die in (1.3.11) und (1.3.20) gegebenen Definitionen wie folgt:

(2.2.1) Definition
Es sei $P_{(n)}$ auf G^n wie folgt erklärt:

$$(1)\quad P_{(n)}(\mathsf{s}) = P_{(n)}(\mathsf{u}_1, \ldots, \mathsf{u}_n) = \begin{cases} \dfrac{1}{N(N-1)\ldots(N-n+1)} & \text{für verschiedene } \mathsf{u}_1, \ldots, \mathsf{u}_n\,; \\ 0 & \text{sonst}\,. \end{cases}$$

Dann heißt S *eine* ***einfache*** *oZ–***(Zufalls–) Stichprobe** *aus* G; $\boldsymbol{Y}$ *heißt* ***einfache*** *oZ–***Stichprobe** *aus* Y. *Wir schreiben auch einfach* P *oder* P_{oZ} *statt* $P_{(n)}$ *aus* (1). *Wir haben dann also für jedes* $\mathsf{s} = (\mathsf{u}_1, \ldots, \mathsf{u}_n) \in G^n$:

$$(2)\quad P_{oZ}(\mathsf{S} = \mathsf{s}) = \frac{1}{N(N-1)\ldots(N-n+1)}\,, \qquad \text{falls } \mathsf{u}_i \neq \mathsf{u}_j \text{ für } i \neq j \text{ ist.}$$

Schätzer

Wir betrachten nun die in (2.2.2) erklärten Schätzfunktionen $\widehat{\mu}$ für μ und $\widehat{\text{Var}}\,\widehat{\mu}$ für die Varianz von $\widehat{\mu}$:

(2.2.2) Schätzer aus einfachen *oZ*–Stichproben:

$$\widehat{\mu} = \overline{Y}\,, \quad \widehat{\text{Var}}\,\widehat{\mu} = \frac{1}{n-1} S^2 \left(1 - \frac{n}{N}\right) = \frac{1}{n} S^{*2} \left(1 - \frac{n}{N}\right).$$

(2.2.3) Satz
Für die Schätzfunktionen in (2.2.2) *gilt:*

(1) $\text{E}(\widehat{\mu}) = \mu$;

(2) $\text{Var}\,\widehat{\mu} = \dfrac{1}{n}\left(1 - \dfrac{n-1}{N-1}\right)\sigma^2 = \dfrac{1}{n}\left(1 - \dfrac{n}{N}\right)\sigma^{*2}$;

(3) $\text{E}(\widehat{\text{Var}}\,\widehat{\mu}) = \text{Var}\,\widehat{\mu}$;

(4) $\text{E}(S^{*2}) = \sigma^{*2}$, *also* $\text{E}\left(\dfrac{N-1}{N} S^{*2}\right) = \sigma^2$ *oder* $\text{E}\left(\left(1 - \dfrac{1}{N}\right) S^{*2}\right) = \sigma^2$.

Zum Beweis (nach (2.2.8)) benötigen wir

(2.2.4) Lemma
Mit der durch P_0 aus (2.1.1)(1) *erzeugten Verteilung von* Y *gilt:*

(1) $\mathrm{E}(Y) = \mu$, $\mathrm{Var}\, Y = \sigma^2$ *(siehe auch* (1.3.24)*)*;

(2) *jedes* Y_i *hat dieselbe Verteilung wie* Y .

(3) $\mathrm{Cov}(Y_i, Y_j) = -\frac{1}{N-1}\sigma^2 = -\frac{1}{N}\sigma^{*2}$ für $i \neq j$,

wobei Cov *die* **Covarianz** *(auch* **Kovarianz***) bezeichnet, die für zwei Zufallsvariable* X, Z *— mit beliebiger gemeinsamer Verteilung* P *— bekanntlich definiert ist als*

(2.2.5) $\sigma_{X,Z} = \sigma_{XZ} = \mathrm{Cov}\,(X, Z) = \mathrm{E}_P(X \cdot Z) - \mathrm{E}_P(X) \cdot \mathrm{E}_P(Z) = \sigma_{ZX}$.

Bemerkung
Gelegentlich muß notationell verdeutlicht werden, ob mit σ_{XZ} die *Covarianz* $\mathrm{Cov}\,(X, Z) = \sigma_{X,Z}$ oder die *Standardabweichung* der Produktvariablen $X \cdot Z$ — $\sigma_{X \cdot Z}$ — gemeint ist. Natürlich ist $X \cdot Z$ definiert gem. (1.3.19): $(X \cdot Z)(u) = X(u) \cdot Z(u)$ für alle $u \in G$. ■

Beweis (von (2.2.4)): Wir zeigen zunächst für $\mathsf{S} = (\mathsf{U}_1, \ldots, \mathsf{U}_n)$:

(2.2.6) $P_{(n)}(\mathsf{U}_i = u) = \frac{1}{N}$ für alle $u \in G$, alle $i = 1, \ldots, n$.

Aufgrund von (2.2.1)(1) ist $P_{(n)}(\mathsf{U}_i = u) =$

$$P_{(n)}\big(\, \mathsf{U}_1 \in G - \{u\},\ \mathsf{U}_2 \in G - \{u, U_1\},\ \ldots,\ U_{i-1} \in G - \{u, U_1, \ldots, U_{i-2}\},$$
$$\mathsf{U}_i = u,\ U_{i+1} \in G - \{U_1, \ldots, U_i\},\ \ldots,\ U_n \in G - \{U_1, \ldots, U_{n-1}\}\big)$$
$$= \textstyle\sum_{(1)} \cdots \sum_{(i-1)} \sum_{(i+1)} \cdots \sum_{(n)} P_{(n)}(\mathsf{u}_1, \ldots, \mathsf{u}_{i-1}, u, \mathsf{u}_{i+1}, \ldots, \mathsf{u}_n\,)\ ,$$

wobei für $j \neq i$ die Summe $\sum_{(j)}$ über alle $\mathsf{u}_j \in G - \{\mathsf{u}_i, \mathsf{u}_1, \ldots, \mathsf{u}_{j-1}\}$ (mit $\mathsf{u}_i = u$) läuft. Die Anzahl aller Summanden ist daher

$$(N-1) \cdot \ldots \cdot (N-i+1) \cdot 1 \cdot (N-i) \cdot \ldots \cdot (N-n+1)\ ,$$

so daß nun wiederum mit (2.2.1)(1) Aussage (2.2.6) folgt.

Auf ganz analoge Weise zeigt man

(2.2.7) $P_{(n)}(\mathsf{U}_i = u, \mathsf{U}_j = v) = \frac{1}{N(N-1)}$

für alle $u, v \in G$ mit $u \neq v$ und alle $i, j = 1, \ldots, n$ mit $i \neq j$,

$P_{(n)}(\mathsf{U}_i = u, \mathsf{U}_j = u) = 0$ für $i \neq j$.

Nach diesen Vorbereitungen kommen wir im Beweis von (2.2.4) nun zu

(1) Das ist noch einmal (1.3.24).

(2) Aufgrund von (1.3.20)(2) und (2.2.6) können wir schreiben: $P_{(n)}(Y_i = y) = \frac{1}{N}\#\{u \in G : Y(u) = y\} = P_0(Y = y)$.

(3) $\mathrm{Cov}(Y_i, Y_j) = \mathrm{E}(Y_i \cdot Y_j) - \mathrm{E}(Y_i) \cdot \mathrm{E}(Y_j)$.
Wegen (1) und (1.3.24) ist $\mathrm{E}(Y_i) \cdot \mathrm{E}(Y_j) = \mu^2$.
Wegen (2.2.7) ist ferner $\mathrm{E}(Y_i \cdot Y_j) = \dfrac{1}{N(N-1)} \sum_{\substack{r,s=1 \\ (r \neq s)}}^{N} y_r \cdot y_s =$
$$\frac{N}{N-1}\left(\frac{1}{N^2}\sum_{r,s=1}^{N} y_r y_s - \frac{1}{N^2}\sum_{r=1}^{N} y_r^2\right) = \frac{N}{N-1}\mu^2 - \frac{\mathrm{E}(Y^2)}{N-1} .$$
Also ist (mit (2.1.5))
$$\mathrm{Cov}(Y_i, Y_j) = \frac{N-(N-1)}{N-1}\mu^2 - \frac{\mathrm{E}(Y^2)}{N-1} = -\frac{\mathrm{E}(Y^2)-\mu^2}{N-1} = \frac{-\sigma^2}{N-1} .$$
■

(2.2.8) Bemerkung
Würde man ein weiteres Merkmal X mit Werten $\{x_1, \ldots, x_N\}$ auf G betrachten, ergäbe eine zur obigen Herleitung von $\mathrm{E}(Y_i \cdot Y_j)$ völlig analoge Rechnung das Ergebnis
$$\mathrm{E}(X_i \cdot Y_j) = \frac{N}{N-1}\mu_X \mu_Y - \frac{\mathrm{E}(X \cdot Y)}{N-1} = \mathrm{E}(X_1 \cdot Y_2) \text{ (z.B.)} \quad \text{für } i \neq j ,$$
wobei natürlich in kanonischer Weise $X_i = X(\mathsf{U}_i)$ gesetzt wurde . ■

Nachdem nun Lemma (2.2.4) bewiesen ist, kommen wir zum

Beweis (von (2.2.3)):

(1) Folgt sofort aus (2.2.4)(1) und (2), da nun $\mathrm{E}(Y_i) = \mu$ für alle $i = 1, \ldots, n$ ist.

(2) $$\mathrm{Var}\ \widehat{\mu} = \frac{1}{n^2} \cdot \left(\sum_i \mathrm{Var}\, Y_i + \sum_{\substack{i,j \\ i \neq j}} \mathrm{Cov}(Y_i, Y_j)\right) = \frac{1}{n^2} \cdot \left(n\sigma^2 - \frac{n(n-1)}{N-1}\sigma^2\right)$$
(mit (2.2.4)(1), (2), (3)). Also ist $\mathrm{Var}\ \widehat{\mu} = \dfrac{1}{n}\sigma^2 \cdot \left(1 - \dfrac{n-1}{N-1}\right)$.

Natürlich ist

$$\textbf{(2.2.9)} \quad \sigma^2\left(1 - \frac{n-1}{N-1}\right) = \sigma^2 \cdot \frac{N-n}{N-1} = \sigma^{*2}\frac{N-n}{N} = \sigma^{*2}\left(1 - \frac{n}{N}\right) .$$

(3) Trivial wegen (2.2.3)(4).

(4) Es ist $\mathrm{E}(S^{*2}) = \dfrac{n}{n-1}\mathrm{E}(S^2) = \dfrac{n}{n-1}\mathrm{E}\left(\dfrac{1}{n}\sum_i Y_i^2 - \overline{Y}^2\right)$
$= \dfrac{n}{n-1}\left(\mathrm{E}(Y^2) - \mathrm{E}(\overline{Y}^2)\right)$ (mit (2.2.4)(2)). Da $\mathrm{E}(Y^2) = \mu^2 + \sigma^2$ und

$$\mathrm{E}(\overline{Y}^2) = \mu^2 + \frac{\sigma^2}{n} \cdot \left(1 - \frac{n-1}{N-1}\right) \text{ ist (mit (2.2.3)(2)), erhält man}$$

$$\mathrm{E}(S^{*2}) = \frac{n}{n-1} \cdot \sigma^2 \cdot \left(1 - \frac{1}{n} \cdot \frac{N-n}{N-1}\right) = \frac{n}{n-1} \cdot \sigma^2 \cdot \frac{N(n-1)}{n(N-1)} = \sigma^{*2} . \quad \blacksquare$$

(2.2.10) Beispiel

Betrachte (2.1.7) mit der Modifikation, daß die Glücksgöttin das jeweils gezogene Element *nicht* zurücklegt, so daß S resp. $\boldsymbol{Y}$ nun eine *oZ*–Stichprobe ist. Bei bekanntem $\sigma^2 = 5.56$ hätten wir dann Var $\widehat{\mu} = \frac{1}{4}\left(1 - \frac{4-1}{10-1}\right)\sigma^2 = 0.93$, und bei unbekanntem σ wäre — mit $S^2 = 5.1875$ — die unverzerrte Schätzung für Var $\widehat{\mu}$ gleich $\widehat{\mathrm{Var}}\,\widehat{\mu} = \frac{1}{3}(1 - \frac{4}{10}) \cdot 5.1875 = 1.04$. ■

(2.2.11) Bemerkung

Analog zu (2.2.7) kann man leicht nachprüfen, daß für irgendwelche r Komponenten von S gilt

(1) $P(\mathsf{U}_{i_1} = \mathsf{u}_1, \ldots, \mathsf{U}_{i_r} = \mathsf{u}_r) \quad = \quad \dfrac{1}{N \cdot (N-1) \cdot \ldots \cdot (N-r+1)}$
sofern $\mathsf{u}_i \neq \mathsf{u}_j$ für $i \neq j$ ist .

Daraus erhält man mit Hilfe bekannter Sätze über bedingte Wahrscheinlichkeiten

(2) $P_{(n)}(\mathsf{U}_i = u \mid \mathsf{U}_1 = \mathsf{u}_1, \ldots, \mathsf{U}_{i-1} = \mathsf{u}_{i-1}) = \dfrac{1}{N-i+1}$,
sofern $u, \mathsf{u}_1, \ldots, \mathsf{u}_{i-1}$ verschieden sind.

Gleichung (2) für alle i bestimmt offenbar $P_{(n)}$ vollständig und kann daher (2.2.1)(1) ersetzen. In (2) ist gegenüber (2.2.1)(1) der Vorgang des *sukzessiven* Ziehens *oZ* formalisiert. Wir werden noch öfter — ohne dies jeweils hervorzuheben — von solchen Darstellungen von $P_{(n)}$ Gebrauch machen. ■

Vergleich der Strategien $(P_{mZ}, \overline{Y})$ und $(P_{oZ}, \overline{Y})$

Ein Vergleich von *mZ*– mit *oZ*–Stichproben aufgrund der in (2.1.3)(2) und (2.2.3)(2) berechneten Varianzen zeigt

(2.2.12) $\mathrm{Var}_{oZ}\ \overline{Y} = (1 - \dfrac{n-1}{N-1}) \cdot \mathrm{Var}_{mZ}\ \overline{Y}$.

So gesehen ist die Strategie $(P_{oZ}, \overline{Y})$ besser als die Strategie $(P_{mZ}, \overline{Y})$ (für $n > 1$). In vielen praktischen Anwendungen wird jedoch n im Vergleich mit N so klein sein, daß der die "Verbesserung" bestimmende Faktor $\frac{n-1}{N-1}$ nicht ins Gewicht fällt. Dann allerdings sprechen andere Gründe *für* die Verwendung von *mZ*–Stichproben, die den in (2.2.12) zu Tage tretenden Nachteil ausgleichen; insbesondere gilt ja: bei *mZ*-Stichproben sind $Y_1, \ldots, Y_n$ (stochastisch) unabhängig. Dieser Umstand kann in Beweisführungen von beträchtlichem Nutzen sein. (Man vergleiche die Berechnungen von Var $\overline{Y}$ im Beweis von (2.1.3)(2) und von (2.2.3)(2).) Im übrigen steht bei einer *mZ*-Stichprobe die gesamte Fülle der aus der theoretischen Statistik bekannten Aussagen über *unabhängige* Stichprobenvariable $Y_1, \ldots, Y_n$ zur Verfügung.

Wahl der Stichprobenlänge

Die Frage der Bestimmung von n beantworten wir wieder anhand der in Kapitel 1 genannten *Prinzipien* 1 (1.4.16) und 2 (1.4.18) mit einer *linearen Kostenfunktion* : $C(n) = c_0 + c \cdot n$.

Die gem. (1.4.16) zu lösende Aufgabe lautet nun mit (2.2.3)(2): Minimiere n unter der Nebenbedingung

$$\left(1 - \frac{n}{N}\right) \sigma^{*2}/n \leq V_0 \qquad \text{mit } V_0 = \textit{vorgegebene Varianz von } [\widehat{\mu} = \overline{Y}] \, .$$

Die Nebenbedingung können wir auch schreiben als $\sigma^{*2}/n - \sigma^{*2}/N \leq V_0$. Die Lösung ist schnell ermittelt als

$$\textbf{(2.2.13)} \quad n = \left[\text{kleinste natürliche Zahl} \geq \frac{N \cdot \sigma^2}{(N-1) \cdot V_0 + \sigma^2} \right] \quad \textbf{(Prinzip 1).}$$

(Man sieht übrigens leicht, daß stets $n \leq N$ (2.2.13) ist.)

Beispiel
Hat man eine Population mit $N = 1000$ Elementen, auf der das Erhebungsmerkmal Y die Varianz $\sigma^2 = 625$ hat, so sollte man, um einen Schätzer $\widehat{\mu}$ für μ mit Var $\widehat{\mu} \leq 15$ zu haben, wegen $\dfrac{1000 \cdot 625}{999 \cdot 15 + 625} = 40.0384$ die Stichprobenlänge $n = 41$ wählen. (Siehe auch das Beispiel zu (2.1.8).) ■

Die gem. (1.4.18) zu lösende Aufgabe lautet offenbar: Minimiere die Funktion

$$\begin{aligned} \textbf{(2.2.14)} \quad R(n) &= c \cdot n + d \cdot \left(1 - \frac{n}{N}\right) \sigma^{*2}/n = c \cdot n + d \cdot \sigma^{*2}/n - d \cdot \sigma^{*2}/N \\ &= c \cdot n + d \cdot \left(1 - \frac{n-1}{N-1}\right) \sigma^2/n \qquad (\text{mit } (2.2.3)(2)) \, . \end{aligned}$$

Diese Aufgabe ist aber — im wesentlichen, nämlich abgesehen vom additiven Term $d \cdot \sigma^{*2}/N$ und mit σ^{*2} statt σ^2 — identisch mit derjenigen, die in (2.1.10) gelöst wurde. Als Lösung der gestellten Aufgabe nehmen wir deshalb zunächst:

$$n = [\text{ nächste natürliche Zahl bei } \sigma^* \cdot \sqrt{d/c} \;] .$$

Mit $\sigma^{*2} = \sigma^2 \cdot N/(N-1)$ und der Bedingung $n \leq N$ haben wir schließlich

$$\text{(2.2.15)}\quad n = \text{Min}\left\{N, \left[\sigma \cdot \sqrt{\frac{d}{c} \cdot \frac{N}{N-1}}\right]_{gerundet}\right\} \qquad \textbf{(Prinzip 2)}\,.$$

Beispiel
Man betrachte eine Population mit $N = 1000$ Elementen, auf der das Erhebungsmerkmal Y die Varianz $\sigma^2 = 625$ hat. Die Erhebungskosten pro Einheit sind $c = 10$. Der Geldwert einer Veränderung von Var $\widehat{\mu}$ um eine (Maß–)Einheit ist 52.5 . Man sollte (wegen $25 \cdot \sqrt{52.5/10} \cdot \sqrt{1000/999} = 57.31$) die Stichprobenlänge $n = 57$ wählen. — Nur auf den ersten Blick erscheint das Ergebnis (wegen (2.2.12)) im Widerspruch zum Beispiel zu (2.1.10) zu stehen. Das Risiko $R(n)$ ist ja nach (2.1.9) und (2.2.14) bei *oZ*–Stichproben um $\frac{n-1}{N-1} \cdot d \cdot \frac{\sigma^2}{n}$ kleiner als bei *mZ*–Stichproben. Gegenüber dem Risiko (2.1.9) haben wir hier — im Vergleich mit dem Beispiel zu (2.1.10)) — bei der *oZ*–Stichprobe eine Risikoverminderung um $\frac{56}{999} \cdot \frac{10 \cdot 625}{57} = 6.15$ (bei gleicher Stichprobenlänge). ∎

2.3 Zur Technik der Ziehung von einfachen Zufalls–Stichproben

Wir beschreiben nun kurz zwei technische Verfahren, n (nicht notwendiger Weise verschiedene) Elemente aus N Elementen zu ziehen. Sodann zeigen wir, daß diese Verfahren die in (2.1.1)(2) und (2.2.1)(1) angegebenen Verteilungen realisieren. Für diese Verfahren benötigen wir "Zufallszahlen":

(2.3.1) Definition
Es sei Z eine (auf einem nicht weiter interessierenden Wahrscheinlichkeitsraum — der z.B. den "Zufallsgenerator" in einem Computer beschreibt — definierte) uniform verteilte Zufallsvariable mit Wertebereich $\{0, 1, \ldots, 9\}$:

$$P(Z = k) = 0.1 \qquad \text{für } k \in \{0, 1, \ldots, 9\}\,.$$

Eine Realisation von Z heißt ***Zufallsziffer****. Wir sagen auch: Z erzeugt eine Zufallsziffer. Z selbst heißt* ***Zufallsziffer–Variable****. Eine b–stellige* ***Zufallszahl*** *ist die Realisation von b voneinander unabhängigen Zufallsziffer–Variablen. Ein* ***Zufallsgenerator*** *ist eine (z.B. auf einem Computer implementierte) Vorrichtung zur Erzeugung von Zufallszahlen.*

Bemerkung
Es erübrigt sich fast zu erwähnen, daß — insbesondere — die auf Computern implementierten Zufallsgeneratoren nur "näherungsweise" die geforderten Eigenschaften von Zufallsgeneratoren haben. Dies ist vor allem dann der Fall, wenn "sehr viele" Zufallszahlen voneinander unabhängig zu erzeugen sind. ∎

Die **Ziehung** einer einfachen **Zufalls–Stichprobe** der **Länge** n aus G erfolgt nun in mehreren Schritten.

(2.3.2) 1. Schritt:
"Identifiziere" die Elemente von G mit den Zahlen $1, 2, \ldots, N$. Wir haben dadurch die angeordnete Population G (1.3.2), und mit jeder "Adresse" $j \in \{1, 2, \ldots, N\}$ haben wir das Element u_j (siehe auch (1.3.3)).

Bemerkung
In der Praxis kann dieser 1. Schritt mit vielen Schwierigkeiten und Kosten verbunden sein. ∎

(2.3.3) 2. Schritt:
Identifiziere N mit 0. Es sei $N-1$ eine b–stellige Zahl. Erzeuge

$$T_1, T_2, \ldots, T_n : \; n \; b\text{–stellige Zufallszahlen mit } 0 \le T_i \le N-1 ,$$

und zwar

(1) für eine *mZ–Stichprobe*: voneinander unabhängig,

(2) für eine *oZ–Stichprobe*: so daß $T_i \neq T_j$ für $i \neq j$ ist.

(Beides ist mit auf Rechnern implementierten Zufallsgeneratoren leicht, mit Tabellen von Zufallsziffern etwas aufwendiger zu bewerkstelligen.)

(2.3.4) 3. Schritt:
Setze $\mathsf{U}_i = u_{T_i}$ und erhalte so die Stichprobe

$$\mathsf{S} = (\mathsf{U}_1, \ldots, \mathsf{U}_n) = (u_{T_1}, \ldots, u_{T_n}) \quad (\text{mit } u_{T_i} = u_N \text{ für } T_i = 0).$$

(2.3.5) Satz
Für das in (2.3.2), (2.3.3), (2.3.4) *beschriebene Verfahren gilt:*
S *ist eine einfache mZ– (Fall (1)) resp. oZ– (Fall (2)) Stichprobe.*

Beweis: Es sei $\mathsf{s} = (u_{i_1}, \ldots, u_{i_n})$. Dann ist $P(\mathsf{S} = \mathsf{s}) = P(T_1 = i_1, \ldots, T_n = i_n)$, und der Rest folgt aus den Eigenschaften von Zufallszahlen und –generatoren. (Siehe (2.3.1).) ∎

(2.3.6) Beispiel
Aus den 450 wahlberechtigten Bürgern eines Dorfes sind für eine Befragung 10 Personen auszuwählen, und

$$Y = \text{Dauer der täglichen Zeitungslektüre in 5–Minuten–Einheiten}$$

ist zu erfragen. In einer Datei sind die Wahlberechtigten mit den Nummern

$1, 2, \ldots, 450 = N$ versehen. Man erhielt in einer *oZ*–Stichprobe (und Befragung) folgendes Ergebnis

i	1	2	3	4	5	6	7	8	9	10	Herkunft
T_i	417	166	20	257	13	311	318	96	201	220	siehe (2.3.3)
U_i	u_{417}	u_{166}	u_{20}	u_{257}	u_{13}	u_{311}	u_{318}	u_{96}	u_{201}	u_{220}	siehe (2.3.4)
Y_i	4	2	6	8	0	3	8	0	6	8	Befragung von U_i

Man errechnet folgende Schätzung für die durchschnittliche Dauer (pro Wahlberechtigtem) der täglichen Zeitungslektüre:

$$\widehat{\mu} = \overline{Y} = (1/10) \cdot (4+2+6+8+0+3+8+0+6+8) = 4.5$$

(in 5–Minuten–Einheiten). Die Stichprobenvarianz ist

$S^2 = (1/10) \cdot (16+4+36+64+0+9+64+0+36+64) - 4.5^2 =$

$29.30 - 20.25 = 9.05$, und hieraus ergibt sich die Varianzschätzung nach (2.2.2):

$$\widehat{\mathrm{Var}}\,\widehat{\mu} = \tfrac{1}{9} \cdot (1 - \tfrac{10}{450}) \cdot 9.05 = 0.9832 \ .$$

Wenn obiges Befragungsergebnis für $\mathbf{Y}$ aus einer *mZ*–Stichprobe stammen würde, hätten wir nach (2.1.2)

$$\widehat{\mu} = 4.5 \quad \text{und} \quad \widehat{\mathrm{Var}}\,\widehat{\mu} = \tfrac{1}{9} \cdot 9.05 = 1.0056 \ . \qquad \blacksquare$$

2.4 Gemeinsame Darstellung von einfachen *mZ*– und *oZ*–Stichproben

Es sei weiterhin die Population $G = (u_1, \ldots, u_N)$ gegeben. (Siehe (1.3.2).) Es sei nun S eine einfache Zufalls–Stichprobe — *mZ* oder *oZ* — aus G der Länge n mit der Stichproben–Verteilung P_{einfach} gleich P_{mZ} oder gleich P_{oZ} . Definiere für jedes $i = 1, \ldots, N$ auf dem Stichprobenraum die **Häufigkeitsvariable**

(2.4.1) $$H_i = H_i(\mathsf{S}) = \text{Häufigkeit von } u_i \text{ in } \mathsf{S} = (\mathsf{U}_1, \ldots, \mathsf{U}_n) = \#\{j : \mathsf{U}_j = u_i \ , \quad j \in \{1, \ldots, n\}\}.$$

Für die in 2.1 und 2.2 benutzte Schätzfunktion $\widehat{\mu} = \overline{Y}$ (siehe (2.1.2) und (2.2.2)) für den Mittelwert μ des Merkmals Y erhält man dann sofort die Darstellung

(2.4.2) $$\widehat{\mu} = \overline{Y} = \frac{1}{n} \sum_{i=1}^{N} y_i H_i \qquad (y_i = Y(u_i) \ ; \ \ H_i \ (2.4.1)).$$

Die statistischen Eigenschaften von $\overline{Y}$ sind ausschließlich durch die Eigenschaften der H_i bestimmt, da die y_i ja (i.a. unbekannte) reelle Zahlen sind.

(2.4.3) Satz
Es sei $\mathsf{S} = (\mathsf{U}_1, \ldots, \mathsf{U}_n)$ *eine einfache mZ–Stichprobe. Dann gilt:*

(1) H_i *(2.4.1) ist binomialverteilt mit Parametern* $(n\,;\, p = \frac{1}{N})$;

(2) $\mathrm{E}(H_i) = \dfrac{n}{N}, \quad \mathrm{Var}\, H_i = \dfrac{n}{N}\left(1 - \dfrac{1}{N}\right)$;

(3) $\mathrm{Cov}(H_i, H_j) = -\dfrac{n}{N^2}$ *für* $i \neq j$.

Beweis:

(1) Definiere $H_{ij} = H_{ij}(\mathsf{S}) = \begin{cases} 1 & \text{falls } \mathsf{U}_j = u_i\,, \\ 0 & \text{falls } \mathsf{U}_j \neq u_i\,. \end{cases}$

Aufgrund von (2.1.1)(1), (2) gilt: H_{ij} ist binomialverteilt mit Parametern $(1\,;\, \frac{1}{N})$, und die Variablen $H_{i1}, \ldots, H_{in}$ sind voneinander unabhängig. Da $H_i = \sum_{j=1}^{n} H_{ij}$ ist, folgt die Behauptung aus (9.2.1) im mathematischen Anhang.

(2) Folgt sofort aus (1). (Siehe z.B. Pokropp (1990) S.158, (8.2.1).)

(3) $\mathrm{Cov}(H_i, H_j) = \mathrm{E}(H_i \cdot H_j) - \mathrm{E}(H_i) \cdot \mathrm{E}(H_j)$.

Nach (9.3.8) und (9.3.9) ist $\mathrm{E}(H_i \cdot H_j) = \mathrm{E}(\mathrm{E}(H_i \cdot H_j \mid H_j)) = \mathrm{E}(H_j \cdot \mathrm{E}(H_i \mid H_j))$. Nun ist der Variablenvektor $(H_1, \ldots, H_N)$ multinomialverteilt mit den Parametern $(n\,;\, p_1 = p_2 = \ldots = p_N = \frac{1}{N})$. (Siehe hierzu z.B. die Herleitung von (9.2.5) in Pokropp (1990) S.173ff.) Folglich gilt nach (9.2.2): $\mathrm{E}(H_i \mid H_j = k) = (n-k)\dfrac{\frac{1}{N}}{1 - \frac{1}{N}} = \dfrac{n-k}{N-1}$. Wir haben daher:

$$\mathrm{E}(H_j {\cdot} \mathrm{E}(H_i \mid H_j)) = \sum_{k=0}^{n} \left(k \cdot \frac{n-k}{N-1}\right) \cdot P(H_j = k) = \frac{1}{N-1}(nE(H_j) - E(H_j^2)).$$

Setzen wir nun (2) ein, so erhalten wir:

$$\mathrm{Cov}(H_i, H_j) = \frac{1}{N-1}\left(\frac{n^2}{N} - \frac{n^2}{N^2} - \frac{n}{N}\left(1 - \frac{1}{N}\right)\right) - \frac{n^2}{N^2}\,,$$

und nach elementaren Umformungen folgt die Behauptung. ∎

(2.4.4) Satz
Ist $\mathsf{S} = (\mathsf{U}_1, \ldots, \mathsf{U}_n)$ *eine einfache oZ–Stichprobe, so gilt:*

(1) H_i *(2.4.1) ist binomialverteilt mit Parametern* $(1; p = \frac{n}{N})$ *(Bernoulli–verteilt);*

(2) $\mathrm{E}(H_i) = \dfrac{n}{N}\,, \quad \mathrm{Var}\, H_i = \dfrac{n}{N}\left(1 - \dfrac{n}{N}\right)$;

(3) $\mathrm{Cov}(H_i, H_j) = \dfrac{n}{N}\left(\dfrac{n-1}{N-1} - \dfrac{n}{N}\right)$ *für* $i \neq j$.

Beweis:

(1) Wegen (2.2.1)(1) hat H_i nur die Werte 0 und 1 ; wegen (2.2.6) ist weiter $P(H_i = 1) = \sum_{j=1}^{n} P(\mathsf{U}_j = u_i) = \frac{n}{N}$.

(2) Folgt sofort aus (1).

(3) Es ist $\mathrm{E}(H_i \cdot H_j) = 1 \cdot P(H_i \cdot H_j = 1) = P(H_i = 1\,,\, H_j = 1) =$ $\sum_{r,s=1}^{n} P(\mathsf{U}_r = u_i, \mathsf{U}_s = u_j) = \frac{n(n-1)}{N(N-1)}$ (mit (2.2.7)).
Mit (2) erhält man nun: $\mathrm{Cov}(H_i, H_j) = \frac{n(n-1)}{N(N-1)} - \frac{n^2}{N^2}$. ■

Wir führen nun die folgenden “Koeffizienten” ein, die eine gemeinsame Behandlung von *mZ*– und *oZ*–Stichproben bequem ermöglichen:

(2.4.5)
$$f = \begin{cases} \frac{n}{N} & \text{für eine } oZ\text{–Stichprobe,} \\ 0 & \text{für eine } mZ\text{–Stichprobe;} \end{cases}$$
$$f^* = \begin{cases} \frac{n-1}{N-1} & \text{für eine } oZ\text{-Stichprobe,} \\ 0 & \text{für eine } mZ\text{-Stichprobe.} \end{cases}$$

Offenbar gilt (siehe auch (2.2.9)):

(2.4.6) $$\frac{1-f}{N-1} = \frac{1-f^*}{N}\ ; \quad \sigma^2(1-f^*) = \sigma^{*^2}(1-f) \quad \text{sofern } f \neq 0,\ f^* \neq 0\ .$$

(2.4.7) Lemma
Für die Häufigkeitsvariablen (2.4.1) *gilt (mit* (2.4.5)*):*

(1) $\mathrm{E}(H_i) = \dfrac{n}{N}\,, \quad \mathrm{Var}\ H_i = \dfrac{n}{N}(1 - \dfrac{1}{N})(1 - f^*)\ ;$

(2) $\mathrm{Cov}(H_i, H_j) = -\dfrac{n}{N^2}(1 - f^*)\ .$

Beweis: Man beachte (2.4.3)(2),(3) und (2.4.4)(2),(3) sowie (2.4.5) und führe die nötigen elementaren Berechnungen aus.

Es ist instruktiv, die bereits aus (2.1.3) und (2.2.3) bekannten Aussagen über $\mathrm{E}(\overline{Y})$ und $\mathrm{Var}\ \overline{Y}$ mit Hilfe von (2.4.5), (2.4.6) zu notieren und für die Darstellung (2.4.2) mit Hilfe von (2.4.7) erneut zu beweisen.

(2.4.8) Satz
Für die Schätzfunktion $\widehat{\mu} = \overline{Y}$ aus (2.4.2) *gilt (mit* (2.4.5)*):*

(1) $\mathrm{E}(\widehat{\mu}) = \mu$;

(2) $\mathrm{Var}\ \widehat{\mu} = \dfrac{\sigma^2}{n}(1 - f^*)$.

(3) $\widehat{\mathrm{Var}}\ \widehat{\mu} = (1 - f) \cdot \dfrac{1}{n-1} S^2 = (1 - f) \cdot \dfrac{1}{n} S^{*2}$
ist eine unverzerrte Schätzfunktion für Var $\widehat{\mu}$ *wegen*

(4) $(1 - f) \cdot \mathrm{E}(S^{*2}) = (1 - f^*) \cdot \sigma^2$.

Beweis:

(1) $\mathrm{E}(H_i) = \frac{n}{N}$, und (2.4.2) ergibt sofort die Behauptung.

(2) Aus (2.4.2) erhält man
$\mathrm{Var}\,\widehat{\mu} = (1/n^2) \cdot \left(\sum_{i=1}^N y_i^2 \cdot \mathrm{Var}\, H_i\right) + (1/n^2) \cdot \left(\sum_{\{{i,j=1 \atop (i \neq j)}\}}^N y_i y_j \cdot \mathrm{Cov}(H_i, H_j)\right)$.
Setzt man nun (2.4.7) ein, folgt

$$\begin{aligned} \mathrm{Var}\ \widehat{\mu} &= \frac{1}{n}(1 - f^*) \cdot \left(\sum_i y_i^2 \cdot \frac{1}{N}(1 - \frac{1}{N}) - \sum_{i,j \atop (i \neq j)} y_i y_j \cdot \frac{1}{N^2} \right) \\ &= \frac{1}{n}(1 - f^*) \cdot \left(\sum_{i=1}^N y_i^2 \cdot \frac{1}{N} - \frac{1}{N^2} \cdot \sum_{i,j=1}^N y_i y_j\right) . \end{aligned}$$

Man beachte nun noch (1.3.17).

(3) Folgt aus (4) mit (2.1.2), (2.1.3)(3) und (2.2.2), (2.2.3)(3).

(4) Ergibt sich mit (2.4.5) aus (2.1.3)(4) und (2.2.3)(4). ∎

2.5 Schätzung von Anteilswerten

In vielen praktischen Problemen geht es darum, mit Hilfe einer Stichprobe zu schätzen, wie hoch der (unbekannte) Anteil p derjenigen Elemente in der gesamten Population G ist, die eine bestimmte Eigenschaft E haben. (E könnte z.B. die Eigenschaft sein, Wähler einer bestimmten Partei oder Raucher oder Mitglied eines Sportvereins (etc ...) zu sein.) Wir definieren dann die **Indikator–Variable** Z_{E} — die anzeigt, ob ein Element $u \in G$ die Eigenschaft E besitzt und damit zur Menge G_{E} der "E–Besitzer" gehört — wie folgt:

(2.5.1) (1) $G_{\mathsf{E}} = \{u \in G: \ u \text{ besitzt Eigenschaft } \mathsf{E}\}$;

$$(2) \quad Z(u) = Z_{\mathsf{E}}(u) := \begin{cases} 1 & \text{für} \quad u \in G_{\mathsf{E}} , \\ 0 & \text{für} \quad u \notin G_{\mathsf{E}} . \end{cases}$$

Natürlich gilt aufgrund dieser Konstruktion von Z (2.5.1):

(2.5.2) (1) Z_{E} ist Binomial-(Bernoulli-)verteilt mit Parametern $(1 ; p = p_{\mathsf{E}})$

(2) mit $\quad p = p_{\mathsf{E}} = P_0(G_{\mathsf{E}}) = P_0(Z = 1) = \mathrm{E}(Z) = \mu_Z = \mu$.

Ein weiterer interessanter Fall ist der, daß p ein zu schätzender Wert der durch die uniforme Verteilung P_0 erzeugten Verteilungsfunktion eines auf G erklärten Merkmals X ist:

(2.5.3) $p = p_a = F_X(a) = P_0(X \leq a) \quad$ für $a \in \mathbb{R}$.

Setze nun

(2.5.4) $Z(u) = Z_a(u) := \begin{cases} 1 & \text{falls } X(u) \leq a , \\ 0 & \text{sonst} . \end{cases}$

Natürlich ist $Z_a = Z_{\mathsf{E}}$ (2.5.1)(2), wenn wir $G_{\mathsf{E}} = \{u \in G : X(u) \leq a\}$ in (2.5.1)(1) definieren. Wir betrachten im folgenden daher stets Z (2.5.1)(2). Da der **Anteilswert** $p = p_{\mathsf{E}}$ (2.5.2)(2) (resp. $p = p_a$ (2.5.3)) gleich dem Mittelwert μ von Z ist, ist die Schätzung von p gemäß der in den Abschnitten 2.1 und 2.2 vorgestellten Verfahren vorzunehmen.

Es sei also $\boldsymbol{Z}(\mathsf{S}) = (Z_1, \ldots, Z_n)$ eine einfache Stichprobe aus Z (2.5.1)(2). Wir betrachten nun die folgende Schätzfunktion für $\mu = p$ (2.5.2)(2):

(2.5.5) Schätzer für Anteilswerte:

$$\begin{aligned} \widehat{p} = \widehat{p}(\boldsymbol{Z}) &= \frac{1}{n} \cdot \# \{i : \ Z_i = 1; \ i \in \{1, 2, \ldots, n\}\} \\ &= \text{Anteil derjenigen } \mathsf{U}_i \text{ aus } \mathsf{S} = (\mathsf{U}_1, \ldots, \mathsf{U}_n) \text{ , denen} \\ & \text{Eigenschaft } \mathsf{E} \text{ zukommt.} \end{aligned}$$

Offenbar gilt — beachte $Z^2 = Z$ —:

(2.5.6) $\overline{Z} = \widehat{p} , \quad S_Z^2 = \widehat{p} \cdot (1 - \widehat{p})$.

Ruft man sich nun in Erinnerung

(2.5.7) $\mu = \mu_Z = p\,, \quad \sigma^2 = \sigma_Z^2 = p\,(1-p)\,,$

so ergibt sich aus (2.4.8) sogleich

(2.5.8) Satz

(1) $\mathrm{E}(\widehat{p}) = p$ *für* $\widehat{p}$ (2.5.6);

(2) $\mathrm{Var}\ \widehat{p} = \dfrac{1}{n}(1-f^*)\,p\,(1-p)$;

(3) $\widehat{\mathrm{Var}}\ \widehat{p} = \dfrac{1}{n-1}(1-f)\,\widehat{p}\,(1-\widehat{p})$ *ist eine unverzerrte Schätzung für* $\mathrm{Var}\ \widehat{p}$.

(2.5.9) Beispiel
Betrachte in (2.3.6)

p = Anteil derjenigen, die höchstens 15 Minuten lang Zeitung lesen
= Anteil derjenigen $u \in G$, für die $\{Y(u) \le 3\}$ gilt.

Nach (2.5.6), (2.5.8) ist $\widehat{p} = 0.4$, $\widehat{\mathrm{Var}}\ \widehat{p} = \frac{1}{9}\,(1 - \frac{10}{450}) \cdot 0.4(1-0.4) = 0.0261$. Die — allerdings nicht unverzerrt!! — geschätzte Standardabweichung von $\widehat{p}$ ist $\sqrt{0.0261} = 0.162$. ∎

2.6 Schätzung aus *mZ*–Stichproben mit verschiedenen Elementen

Der in (2.2.12) gegebene Varianzvergleich (für $\overline{Y}$) bei *mZ*– und *oZ*–Stichproben macht die Vermutung plausibel, daß auch bei einer *mZ*–Stichprobe S die Schätzung verbessert werden kann, wenn man nur die *verschiedenen* Elemente von S für die Schätzung benutzt. Diese Idee wird in diesem Abschnitt präzisiert. (Siehe auch Raj/Khamis (1958).)

Es sei S eine einfache *mZ*–Stichprobe der Länge n. Ferner sei

(2.6.1) (1) M = effektive Stichprobenlänge $\#_e(\mathrm{S})$ (siehe (1.3.4)(5)) von S ;

(2) $\mathbf{s} = (\mathfrak{U}_1, \ldots, \mathfrak{U}_M)$ die *geordnete* (!) reduzierte Stichprobe S^{r} (siehe (1.3.7)), wobei für $u, u' \in \mathrm{S}^{\mathrm{r}}$ gilt: u steht in $\mathbf{s}$ vor u' genau dann, wenn in S das *erste* u vor dem *ersten* u' steht;

(3) $Y_i^{\mathrm{r}} = Y_i^{\mathrm{r}}(\mathrm{S}) := Y(\mathfrak{U}_i)$ für $i = 1, \ldots, M$.

Wir betrachten nun das aus diesen Y_i^{r} gebildete arithmetische Mittel als neuen Schätzer:

(2.6.2) Schätzer aus reduzierter Stichprobe:

$$\widehat{\mu}^{\mathrm{r}} := \frac{1}{M}\sum\nolimits_{i=1}^{M} Y_i^{\mathrm{r}} = \frac{1}{M}\sum\nolimits_{u\in \mathrm{S}^{\mathrm{r}}} Y(u)\,.$$

(2.6.3) Satz

Für $\widehat{\mu}^{\mathrm{r}}$ (2.6.2) *und* $\widehat{\mu} = \overline{Y}$ (2.1.2) *gilt:*

(1) $\mathrm{E}(\widehat{\mu}^{\mathrm{r}}) = \mu$;

(2) $\mathrm{Var}\,\widehat{\mu}^{\mathrm{r}} \le \mathrm{Var}\,\widehat{\mu}$.

Beweis:

(1) Aufgrund von (9.3.8) ist $\mathrm{E}(\widehat{\mu}^{\mathrm{r}}) = \mathrm{E}(\mathrm{E}(\widehat{\mu}^{\mathrm{r}} \mid M))$. Ist nun $M = k \in \{1,\ldots,n\}$, so ist nach Konstruktion (2.6.1) (— und weil eine Menge mit k Elementen sich auf $k!$ verschiedene Weisen anordnen läßt und es $\binom{N}{k}$ Möglichkeiten gibt, eine Teilmenge mit k Elementen aus G auszuwählen —)

$$P(\mathrm{S} = (\mathrm{u}_1,\ldots,\mathrm{u}_k)) = (k!)^{-1}\cdot P(\mathrm{S}^{\mathrm{r}} = \{\mathrm{u}_1,\ldots,\mathrm{u}_k\}) = \left(k!\cdot\binom{N}{k}\right)^{-1}$$
$$= \frac{(N-k)!}{N!} = \frac{1}{N(N-1)\ldots(N-n+1)}\,.$$

Das aber ist Gleichung (2.2.1)(1). Also ist dann

$\widehat{\mu}^{\mathrm{r}} = \frac{1}{M}\sum\nolimits_{i=1}^{M} Y_i^{\mathrm{r}}$ verteilt wie das arithmetische Mittel $\overline{Y} = \frac{1}{k}\sum_{i=1}^{k} Y_i$

einer oZ-Stichprobe der Länge k (siehe (2.2.2)), so daß wir gem. (2.2.3)(1) haben: $\mathrm{E}(\widehat{\mu}^{\mathrm{r}} \mid M = k) = \mu$ für jedes k , und die Behauptung folgt.

(2) Es sei H_i^{r} = [Häufigkeit von $\mathfrak{u}_i$ in S]. Dann können wir schreiben:

(*) $$\overline{Y} = \frac{1}{n}\sum\nolimits_{i=1}^{M} H_i^{\mathrm{r}} Y_i^{\mathrm{r}}\,.$$

Wegen (9.4.5) ist nun $\mathrm{Var}\,\overline{Y} = \mathrm{Var}\,\mathrm{E}(\overline{Y} \mid \mathrm{S}) + \mathrm{E}(\mathrm{Var}\,(\overline{Y} \mid \mathrm{S}))$. Da stets $\mathrm{Var}\,(\overline{Y} \mid \mathrm{S}) \ge 0$, also auch der Erwartungswert davon ≥ 0 ist, haben wir $\mathrm{Var}\,\overline{Y} \ge \mathrm{Var}\,\mathrm{E}(\overline{Y} \mid \mathrm{S})$. Wir brauchen nun nur noch zu zeigen:

(**) $$\mathrm{E}(\overline{Y} \mid \mathrm{S}) = \widehat{\mu}^{\mathrm{r}}\,.$$

Da jedoch — analog zu (2.4.3)(2) (!!) — $\mathrm{E}(H_i^{\mathrm{r}} \mid \mathrm{S}) = \frac{n}{M}$ und weiter offenkundig $\mathrm{E}(\mathrm{E}(H_i^{\mathrm{r}}\cdot Y_i^{\mathrm{r}} \mid \mathrm{S})) = \mathrm{E}(Y_i^{\mathrm{r}}\cdot \mathrm{E}(H_i^{\mathrm{r}} \mid \mathrm{S}))$ ist, folgt aus (*) sogleich

$\mathrm{E}(\overline{Y} \mid \mathrm{S}) = \frac{1}{n}\sum\nolimits_{i=1}^{M} Y_i^{\mathrm{r}}\cdot\frac{n}{M}$, mit (2.6.2) also (**). ■

2.7 Stichproben mit variabler Erfolgs–Wahrscheinlichkeit bei der Erhebung auf einer *oZ*–Stichprobe

Bislang waren wir (implizit) davon ausgegangen, daß mit der Stichprobe S auch die Y–Stichprobe $\boldsymbol{Y} = (Y_1, \ldots, Y_n)$ vorliegt. Nun wird jedoch in vielen praktischen Situationen der Schritt von S zu $\boldsymbol{Y}$ keineswegs so glatt und leicht zu vollziehen sein. Die Ziehung von $\mathsf{S} = (\mathsf{U}_1, \ldots, \mathsf{U}_n)$ kann z.B. am "grünen Tisch" mit Hilfe einer Adressendatei erfolgen. Für die Erhebung von Y wird man hingegen — in einer geeigneten *Erhebungsaktion* — größeren Aufwand treiben müssen. Man wird z.B. einen Fragebogen an U_i verschicken, oder ein Interviewer wird U_i besuchen, um den Y–Wert Y_i zu erfragen. Dabei nun kann es leicht vorkommen, daß eine *einmalige* Erhebungsaktion erfolglos bleibt, weil z.B. U_i den Fragebogen verlegt hat oder beim Interviewer–Besuch nicht zu Hause war etc ...

Wir wollen im folgenden unterstellen, daß jedem $u_i \in G$ eine Wahrscheinlichkeit q_i zugeordnet ist, mit der eine Erhebungsaktion erfolgreich ist. Genauer: wir betrachten auf einem geeigneten Wahrscheinlichkeitsraum (der das "Erhebungsverhalten"/"Antwortverhalten" der u_i beschreibt)

(2.7.1) (1) $A_i^* =$ Ereignis, daß *eine* Erhebungsaktion bei u_i erfolgreich ist und folglich $y_i = Y(u_i)$ bei *einer* Erhebungsaktion ermittelt wird;

(2) $q_i =$ Wahrscheinlichkeit für den Eintritt von A_i^* ; $i = 1, \ldots, N$;

(3) $\{A_i^* : i = 1, \ldots, N\}$ sind unabhängige Ereignisse.

(2.7.2) Bemerkung
Der das "Antwortverhalten"/"Erhebungsverhalten" der Elemente von G beschreibende Wahrscheinlichkeitsraum hat natürlich nichts zu tun mit *dem* Wahrscheinlichkeitsraum, der das benutzte Stichprobenverfahren beschreibt. Das gemeinsame Experiment [Stichprobenziehung, Y–Erhebung] wird daher natürlich durch den *Produktraum* beschrieben, in dem das "Antwort–/Erhebungsverhalten" *stochastisch unabhängig* ist von der Stichprobenziehung. ■

Es wird nun unterstellt, daß bis zu r Versuche unternommen werden, bei einem Stichprobenelement eine Antwort zu erhalten, also eine erfolgreiche Y–Erhebung zu bewerkstelligen. Wir setzen daher:

(2.7.3) (1) A_i^{*r} = Ereignis, daß bei bis zu r voneinander *unabhängig* durchgeführten Erhebungsaktionen bei u_i der Y–Wert $y_i = Y(u_i)$ ermittelt werden kann;

(2) $p_i^{(r)} = p_i := 1 - (1 - q_i)^r =$ Wahrscheinlichkeit für den Eintritt des Ereignisses A_i^{*r} (mit (2.7.1)(2)) ;

(3) $\{A_i^{*r} : i = 1, \ldots, N\}$ sind unabhängige Ereignisse.

Es sei nun

S eine einfache *oZ*–Stichprobe aus G der Länge n.

Aufgrund von (2.7.2) halten wir fest:

(2.7.4) Die Ereignisse $\{\mathsf{S} = \mathsf{s}\}$ und A_i^{*r} sind voneinander unabhängig für jedes $i = 1, \ldots, N$ und alle $\mathsf{s} = (\mathsf{u}_1, \ldots, \mathsf{u}_n) \in G^n$.

Wegen $P(u_i \in \mathsf{S}) = P(H_i = 1)$ (siehe (1.3.6), (2.4.1), (2.4.4)(1)) erhält man aus (2.7.3)(2) mit (2.7.4) sogleich für jedes $i = 1, \ldots, N$:

(2.7.5) $P(\{u_i \in \mathsf{S}\} \text{ und } A_i^{*r}) \;=\; \frac{n}{N} \cdot (1 - (1 - q_i)^r) = \frac{n}{N} p_i$

= Wahrscheinlichkeit für das Ereignis: 'u_i ist in der Stichprobe S , und y_i wird in höchstens r Erhebungsaktionen ermittelt' .

Um mit dem in (2.7.5) betrachteten Ereignis bequem umgehen zu können, führen wir die folgende *Indikator–Variable* für dieses Ereignis (der erfolgreichen Antwort beim in die Stichprobe geratenen Element u_i) ein (bei fest gegebenen n und r):

(2.7.6) (1) $$A_i^{n,r} = A_i = \begin{cases} 1 & \text{falls } \{\{u_i \in \mathsf{S}\} \text{ und } A_i^{*r}\} \text{ eintritt,} \\ 0 & \text{andernfalls.} \end{cases}$$

(2) A_i ist binomialverteilt mit Parametern $(1\,; p_i^*)$ (Bernoulli–verteilt) mit $p_i^* = \frac{n}{N} \cdot p_i = \frac{n}{N} \cdot (1 - (1 - q_i)^r)$ (s. (2.7.3)(2), (2.7.1)(2)).

Nun definieren wir die folgende Schätzfunktion $\widehat{\mu}_A$ für μ , die das (ggf. unterschiedliche) Antwortverhalten der statistischen Einheiten berücksichtigt:

(2.7.7) Schätzer bei unterschiedlichem Antwortverhalten:

$$\widehat{\mu}_A = \frac{1}{n} \cdot \sum_{i=1}^{N} \frac{y_i}{p_i} \cdot A_i \quad \text{(mit } A_i \text{ aus (2.7.6) und } p_i \text{ aus (2.7.3)(2)).}$$

(2.7.8) Satz
Für die in (2.7.7) definierte Schätzfunktion gilt:

(1) $\mathrm{E}(\widehat{\mu}_A) = \mu$;

(2) $\mathrm{Var}\ \widehat{\mu}_A = \frac{1}{n}\left(1 - \frac{n-1}{N-1}\right) \cdot \sigma^2 + \frac{1}{n\,N} \sum_{j=1}^{N} \frac{y_j^2(1-p_j)}{p_j}$;

(3) $\widehat{\mathrm{Var}}\ \widehat{\mu}_A = \frac{1}{n^2}\left[\sum_j \left(1 - \frac{n}{N}p_j\right) \frac{y_j^2}{p_j^2} \cdot A_j \ + \sum_{i \neq j} \frac{y_i y_j}{p_i p_j}\left(1 - \frac{n\,(N-1)}{N\,(n-1)}\right) \cdot A_i A_j\right]$

ist eine unverzerrte Schätzfunktion für $\mathrm{Var}\ \widehat{\mu}_A$.

Beweis: Zunächst bemerken wir

(2.7.9) (1) $\mathrm{E}(A_i) = p_i^* = \frac{n}{N}\, p_i$ (mit (2.7.3)(2));

(2) $\mathrm{Var}\ A_i = p_i^*(1 - p_i^*) = \frac{n}{N}\, p_i \left(1 - \frac{n}{N}\, p_i\right)$;

(3) $\mathrm{E}(A_i \cdot A_j) = P(A_i = 1 = A_j) = \frac{n(n-1)}{N(N-1)} \cdot p_i\, p_j$ für $i \neq j$, also

$\mathrm{Cov}(A_i, A_j) = \frac{n}{N}\left(\frac{n-1}{N-1} - \frac{n}{N}\right) p_i p_j$;

denn (2.7.9)(1) und (2) folgen sofort aus (2.7.6)(2), und (2.7.9)(3) ergibt sich aus (2.2.7) und (2.7.4) mit (2.7.3)(3). Der Beweis von (2.7.8) ist nun leicht zu bewerkstelligen:

(1) Folgt sogleich aus (2.7.9)(1).

(2) $\mathrm{Var}\ \widehat{\mu}_A = \frac{1}{n^2}\left[\sum_j \frac{y_j^2}{p_j^2}\ \mathrm{Var}\ A_j \ + \sum_{\substack{i,j \\ i \neq j}} \frac{y_i}{p_i}\frac{y_j}{p_j}\ \mathrm{Cov}(A_i, A_j)\right]$,

und mit (2.7.9)(2) und (3) erhalten wir nun

(2.7.10) $\mathrm{Var}\,\widehat{\mu}_A = \frac{1}{n^2}\left[\sum_j \frac{n}{N}\left(1 - \frac{n}{N}p_j\right)\frac{y_j^2}{p_j} + \sum_{\substack{i,j \\ i \neq j}} \frac{n}{N}\left(\frac{n-1}{N-1} - \frac{n}{N}\right) y_i y_j\right]$.

Benutzt man nun die Beziehungen

$\frac{n-1}{N-1} - \frac{n}{N} = -\frac{1}{N-1}\left(1 - \frac{n}{N}\right)$ und $1 - \frac{n}{N}\, p_j = (1 - p_j) + (1 - \frac{n}{N})p_j$,

so sieht man bald, daß

$$\operatorname{Var} \widehat{\mu}_A = \frac{1}{nN} \sum_j \frac{y_j^2 (1-p_j)}{p_j} + \frac{1}{n}\left(1 - \frac{n}{N}\right) \left[\sum_j \frac{y_j^2}{N} - \sum_{\substack{i,j \\ i \neq j}} \frac{y_i y_j}{N(N-1)} \right]$$

ist. Um den Beweis zu beenden, brauchen wir — wegen

$$1 - \frac{n-1}{N-1} = \frac{N-n}{N-1} = \frac{N}{N-1} \cdot \frac{N-n}{N} = \frac{N}{N-1}\left(1 - \frac{n}{N}\right)$$

und (2.2.9) — offenbar nur noch zu zeigen

$$\textbf{(2.7.11)} \quad \sigma^2 = \frac{N-1}{N^2} \sum_j y_j^2 - \frac{1}{N^2} \sum_{\substack{i,j \\ i \neq j}} y_i y_j \, .$$

Nun ist die rechte Seite von (2.7.11) in der Tat gleich

$\frac{1}{N} \sum_j y_j^2 - \frac{1}{N^2} \sum_{\{\text{alle } i,j\}} y_i y_j$, und (1.3.17) ergibt nun (2.7.11).

(3) Beachtet man (2.7.9)(1), (3) und wendet man den Erwartungswertoperator E auf $\widehat{\operatorname{Var}}\, \widehat{\mu}_A$ termweise an, erhält man die rechte Seite von (2.7.10). ■

Man beachte, daß der erste Term in $\operatorname{Var} \widehat{\mu}_A$ (2.7.8)(2) gleich $\operatorname{Var} \overline{Y}$ (2.2.3)(2) ist. Da der zweite Term in $\operatorname{Var} \widehat{\mu}_A$ (2.7.8)(2) stets nicht-negativ ist (und positiv in nicht-trivialen Fällen), hat man sofort

$$\operatorname{Var} \widehat{\mu}_A \geq \operatorname{Var} \overline{Y} \, .$$

(2.7.12) Beispiel

Betrachte in (2.3.6) die Einschränkung, daß Wahlberechtigte mit Nummern $i \leq 200$ mit Wahrscheinlichkeit $q_i = 0.4$ und Wahlberechtigte mit Nummern $i > 200$ mit Wahrscheinlichkeit $q_i = 0.2$ antworten. Es wurden bis zu $r = 2$ voneinander unabhängige Versuche gemacht, Y zu erheben. Man erhielt schließlich folgendes Resultat (da nur U_2, U_3, U_7 antworteten):

i	1	2	3	4	5	6	7	8	9	10
T_i	417	166	20	257	13	311	318	96	201	220
U_i	u_{417}	u_{166}	u_{20}	u_{257}	u_{13}	u_{311}	u_{318}	u_{96}	u_{201}	u_{220}
Y_i	–	2	6	–	–	–	8	–	–	–
q_i		0.4	0.4				0.2			
p_i		0.64	0.64				0.36			
Y_i/p_i		3.1250	9.3750				22.2222			
Y_i^2/p_i^2		9.7656	87.8906				493.8272			
V_i		9.6267	86.6406				489.8765			

mit $V_i = \left(1 - \frac{n}{N} p_j\right) \frac{Y_i^2}{p_i^2}$. Ferner errechnet man $\frac{y_i}{p_i} \cdot \frac{y_j}{p_j}$ für $i \neq j$:

(i,j) :	$(2,3)$	$(2,7)$	$(3,7)$	$(3,2)$	$(7,2)$	$(7,3)$
$(y_i y_j)/(p_i p_j)$	29.2969	69.4444	208.3333	29.2969	69.4444	208.3333

Daraus errechnet man schließlich (siehe (2.7.7), (2.7.8)(3))

$$\widehat{\mu}_A = (1/10) \cdot (3.1250 + 9.3750 + 22.2222) = 3.4722 \; ;$$

$$\begin{aligned}\widehat{\mathrm{Var}}\, \widehat{\mu}_A = &\ \tfrac{1}{100} \cdot (9.6267 + 86.6406 + 489.8765) \\ &+ \tfrac{1}{100} \cdot 2\left(1 - \tfrac{10 \cdot 449}{450 \cdot 9}\right) \cdot (29.2969 + 69.4444 + 208.3333) \\ = &\ \tfrac{1}{100}\,[586.1438 - 66.7224] \;, \quad \text{also } \widehat{\mathrm{Var}}\, \widehat{\mu}_A = 5.1942 \;.\end{aligned}$$

■

Weitere Literatur:

Basler, H. (1979); Joshi, V. M. (1968b), (1977), (1979a), (1979b); Karlin, S. (1974); Korwar, R. M., Serfling, R. J. (1970); Lanke, J. (1972); Manoussakis, E. (1977); Pathak, P. K. (1962); Raj, D. (1968); Raj, D., Khamis, S. H. (1958); Ramakrishnan, M. K. (1970); Sengupta, S. (1988); Stenger, H. (1971); Sudman, S. (1966);

Kapitel 3

Geschichtete Stichproben (Stratified Sampling)

Der Grundgedanke der "geschichteten" Stichprobe ist, die Gesamtstichprobe S aus mehreren Teilstichproben zusammenzusetzen. Die Teilstichproben stammen dabei aus verschiedenen Teilgesamtheiten (z.B. verschiedenen sozialen "Schichten") der Population G. Voraussetzung für ein solches Verfahren ist die in (1.2.3) beschriebene Ausgangssituation: die Zerlegung (Aufteilung) von G in wohldefinierte Teilgesamtheiten $G_1, \ldots, G_k$ muß gegeben oder eventuell "leicht" herstellbar sein, und jede dieser Teilgesamtheiten muß für eine Stichprobenziehung zur Verfügung stehen.

Die Schätzung des Mittelwertes μ erfolgt mit Hilfe von Schätzungen der Mittelwerte μ_i in den Teilgesamtheiten; die Varianz dieser Mittelwertschätzung hängt entscheidend von den Varianzen in den Teilgesamtheiten ab.

Es wird sich zeigen, daß die Varianz der so aus einer "geschichteten" Stichprobe gewonnenen Mittelwertschätzung besonders dann klein wird, wenn die Schichten möglichst "homogen" bezüglich des Untersuchungsmerkmals sind, d.h. wenn die Varianz des Untersuchungsmerkmals in jedem G_i möglichst klein wird (siehe (3.3.7)). (Man könnte dann auch sagen, daß es bezüglich des Untersuchungsmerkmals ein "schichtenspezifisches" Verhalten gibt.) Daraus kann man freilich nur dann praktischen Vorteil ziehen, wenn es tatsächlich gelingt, solche "homogenen" Schichten zu bilden und für die Stichprobenziehung verfügbar (!) zu halten.

Einen kurzen Hinweis auf die Probleme, die mit der Definition/Konstruktion von Schichten verbunden sind, geben wir in Abschnitt 3.4 .

Es gibt im wesentlichen zwei Gründe für die Schätzung mit Hilfe von solchen "geschichteten" Stichproben:

(A): organisatorische Gründe,

(B): die Möglichkeit der Bildung "homogener" Schichten.

Beispiel (zu (A))
Die Population

$G =$ "Einwohner der Bundesrepublik"

läßt sich (disjunkt) zerlegen in die Teilgesamtheiten

$G_i =$ "Einwohner des Bundeslandes No. i".

Eine Stichprobe aus G wird sehr oft durch die Statistischen Landesämter erhoben, wobei natürlich jedes Landesamt die Stichprobe nur aus *seinem* Bundesland zieht. Die Gesamtstichprobe wird dann aus den "Landes–Stichproben" zusammengefügt; jedes Landesamt nimmt eine Schätzung des Mittelwertes, z.B. Durchschnittsalter, in seinem Bundesland vor, und die Schätzung des Mittelwertes in der Bundesrepublik wird aus den Schätzungen für die Durchschnittsalter in den einzelnen Bundesländern ermittelt. ∎

Beispiel (zu (B))
Man betrachte den Umstand, daß es bei vielen Krankheiten ein "schichtenspezifisches Verhalten" gibt, wenn man die Schichten "Raucher" und "Nicht–Raucher" zugrunde legt. Es dürfte jedoch schwierig sein, aus der Schicht der Raucher (bzw. Nichtraucher) eine Stichprobe zu ziehen, solange es keine Datei der "Raucher" gibt. (Wie man sich in dergleichen Situationen dennoch helfen kann, betrachten wir in 7.1.) ∎

Abschnitt 3.1 formuliert die grundlegenden Modellannahmen und Notationen für geschichtete Stichproben. In Abschnitt 3.2 findet man dann Ausführungen zur Mittelwertschätzung bei geschichteten Stichproben. Insbesondere werden die besonders wichtigen Fälle behandelt, daß die Ziehungen aus den einzelnen Schichten als einfache *mZ*– oder *oZ*–Stichproben erfolgen.

Die Frage, wie denn die Teilstichprobenlängen zu wählen sind (i.e. wieviele Elemente aus jeder Schicht zu ziehen und zu befragen sind), behandelt Abschnitt 3.3. Es werden drei Verfahren der Bestimmung dieser Stichprobenlängen untersucht:

(1) Vorgegeben wird die Gesamtlänge; die Aufteilung auf die einzelnen Schichten erfolgt so, daß in der Stichprobe jede Schicht den Anteil hat, den sie auch in der Population hat. Auf diese naive Weise soll also die Stichprobe die Population "repräsentieren".

(2) Vorgegeben werden die Gesamtkosten (bei festgelegter Kostenfunktion); die Längen der Teilstichproben sind so zu wählen, daß die Varianz der Schätzung minimal wird. (Siehe auch (1.4.17).)

(3) Dual zu (2) wird die Varianz der Schätzung vorgegeben; die einzelnen Teilstichprobenlängen sind so zu bestimmen, daß die Kosten minimiert werden. (Siehe auch (1.4.16).)

Abschnitt 3.5 gibt an, wie man die (in Abschnitt 3.3 zutage tretenden) Vorteile der geschichteten Stichprobe auch dann nutzen kann, wenn man bereits eine einfache Stichprobe gezogen hat. Durch die "nachträgliche" Schichtung treten bei der Schätzung Verzerrungen auf, die jedoch mit wachsender Stichprobenlänge gegen 0 gehen. Schließlich wird in 3.6 der Versuch unternommen, die in der Praxis so wichtigen, in der Theorie bislang wohl kaum gewürdigten "Quoten–Stichproben" zu präsentieren.

3.1 Modellannahmen

Schichten

Es sei im folgenden $G_1, \ldots, G_k$ eine Zerlegung von G:

(3.1.1) $G = G_1 \cup \ldots \cup G_k$; $G_i \cap G_j = \emptyset$ für $i \neq j$; $G_i \neq \emptyset$ für alle i .

Es sei ferner

(3.1.2) (1) $N_i = \#(G_i)$, $N = \#(G) = \sum_i N_i$; $\dfrac{N_i}{N}$ = **Quote** von G_i ;

(2) $Y^{(i)} = (Y \mid G_i) =$ das auf G_i restringierte Merkmal Y
$=$ das nur auf G_i betrachtete Merkmal Y.

Sei weiter P_0 die in (2.1.1)(1) angegebene uniforme Verteilung:
$P_0(u) = \frac{1}{N}$ für jedes $u \in G$. Setze nun

(3.1.3) $\mu_i = E_{P_0}(Y^{(i)}) = E_{P_0}(Y \mid G_i)$; $\sigma_i^2 = \mathrm{Var}_{P_0} Y^{(i)} = \mathrm{Var}_{P_0}(Y \mid G_i)$.

Offenbar gilt (siehe hierzu Abschnitt 9.3):

(3.1.4) (1) $\mu_i = \dfrac{1}{N_i} \sum_{u \in G_i} Y(u)$,

(2) $\sigma_i^2 = \dfrac{1}{N_i} \sum_{u \in G_i} (Y(u) - \mu_i)^2$.

Aufgrund bekannter Zerlegungssätze für $\mu = E_{P_0}(Y)$, $\sigma^2 = \mathrm{Var}_{P_0}(Y)$ gilt:

(3.1.5) (1) $\mu = \sum_{i=1}^{k} \frac{N_i}{N} \mu_i$,

(2) $\sigma^2 = \sum_{i=1}^{k} \frac{N_i}{N} \sigma_i^2 + \sum_{i=1}^{k} \frac{N_i}{N} (\mu_i - \mu)^2 = \sigma^2_{\text{intern}} + \sigma^2_{\text{extern}}$ mit

(3) $\sigma^2_{\text{intern}} = \sum_{i=1}^{k} \frac{N_i}{N} \sigma_i^2$, $\sigma^2_{\text{extern}} = \sum_{i=1}^{k} \frac{N_i}{N} (\mu_i - \mu)^2$.

Aufgrund von (3.1.5)(1) ist es naheliegend, nun über Schätzungen der μ_i eine Schätzung von μ zu gewinnen.

(3.1.6) Definition
*$G_1, \ldots, G_k$ (3.1.1) heißen **Schichten** von G (mit **Schicht–Mittelwerten** μ_i (3.1.3) resp.), wenn eine Schätzung von μ mit Hilfe von Schätzungen der μ_i aufgrund von Stichproben aus den Teilgesamtheiten G_i erfolgt.*

Geschichtete Stichprobe

Wir spezifizieren nun die in (1.3.11) gegebene Definition einer Stichprobe für den in (3.1.6) angedeuteten Vorgang in der Weise, daß eine geschichtete Stichprobe durch *voneinander unabhängig gezogene Teilstichproben* gebildet wird. Das bedeutet, daß der die geschichtete Stichprobe beschreibende Stichprobenplan durch die Produkt–Wahrscheinlichkeitsverteilung der einzelnen Stichprobenpläne gegeben wird.

Wir betrachten im folgenden (einstweilen) die Teilstichprobenlängen n_i und folglich die Gesamtstichprobenlänge $n = n_1 + \ldots + n_k$ als gegeben. Nähere Ausführungen zur Wahl der n_i finden sich in Abschnitt 3.3.

(3.1.7) Definition
*Es sei $(G_i^{n_i}, P_{(n_i)})$ (siehe (1.3.11)) eine Stichprobe aus G_i der Länge n_i , die wir auch kurz mit S_i bezeichnen. Die Stichprobe $(G^n, P_{(n)})$ (siehe (1.3.11)) aus G , die wir auch kurz mit S bezeichnen, heißt **geschichtete Stichprobe** aus G mit den **Teilstichproben** $\mathsf{S}_1, \ldots, \mathsf{S}_k$ (mit den **Quoten** $n_1/n, \ldots, n_k/n$) , falls S aus den Teil–Stichproben S_i "unabhängig zusammengesetzt" ist; genauer: falls*

(1) $(G^n, P_{(n)}) = \prod_{i=1}^{k} (G_i^{n_i}, P_{(n_i)})$ *(= Produkt–W–Raum)*

ist. Statt (1) *schreiben wir auch anschaulicher*

(2) i. $\mathsf{S} = (\mathsf{S}_1, \ldots, \mathsf{S}_k)$,

ii. $P_{(n)}(\mathsf{s}) = P_{(n_1)}(\mathsf{s}_1) \cdot \ldots \cdot P_{(n_k)}(\mathsf{s}_k)$ für $\mathsf{s} = (\mathsf{s}_1, \ldots, \mathsf{s}_k)$, also

iii. $P(\mathsf{S} = \mathsf{s}) = P(\mathsf{S}_1 = \mathsf{s}_1, \ldots, \mathsf{S}_k = \mathsf{s}_k) = P_1(\mathsf{S}_1 = \mathsf{s}_1) \cdot \ldots \cdot P_k(\mathsf{S}_k = \mathsf{s}_k)$.

Die gemäß (1.3.20) *erzeugte Stichprobe* $\boldsymbol{Y}$ *(erzeugt durch* S*) heißt* ***geschichtete Stichprobe*** *aus* Y*, falls* $\boldsymbol{Y} = (\boldsymbol{Y}_1, \ldots, \boldsymbol{Y}_k)$ *ist und* $\boldsymbol{Y}_i$ *durch* S_i *gemäß* (1.3.20) *erzeugt wird für alle* $i = 1, \ldots, k$ *. Natürlich ist dann* $\boldsymbol{Y}_i$ *eine Stichprobe aus* $Y^{(i)} = (Y \mid G_i)$.

Bemerkung
Die **Technik der Ziehung** einer geschichteten Stichprobe wird offenbar bestimmt durch

(1) die Technik zur Ziehung der Teilstichproben,

(2) die Tatsache, daß diese k Ziehungen der Teilstichproben voneinander unabhängig zu erfolgen haben. ■

Wir werden uns im weiteren Verlauf dieses Kapitels auch mit dem wichtigen Spezialfall befassen, das jedes S_i eine einfache Zufallsstichprobe (siehe Kapitel 2) ist.

3.2 Mittelwertschätzung aus geschichteten Stichproben

G–Schätzung

Es sei μ der zu schätzende Mittelwert des auf G betrachteten Merkmals Y. Es sei ferner $\boldsymbol{Y} = (\boldsymbol{Y}_1, \ldots, \boldsymbol{Y}_k)$ eine geschichtete Stichprobe aus G mit Schichten $G_1, \ldots, G_k$. Die Schätzung von μ erfolgt mit Hilfe von Schätzungen der Mittelwerte $\mu_i = E_{P_0}(Y \mid G_i)$ (3.1.3), (3.1.4). Wir unterstellen daher zunächst, daß uns für jedes $i = 1, \ldots, k$ eine Schätzfunktion

(3.2.1) $\widehat{\mu}_i = \widehat{\mu}_i(\boldsymbol{Y}_i)$ mit $E_{P_{(n_i)}}(\widehat{\mu}_i) = \mu_i$, $\mathrm{Var}_{P_{(n_i)}} \widehat{\mu}_i = \tau_i^2$

gegeben ist. Wir setzen nun (mit (3.1.2)) die (hier kurz so bezeichnete) *geschichtete* **(G–) Schätzung** $\widehat{\mu}_{\mathrm{G}}$ für μ aus der geschichteten Stichprobe wie folgt fest :

(3.2.2) Schätzer aus geschichteter Stichprobe:

$$\widehat{\mu}_{\mathrm{G}} = \sum_{i=1}^{k} \frac{N_i}{N} \widehat{\mu}_i \qquad \text{(mit (3.2.1))}.$$

(3.2.3) Satz
Für die in (3.2.2) erklärte Schätzung gilt:

(1) $E(\widehat{\mu}_{\mathrm{G}}) = \mu$;

(2) $\mathrm{Var}\ \widehat{\mu}_{\mathrm{G}} = \sum_{i=1}^{k} \left(\frac{N_i}{N}\right)^2 \tau_i^2$;

(3) *ist* $\widehat{\tau}_i^2$ *eine unverzerrte Schätzfunktion für* τ_i^2 *für jedes* $i = 1, \ldots, k$, *so ist* $\widehat{\mathrm{Var}}\ \widehat{\mu}_{\mathrm{G}} = \sum_i \left(\frac{N_i}{N}\right)^2 \widehat{\tau}_i^2$ *eine unverzerrte Schätzung für die Varianz von* $\widehat{\mu}_{\mathrm{G}}$.

Beweis:

(1) Man beachte (3.2.1) und (3.1.5).

(2) Aufgrund von (3.1.7)(1) resp. (3.1.7)(2) ii. und (3.2.1) gilt: $\widehat{\mu}_1, \ldots, \widehat{\mu}_k$ sind voneinander unabhängig. Folglich gilt $\mathrm{Cov}(\widehat{\mu}_i, \widehat{\mu}_j) = 0$ für $i \neq j$. Hieraus folgt (mit (3.2.1)) die Behauptung.

(3) Trivial wegen (2). ■

Einfache geschichtete Stichproben

Von Interesse ist natürlich insbesondere die G–Schätzung, wenn die Teilstichproben S_i *einfache* Zufalls–Stichproben aus den G_i (resp.) sind.

(3.2.4) Definition
Eine geschichtete Stichprobe $\boldsymbol{Y} = (\boldsymbol{Y}_1, \ldots, \boldsymbol{Y}_k)$ *heißt* **einfache geschichtete Stichprobe aus** Y , *falls für jedes* $i = 1, \ldots, k$ *gilt:* $\boldsymbol{Y}_i$ *ist eine einfache Zufallsstichprobe aus* $Y^{(i)} = (Y \mid G_i)$.

Es sei im folgenden $\boldsymbol{Y}$ eine einfache geschichtete Stichprobe aus Y mit $n_i = \#(Y_i)$. Setzte dann — mit $\boldsymbol{Y}_i = (Y_1^{(i)}, \ldots, Y_{n_i}^{(i)})$ —

$$\text{(3.2.5)}\quad \overline{Y}^{(i)} = \frac{1}{n_i} \sum_{j=1}^{n_i} Y_j^{(i)} =: \widehat{\mu}_i ,$$

$$\text{(3.2.6)}\quad S_i^2 = \frac{1}{n_i} \sum_j^{n_i} \left(Y_j^{(i)} - \overline{Y}^{(i)}\right)^2 ,$$

$$S_i^{*2} = \frac{1}{n_i - 1} \sum_j^{n_i} \left(Y_j^{(i)} - \overline{Y}^{(i)}\right)^2 = \frac{n_i}{n_i - 1} S_i^2 .$$

Wir führen ferner in Analogie zu (2.4.5) die folgenden Koeffizienten ein:

$$\textbf{(3.2.7)}\quad f_i = \begin{cases} \dfrac{n_i}{N_i} & \text{falls } \boldsymbol{Y}_i \text{ eine } oZ\text{–Stichprobe ist,} \\ 0 & \text{falls } \boldsymbol{Y}_i \text{ eine } mZ\text{–Stichprobe ist;} \end{cases}$$

$$f_i^* = \begin{cases} \dfrac{n_i - 1}{N_i - 1} & \text{falls } \boldsymbol{Y}_i \text{ eine } oZ\text{–Stichprobe ist,} \\ 0 & \text{falls } \boldsymbol{Y}_i \text{ eine } mZ\text{–Stichprobe ist.} \end{cases}$$

Für die in (3.2.2) erklärte Schätzfunktion erhalten wir nun — mit den arithmetischen Mitteln (3.2.5) — den

(3.2.8) Schätzer aus einfachen geschichteten Stichproben:

$$\widehat{\mu}_{\mathrm{G}} = \sum\nolimits_{i=1}^{k} \frac{N_i}{N} \overline{Y}^{(i)} \quad .$$

(3.2.9) Satz

$\boldsymbol{Y}$ *sei eine* e i n f a c h e *geschichtete Stichprobe aus Y. Dann gilt für die in (3.2.8) gegebene Schätzfunktion — mit (3.2.7) :*

(1) $\mathrm{E}(\widehat{\mu}_{\mathrm{G}}) = \mu$;

(2) $\mathrm{Var}\ \widehat{\mu}_{\mathrm{G}} = \sum\nolimits_{i=1}^{k} \left(\frac{N_i}{N}\right)^2 \frac{1}{n_i} \sigma_i^2 \cdot (1 - f_i^*)$;

(3) $\widehat{\mathrm{Var}}\ \widehat{\mu}_{\mathrm{G}} = \sum\nolimits_{i=1}^{k} \left(\frac{N_i}{N}\right)^2 \frac{1}{n_i} S_i^{*2} \cdot (1 - f_i)$

ist eine unverzerrte Schätzfunktion für $\mathrm{Var}\ \widehat{\mu}_{\mathrm{G}}$.

Beweis:

(1) Es ist $\mathrm{E}(\overline{Y}^{(i)}) = \mu_i$ wegen (2.1.2), (2.1.3)(1) resp. wegen (2.2.2), (2.2.3)(1); der Rest folgt nun aus (3.2.3)(1).

(2) Mit (3.1.3) und (2.4.8)(2) erhält man:
$\mathrm{Var}\ \overline{Y}^{(i)} = \frac{1}{n_i} \sigma_i^2 \cdot (1 - f_i^*) = \tau_i^2$. Der Rest folgt nun aus (3.2.3)(2).

(3) Setze $\widehat{\tau}_i^2 = \frac{1}{n_i} S_i^{*2} \cdot (1 - f_i)$. Nach (2.4.8)(3) und (4) ist dann $\mathrm{E}(\widehat{\tau}_i^2) = \tau_i^2$. Der Rest ist nun eine unmittelbare Konsequenz von (3.2.3)(3). ■

(3.2.10) Beispiel

Gemeinde G besteht aus den drei Ortsteilen A, B, C. Um den durchschnittlichen Miet-Preis pro Wohnung — μ — zu schätzen, wurde eine einfache geschichtete Stichprobe mit den Ortsteilen als Schichten gezogen. Man hat nach der Stichprobenziehung folgende Angaben zur Verfügung:

	Ortsteil	A	B	C
$N_i =$	#(Wohnungen im Ortsteil)	100	250	150
$n_i =$	#(Wohnungen in Stichprobe)	26	50	24
$\overline{Y}^{(i)} =$	Stichproben–Durchschnittspreis	1 200	600	1 000
$S_i^{*2} =$	korrigierte Stichprobenvarianz	130 000	50 000	120 000
$f_i =$	(bei *oZ*-stichproben)	0.26	0.20	0.16
N_i/N		0.2	0.5	0.3
$(N_i/N)^2$		0.04	0.25	0.09
S_i^{*2}/n_i		5 000	1 000	5 000
$(1-f_i)\,S_i^{*2}/n_i$		3 700	800	4 200

Man errechnet nun:

$\widehat{\mu}_G = 0.20 \cdot 1200 + 0.50 \cdot 600 + 0.30 \cdot 1000 = 840$;

bei *mZ*-Stichproben: $\widehat{\text{Var}}\,\widehat{\mu}_G = 0.04 \cdot 5000 + 0.25 \cdot 1000 + 0.09 \cdot 5000 = 900$;

bei *oZ*-Stichproben: $\widehat{\text{Var}}\,\widehat{\mu}_G = 0.04 \cdot 3700 + 0.25 \cdot 800 + 0.09 \cdot 4200 = 726$. ■

3.3 Bestimmung der Stichprobenlängen

Allokation der Längen der Teilstichproben

Um genauere Aussagen über Var $\widehat{\mu}$ in (3.2.9)(2) machen zu können (und um dann eine *einfache geschichtete* Stichprobe mit einer *einfachen Zufallsstichprobe* vergleichen zu können), müssen wir die Wahl der Teilstichprobenlängen n_i spezifizieren. Wir behandeln daher im folgenden Abschnitt das Problem der *Aufteilung der Gesamtlänge n* auf die Teilstichproben. Man spricht auch von der **Allokation** der **Stichprobenlängen.** Bei dieser Bestimmung der n_i spielt — neben einem in der vorliegenden Situation intuitiv besonders einleuchtenden Verfahren — vor allem das in (1.4.16) (resp. (1.4.17)) angegebene *Prinzip* 1 (resp. 1*) (wenngleich in geeignet modifizierter Form) eine Rolle.

Sind uns die Schichten $G_1, \ldots, G_k$ gegeben (wie wir das hier ja voraussetzen), so sind die Größen N_i und σ_i^2 in Var $\widehat{\mu}$ in (3.2.9)(2) bestimmt. Wir betrachten daher Var $\widehat{\mu}$ nur noch als Funktion der k Variablen $n_1, \ldots, n_k$.

Wir behandeln das Problem der Wahl der n_i in drei Versionen, wobei freilich die zweite und dritte Version "dual" zueinander sind.

(3.3.1) Proportionale Allokation

Wähle die $n_i \in \mathbb{N}$ so, daß gilt: $\quad n_i = n \cdot \dfrac{N_i}{N} \quad$ oder $\quad \dfrac{n_i}{n} = \dfrac{N_i}{N}$.

Man macht sich leicht klar, daß (3.3.1) aus der Forderung folgt, n_i solle proportional zu N_i sein.

Gegeben sei nun die folgende (lineare) **Kostenfunktion**, die die Kosten der Stichprobe in Abhängigkeit von den n_i angibt (siehe auch (1.4.15)):

(3.3.2) **Gesamtkosten:** $C = c_0 + \sum_{i=1}^k c_i n_i \quad (c_0\ ,\ c_i\ :$ Konstante $\geq 0)$.
Variable Kosten: $C^* = C - c_0 = \sum_{i=1}^k c_i n_i$.

Es werden nun die Gesamtkosten bzw. die variablen Kosten vorgegeben:

(3.3.3) Kosten–optimale Allokation

Wähle die n_i so, daß gilt: $\quad \text{Var}\ \widehat{\mu}_G = \text{Min!}$
unter der *Bedingung* $[C = C_0]$ resp. $[C^* = C_0^*]$
(mit (3.3.2) und gegebenem C_0 resp. $C_0^* = C_0 - c_0$).

"Dual" zu (3.3.3) geben wir nun die Schätz(-un–)genauigkeit (!) — also die Varianz von $\widehat{\mu}$ — vor:

(3.3.4) Kosten–minimierende Allokation

Wähle die n_i so, daß gilt: $\quad C = \text{Min!}$
unter der *Bedingung* $[\text{Var}\ \widehat{\mu} = V_0]$ (mit gegebenem V_0).

Bemerkung (zu (3.3.1))
Als Begründung könnte man einen naiven "Repräsentanz"–Gedanken anführen: damit die Stichprobe S die Population möglichst gut "repräsentiert", soll der Anteil (die Quote) n_i/n von S_i an S genau so groß sein wie der Anteil (die Quote) N_i/N von G_i an G. — Diese Argumentation, so häufig sie in der Praxis auch vorkommen mag, berücksichtigt weder die Tatsache, daß in verschiedenen Schichten die Kosten für eine Ziehung verschieden sein können (siehe auch Bemerkung zu (3.3.3)), noch die Tatsache, daß z.B. bei einer sehr "homogenen" Schicht G_i (i.e. bei kleinem σ_i) schon mit vergleichsweise wenigen Stichprobenelementen eine "gute" Schätzung von μ_i erreicht werden kann — selbst wenn N_i "groß" ist. ■

Bemerkung (zu (3.3.3))
Bei der in (3.3.2) gegebene Kostenfunktion geht man davon aus, daß in Schicht G_i die Ziehung (und Befragung) eines Elements mit den Kosten c_i verbunden ist; ferner fallen fixe (Anfangs-)Kosten — unabhängig von den gewählten Stichprobenlängen — in Höhe c_0 an. (In Schichten, die gut "erschlossen" sind — wo also viele Daten verfügbar oder leicht beschaffbar, wo die zu Befragenden leicht erreichbar sind — werden die Ziehungs–Erhebungskosten pro Element geringer sein als in

wenig "erschlossenen" Schichten. Man vergleiche z.B. die kurzen Wege zwischen den zu Befragenden innerhalb einer Stadt mit den Wegen in ländlichen Gebieten.) Allokation (3.3.3) berücksichtigt die Kostensituation, gibt die Kosten für die Gesamtstichprobe vor und fragt nun nach der unter dieser Nebenbedingung "besten" Schätzung $\widehat{\mu}_G$ (3.2.2) resp. (3.2.8) mit minimaler Varianz. ■

Bemerkung (zu (3.3.4))
Die Kostensituation ist zunächst die gleiche wie in Allokation (3.3.3). Bei der Formulierung des Allokationsproblems hier hat jedoch die Schätzgenauigkeit den Vorrang vor den Kostengesichtspunkten. Die Kosten sollen zwar minimiert werden, jedoch nicht zu Lasten der Schätzgenauigkeit. ■

Wir untersuchen nun genauer die vorgeschlagenen Bestimmungen von $n_1, \ldots, n_k$.

Proportionale Allokation.

Die n_i seien gemäß (3.3.1) bestimmt. Mit diesen n_i/n statt N_i/N in (3.2.8) hat man zunächst (wegen des bekannten Additionssatzes für artihmetische Mittel; s. z.B. POKROPP (1990), S.33f) $\widehat{\mu}_G = \overline{Y}$; setzt man ferner diese n_i in Gleichungen (3.2.9)(2) und (3) ein, so erhält man sofort

(3.3.5) Satz
Für die Schätzung (3.2.8) aus einer e i n f a c h e n geschichteten Stichprobe mit p r o p o r t i o n a l e r Allokation (3.3.1) gilt

(1) $\widehat{\mu}_G = \overline{Y}$;

(2) $\text{Var}\ \widehat{\mu}_G = \text{Var}_G\,\overline{Y} = \frac{1}{n}\sum_{i=1}^{k}\frac{N_i}{N}\sigma_i^2\cdot(1-f_i^*)$;

(3) $\widehat{\text{Var}}\ \widehat{\mu}_G = \widehat{\text{Var}}_G\,\overline{Y} = \frac{1-f}{n}\sum_{i=1}^{k}\frac{N_i}{N}S_i^{*2}$

ist eine unverzerrte Schätzung für Var $\widehat{\mu}_G$ *(mit $f_i = f$ bei proportionaler Allokation für die in (2.4.5) und (3.2.7) definierten Größen).*

Um den obigen Varianz-Ausdruck $\text{Var}_G\,\overline{Y}$ (3.3.5)(2) mit Var $\widehat{\mu} = \text{Var}_{\text{einfach}}\,\overline{Y}$ bei einer *einfachen* Zufallsstichprobe zu vergleichen, setzen wir die in (3.1.5)(2) angegebene Zerlegung von σ^2 in (2.4.8)(2) ein und erhalten:

$$\textbf{(3.3.6)}\quad \mathrm{Var}_{\mathrm{einfach}}\overline{Y} = \frac{1}{n}\sum_i \frac{N_i}{N}\sigma_i^2\cdot(1-f^*) + \frac{1}{n}\sum_i \frac{N_i}{N}(\mu_i-\mu)^2\cdot(1-f^*)$$
$$= \frac{1}{n}\sigma^2_{\mathrm{intern}}\cdot(1-f^*) + \frac{1}{n}\sigma^2_{\mathrm{extern}}\cdot(1-f^*) \quad \text{(siehe (3.1.5))}.$$

Da wegen $f_i = f$ auch in den für die Praxis relevanten Fällen — nämlich mit hinreichend großen N, N_i — gilt (siehe auch (2.4.6)):
$1-f^* = \frac{N}{N-1}(1-f) \approx (1-f) = (1-f_i) = \frac{N_i-1}{N_i}(1-f_i^*) \approx (1-f_i^*)$
(sofern die f, $f_i \neq 0$ sind), erhalten wir aus (3.3.6) und (3.3.5)(2) sofort

$$\textbf{(3.3.7)}\quad \mathrm{Var}_{\mathrm{einfach}}\overline{Y} \approx \mathrm{Var}_{\mathrm{G}}\overline{Y} + \mathrm{Var}_{\mathrm{extern}}$$
$$\text{mit}\quad \mathrm{Var}_{\mathrm{extern}} = \frac{1}{n}(1-f^*)\,\sigma^2_{\mathrm{extern}}\,,\quad \sigma^2_{\mathrm{extern}} = \sum_i \frac{N_i}{N}(\mu_i-\mu)^2\,.$$

Der Ausdruck $\mathrm{Var}_{\mathrm{extern}}$ stellt gleichsam den "Genauigkeitsgewinn" dar, den eine geschichtete Stichprobe gegenüber einer einfachen Zufalls-Stichprobe hat. Bei der Wahl der Schichten $G_1,\ldots,G_k$ wird man daher eine große externe Varianz $\sigma^2_{\mathrm{extern}}$ bevorzugen. Das bedeutet nach (3.1.5), daß die internen σ_i^2 möglichst klein, die Schichten G_i bezüglich des Untersuchungsmerkmals Y also möglichst homogen sind.

(3.3.8) Beispiel
Betrachte (3.2.10) mit proportionaler Allokation:

	Ortsteil	A	B	C
$N_i =$	#(Wohnungen im Ortsteil)	100	250	150
$n_i =$	#(Wohnungen in Stichprobe)	20	50	30
$\overline{Y^{(i)}} =$	Durchschnittspreis in Stichprobe	1 200	600	1 000
$S_i^{*2} =$	korrigierte Stichprobenvarianz	130 000	50 000	120 000
f_i	(bei oZ-Stichproben)	0.2	0.2	0.2
N_i/N		0.2	0.5	0.3
$(N_i/N)\cdot S_i^{*2}$		26 000	25 000	36 000

Man errechnet wie in (3.2.10) $\widehat{\mu}_{\mathrm{G}} = 840$; weiter ist nun (mit (3.3.5)(3))
bei mZ-Stichproben $\widehat{\mathrm{Var}}\,\widehat{\mu}_{\mathrm{G}} = (1/100)\cdot(26\,000 + 25\,000 + 36\,000) = 870$;
bei oZ-Stichproben ist $\widehat{\mathrm{Var}}\,\widehat{\mu}_{\mathrm{G}} = 0.8\cdot 870 = 696$. ∎

Die obigen Überlegungen zum "Genauigkeitsgewinn" gelten a forteriori für die Allokationen (3.3.3) und (3.3.4), da $\mathrm{Var}_{\mathrm{einfach}}\overline{Y}$ ja gar nicht von den n_i abhängt und in (3.3.3) bzw. (3.3.4) bezüglich der n_i optimiert wird!

Kosten–optimale Allokation.

Nach (3.3.3) und (3.3.2) lautet mit (3.2.9)(2) die Aufgabe: Minimiere

$$\textbf{(3.3.9)}\quad V = V(n_1,\ldots,n_k) = \sum\nolimits_i \left(\frac{N_i}{N}\right)^2 \frac{1}{n_i}\sigma_i^2\,(1-f_i^*)$$

unter der Nebenbedingung, daß die variablen Kosten (3.3.2) gegeben sind:

$$\textbf{(3.3.10)}\quad C^* = C_0^*\,,\qquad \text{also}\ \sum\nolimits_i c_i n_i = C_0^*\,.$$

Um diese Aufgabe zu lösen, hat man nach der bekannten Lagrangeschen Methode (siehe z.B. OSTROWSKI (1961) S.229ff) das folgende Gleichungssystem zu lösen:

$$\textbf{(3.3.11)}\quad \tfrac{\delta}{\delta n_i}F = 0\,,\ \tfrac{\delta}{\delta \alpha}F = 0 \qquad \text{mit}\ \ F = V + \alpha(C^* - C_o^*)\,.$$

Das Problem in (3.3.11) ist, daß die in V in (3.3.9) auftretenden f_i^* von den n_i abhängen, sofern nicht eine *mZ*–Stichprobe (mit $f_i^* = 0$) vorliegt. Ist $f_i^* \neq 0$, so hat man in (3.3.11) freilich noch die Nebenbedingung $0 < n_i \leq N_i$ zu beachten. Bei hinreichend großen Schichten und nicht allzu großen $\sigma_i^2 = \text{Var}(Y \mid G_i)$ (damit nicht die n_i, die gem. (3.3.15) proportional zu den σ_i sind, zu groß werden!) wird diese Bedingung in der Praxis jedoch obsolet sein. Beachten wir nun noch, daß in Analogie zu (2.4.6) gilt:

$$\sigma_i^2(1-f_i^*) = \sigma_i^{*2}(1-f_i) \qquad \text{für}\ f_i \neq 0,$$

so wird — da bei *oZ*–Stichproben f_i/n_i nicht mehr von n_i abhängt — die Aufgabe, V (3.3.9) zu minimieren, identisch mit der Aufgabe, den Ausdruck

$$\textbf{(3.3.12)}\quad V^{**} = V^{**}(n_1,\ldots,n_k) = \sum\nolimits_i \left(\frac{N_i}{N}\right)^2 \frac{1}{n_i}\sigma_i^{*2}$$

zu minimieren. Für die praktische Anwendung mit hinreichend großen N_i wird $\sigma_i^{*2} \approx \sigma_i^2$ sein, so daß wir dann haben:

$$[\,V^{**}\ (3.3.12)\,] \quad\approx\quad [\,V\ (3.3.9)\ \text{mit}\ f_i^* = 0\ \text{für alle}\ i\,]\,.$$

Sowohl bei *mZ*– wie bei *oZ*–Stichproben ist also die Funktion

$$\textbf{(3.3.13)}\quad V^* = V^*(n_1,\ldots,n_k) = \sum\nolimits_i \left(\frac{N_i}{N}\right)^2 \frac{1}{n_i}\sigma_i^2$$

zu minimieren unter der Nebenbedingung (3.3.10). Ersetzt man also nun in (3.3.11) V durch V^*, so erhält man bald das Gleichungssystem

$$\textbf{(3.3.14)} \quad -\left(\frac{N_i\sigma_i}{N}\right)^2 n_i^{-2} + \alpha c_i = 0 \quad \text{für } i = 1,\ldots,k\,; \quad \sum\nolimits_{j=1}^k c_j n_j = C_0^* \,.$$

Die Auflösung von (3.3.14) nach den n_i führt zum Ergebnis

$$\textbf{(3.3.15)} \ (1) \ n_i = K_0 \cdot \frac{(N_i/N)\cdot\sigma_i}{\sqrt{c_i}} \qquad \text{bei } \textbf{Kosten–optimaler Allokation}$$

$$(2) \ \text{mit} \quad K_0 = C_0^* \cdot \frac{N}{\sum_j N_j\sigma_j\sqrt{c_j}} \qquad (C_0^* \text{ vorgegeben}).$$

Als **Beispiel** betrachte (3.3.19).

Daß in (3.3.15) n_i mit N_i und σ_i wächst und abnimmt, wenn c_i wächst, ist auch intuitiv einsichtig. Aus (3.3.15)(1) und (2) läßt sich sofort die folgende Aussage ableiten:

(3.3.16) Satz
Ist σ_i von i unabhängig — also etwa $\sigma_i = \sigma_0$ für alle i —, ist desgleichen c_i von i unabhängig — also etwa $c_i = c$ für alle i —, so ist die Kosten–optimale Allokation (3.3.15) *identisch mit der proportionalen Allokation (3.3.1) mit $n = C_0^*/c$.*

Kosten–minimierende Allokation.

Nach (3.3.4) haben wir C bzw. C^* aus (3.3.2) zu minimieren unter der Nebenbedingung, daß für die Varianz V (3.3.9) ein vorgegebener Wert V_0 eingehalten wird. Aufgrund der zu (3.3.13) führenden Überlegungen minimieren wir daher C^* sowohl bei *mZ*– als auch bei *oZ*–Stichproben unter der Nebenbedingung

$$\textbf{(3.3.17)} \quad V^* = V_0^* \,, \quad \text{also } \sum\nolimits_{i=1}^k \left(\frac{N_i}{N}\right)^2 \frac{1}{n_i}\sigma_i^2 = V_0^* \,.$$

(Natürlich ist V_0^* jeweils leicht aus dem vorgegebenen Wert V_0 für die Varianz von $\widehat{\mu}_G$ (approximativ) zu berechnen; denn V (3.3.9) minus V^* (3.3.13) ist *bekannt* (!), nämlich = 0 für *mZ*– und $\approx \sum_i \left(\frac{N_i}{N}\right)^2 \frac{\sigma_i^2}{N_i}$ für *oZ*–Stichproben. Beachte die Ausführungen zu (3.3.12), (3.3.13) nach (3.3.11).) Die Lösung dieser Minimierungsaufgabe muß — wegen der Dualität zur in (3.3.15) gelösten Aufgabe — dieselbe Gestalt haben wie die Lösung (3.3.15) — mit einer freilich sogleich noch zu bestimmenden Konstante K_{00} :

(3.3.18) (1) $n_i = K_{00} \cdot \dfrac{(N_i/N) \cdot \sigma_i}{\sqrt{c_i}}$ bei **Kosten–minimierender Allokation**

(2) mit $K_{00} = \dfrac{1}{V_0^*} \cdot \sum_j (N_j/N)\, \sigma_j \sqrt{c_j}$ (V_0^* vorgegeben).

Um K_{00} (3.3.18)(2) zu verifizieren, setzen wir (3.3.18)(1) in (3.3.13) — natürlich mit dem vorgegebenen Wert V_0^* (!) — ein und erhalten so

$$V_0^* = \frac{1}{K_{00}} \cdot \sum_i \left(\frac{N_i}{N}\right)^2 \cdot \frac{\sigma_i^2 N \sqrt{c_i}}{N_i \sigma_i} \,.$$

Löst man diese Gleichung nach K_{00} auf, so findet man sofort (3.3.18)(2).

(3.3.19) Beispiel

Gemeinde G besteht aus den drei Ortsteilen A, B, C. Um den durchschnittlichen Miet–Preis pro Wohnung — μ — zu schätzen, soll eine einfache geschichtete *mZ*–Stichprobe mit den Ortsteilen als Schichten gezogen werden. Die vorgegebene Genauigkeit sei $V_0^* = 500$ in (3.3.17). Man hat folgende Angaben zur Verfügung:

	Ortsteil	A	B	C
$N_i =$	#(Wohnungen im Ortsteil)	100	250	150
$c_i =$	Erhebungskosten pro Wohnung	100	25	100
$\sigma_i^2 =$	Varianz der Wohnungspreise (WP)	122 500	62 500	160 000
$\sigma_i =$	Standardabweichung der WP	350	250	400
N_i/N		0.2	0.5	0.3
$\dfrac{(N_i/N)\,\sigma_i}{\sqrt{c_i}}$		7	25	12
$(N_i/N)\,\sigma_i\,\sqrt{c_i}$		700	625	1200
$n_i =$	errechnete Stichprobenlänge (s.u.)	36	127	61
$n_i^* =$	errechnete Stichprobenlänge (s.u.)	42	149	72

Man errechnet nun in (3.3.18)(2) $K_{00} = (1/500) \cdot (700 + 625 + 1200) = 5.05$; also erhält man nach (3.3.18)(1) für die n_i : ≥ 35.35 , ≥ 126.25 , ≥ 60.60 resp.

Die variablen Kosten dieser Stichprobe wären gem. (3.3.10)

$C_0^* = (36 + 61) \cdot 100 + 127 \cdot 25 = 12\,875$.

Würde man statt V_0^* die variablen Kosten $C_0^* = 15\,000$ vorgeben, hätte man in (3.3.15)(2) $K_0 = 15000/2525 = 5.94$. Weiter ergibt sich dann gem. (3.3.15)(1) für die n_i^* : ≥ 41.58 , ≥ 148.51 , ≥ 71.29 resp.

Würde man die variablen Kosten $C_0^* = 12\,875$ vorgeben, hätte man in (3.3.15)(2) $K_0 = 12\,875/2525 = 5.1$. Weiter ergibt sich dann gem. (3.3.15)(1) für die n_i^* : ≥ 35.69 , ≥ 127.48 , ≥ 61.19 resp. (Vergleiche mit den n_i oben! Unterschiede kommen durch Rundungsfehler in der Berechnung von C_0^* zustande.) ■

Neyman–Allokation

Da im "optimalen Fall" n_i aus (3.3.18)(1) mit n_i aus (3.3.15)(1) übereinstimmt (wenn — z.B. — in (3.3.3) resp. (3.3.15)(2) gesetzt wird: $C_0 = C_{\mathbf{Min}}$, wobei $C_{\mathbf{Min}}$ die Lösung in (3.3.4) mit gegebenem V_0 ist — siehe obiges Beispiel (3.3.19) am Schluß !), erhalten wir eine interessante Relation zwischen C_0^* aus (3.3.10) und V_0^* aus (3.3.17), indem wir in (3.3.17) n_i aus (3.3.15)(1) einsetzen und noch (3.3.15)(2) beachten:

(3.3.20) $$V_0^* C_0^* = \left(\sum_i \sigma_i \sqrt{c_i} \frac{N_i}{N} \right)^2 .$$

Der Spezialfall $c_i = c$ für alle i führt zu $C_0^* = c \cdot n$, so daß wir aus (3.3.20) dann erhalten:

(3.3.21) Falls $c_i = c$ für $i = 1, \ldots, k$ ist, gilt

(1) $$V_0^* = \frac{1}{n} \left(\sum_i \sigma_i \frac{N_i}{N} \right)^2 = V_{\mathbf{Min}}^* ,$$

(2) $$n_i = \frac{n \sqrt{c}}{\sum_j N_j \sigma_j} \cdot N_i \sigma_i .$$

$V_{\mathbf{Min}}^*$ ist das Minimum von V^* (3.3.13), dem von den f_i^* unabhängigen Teil der Varianz V (3.3.9). (Man pflegt bei (3.3.21) auch von **Neyman–optimaler** Varianz resp. **Allokation** zu reden.)

****

(3.3.22) Bemerkung
Will man mehrere Merkmale gleichzeitig betrachten — etwa $Y^{(1)}, \ldots, Y^{(m)}$ —, so erhält man modifizierte Aufgaben: man hat die Varianzen von m Schätzfunktionen in den Nebenbedingungen oder in der zu minimierenden Zielfunktion. Wir verweisen hierzu z.B. auf SCHÄFFER (1971), SCHNEEBERGER (1973). ■

3.4 Bemerkungen zur Wahl der Schichten

In den vorausgegangenen Abschnitten waren die Schichten $G_1, \ldots, G_k$ und damit die Parameter $\mu_i = E(Y \mid G_i)$ und $\sigma_i^2 = \text{Var}\,(Y \mid G_i)$ fest vorgegeben. Nun gehen aber die σ_i entscheidend in die Varianz des Schätzers $\widehat{\mu}_G$ ein (siehe (3.2.9)(2)). Es entsteht daher die Frage, ob man — sofern die Bildung der Schichten nicht von vornherein festgelegt ist (z.B. durch vorgefundene institutionelle Bedingungen) — durch geeignete Wahl resp. Definition der "Schichten" erreichen kann, daß die internen Varianzen innerhalb dieser Schichten "klein" werden.

Es liegt hier ein weiteres Optimierungsproblem vor, das zu behandeln nur mit Hilfe nicht–elementarer Methoden und Techniken möglich ist (siehe die weiter unten angegebene Literatur); bei einfacheren Verfahren der Wahl der Schichten mit Hilfe von "Schichtungsmerkmalen" (wie sie in (3.4.3) erklärt sind) müssen zusätzliche Informationen über Zusammenhänge zwischen Erhebungs– und Schichtungsmerkmal vorliegen.

Für eine kurze Übersicht über die in der Literatur vorgeschlagenen Methoden möge der Leser RAJ (1968) konsultieren. Dort sind auch ausführlichere Literaturhinweise zu finden. Zur Literatur siehe u.a. ANDERSON/KISH/CORNELL (1976), BAXI (1971), KOSSACK/BAXI (1971), BÜHLER/DEUTLER (1975). Wir skizzieren im folgenden die beiden wichtigsten Verfahren der Schichtenbildung.

Die Dalenius–Gleichungen

Man betrachte $k-1$ Variable $a_1, \dots, a_{k-1}$; ferner

$$a_0 = \text{Min}\{Y(u) : u \in G\} \ , \ a_k = \text{Max}\{Y(u) : u \in G\} \ .$$

Definiere G_i und damit N_i resp. $\frac{N_i}{N}$ und σ_i^2 in Abhängigkeit von $a_1, \dots, a_{k-1}$ durch die Gleichung:

$$\textbf{(3.4.1)} \quad G_i = G_i(a_{i-1}, a_i) = \{u \in G : a_{i-1} < Y(u) \leq a_i\} \ , \quad i = 1, \dots, k$$

(mit einer offensichtlichen Modifikation für $i-1=0$). Bei der (vergleichsweise naheliegenden) Neyman–optimalen Allokation (3.3.21) müssen die für $V^*_{\min}$ optimalen a_i die folgenden "Dalenius"–Gleichungen erfüllen:

$$\textbf{(3.4.2)} \quad \frac{\sigma_i^2 + (a_i - \mu_i)^2}{\sigma_i} = \frac{\sigma_{i+1}^2 + (a_i - \mu_{i+1})^2}{\sigma_{i+1}}$$

(siehe z.B. RAJ (1968) S.71f). Da über (3.4.1) die σ_i^2 und μ_i von den a_i abhängen, ist die Bestimmung der a_i, die (3.4.2) erfüllen, nicht elementar möglich. Überdies sind weitere Informationen a priori über Y nötig, um diese Abhängigkeiten in brauchbarer Form angeben zu können. Wir suchen daher nach einer praktikableren Lösung für das Problem, möglichst homogene Schichten zu konstruieren.

Schichtungsmerkmale

In der Praxis wird man oft nach einem mit dem Erhebungsmerkmal Y eng korrelierten Merkmal X suchen, über das man schon *geeignete Vorinformationen* hat, die eine Schichtenbildung über X in der folgenden Weise gestatten: Setze

(3.4.3) $G_i = \{u : u \in G,\ X(u) \in B_i\}$,
wobei $B_1, \ldots, B_k$ eine Zerlegung des Wertebereichs von X ist.

Wird X so für die Schichtenbildung genutzt, nennt man X ein **Schichtungsmerkmal**. Natürlich ist in (3.4.3) die Zerlegung $B_1, \ldots, B_k$ so zu wählen, daß die Varianzen Var $(X \mid G_i)$ möglichst klein sind. (Aufgrund der über X vorhandenen Vorinformation ist dies i.a. mit vertretbarem Aufwand zu bewerkstelligen.) Ist nun Y mit X eng korreliert, so dürften auch die σ_i^2 eher "klein" werden.

In vielen praktischen Fällen wird ein Schichtungsmerkmal X nur "qualitativer" Natur sein mit den Merkmalsausprägungen $B_1, \ldots, B_k$. X schwankt dann in G_i überhaupt nicht, und bei einer "guten" Korrelation zwischen Y und X wird dann auch Y nur "wenig" in G_i variieren.

In der amtlichen Statistik der Bundesrepublik werden u. a. folgende qualitative Schichtungsmerkmale benutzt: Bundesland, Gemeindegrößenklasse, Straßenart u.v.a.m. (siehe STATISTISCHES BUNDESAMT: Arbeitsgebiet (1976), S. 374 ff).

3.5 Nachträgliche Schichtung (Post–Stratification)

Die "nachträgliche" Schichtung ist in gewisser Weise eine Mischform aus einfacher und geschichteter Stichprobe; sie versucht, bei einer gezogenen einfachen Zufallsstichprobe die Vorteile einer geschichteten Stichprobe (siehe (3.3.7)) wenigstens nachträglich zu nutzen. Dies wird in der Praxis u.a. dann angezeigt sein, wenn man anhand der gezogenen einfachen Stichprobe "sieht", daß eine geschichtete Stichprobe vorteilhafter gewesen wäre. (Man stellt z.B. nach Ermittelung von Y fest, daß Y in der Gruppe der Frauen und in der Gruppe der Männer jeweils "relativ wenig" schwankt. Eine geschichtete Stichprobe mit den Schichten "Frauen" und "Männer" wäre angezeigt gewesen.)

(3.5.1) Bemerkung
Man kann die nachträgliche Schichtung als Spezialfall von "geschichteten Doppelstichproben" betrachten, die in Kapitel 7 behandelt werden. (Siehe auch (7.1.4).)

■

Es sei $\mathsf{S} = (\mathsf{U}_1, \ldots, \mathsf{U}_n)$ eine einfache *mZ*-Stichprobe aus G ,
$\boldsymbol{Y}$ eine einfache *mZ*-Stichprobe aus Y (siehe (2.1.1)).

Es sei ferner die Schichtung $G_1, \ldots, G_k$ von G gegeben mit $N_i > 0$ (siehe (3.1.2)) für alle i. Definiere nun für $i = 1, \ldots, k$ die folgenden von S abhängenden Zufallsvariablen

(3.5.2) $n_i^* := \#\{j : \mathsf{U}_j \in G_i\}$.

n_i^* gibt also an, wieviel Stichprobenelemente von S aus der Schicht G_i stammen. Natürlich kann — bei gegebener Schichtung — $n_i^* = 0$ vorkommen. Für das arithmetische Mittel der Y_j, die aus der i-ten Schicht kommen, setzen wir daher

(3.5.3) $\widehat{\mu}_i^* = \begin{cases} (1/n_i^*) \sum_{j:\mathsf{U}_j \in G_i} Y_j & \text{falls } n_i^* > 0 \text{ ist} \\ 0 & \text{falls } n_i^* = 0 \text{ ist.} \end{cases}$

Die Idee der **nachträglichen Schichtung** ist nun, in die Schätzung für μ die "Teilschätzung" $\widehat{\mu}_i^*$ mit dem Gewicht N_i/N eingehen zu lassen — ganz analog zu (3.2.2). Also ist die Schätzung bei einer **N**achträglich **G**eschichteten (einfachen Zufalls-)Stichprobe

(3.5.4) $\widehat{\mu}_{\mathbf{NG}} = \sum_{i=1}^{k} \frac{N_i}{N} \widehat{\mu}_i^*$.

Im Gegensatz zu (3.5.4) enthält das arithmetische Mittel $\overline{Y}$ (= $\widehat{\mu}$ bei einfacher Zufalls-Stichprobe) die Teilschätzung $\widehat{\mu}_i^*$ mit dem Gewicht n_i^*/n, da ja — nach dem *Additionssatz für arithmetische Mittel* — $\overline{Y} = \sum_i (n_i^*/n)\, \widehat{\mu}_i^*$ ist.

Wir werden im folgenden nur approximative Aussagen über Erwartungswert und Varianz von $\widehat{\mu}_{\mathbf{NG}}$ aus (3.5.4) machen. Dies geschieht, indem wir $\mathrm{E}(\widehat{\mu}_{\mathbf{NG}})$ und $\mathrm{Var}(\widehat{\mu}_{\mathbf{NG}})$ "zerlegen" in jeweils einen "wesentlichen" Teil und einen "Rest-Teil" und untersuchen, wie schnell dieser Rest gegen Null strebt, wenn die Stichprobenlänge n gegen "unendlich" geht.

Exkurs über Nullfolgen

Um die "Geschwindigkeit" genauer angeben zu können, mit der ein solcher "Rest" r_n in Abhängigkeit von n gegen 0 geht für $n \to \infty$, vergleichen wir die

Nullfolge $(r_n : n = 1, 2, \ldots)$, $\lim_{n\to\infty} r_n = 0$,

mit den für jedes $t > 0$ definierten

speziellen Nullfolgen $(a_n^{(t)} = 1/n^t : n = 1, 2, \ldots)$ mit festem $t \in \mathbb{R}$.

(3.5.5) Definition
Eine Nullfolge $(r_n : n = 1, 2, \dots)$ *— hier auch kurz mit* (r_n) *bezeichnet — heißt* **von der Ordnung** t, *falls gilt: Es gibt eine Konstante* $A(t)$ *mit*

(1) $r_n \cdot n^t \leq A(t)$ *für alle* n.

Wir schreiben dann auch kurz

(2) $(r_n) = \mathrm{O}(1/n^t)$ *oder nur* $r_n = \mathrm{O}(1/n^t)$

und sagen, daß die Folge (r_n) **genau so schnell gegen** 0 **geht, wie die Folge** $(1/n^t)$. *Gilt (2) für jedes* $t > 0$, *so schreiben wir kurz*

(3) $r_n = \mathrm{O}(1/n^\infty)$.

Im mathematischen Anhang in den Abschnitten 9.5 und 9.6 sind die wichtigsten hier benötigten Aussagen über Nullfolgen zusammengestellt.

Asymptotische Schätzer–Eigenschaften

Wir geben nun Erwartungswert und Varianz von $\widehat{\mu}_{\mathrm{NG}}$ aus (3.5.4) approximativ an:

(3.5.6) Satz
Für den in (3.5.4) erklärten Schätzer gilt bei einfachen mZ-Stichproben

(1) $\mathrm{E}(\widehat{\mu}_{\mathrm{NG}}) = \mu + \mathrm{O}(1/n^\infty)$;

(2) $\mathrm{Var}\ \widehat{\mu}_{\mathrm{NG}} = \dfrac{1}{n}\sum\limits_{i=1}^{k} \dfrac{N_i}{N}\sigma_i^2 + \mathrm{O}(n^{-2})$.

(3) $\widehat{\mathrm{Var}}\ \widehat{\mu}_{\mathrm{NG}} = \dfrac{1}{n}\sum\limits_{i=1}^{k} \dfrac{N_i}{N} S_i^{*2}$ *ist approximativ unverzerrt für* $\mathrm{Var}\ \widehat{\mu}_{\mathrm{NG}}$

$\mathrm{E}(\widehat{\mathrm{Var}}\ \widehat{\mu}_{\mathrm{NG}}) = \mathrm{Var}\ \widehat{\mu}_{\mathrm{NG}} + \mathrm{O}(n^{-2})$.

Bemerkung
(3.5.6)(1) besagt, daß für hinreichend großes n die Verzerrung von $\widehat{\mu}_{\mathrm{NG}}$ "sehr schnell" gegen 0 geht; (3.5.6)(2) zeigt, daß der Rest $\mathrm{O}(1/n^2) = \frac{1}{n} \cdot \mathrm{O}(1/n)$ um den Faktor $\frac{1}{n}$ schneller gegen 0 geht als der Haupt-Term der Varianz. ∎

Beweis:

Zu (1): Zunächst gilt für n_i^* aus (3.5.2):

(3.5.7) (1) n_i^* ist $BV(n\,;\, p_i = N_i/N)$-verteilt ;

(2) $P(n_i^* = 0) = \mathrm{O}(1/n^\infty)$ (wegen (9.5.5)(1));

(3) $\mathrm{E}(\widehat{\mu}_i^*) = \mathrm{E}(\widehat{\mu}_i^* \mid n_i^* > 0) P(n_i^* > 0)$.

[Denn: n_i^* ist gleich der Anzahl der positiven unter den n voneinander unabhängigen Antworten auf die n Fragen: "Liegt das Ergebnis U_j in G_i?" für $j = 1, \ldots, n$. Siehe auch (9.2.1). Für $\widehat{\mu}_i^*$ aus (3.5.3) erhält man mit Hilfe von (9.3.3):
$\mathrm{E}(\widehat{\mu}_i^*) = \mathrm{E}(\widehat{\mu}_i^* \mid n_i^* > 0) P(n_i^* > 0) + \mathrm{E}(\widehat{\mu}_i^* \mid n_i^* = 0) P(n_i^* = 0)$. Beachte (3.5.3).]

Aus (9.5.5)(1) und (3.5.7) folgern wir alsbald

(3.5.8) (1) $\mathrm{E}(\widehat{\mu}_i^* \mid n_i^* > 0) = \mu_i$, (2) $\mathrm{E}(\widehat{\mu}_i^*) = \mu_i + \mathrm{O}(1/n^\infty)$.

[Denn: für jeden Wert m von n_i^* mit $m > 0$ gilt offenbar (siehe (3.5.3)!):
$\mathrm{E}(\widehat{\mu}_i^* \mid n_i^* = m) = \mu_i$; weiter ist
$\mathrm{E}(\widehat{\mu}_i^*) = \mathrm{E}(\widehat{\mu}_i^* \mid n_i^* > 0)\big(1 - \mathrm{O}(1/n^\infty)\big) + 0 = \mathrm{E}(\widehat{\mu}_i^* \mid n_i^* > 0) + \mathrm{O}(1/n^\infty)$.]

Aufgrund von (3.5.8) erhalten wir nun aus (3.5.4):

$$\mathrm{E}(\widehat{\mu}_{\mathbf{NG}}) = \textstyle\sum_i (N_i/N)\mu_i + \mathrm{O}(1/n^\infty) .$$

(3.1.5)(1) ergibt dann die in (3.5.6)(1) ausgesprochene Behauptung.

Zu (2): Aus (9.4.5) erhalten wir

(3.5.9) $\mathrm{Var}\ \widehat{\mu}_{\mathbf{NG}} = \mathrm{E}(\mathrm{Var}\,(\widehat{\mu}_{\mathbf{NG}} \mid n_1^*, \ldots, n_k^*)) + \mathrm{Var}\ \mathrm{E}(\widehat{\mu}_{\mathbf{NG}} \mid n_1^*, \ldots, n_k^*)$.

Wir zeigen zunächst

(3.5.10) $\mathrm{Var}\ \mathrm{E}(\widehat{\mu}_{\mathbf{NG}} \mid n_1^*, \ldots, n_k^*) = \mathrm{O}(1/n^\infty)$.

Um (3.5.10) zu zeigen, beweisen wir

(3.5.11) (1) $\mathrm{Var}\ \mathrm{E}(\widehat{\mu}_i^* \mid n_i^*) = \mathrm{O}(1/n^\infty)$,

(2) $\mathrm{Cov}(\mathrm{E}(\widehat{\mu}_i^* \mid n_i^*)\,,\, \mathrm{E}(\widehat{\mu}_j^* \mid n_j^*)) = \mathrm{O}(1/n^\infty)$ für $i \neq j$.

Beweis von (3.5.11)(1) :

$\mathrm{E}(\widehat{\mu}_i^* \mid n_i^*)$ hat ja die Werte μ_i und 0 mit den Wahrscheinlichkeiten $P(n_i^* > 0)$ und $P(n_i^* = 0)$ resp., hat also die Verteilung einer Zufallsvariablen $\mu_i \cdot X$, wobei X eine $BV(1\,,\, P(n_i^* > 0))$-verteilte Variable ist. Daher ist $\mathrm{Var}\ \mathrm{E}(\widehat{\mu}_i^* \mid n_i^*) = \mu_i^2 \cdot P(n_i^* > 0) \cdot P(n_i^* = 0)$, und die Behauptung folgt mit (3.5.7).

Beweis von (3.5.11)(2) :

Wir bemerken zunächst, daß wegen (3.5.8) und (9.3.8) gilt:

$$\mathrm{E}[\mathrm{E}(\widehat{\mu}_i^* \mid n_i^*)] \cdot \mathrm{E}[\mathrm{E}(\widehat{\mu}_j^* \mid n_j^*)] = \mu_i \cdot \mu_j + \mathrm{O}(1/n^\infty) .$$

Wir brauchen daher — siehe z.B. (2.2.5) — nur noch zu zeigen:

(*) $\qquad \mathrm{E}[(\mathrm{E}(\widehat{\mu}_i^* \mid n_i^*)) \cdot (\mathrm{E}(\widehat{\mu}_j^* \mid n_j^*))] = \mu_i \cdot \mu_j \; + \; \mathrm{O}(1/n^\infty) .$

Gleichung (*) folgt aber aus der Tatsache, daß die Produktvariable $[\mathrm{E}(\widehat{\mu}_i^* \mid n_i^*)) \cdot (\mathrm{E}(\widehat{\mu}_j^* \mid n_j^*)]$ nur die Werte $\mu_i \cdot \mu_j$ und 0 annimmt mit Wahrscheinlichkeiten $P(n_i^* > 0\,,\, n_j^* > 0)$ und $1 - P(n_i^* > 0\,,\, n_j^* > 0) = P(n_i^* = 0 \text{ oder } n_j^* = 0)$ resp. und daß nach (3.5.7) $P(n_i^* = 0 \text{ oder } n_j^* = 0) \leq P(n_i^* = 0) + P(n_j^* = 0) = \mathrm{O}(1/n^\infty)$ ist.

Beweis von (3.5.10) :

folgt alsbald aus (3.5.11) mit $\mathrm{E}(\widehat{\mu}_i^* \mid n_1^*, \ldots, n_k^*) = \mathrm{E}(\widehat{\mu}_i^* \mid n_i^*)$ und der Tatsache, daß die Varianz einer Summe gleich der Summe der Varianzen und Covarianzen der Summanden ist.

Um den **Beweis von (3.5.6)(2)** zu vollenden, genügt es, wegen (3.5.9), (3.5.10) und (9.5.1) nun zu zeigen:

(3.5.12) $\mathrm{E}(\mathrm{Var}\,(\widehat{\mu}_{\mathrm{NG}} \mid n_1^*, \ldots, n_k^*)) = \frac{1}{n} \sum_{i=1}^k (N_i/N)^2 \sigma_i^2 \; + \; \mathrm{O}(1/n^2) .$

Zunächst ist wegen (9.3.4) und (9.5.5), (3.5.7)

$$\mathrm{E}(\mathrm{Var}\,(\widehat{\mu}_i^* \mid n_i^*)) = \mathrm{E}[\mathrm{Var}\,(\widehat{\mu}_i^* \mid n_i^*) \mid n_i^* > 0] \; + \; \mathrm{O}(1/n^\infty) .$$

Da aufgrund von (2.1.3)(2) und (3.5.3) die Zufallsvariable $\mathrm{Var}\,(\widehat{\mu}_i^* \mid n_i^*)$ den Wert σ_i^2/n_i^* hat, falls $n_i^* > 0$ ist resp. den Wert 0, falls $n_i^* = 0$ ist, gilt offenbar — mit $P(n_i^* > 0) = 1 - \mathrm{O}(1/n^\infty)$ gem. (3.5.7) —

(*) $\qquad \mathrm{E}(\mathrm{Var}\,(\widehat{\mu}_i^* \mid n_i^*)) = \mathrm{E}\left(\frac{\sigma_i^2}{n_i^*} \mid n_i^* > 0\right) \; + \; \mathrm{O}(1/n^\infty) .$

Da wegen (3.2.3)(2) auch für die nachträgliche Schichtung gilt:

$$\mathrm{E}(\mathrm{Var}\,(\widehat{\mu}_{\mathrm{G}} \mid n_1^*, \ldots, n_k^*)) = \sum_{i=1}^k (N_i/N)^2 \cdot \mathrm{E}(\mathrm{Var}\,(\widehat{\mu}_i^* \mid n_i^*)) ,$$

ist aufgrund von (*) der Beweis von (3.5.12) beendet, falls wir zeigen können

(3.5.13) $\mathrm{E}\left(\frac{1}{n_i^*}\right) = \frac{1}{n} \cdot \frac{N}{N_i} + \mathrm{O}(1/n^2) \; = \; \frac{1}{\mathrm{E}(n_i^*)} \; + \; \mathrm{O}(n^{-2}) .$

Zum Beweis von (3.5.13) setzen wir

$$Z_{ij} = \begin{cases} 1 & \text{falls } \mathsf{U}_j \text{ aus } G_i \text{ stammt,} \\ 0 & \text{sonst.} \end{cases}$$

Für festes $i \in \{1, \ldots, N\}$ sind $Z_{i1}, \ldots, Z_{in}$ unabhängige $BV(1\,;\, N_i/N)$-Variable, so daß wir für $\overline{Z}_i = \sum_j Z_{ij}$ mit (9.6.8)(4) folgern können:

$$\mathrm{E}(1/\overline{Z}_i) = 1/\,\mathrm{E}(\overline{Z}_i) + \mathrm{O}(1/n) = N/N_i + \mathrm{O}(1/n) .$$

Hieraus ergibt sich sogleich (3.5.13), wenn man bedenkt, daß ja $n_i^* = n \cdot \overline{Z}_i$ ist.

Zu (3): Erfolgt offensichtlich analog zu (2), da ja $\mathrm{E}(S_i^{*2} \mid n_i^* = m) = \sigma_i^2$ für jedes $m > 0$ ist. ■

(3.5.14) Bemerkung

In der Literatur (siehe z.B. HOLT/SMITH (1979)) ist auch diskutiert worden, als "Gütemaß" für $\widehat{\mu}_{\mathrm{NG}}$ *nicht* die Varianz (3.5.6)(2) zu benutzen, sondern den (stochastischen) Ausdruck

$$\mathrm{Var}\,(\widehat{\mu}_{\mathrm{NG}} \mid n_1^* > 0, \ldots, n_k^* > 0) = \sum_{i=1}^{k} (N_i/N)^2 \cdot \sigma_i^2 / n_i^*$$

resp. seinen Erwartungswert. ■

(3.5.15) Bemerkung

Betrachte statt (3.5.4) den *korrigierten* Schätzer

$$\widehat{\mu}_{\mathrm{NG,korr}} = \sum_{i=1}^{k} \frac{N_i}{N} \cdot \frac{\widehat{\mu}_i^*}{P(n_i^* > 0)} .$$

Aus (3.5.7)(3) und (3.5.8) folgt sofort: $\mathrm{E}(\widehat{\mu}_{\mathrm{NG,korr}}) = \mu$. ■

(3.5.16) Beispiel

Gemeinde G besteht aus den drei Ortsteilen A, B, C. Um den durchschnittlichen Miet–Preis pro Wohnung — μ — zu schätzen, wurde eine *einfache Zufalls–Stichprobe mZ* gezogen. Man hat nach der Stichprobenziehung (von 12 Elementen aus G) folgende Angaben zur Verfügung:

	Ortsteil	A	B	C
$N_i =$	# (Wohnungen im Ortsteil)	100	250	150
Y_{ij} :	Stichprobenergebnisse aus G			
	(in 100), gruppiert nach Ortsteilen	15 9 20 8 13	4 5 6 7	9 12 12
$n_i =$	#(Wohnungen in Stichprobe)	5	4	3
$\overline{Y}^{(i)} =$	errechnetes Mittel im Ortsteil	13	5.5	11
$S_i^{*2} =$	errechnete (korrigierte) Streuung	23.50	1.67	3.00
N_i/N		0.2	0.5	0.3
$\frac{N_i}{N} S_i^{*2}$		4.70	0.83	0.90

Man errechnet zunächst: $\widehat{\mu} = \overline{Y} = 13{\cdot}5/12{+}5.5{\cdot}4/12{+}11{\cdot}3/12 = 120/12 = 10$.
Weiter ist $\widehat{\mathrm{Var}}\,\overline{Y} = (1/12) \cdot S^{*2} = (1/12) \cdot 234/11 = 21.27/12 = 1.77$.

Ein Blick auf die nach Ortsteilen aufgeschlüsselte Stichprobe zeigt ein relativ "homogenes" Verhalten in A, B, C. Eine nachtträgliche Schichtung mit A, B, C als Schichten ergibt $\widehat{\mu}_{\mathrm{NG}} = 13 \cdot 0.2 + 5.5 \cdot 0.5 + 11 \cdot 0.3 = 8.65$. Weiter errechnet man $\widehat{\mathrm{Var}}\,\widehat{\mu}_{\mathrm{NG}} = (1/12) \cdot (4.70 + 0.83 + 0.90) = 6.43/12 = 0.54$. ■

3.6 Quoten–Stichproben

Oft ist es nicht möglich, bei einer gegebenen Schichtung $G_1, \ldots, G_k$ von G eine geschichtete Stichprobe zu ziehen, weil die Elemente der einzelnen Schichten ("Adressen-Listen" der G_i) nicht verfügbar sind. Als *einen* Ausweg kann man dann so lange aus G ziehen, bis für jede Schicht die "gewünschte Quote" (etwa $n_i = n \cdot (N_i/N)$ bei proportionaler Allokation) erreicht ist. "Überflüssige" Elemente aus Schichten, deren Quoten in der Stichprobe bereits erfüllt sind, werden bei der Befragung nicht berücksichtigt. (Ein *anderer* Ausweg sind die in 7.1 beschriebenen *Doppelstichproben* .)

Wir geben nun eine Präzisierung des oben skizzierten Verfahrens an. Natürlich sind auch andere Präzisierungen der "Quotenauswahl" denkbar — bis hin zu der Maßgabe, der "Interviewer" suche sich die zu Befragenden willkürlich und in für die Quoten geeigneter Weise aus; statistische Eigenschaften der Schätzung mit Hilfe solcher Stichproben dürften kaum zuverlässig zu bestimmen sein. (Das ist oft alles, was man in Monographien zum Thema "Quoten-Stichproben" findet. Siehe z.B. RAJ (1968) S.26, KONIJN (1973) S.189f.)

Betrachte die Schichtung (3.1.1), (3.1.2) mit $N_i > 0$ für alle $i = 1, \ldots, k$. Es sei ferner

(3.6.1) $m_i =$ gewünschte Länge der Teilstichprobe aus G_i ,
$m = \sum_i m_i =$ gewünschte Gesamtlänge der Stichprobe.
($m_i = m \cdot \frac{N_i}{N}$ bei gewünschter proportionaler Allokation.)

Wir betrachten nun eine Folge von Stichproben $(\mathsf{S}_n : n \in \mathbb{N})$, die sich in folgendem Sinne sukzessive ergänzen:

(3.6.2) $(\mathsf{U}_1^{(n+1)}, \ldots, \mathsf{U}_n^{(n+1)}, \mathsf{U}_{n+1}^{(n+1)}) = \mathsf{S}_{n+1} = (\mathsf{S}_n, \mathsf{U}_{n+1}^{(n+1)})$, also
$(\mathsf{U}_1^{(n)}, \ldots, \mathsf{U}_n^{(n)}) = \mathsf{S}_n = (\mathsf{U}_1^{(n+1)}, \ldots, \mathsf{U}_n^{(n+1)})$.

Für jedes $i \in \{1, \ldots, k\}$ betrachte nun diejenigen Komponenten–Indizes in S, die zu Elementen aus G_i gehören:

(3.6.3) (1) $I_{n,i} = \{j : \mathsf{U}_j^{(n)} \in G_i\}$;

(2) setze ferner: $n_Q = \text{Min}\{n : \#(I_{n,i}) \geq m_i$ für alle $i = 1, \ldots, k\}$.

Die durch (3.6.3)(1) gekennzeichnete Teilstichprobe aus G_i ist zunächst

(3.6.4) $\mathsf{S}_n^i = (\mathsf{U}_{j_1}^{(n)}, \ldots, \mathsf{U}_{j_r}^{(n)})$ mit

$$I_{n,i} = \{j_1, \ldots, j_{r^*}\} \quad \text{und} \quad r = \begin{cases} r^* & \text{falls } r^* \leq m_i \quad (n \leq n(i)) \\ m_i & \text{falls } r^* > m_i \quad (n > n(i)) \end{cases} .$$

Wir müssen noch gewährleisten, daß die Prozedur überhaupt beendet wird und nicht immer weiter gezogen wird, weil einige Quoten noch immer nicht erfüllt sind! Wir setzen daher fest eine

(3.6.5) *OBergrenze* n_{OB} und (mit (3.6.3)(2))

$$m_Q = \text{Min}\,\{\, n_Q \,,\, n_{OB} \,\}$$

(3.6.6) Definition
Mit (3.6.2), (3.6.3), (3.6.4) *heißt* $\mathsf{S}_{m_Q}^Q = (\mathsf{S}_{m_Q}^1, \ldots, \mathsf{S}_{m_Q}^k)$ ***Quotenstichprobe*** *mit den*

(1) **Quoten** $m_{Q,i}/m_Q$, *wobei* $m_{Q,i} = \#(\mathsf{S}_{m_Q}^i)$ *ist* .

Bei der Schätzung von μ verfahren wir wie bei der nachträglichen Schichtung (siehe auch (1.3.6)(2) zur Notation):

(3.6.7) (1) $$\widehat{\mu}_Q^{(i)} = \begin{cases} \frac{1}{m_{Q,i}} \sum_{u \in \mathsf{S}_{m_Q}^i} Y(u) & \text{falls } m_{Q,i} > 0 \;, \\ 0 & \text{falls } m_{Q,i} = 0 \;; \end{cases}$$

(2) $\widehat{\mu}_Q = \sum_{i=1}^k (N_i/N) \cdot \widehat{\mu}_Q^{(i)}$.

Man kann — ähnlich wie in (3.5.6)(1) — zeigen:

(3.6.8) Satz

$$\text{E}(\widehat{\mu}_Q) = \mu \;+\; \text{O}(1/n_{OB}^{\infty}) \,.$$

Beweis (Skizze): Grundlage des Beweises ist die Aussage

$$\text{E}(\widehat{\mu}_Q^{(i)}) = \text{E}[\text{E}(\widehat{\mu}_Q^{(i)} \mid m_{Q,i}) \mid m_{Q,i} > 0] \cdot P(m_{Q,i} > 0) = \mu_i \cdot (1 - P(m_{Q,i} = 0)) \,.$$

Nun macht man sich leicht klar, daß $P(m_{Q,i} = 0) = (1 - [N_i/N])^{n_{OB}}$ gilt; wegen (9.5.3) folgt dann sogleich $P(m_{Q,i} = 0) = \text{O}(1/n_{OB}^{\infty})$. ■

Weitere Literatur:

Anderson, D. W., Kish, L., Cornell, R. G. (1976); Baxi, H. R. S. (1971); Bühler, W., Deutler, T. (1975); Dalenius, T., Hodges, J. L. Jr. (1959); Frank, O. (1970); Holt, D., Smith, T. M. F. (1979); Kokan, A. R., Khan, S. (1967); Kossack, C. F., Baxi, H. R. S. (1971); Omule, S. A. Y (1985); Quatember, A. (1994); Raj, D. (1968); Royall, R. M., Herson, J. (1973b); Särndal, C. E. (1968); Schäffer, K. A. (1971); Schneeberger, H. (1970), (1973), (1984); Schneeberger, H., Goller, W. (1979); Schneeberger, H., Pöllot, J.–P. (1985); Singh, R. (1975a), (1975b); Som, R. K. (1973); Stange, K. (1971); Stenger, H. (1971); Swindel, B. F., Yandle, D. O. (1972); Thomsen, I. (1977);

Kapitel 4

Allgemeine Zufalls–Stichproben. P–Stichproben. (Sampling with Unequal Probabilities)

4.1 P–Stichproben

Bei den in Kapitel 2 behandelten *einfachen* Zufalls-Stichproben werden alle Elemente der für eine Ziehung zur Verfügung stehenden Population gleich behandelt. Wir wollen diese "Symmetrie" nun aufgeben und zulassen, daß uns die Elemente der Population verschieden "wichtig" sind: wir wollen zulassen resp. gewährleisten, daß die Wahrscheinlichkeit, mit der ein bestimmtes Element $u \in G$ in der Stichprobe vorkommt, von diesem u abhängt. Ist dieses u "wichtig", so soll diese **Inklusions–Wahrscheinlichkeit** (auch **Auswahl–Wahrscheinlichkeit**) "groß" werden. Diese Wahrscheinlichkeiten werden durch eine (vorerst nicht weiter spezifizierte) Wahrscheinlichkeitsverteilung P auf G bestimmt, die

(4.1.1) Grundverteilung:

$$P \,:\, u_j \to p_j = P(u_j) \in [0,1] \qquad (j = 1, \ldots, N)\,.$$

Diese Grundverteilung wird — bei gegebenen Konstruktionsverfahren für eine betrachtete Klasse von Stichprobenplänen — den Stichprobenplan entscheidend bestimmen. Statt von einer *einfachen* Stichprobe reden wir nun von einer **allgemeinen P– (Zufalls–) Stichprobe** oder kurz von einer

(4.1.2) (Allgemeinen) P–**Stichprobe** :
P (4.1.1) bestimmt — innerhalb einer Klasse von betrachteten Stichprobenverfahren — vollständig den Stichprobenplan $P_{(n)}$ für die Ziehung der Stichprobe S und damit die Inklusions(Auswahl)–Wahrscheinlichkeiten.

Aufgrund der Wichtigkeit der Inklusions–Wahrscheinlichkeiten nennt man die allgemeinen P–Stichproben auch **Stichproben (–Pläne) mit variierenden Auswahl (auch Inklusions)— Wahrscheinlichkeiten**. (Siehe auch (4.1.3) zur Erläuterung.)

Bemerkung
Man beachte: *Nach wie vor ist* $\mu = \mathrm{E}_{P_0}(Y)$ (1.3.15)(1) resp. (1.3.23), (1.3.24). Die Erwartungswertbildung bezgl. P (4.1.1) wird für andere Variable (als Y) wichtig werden — z.B. in (4.2.6), (4.2.9), (4.2.10). ∎

Bei allgemeinen *mZ–P*–Stichproben werden die Inklusions–Wahrscheinlichkeiten *eindeutig* durch P bestimmt sein. Sie werden jedoch keine besondere eigenständige Rolle spielen, da Schätzer für μ schon mit Hilfe der Grundverteilung P formuliert formuliert werden. Erwartungswert und Varianz der Schätzer werden sich vergleichsweise leicht berechnen lassen.

Bei allgemeinen *oZ–P*–Stichproben ist jedoch die Situation sehr viel schwieriger, da sich die Grundverteilung (— ja, die Population, aus der zu ziehen ist! —) gleichsam mit jedem Zug ändern kann (siehe z.B. (4.4.5)). Die Bestimmung des Stichprobenplans $P_{(n)}$ aus P — und damit der Inklusions–Wahrscheinlichkeiten! — ist keineswegs eindeutig; ganz verschiedene Lösungen (i.e. verschiedene Verfahren der Konstruktion von $P_{(n)}$ aus P) sind denkbar für das Problem, bei *oZ*–Stichproben die durch p_j (4.1.1) gegebene "Wichtigkeit" von $u_j \in G$ durch Inklusions–Wahrscheinlichkeiten zu "realisieren". Vor allem aber werden diese Inklusions–Wahrscheinlichkeiten für die Schätzer–Konstruktion benötigt.

Für dieses wichtige Instrument der Inklusions–Wahrscheinlichkeiten führen wir nun folgende Notation ein:

(4.1.3) (1) $H_i =$ $H_i(\mathsf{S})$ = Häufigkeit von u_i in der P–Stichprobe S ,

(2) $\pi_i =$ Wahrscheinlichkeit, daß u_i in S vorkommt = $P(H_i > 0)$
= **Inklusions–Wahrscheinlichkeit** für u_i ,

(3) $\pi_{ij} =$ $P(H_i > 0, H_j > 0) = P(u_i$ und u_j sind in S$)$ =
(gemeinsame) Inklusions–Wahrscheinlichkeit für $\{u_i, u_j\}$

für $i, j = 1, \ldots, N$, $j \neq i$.

Zur Verdeutlichung: P (4.1.3) ist der Stichprobenplan $P_{(n)}$, der von P (4.1.1) resp. (4.1.2) abhängt! Es wird überflüssig sein, *notationell* zwischen P auf G und $P = P_{(n)}$ auf dem Stichprobenraum $\mathcal{S}$ (1.3.4)(6) (resp. $\boldsymbol{\mathcal{S}}$ (1.3.7)) zu unterscheiden.

Die allgemeinen mZ–P–Stichproben werden in Abschnitt 4.2 behandelt. (Die π_i und π_{ij} spielen jedoch — wie bereits erwähnt — keine wichtige Rolle, da sie nicht in die Schätzer–Konstruktion eingehen. Zur Berechnung der π_i und π_{ij} aus den p_j (4.1.1): siehe (4.2.16).) Abschnitt 4.3 begründet dann, *welche Grundverteilung* P (4.1.1) der Ziehung der mZ–Stichprobe zugrunde zu legen ist, um —zusammen mit einem bestimmten Schätzer für μ — eine optimale Strategie zu erzielen. Es zeigt sich, daß (mit einer geeigneten Hilfsvariablen X) eine Verteilung P mit sogenannten "X–proportionalen" oder "Größen–proportionalen" Wahrscheinlichkeiten (siehe (4.1.4) und (4.3.2)) erstrebenswert ist. Ferner wird in Abschnit 4.3 für mZ–Stichproben eine Technik der Ziehung angegeben.

oZ–Zufallsstichproben zu einer Verteilung P findet man in Abschnitt 4.4. In den wichtigsten *hier behandelten* oZ–Stichprobenverfahren — Techniken dazu werden in Abschnitt 4.5 und 4.6 beschrieben — werden die π_i sich leicht aus der Grund–Verteilung ergeben. Auch die π_{ij} werden sich (jedoch leider nur) *teilweise* aus der Grund–Verteilung herleiten lassen. *Allgemein* ist die Herleitung der (für die Schätzung benötigten) π_i und (vor allem der) π_{ij} aus der Grundverteilung P eine eher schwierige Aufgabe, deren Lösung von der angewandten *technischen Ziehungsprozedur* — i.e. von der betrachteten Klasse von Stichprobenverfahren — abhängt. Es gibt in der Literatur eine Fülle von Vorschlägen für oZ–Ziehungsprozeduren und die damit verbundenen Berechnungen der π_i und π_{ij} aus P (4.1.1). Wir gehen hier nicht näher darauf ein. (Der interessierte Leser sei insbesondere auf die Zusammenstellungen in CHAUDHURI/VOS (1988) und BREWER/HANIF (1983) verwiesen.)

Der Grund für die (im Vergleich mit *einfachen Stichproben* eher aufwendige) Behandlung von allgemeinen P–Stichproben ist, daß Allgemeine P–Stichproben zu Mittelwertschätzungen führen (oder zumindest führen können), die "besser" sind als die in Kapitel 2 benutzten arithmetischen Mittel bei *einfachen* Zufallsstichproben; d.h. die Varianz eines Schätzers aufgrund einer allgemeinen P–Stichprobe kann kleiner sein als die Varianz des Stichprobenmittels bei einer *einfachen* Zufallsstichprobe. Um diese Verbesserung wirklich nutzbar machen zu können, braucht man freilich zusätzliche Informationen über die Merkmalswerte y_i (zur Notation: siehe Abschnitt 1.3; hier insbesondere (1.3.15)). Es wird sich nämlich zeigen, daß die der Ziehung zugrundeliegende Verteilung — also die Grund–Verteilung P (4.1.1) die Bedingung erfüllen sollte:

(4.1.4) $p_j \approx c \cdot y_j \quad (j = 1, \ldots, N) \quad \text{mit} \quad y_j = Y(u_j)$.

(Siehe hierzu Abschnitt 4.3.) Die in (4.1.1) und (4.1.4) unterstellte Information ist i.a. natürlich nicht vorhanden, über "Hilfsvariable" werden wir (4.1.1), (4.1.4) dennoch zu nutzen versuchen. Vorzugsweise fungiert die "Größe" eines Elements $u \in G$ — z.B. die Anzahl der Beschäftigten eines Betriebs u in einer Population von Betrieben — als eine solche Hilfsvariable. Über (4.1.4) (resp. (4.3.2)) kommt man dann zu Stichproben mit "größen–proportionalen" Wahrscheinlichkeiten.

Es mag an dieser Stelle hilfreich sein, zu Abschnitt 2.4 zurück zu blättern, wo der

$$\text{Spezialfall} \quad p_j = \tfrac{1}{N} \text{ für alle } j = 1, \dots, N$$

— wo also die Grundverteilung P gleich der uniformen Verteilung P_0 ist — behandelt wurde.

Die für die Ziehung von *allgemeinen* P–Stichproben notwendige Ausgangssituation ist zunächst identisch mit der in (1.2.1) dargestellten; man benötigt jedoch *zusätzlich* die Vorgabe der Grund–Verteilung P und damit die Kenntnis der den u_j gemäß (4.1.1) zugeordneten Werte p_j .

4.2 Hansen–Hurwitz–Schätzer bei *mZ*–Stichproben zur Verteilung *P*

mZ–Stichproben zur Verteilung *P*

Gegeben sei die Population $G = \{u_1, \dots, u_N\}$ und auf G das Merkmal Y mit dem Lage– bzw. Streuungsparameter μ bzw. σ^2 aus (1.3.15)(1), (2) und σ^{*2} aus (1.3.15)(3). Es sei P eine (zunächst beliebige) W–Verteilung auf G mit

(4.2.1) $p_j = P(u_j) > 0 \quad \text{für alle } j = 1, \dots, N.$

Bei einer allgemeinen *mZ*–Stichprobe mit Verteilung P soll bei jedem Zug gelten: $P(u_j \text{ wird gezogen}) = p_j$. Wir spezifizieren daher die in (1.3.11) und (1.3.20) gegebenen Definitionen in folgender Weise:

(4.2.2) Definition
Es sei $P_{(n)} = P^n$ *die Produkt–Verteilung von* P *auf* G^n . *Dann heißt*
$\mathsf{S} = (U_1, \dots, U_n)$ *(gem. (1.3.11)) eine* ***mZ–Stichprobe zur Verteilung*** P , *kurz:* ***mZ–P–Stichprobe*** *oder nur* ***P–Stichprobe*** *der Länge* n . $\boldsymbol{Y} = (Y_1, \dots, Y_n)$ *aus (1.3.20) heißt* ***mZ–Stichprobe aus*** Y ***zur Verteilung*** P *oder* ***mZ–P–Stichprobe aus*** Y .

(Wir werden uns später (siehe (4.3.6) bis (4.3.9)) damit begnügen, die technische Ziehungsprozedur nur dann zu beschreiben, wenn alle p_j rationale Zahlen sind.) Aufgrund der Definition der Produktverteilung gilt (in abgekürzter, jedoch offensichtlicher Schreibweise):

(4.2.3) $P_{(n)}(\mathsf{S}=\mathsf{s}) = P(\mathsf{U}_1=\mathsf{u}_1)\cdot\ldots\cdot P(\mathsf{U}_n=\mathsf{u}_n)$ resp.

$$P_{(n)}(\mathsf{S}=\mathsf{s}) = P^n(\mathsf{s}) = P^n(\mathsf{u}_1,\ldots,\mathsf{u}_n) \quad \text{für } \mathsf{s}=(\mathsf{u}_1,\ldots,\mathsf{u}_n)\,.$$

Es wird sich als bequem herausstellen, P auch als ein auf G definiertes Merkmal(!) (gemäß (4.1.1)) aufzufassen. Die Stichprobe S erzeugt dann gemäß (1.3.20) eine Stichprobe aus P:

(4.2.4) $P_i = P_i(\mathsf{S}) = P(\mathsf{U}_i)\,; \quad \boldsymbol{P} = (P_1,\ldots,P_n)\,.$

Hansen–Hurwitz–Schätzer

Wir betrachten nun den folgenden Schätzer für μ :

(4.2.5) Hansen–Hurwitz–Schätzer

$$\widehat{\mu}_{\mathbf{HH}} = \widehat{\mu}_{\mathbf{HH}(P)} = \frac{1}{n}\sum_{i=1}^{n}\frac{Y_i}{NP_i}\,.$$

(4.2.6) Satz

Für den Hansen–Hurwitz–Schätzer (4.2.5) *gilt bei einer mZ–P–Stichprobe*

(1) $\mathrm{E}(\widehat{\mu}_{\mathbf{HH}}) = \mu,$

wobei $\mathrm{E} = \mathrm{E}_{P^n}$ *der Operator der Erwartungswertbildung (gem.* (1.4.7)(1)*) bzgl. der durch* P^n *(resp. P auf G) erzeugten Verteilung von* $\widehat{\mu}_{\mathbf{HH}(P)}$ *ist;*

(2) $$\operatorname{Var}\widehat{\mu}_{\mathbf{HH}} = \frac{1}{n}\sum\nolimits_{j=1}^{N} p_j\left(\frac{y_j}{Np_j}-\mu\right)^2 = \frac{1}{n}\left[\sum\nolimits_{j=1}^{N}\frac{1}{p_j}\left(\frac{y_j}{N}\right)^2-\mu^2\right],$$

wobei wiederum $\mathrm{Var} = \mathrm{Var}_{P^n}$ *bezüglich der durch* P^n *auf* G^n *(resp. P auf G) erzeugten Verteilung von* $\widehat{\mu}_{\mathbf{HH}(P)}$ *zu bilden ist.*

(3) *Eine alternativer Ausdruck für die Varianz* (4.2.6)(2) *ist*

$$\operatorname{Var}\widehat{\mu}_{\mathbf{HH}(P)} = \frac{1}{nN^2}\sum\nolimits_{\left\{\substack{i,j=1,\ldots,N\\ i<j}\right\}}\left(\frac{y_i}{p_i}-\frac{y_j}{p_j}\right)^2 p_i\,p_j\,.$$

Beweis:

Zu (1): Offenbar ist $\widehat{\mu}_{\mathbf{HH}(P)}$ (4.2.5) das arithmetische Mittel der n Zufallsvariablen $Y_i/(NP_i)$ $(i=1,\ldots,n)$, die gemäß (1.3.20)(2) und (4.2.4) mit Hilfe der Zufallsvariablen $Y/(NP)$ wie folgt erklärt sind:

(4.2.7) $\dfrac{Y_i}{NP_i}(\mathsf{S}) = \dfrac{Y}{NP}(\mathsf{U}_i) = \dfrac{Y(\mathsf{U}_i)}{NP(\mathsf{U}_i)}$.

Wegen (4.2.3) und (4.2.7) gilt:

(4.2.8) $\dfrac{Y_1}{NP_1}, \ldots, \dfrac{Y_n}{NP_n}$ sind unabhängig und identisch verteilt wie $\dfrac{Y}{NP}$.

Aufgrund von (4.2.8) und (4.2.5) können wir nun schließen (siehe etwa POKROPP (1990) (10.1.1) S. 183):

(4.2.9) (1) $\mathrm{E}(\widehat{\mu}_{\mathbf{HH}}) = \mathrm{E}\left(\dfrac{Y}{NP}\right)$ mit $\mathrm{E} = \mathrm{E}_P$;

(2) $\mathrm{Var}\ \widehat{\mu}_{\mathbf{HH}} = \dfrac{1}{n}\mathrm{Var}\left(\dfrac{Y}{NP}\right)$ mit $\mathrm{Var} = \mathrm{Var}_P$.

Der Beweis von (4.2.6)(1) ist wegen (4.2.9)(1) offenbar beendet, wenn wir zeigen können:

(4.2.10) $\mathrm{E}\left(\dfrac{Y}{NP}\right) = \mu$ mit $\mathrm{E} = \mathrm{E}_P$.

Da für die auf G erklärte Variable $Y/(NP)$ gilt

(4.2.11) $\dfrac{Y}{NP}(u_j) = \dfrac{y_j}{Np_j}$ für $j = 1, \ldots, N$,

erhält man aus (4.2.11): $\mathrm{E}\left(\frac{Y}{NP}\right) = \sum_j p_j \left(\frac{y_j}{Np_j}\right) = \frac{1}{N}\sum_j y_j = \mu$ (1.3.15)(1), also (4.2.10).

Zu (2): Aus (4.2.11) erhält man: $\mathrm{Var}\left(\frac{Y}{NP}\right) = \sum_j p_j \left(\frac{y_j}{Np_j} - \mu\right)^2$. (4.2.9)(2) ergibt nun die Behauptung.

Zu (3): Der hier für $\mathrm{Var}\ \widehat{\mu}_{\mathbf{HH}}$ angegebene Ausdruck ist gleich

$$
\begin{aligned}
& \frac{1}{nN^2}\left[\sum\nolimits_{\left\{ {i,j \atop i<j} \right\}} [y_i^2/p_i]\cdot p_j + \sum\nolimits_{\left\{ {i,j \atop i<j} \right\}} [y_j^2/p_j]\cdot p_i - 2\sum\nolimits_{\left\{ {i,j \atop i<j} \right\}} y_i\, y_j\right] \\
= & \frac{1}{nN^2}\left(\sum\nolimits_{\left\{ {i,j \atop i\neq j} \right\}} [y_i^2/p_i]\cdot p_j - \sum\nolimits_{\left\{ {i,j \atop i\neq j} \right\}} y_i y_j\right) \\
= & \frac{1}{nN^2}\left(\sum_i [y_i^2/p_i] \sum_{j:j\neq i} p_j - \sum\nolimits_{\left\{ {i,j \atop i\neq j} \right\}} y_i\, y_j\right) \\
= & \frac{1}{nN^2}\left(\sum_i [y_i^2/p_i]\cdot(1-p_i) - \sum\nolimits_{\left\{ {i,j \atop i\neq j} \right\}} y_i\, y_j\right) \\
= & \frac{1}{nN^2}\left(\sum_i [y_i^2/p_i] - \sum_{i,j} y_i\, y_j\right) \\
= & \text{ rechte Seite in (2).}
\end{aligned}
$$

■

Wir betrachten, um die Berechnung von $\widehat{\mu}_{\mathbf{HH}}$ in (4.2.5) zu erläutern, ein kleines fiktives

(4.2.12) Beispiel
Es sei $G = (u_1, \ldots, u_5)$ (z.B. die 5 Betriebe in einem Ort); es seien für $i = 1, \ldots, 5$ die (eigentlich ja unbekannten) Y–Werte (etwa Investitionsvorhaben) gleich

$$(y_1 = 10,\ y_2 = 30,\ y_3 = 25,\ y_4 = 20,\ y_5 = 30)\,;$$

weiter seien die (bekannten) P–Werte — die z.B. proportional zu den Umsätzen gewählt sein könnten — gleich

$$(p_1 = 0.1,\ p_2 = 0.4,\ p_3 = 0.2,\ p_4 = 0.1,\ p_5 = 0.2)\,.$$

Eine Stichprobe mZ zur Verteilung P (deren Ziehung im folgenden Abschnitt beschrieben wird) möge das Ergebnis

$$U_1 = u_3,\ U_2 = u_2 \quad \text{für } n = 2$$

erbracht haben. Wir erhalten dann nach (4.2.5):

$$\widehat{\mu}_{\mathbf{HH}(P)} = \frac{1}{2}\left(\frac{y_3}{0.2 \cdot 5} + \frac{y_2}{0.4 \cdot 5}\right) = \frac{1}{2}\left(\frac{25}{1} + \frac{30}{2}\right) = 20\ .$$

Wir sehen, daß Werte, die mit einer "großen" (resp. "kleinen") Wahrscheinlichkeit p_i gezogen werden, in $\widehat{\mu}_p$ nur mit dem "kompensierenden" "kleinen" (resp. "großen") Faktor $1/p_i$ eingehen. ∎

Um die Varianz Var $\widehat{\mu}_{\mathbf{HH}(P)}$ zu schätzen, führen wir gem. (1.3.25) die Ausdrücke

$$\textbf{(4.2.13)}\quad S^2_{[Y/(NP)]} = \frac{1}{n}\sum_{i=1}^{n}\left(\frac{Y_i}{NP_i} - \widehat{\mu}_{\mathbf{HH}(P)}\right)^2\ , \qquad S^{*2}_{[Y/(NP)]} = \frac{n}{n-1}S^2_{[Y/(NP)]}$$

ein und zeigen:

(4.2.14) Satz
Für $\widehat{\text{Var}}\ \widehat{\mu}_{\mathbf{HH}(P)} = \frac{1}{n}S^{*2}_{[Y/(NP)]} = \frac{1}{n-1}S^2_{[Y/(NP)]}$ *gilt:* $\quad \text{E}\left(\widehat{\text{Var}}\ \widehat{\mu}_{\mathbf{HH}}\right) = \text{Var}\ \widehat{\mu}_{\mathbf{HH}}\ .$

Beweis: Bekanntlich ist $\text{E}\left(S^{*2}_{[Y/(NP)]}\right) = \text{Var}\left(\frac{Y}{NP}\right)$ (siehe z.B. POKROPP (1990) (10.1.4)). Der Rest folgt aus (4.2.9)(2).

Beispiel
In (4.2.12) haben wir $\widehat{\text{Var}}\ \widehat{\mu}_{\mathbf{HH}(P)} = \frac{1}{2-1} \cdot \frac{1}{2} \cdot \left((25-20)^2 + (15-20)^2\right) = 25\ .$ ∎

Inklusions–Wahrscheinlichkeiten

Bevor wir nun die Technik der Ziehung beschreiben, wollen wir $\widehat{\mu}_{\mathbf{HH}}$ in Analogie zur in (2.4.2) gewählten Form darstellen. Mit den in (4.1.3) definierten Größen können wir offensichtlich schreiben:

(4.2.15) $$\widehat{\mu}_{\mathbf{HH}(P)} = \frac{1}{N}\sum_{j=1}^{N} \frac{y_j}{np_j} H_j \, .$$

Wir berechnen nun die Inklusions–Wahrscheinlichkeiten und zeigen:

(4.2.16) Satz
Bei einer mZ–P–Stichprobe gilt für die in (4.1.3) eingeführten Größen:

(1) *H_j ist $BV(n, p_j)$–verteilt.*

(2) $\pi_i = 1 - (1 - p_i)^n$

(3) $\pi_{ij} = 1 - (1 - p_i)^n - (1 - p_j)^n + (1 - p_i - p_j)^n$

Beweis:

(1) entnehme man dem Beweis von (2.4.3)(1) mutatis mutandis.

(2) $\pi_i = P(u_i \in \mathsf{S}) = 1 - P(u_i \notin \mathsf{S}) = 1 - P(\mathsf{U}_1 \neq u_i) \cdot \ldots \cdot P(\mathsf{U}_n \neq u_i)$.

(3) $\pi_{ij} = 1 - P(\{u_i \notin \mathsf{S}\} \text{ oder } \{u_j \notin \mathsf{S}\})$. Es ist aber
$P(\{u_i \notin \mathsf{S}\} \text{ oder } \{u_j \notin \mathsf{S}\}) = (1 - p_i)^n + (1 - p_j)^n - P(u_i \notin \mathsf{S}, u_j \notin \mathsf{S})$.
Ferner ist $P(u_i \notin \mathsf{S}, u_j \notin \mathsf{S}) = (1 - [p_i + p_j])^n$. ■

Satz (4.2.6) läßt sich nun auch über (4.2.15) und (4.2.16)(1) beweisen: wenn wir gezeigt haben

(4.2.17) (1) $\mathrm{E}(H_j) = np_j$,

(2) $\operatorname{Var} H_j = np_j(1 - p_j)$,

(3) $\operatorname{Cov}(H_i, H_j) = -np_ip_j$ für $i \neq j$,

so folgt aus (4.2.15) mit wenigen elementaren Umformungen (4.2.6).

Beweis (von (4.2.17)): Die Aussagen (4.2.17)(1) und (4.2.17)(2) folgen sofort aus (4.2.16); Aussage (4.2.17)(3) beweist man völlig analog zu (2.4.3)(3) mit folgender Modifikation:

$(H_1, \ldots, H_N)$ sind multinomialverteilt mit $(n; p_1, \ldots, p_n)$

(siehe 9.2). Nach (9.2.2) ist dann

$\mathrm{E}(H_i | H_j = k) = (n-k) \cdot p_i/(1-p_j)$ und daher

$\mathrm{E}(H_i \cdot H_j) = \mathrm{E}(H_j \cdot \mathrm{E}(H_i|H_j)) = [p_i/(1-p_j)] \sum_k k(n-k) P(H_j = k) =$

$[p_i/(1-p_j)]\,[n\, np_j - (n^2 p_j^2 + np_j(1-p_j))]$

$= [p_i/(1-p_j)] \cdot [n^2 p_j \cdot (1-p_j) - n\, p_j(1-p_j)]$, und der Rest folgt.

Beachtet man (4.2.14) und (4.2.17)(1), so hat man auch die Darstellung

$$\textbf{(4.2.18)} \quad \widehat{\mu}_{\mathbf{HH}(P)} = \frac{1}{N} \sum\nolimits_{j=1}^{N} y_j \, \frac{H_j}{\mathrm{E}(H_j)} \ .$$

Wir werden in Abschnitt 4.4 auf die Darstellung (4.2.18) zurückkommen.

4.3 Wahl der Verteilung *P* und Technik der Ziehung mit Größen–proportionalen Wahrscheinlichkeiten (pps) (wr–Sampling with Probabilities Proportionate to Size: pps–wr–Sampling)

Größen–proportionale Grundverteilung

Wir behandeln zunächst das folgende Problem: Welches P hat man in (4.2.2) als Grund–Verteilung für die Stichprobe S zugrunde zu legen? Oder anders: Für welche Verteilung P auf G(!!!) gilt, daß $\mathrm{Var}_P\, \widehat{\mu}_{\mathbf{HH}(P)}$ minimal wird?

(*Notationelle Warnung:* Im folgenden bezeichnet P^Y (resp. $P^X \ldots$) n i c h t die von der (auf G erklärten) Zufallsvariablen Y (resp. $X \ldots$) auf den *reellen Zahlen* $\mathbb{R}$ *erzeugte Verteilung*. Es ist werden hier nur *Verteilungen auf der Population* G betrachtet.)

(4.3.1) Satz
Es sei $y_j = Y(u_j) > 0$ *für alle* $j = 1, \ldots, N$ *; es sei* $P^Y = P^*$ *die folgende Verteilung auf* G : $P^*(u_j) = p_j^* = y_j/(N\mu)$. *Dann gilt:*
$0 = \mathrm{Var}_{P^*}\ \widehat{\mu}_{P^*} \leq \mathrm{Var}_P\ \widehat{\mu}_P$ *für alle Verteilungen* P *auf* G .

Beweis: Man setze in (4.2.6) (3) $p_j = y_j/(N\mu)$, also $y_j/p_j = N\mu$ für alle j (!). ■

Die in (4.3.1) angegebene triviale (!) Lösung P^* hat natürlich den Haken, daß die y_j ja unbekannt sind(!); die p_j^* hat man also nicht zur Verfügung. Dennoch ist (4.3.1) nicht gänzlich unbrauchbar. Hat man nämlich ein anderes Merkmal X auf G, das mit Y *in hoher Korrelation* steht und dessen Werte $x_j = X(u_j)$ *bekannt* oder *leicht ermittelbar* sind, so könnte es vorteilhaft sein, eine Stichprobe zur

(4.3.2) X**–proportionalen Grundverteilung**

$$P^X : u_j \to p_j^X = c \cdot x_j = P^X(u_j) \quad \text{mit} \quad c = \frac{1}{N \cdot \mu_X}\ , \quad \mu_X = \frac{1}{N}\sum_{i=1}^{N} x_i$$

zu ziehen (statt einer *einfachen* Zufallsstichprobe). Das Interesse an solchen Grundverteilungen (4.3.2) wird deutlich, wenn man *mZ*–Stichproben zur Verteilung P^X mit *einfachen Zufalls–Stichproben* (zur *uniformen* Grund–Verteilung P_0) vergleicht:

(4.3.3) Satz
Für $\widehat{\mu}_{\mathbf{HH}(P)}$ (4.2.5) *bei mZ–P–Stichproben gilt:*

(1) $\widehat{\mu}_{\mathbf{HH}(P_0)} = \overline{Y}$ *(trivial mit* $p_j = 1/N$ *in* (4.2.15));

(2) $\mathrm{Var}_{P^X}\ \widehat{\mu}_{\mathbf{HH}(P^X)} \leq \mathrm{Var}_{P_0}\ \overline{Y}$ *gilt genau dann, falls*

$$\sum_{j=1}^{N} y_j^2\left(1 - \frac{\mu_X}{x_j}\right) \geq 0 \qquad \textit{ist (mit } P^X \textit{ und } \mu_X \textit{ aus (4.3.2)).}$$

Beweis: Aufgrund von (4.2.6)(2) ist Var $\widehat{\mu}_{\mathbf{HH}(P^X)} \leq$ Var $\widehat{\mu}_{\mathbf{HH}(P_0)}$ genau dann, wenn $\sum y_j^2/[p_j^X \cdot N] \leq \sum y_j^2$ ist (wobei man (1.3.17) und (2.1.3)(2) beachten möge); dies ist genau dann der Fall, wenn $\sum y_j^2(1 - 1/[Np_j^X]) \geq 0$ ist. Beachten wir nun (4.3.2), so erhalten wir (4.3.3)(2). ■

Aufgrund von (4.3.3)(2) läßt sich kaum mehr sagen, als daß bei einer hohen — i.d.R. positiven (bei Positivität der betrachteten Variablen) — Korrelation zwischen X und Y eine Stichprobe zur Verteilung P^X mit Schätzer $\widehat{\mu}_{P^X}$ der Strategie $(P_0, \overline{Y})$ vermutlich vorzuziehen ist. (— *Denn:* Für $x_j < \mu_X$ ist $1-\mu_X/x_j < 0$. Wenn nun "kleine" y_j^2 zu solchen j (mit $x_j < \mu_X$) gehören und "große" y_j^2 zu den j, für die $x_j > \mu_X$ ist, dürfte (4.3.3)(2) erfüllt sein. —) Für genaue Folgerungen aus (4.3.3)(2) sind weitere Festlegungen hinsichtlich der Korrelation vonnöten. (Siehe hierzu auch RAJ (1968), S. 50.)

In vielen praktischen Problemen hat X die Bedeutung einer "Größen-Variablen", die die "Größe" der Elemente von G angibt. Man betrachte folgende typische

(4.3.4) Beispiele:

	$G =$	Population von Gemeinden,
	$X =$	Einwohnerzahl,
	$Y =$	Ausgaben für Kultur;
	$G =$	Population landwirtschaftlicher Betriebe,
	$X =$	Anbaufläche,
	$Y =$	Ernteertrag,
oder	$X =$	Viehbestand der "Vorjahres",
	$Y =$	aktueller Viehbestand;
	$G =$	Population von Industriebetrieben,
	$X =$	Anzahl der Beschäftigten,
	$Y =$	Lohnsumme,
oder	$X =$	Umsatz des "Vorjahres",
	$Y =$	Höhe der geplanten Investitionen. ■

(4.3.5) Definition

Die in (4.3.2) erklärten p_j^X heißen (X-) ***(Größen-) proportionale Wahrscheinlichkeiten*** *(zur Größe X)* (**pps** = probabilities proportionate to size); P^X *(4.3.2) heißt (X-)* ***(Größen-) proportionale Grundverteilung***. S aus (4.2.2) *(mit $P = P^X$) heißt auch* ***mZ–Stichprobe*** *mit X-****Größen–proportionaler Verteilung*** *oder auch kurz* ***mZ–Stichprobe*** *mit X–****Gp–Verteilung***. *Mit der Abkürzung*

pps *für "**p**robability **p**roportionate to **s**ize"*

*redet man auch kurz von der X–****pps–mZ–Stichprobe***.

Der Rest des Abschnitts 4.3 ist der **Technik der Ziehung einer** (X–) **Größen–proportionalen Stichprobe** gewidmet. Es sei also P^X aus (4.3.2) gegeben. Wir benötigen die folgende, für die Praxis nicht gravierende

Einschränkung: jedes x_j (>0) und also jedes p_j ist eine rationale Zahl. Dann läßt sich jedes x_j in der Form $x_j = a_j/b_j$ schreiben, wobei die a_j und b_j *natürliche Zahlen* sind. Durch Erweitern dieses Bruches x_j (z.B. mit dem Faktor $b_1 b_2 \cdots b_{j-1} b_{j+1} \cdots b_N$) erhält man eine Darstellung der Form: $x_j = A_j/B$ für alle j mit *natürlichen Zahlen* A_j, B. Offenbar kann man dann (ggf. X durch $B \cdot X$ ersetzen und) O.B.d.A. schreiben:

(4.3.6) Größen–proportionales P (oder kurz $(X-)$**Gp**$-P$) :

(1) $p_j^X = p_j = m_j/M, \quad m_j \in \mathbb{N}\ , \quad M = \sum_{j=1}^N m_j$ resp.

(2) $p_j = x_j/(N\mu_X)$ mit $x_j \in \mathbb{N}$ (!!) und $\sum_{j=1}^N x_j = N\mu_X$.

(3) $\boldsymbol{m} = (m_1, \ldots, m_N)$ (resp. $(x_1, \ldots, x_N)$) heißt auch **Größen–Vektor** (von X resp. von P^X).

Bemerkung
In praktischen Problemen werden oft schon die x_j natürliche Zahlen sein, so daß man nur (4.3.6)(2) benötigt resp. sogleich

$(*)\ m_j = x_j$ für alle $j = 1, \ldots, N$

setzen kann. (Siehe auch Beispiel (4.3.11).) In der Tat kann man $(*)$ von vornherein o.B.d.A. unterstellen! Trotzdem wird es nützlich sein, beide Notationen — (4.3.6)(1) und (4.3.6)(2) — beizubehalten und die m_j speziell für *"Anzahlen"* zu reservieren. ■

Ziehungstechnik mit Zettel–Population

Mit $G = \{u_1, \ldots, u_N\}$ assoziieren wir nun eine neue, durch den Größenvektor $\boldsymbol{m}$ bestimmte, *fiktive* Population $G_{\boldsymbol{m}} = G_{(m_1,\ldots,m_N)}$ in der folgenden Weise, die sich verbal (wenngleich zunächst nicht ganz präzise) so formulieren läßt:

> $G_{\boldsymbol{m}}$ entsteht dadurch aus G, daß das Element u_j genau m_j–mal aufgeführt wird; $G_{\boldsymbol{m}}$ besteht also aus M "Zetteln", und auf genau m_j dieser "Zettel" steht der Name u_j . ($G_{\boldsymbol{m}}$ ist eine **Zettel–Population.**)

Diesen Vorgang beschreiben wir nun formal. Setze

(4.3.7) $M_i = m_1 + \cdots + m_i$ für $i \geq 1$; $M_0 = 0$; $M_N = M$;

$u'_{M_{i-1}+1} := u_i\ , \quad u'_{M_{i-1}+2} := u_i\ , \quad \ldots \quad u'_{M_i} := u_i$ für $i = 1, \ldots, N$;

$G_{\boldsymbol{m}} = \{u'_1, \ldots, u'_M\}.$

Es wird auch nützlich sein, die "Zettel" von u_i allein zur Verfügung zu haben. Wir schreiben also auch

(4.3.8) (1) $G_{m,i} = \left\{ u'_{M_{i-1}+1}, u'_{M_{i-1}+2}, \ldots\ldots, u'_{M_i} \right\}$;

$G_{m,i}$ ist die mit u_i **assoziierte Zettel–Teilpopulation.**

(2) $G_m := G_{m,1} \cup \ldots \cup G_{m,N}$;

G_m ist die (mit Hilfe des Größen–Vektors $\boldsymbol{m}$) **assoziierte Zettel–Population.**

Da die "Zettel" — also die Elemente von G_m — verschieden indiziert sind (und z.B. die Nummern $1, \ldots, M$ tragen gem. (4.3.7)), können wir aus der Zettel–Population — ggf. nach deren Anordnung — *einfache Zufalls-Stichproben* ziehen. Wir definieren nun in folgender Weise die

(4.3.9) Ziehung einer (X–) Gp–P–Stichprobe :

(1) $\mathsf{S}' = (\mathsf{U}'_1, \ldots, \mathsf{U}'_n)$: eine einfache *mZ*-Stichprobe aus G_m ;

(2) $\mathsf{S} = (\mathsf{U}_1, \ldots, \mathsf{U}_n)$ mit $\mathsf{U}_i = u_j$ genau dann, wenn $\mathsf{U}'_i \in G_{m,j}$ ist.

Man macht sich leicht klar, daß S (4.3.9)(2) tatsächlich eine *mZ*-Stichprobe zur Verteilung $P = P^X$ (mit (4.3.6), (4.3.7)) ist:

$$P(\mathsf{S} = (u_{j_1}, \ldots, u_{j_n})) = P(\mathsf{U}'_1 \in G_{m,j_1} \cap \ldots \cap \mathsf{U}'_n \in G_{m,j_n}) = \frac{m_{j_1}}{M} \cdot \ldots \frac{m_{j_n}}{M} =$$

$$p_{j_1} \cdot \ldots \cdot p_{j_n} = P(u_{j_1}) \cdot \ldots \cdot P(u_{j_n}) = P^n(u_{j_1}, \ldots, u_{j_n}) \text{ (siehe (4.2.3)).}$$

Setzt man nun $p_j = m_j/M$ bzw. $p_j = x_j/(N\mu_X)$ (4.3.6)(1),(2) in (4.2.5) und (4.2.14) ein, so erhält man sogleich folgenden

(4.3.10) Satz

Es sei $\mathsf{S} = (\mathsf{U}_1, \ldots, \mathsf{U}_n)$ *eine* X*-Gp-Stichprobe (mZ-*P^X*-Stichprobe;* P^X (4.3.2)*).*
Mit $X_i = X(\mathsf{U}_i)$ *ist dann*

(1) $$\widehat{\mu}_{\mathbf{HH}(P^X)} = \left(\frac{1}{n} \sum_{i=1}^{n} \frac{Y_i}{X_i} \right) \cdot \mu_X \, ,$$

(2) $$\widehat{\operatorname{Var}}\, \widehat{\mu}_{\mathbf{HH}(P^X)} = \frac{1}{n\,(n-1)} \sum_{i=1}^{n} \left(\frac{Y_i}{X_i} \mu_X - \widehat{\mu}_{\mathbf{HH}(P^X)} \right)^2 .$$

Bemerkung

Wir werden diesen Schätzer im Zusammenhang mit *einfachen* Zufalls–Stichproben in Abschnitt 6.6 (siehe (6.6.1)(2)) behandeln. Dort — in der neuen Strategie mit P_0^n als *mZ*-Stichprobenplan (!!) — spricht man dann *nicht mehr* vom Hansen–Hurwitz- sondern vom "Hartley–Ross–Schätzer". Gemeint sind ja nicht lediglich die Schätzer, sondern die Strategien $((P^X)^n, \widehat{\mu})$ und $(P_0^n, \widehat{\mu})$ (siehe auch (6.6.4)). ■

(4.3.11) Beispiel
Betrachte eine Population von 20 Betrieben, auf der das

bekannte Merkmal X : Anzahl der Beschäftigten [mit $\mu_X = 200$]

und das unbekannte Merkmal

Y : Ausgaben (in gewissen Einheiten) für kulturelle und soziale Zwecke

definiert sind. Um den Ziehungsvorgang deutlich zu machen, führen wir in folgender Tabelle nicht nur die bekannten x_j sondern auch die unbekannten y_j auf. (Zu schätzen ist $\mu = \mu_Y = 450$.) Ferner geben wir die aus den $x_j = m_j$ berechneten und für den Ziehungsvorgang benötigten M_j (4.3.7) an.

j :	1	2	3	4	5	6	7	8	9	10
x_j : bekannt	25	410	200	380	30	150	40	20	305	210
y_j : unbekannt	71	883	442	809	97	350	107	89	689	479
M_j (4.3.7)	25	435	635	1015	1045	1195	1235	1255	1560	1770

j :	11	12	13	14	15	16	17	18	19	20
x_j : bekannt	20	120	180	45	50	90	195	520	650	360
y_j : unbekannt	140	293	400	151	144	226	430	1120	1340	740
M_j (4.3.7)	1790	1910	2090	2135	2185	2275	2470	2990	3640	4000

Eine *mZ*–Stichprobe aus $\{1, \ldots 4000\}$ ergab die Werte

1835 2132 876 189 2716

und damit folgende *mZ*–P^X–Stichprobe aus (X, Y) — sowie die daraus berechneten Y_i/X_i und $200 \cdot Y_i/X_i$:

i	12	14	4	2	18
X_i :	120	45	380	410	520
Y_i :	293	151	809	883	1120
Y_i/X_i :	2.44	3.36	2.13	2.15	2.15
$\mu_X \cdot Y_i/X_i \approx$	488	671	426	431	431

Man errechnet hieraus (siehe (4.3.10))

$$\widehat{\mu}_{\mathbf{HH}(P^X)} \approx (1/5) \cdot (488 + 671 + 426 + 431 + 431) \approx 489 \ ;$$

$$\widehat{\mathrm{Var}}\ \widehat{\mu}_{\mathbf{HH}(P^X)} \approx (1/4) \cdot (1/5) \cdot \left([-1]^2 + [182]^2 + [-63]^2 + [-58]^2 + [-58]^2\right) \approx 2191 \ .$$

Die geschätzte Standardabweichung von $\widehat{\mu}_{\mathbf{HH}(P^X)}$ ist $\widehat{\sigma}_{\mathbf{HH}(P^X)} \approx 47$.

Zum Vergleich betrachte man die (X, Y)–Stichprobe als Ergebnis einer *einfachen* Zufalls–Stichprobe mZ. Dann schätzen wir

$$\widehat{\mu} = \overline{Y} \approx 651 \ ;$$

$$\widehat{\mathrm{Var}}\ \overline{Y} \approx (1/4) \cdot (1/5) \cdot \left([-358]^2 + [-500]^2 + [158]^2 + [232]^2 + [469]^2\right) \approx 33\,846 \ .$$

Die geschätzte Standardabweichung von $\overline{Y}$ ist $\widehat{\sigma}_{\overline{Y}} \approx 184$. ∎

Bemerkung
Die Hansen–Hurwitz–Strategie kann — anders als in obigem Beispiel — ganz "schlecht" sein (etwa im Vergleich mit $\overline{Y}$ bei einfachen *mZ*–Stichproben), wenn (positives) Y *nicht* "positiv korreliert" ist mit (positivem) X. Eine hübsche und instruktive Geschichte hierzu mag man bei BASU in GODAMBE/SPROTT (Hrsg.)(1971) nachlesen.

4.4 Horvitz–Thompson–Schätzer bei *oZ*–Stichproben zur Verteilung *P*

Grundverteilung und Inklusions–Wahrscheinlichkeiten

Wir nennen eine Stichprobe S eine *allgemeine Stichprobe zur Grund–Verteilung P ohne Zurücklegen*, falls die in (4.1.3)(1) definierten Häufigkeiten H_i nur die Werte 0 oder 1 annehmen, also *Bernoulli–Variable* sind. In der jeweils betrachteten Klasse von Stichprobenverfahren bestimmt P vollständig die Wahrscheinlichkeiten π_i (4.1.3)(2). Ferner mögen auch die π_{ij} (4.1.3)(3) durch P vollständig bestimmt sein. Wir geben also folgende Charakterisierung für eine

(4.4.1) (Allgemeine) *oZ*–Stichprobe S (zur Grund–Verteilung P)
(auch kurz *oZ–P*–**Stichprobe**):
Die Grund–Verteilung P bestimmt — vollständig innerhalb einer Klasse von Stichprobenverfahren — den Stichprobenplan $P_{(n)}$ so, daß für die in (4.1.3) eingeführten Größen gilt:

$$H_i \ : \ BV(1\,;\pi_i) \quad \text{mit} \quad \pi_i = \pi_i(P)\ .$$

Wegen

(4.4.2) $$\pi_i = P_{(n)}(H_i = 1)\ , \quad 1 - \pi_i = P_{(n)}(H_i = 0)\ ,$$
$$\pi_{ij} = P_{(n)}(H_i = 1 = H_j) = P(H_i \cdot H_j = 1) \qquad \text{ist}$$

(4.4.3) $$\mathrm{E}(H_i) = \pi_i\ , \quad \mathrm{Var}\ H_i = \pi_i(1-\pi_i)\ ,$$
$$\mathrm{E}(H_i H_j) = \pi_{ij}\ , \quad \mathrm{Cov}(H_i\,, H_j) = \pi_{ij} - \pi_i \pi_j\ .$$

Ferner beweisen wir

(4.4.4) Lemma

(1) $\sum_{i=1}^{N} \pi_i = n$, *wobei* $n = \#(\mathsf{S})$ *die Stichprobenlänge ist;*

(2) $\sum_{\substack{j=1 \\ j \neq i}}^{N} \pi_{ij} = (n-1)\,\pi_i$.

Beweis:

(1) $\sum_i \pi_i = \sum_{i=1}^{N} \sum_{r=1}^{n} P(\mathsf{U}_r = u_i) = \sum_r \sum_i P(\mathsf{U}_r = u_i) = \sum_r P(\mathsf{U}_r \in G) = n \cdot 1 = n$.

(2) Mit (4.4.2) ist $\sum_{\{j:\, j \neq i\}} \pi_{ij} = \sum_{\{j:\, j \neq i\}} \big(\sum_{\{\substack{r,s=1,\dots,n \\ r \neq s}\}} P(\mathsf{U}_r = u_i\,,\, \mathsf{U}_s = u_j)\big)$
$= \sum_r \sum_{\{s:\, s \neq r\}} \sum_{\{j:\, j \neq i\}} P(\mathsf{U}_r = u_i) \cdot P(\mathsf{U}_s = u_j \mid \mathsf{U}_r = u_i)$
$= \sum_r \sum_{\{s:\, s \neq r\}} P(\mathsf{U}_r = u_i) \cdot \big(\sum_{\{j:\, j \neq i\}} P(\mathsf{U}_s = u_j \mid \mathsf{U}_r = u_i)\big)$
$= \sum_r \sum_{\{s:\, s \neq r\}} P(\mathsf{U}_r = u_i) \cdot 1$ (für $n \geq 2$). Weiter ist
$\sum_r \sum_{\{s:\, s \neq r\}} P(\mathsf{U}_r = u_i) = \sum_r (n-1)\, P(\mathsf{U}_r = u_i) = (n-1)\,\pi_i$. ■

Einstweilen ist in (4.4.1) nur davon die Rede, *daß* die Grund–Verteilung die π_i , π_{ij} (und den ganzen Stichprobenplan $P_{(n)}$) bestimmt, nicht jedoch davon, *wie* dies geschieht. Der Grund ist der, daß eine Fülle von Prozeduren denkbar ist, die eine *oZ*–Stichprobe "realisieren", bei denen jedoch die Berechnung der π_i und vor allem der π_{ij} sehr komplex werden kann mit wachsendem n . (Siehe hierzu u.a. HARTLEY/RAO (1962), HAJEK (1964), RAJ (1968), DODDS/FRYER (1971).)

Zur Illustration der angesprochenen Problematik betrachten wir den folgenden Stichprobenplan P_{red} , der bei jedem der n nacheinander erfolgenden Züge die Grund–Verteilung *reduziert* auf die für den jeweiligen Zug noch zur Verfügung stehenden Elemente und gemäß dieser *reduzierten Grund–Verteilung* nun den Zug ausführt:

(4.4.5) $P_{red}(\mathsf{U}_1 = u_j) = p_j$ mit Grund–Verteilung P : $P(u_j) = p_j$;

$$P_{red}(\mathsf{U}_i = u_r \mid \mathsf{U}_1 = u_{j_1}, \dots, \mathsf{U}_{i-1} = u_{j_{i-1}}) = \frac{p_r}{1 - [p_{j_1} + \dots + p_{j_{i-1}}]} \,.$$

Die Berechnung der $\pi_i(P_{red})$, $\pi_{ij}(P_{red})$ ist offenbar keine leicht zu lösende Aufgabe. Dennoch benötigen wir die $\pi_i = \mathrm{E}(H_i)$ (siehe (4.4.3)), wenn wir den Hansen–Hurwitz–Schätzer in der Form (4.2.18) nun auch auf *oZ*–Stichproben übertragen wollen. In Abschnitt 4.6 werden wir einen — durch vorgegebenes P vollständig bestimmten — Stichprobenplan $P_{(n)}$ vorstellen, der tatsächlich die Berechnung der π_i, π_{ij} erlaubt. Im nächsten Abschnitt werden wir hingegen ein Verfahren vorstellen, daß — zu gegebenem P und *ohne* die explizite Darstellung der *gesamten*

Verteilung $P_{(n)}$ — gewisse *vorgegebene* $\pi_i(P)$ "realisiert" (und in eingeschränktem Sinne die Berechnung der $\pi_{ij}(P)$ ermöglicht).

Wir gehen daher im folgenden davon aus, daß die in (4.4.1) angesprochenen $\pi_i(P)$, $\pi_{ij}(P)$ für die Schätzung von μ zur Verfügung stehen.

Horvitz–Thompson–Schätzer

(4.4.6) Definition
Es sei S *eine oZ–P–Stichprobe* (4.4.1) *mit* H_j , π_j (4.1.3).

$$\widehat{\mu}_{\mathbf{HT}} = \widehat{\mu}_{\mathbf{HT}(P)} := \frac{1}{N}\sum\nolimits_{j=1}^{N} \frac{y_j}{\pi_j} H_j$$

heißt dann ***Horvitz–Thompson–Schätzer*** *(kurz:* ***HT–Schätzer****).*

(Als **Beispiel** sei auf (4.5.14) verwiesen.)

(4.4.7) Satz
Für den Horvitz–Thompson–Schätzer (4.4.6) *gilt:*

(1) $\mathrm{E}(\widehat{\mu}_{\mathbf{HT}}) = \mu$;

(2) $\operatorname{Var} \widehat{\mu}_{\mathbf{HT}} = \frac{1}{N^2}\sum\nolimits_{j=1}^{N} \frac{y_j^2}{\pi_j}(1-\pi_j) + \frac{1}{N^2}\sum\nolimits_{\left\{\substack{i,j=1,\dots,N\\ i\neq j}\right\}} \frac{y_i}{\pi_i}\cdot\frac{y_j}{\pi_j}\cdot(\pi_{ij}-\pi_i\,\pi_j)$.

(3) *Ein alternativer Ausdruck für* $\operatorname{Var} \widehat{\mu}_{\mathbf{HT}}$ *ist*

$\operatorname{Var} \widehat{\mu}_{\mathbf{HT}} = (1/N^2)\sum\nolimits_{\left\{\substack{i,j=1,\dots,N\\ i<j}\right\}}(\pi_i\pi_j - \pi_{ij})(y_i/\pi_i - y_j/\pi_j)^2$.

Beweis:

Zu (1): folgt sofort aus (4.4.3);

Zu (2): folgt desgleichen aus (4.4.3);

Zu (3): Wir zeigen zunächst

(4.4.8) $\sum\nolimits_{\left\{\substack{i,j=1,\dots,N\\ i<j}\right\}}(\pi_i\,\pi_j - \pi_{ij})(y_i^2/\pi_i^2 + y_j^2/\pi_j^2) = \sum\nolimits_{i=1}^{N} y_i^2(1-\pi_i)/\pi_i$.

Die linke Seite von (4.4.8) — vorübergehend notiert als $\sum\nolimits_{i<j} a_{ij}$ — ist symmetrisch in i, j ($a_{ij} = a_{ji}$), und daher ist

$\sum\nolimits_{\{i,j:\, i<j\}} a_{ij} = (1/2)\sum\nolimits_{\{i,j:\, i\neq j\}} a_{ij}$. Da weiter

$\sum\nolimits_{\{i,j:\, i\neq j\}}(\pi_i\pi_j - \pi_{ij})\,y_i^2/\pi_i^2 = \sum\nolimits_{\{i,j:\, i\neq j\}}(\pi_i\pi_j - \pi_{ij})y_j^2/\pi_j^2$ ist, erhalten wir

$\frac{1}{2}\cdot 2\cdot\sum\nolimits_{\{i,j:\, i\neq j\}}(\pi_i\pi_j - \pi_{ij})\,y_i^2/\pi_i^2 = \sum\nolimits_{i=1}^{N}(y_i^2/\pi_i^2)\cdot\left(\sum\nolimits_{j:\, j\neq i}(\pi_i\pi_j - \pi_{ij})\right)$

für die linke Seite von (4.4.8). Der Rest folgt nun mit (4.4.4):

$\sum_{j:\, j\neq i}(\pi_i\pi_j - \pi_{ij}) = \pi_i(n-\pi_i) - (n-1)\pi_i = \pi_i(1-\pi_i)$.

Führt man nun in (4.4.7)(3) die Quadrierung aus und berücksichtigt man (4.4.8), so erhält man

$$\operatorname{Var}\widehat{\mu}_{\mathrm{HT}} = \frac{1}{N^2}\cdot\sum_i y_i^2\,\frac{1-\pi_i}{\pi_i} \;-\; \frac{2}{N^2}\cdot\sum_{\{{i,j \atop i<j}\}} y_i\, y_j\,\frac{\pi_i\pi_j - \pi_{ij}}{\pi_i\pi_j}\;.$$

Die Behauptung folgt nun leicht, wenn man die Symmetrie der zweiten Summe (in i,j) und dann noch $2\sum_{i<j} a_{ij} = \sum_{i\neq j} a_{ij}$ beachtet. ■

(4.4.9) Bemerkung

Man entnimmt (4.4.7)(3) sofort, daß — analog zu Satz (4.3.1) — die Varianz von $\widehat{\mu}_{\mathrm{HT}}$ gleich 0 wird, sofern die π_j proportional zu den (unbekannten(!)) y_j ($j = 1,\ldots,N$) sind! Wir werden daher (später; siehe 4.5) nach einem Stichprobenplan Ausschau halten, bei dem die π_j proportional zu den (bekannten (!)) Werten x_j (resp.) einer Variablen X sind, wobei natürlich X mit Y möglichst stark (i.d.R. positiv bei $Y>0$) korreliert sein sollte (siehe insbesondere (4.5.4) und (4.5.5)). ■

Varianz–Schätzer (Horvitz–Thompson, Yates–Grundy)

Um die i.a. ja unbekannte Varianz Var $\widehat{\mu}_{\mathrm{HT}}$ (4.4.7)(2) resp. (3) zu schätzen, sind vor allem zwei Schätzer gebräuchlich, die wir zunächst mitteilen:

(4.4.10) Definition

(1) $$\widehat{\sigma}^2_{\mathrm{HT}} = \frac{1}{N^2}\sum_{j=1}^{N}\frac{y_j^2}{\pi_j^2}(1-\pi_j)\cdot H_j \;+\; \frac{1}{N^2}\sum_{\{{i,j=1,\ldots,N \atop i\neq j}\}}\frac{y_i}{\pi_i}\cdot\frac{y_j}{\pi_j}\cdot\frac{\pi_{ij}-\pi_i\pi_j}{\pi_{ij}}\cdot H_i\,H_j$$

heißt ***Varianz–Schätzer von Horvitz–Thompson,***

(2) $$\widehat{\sigma}^2_{\mathrm{YG}} = \frac{1}{N^2}\sum_{\{{i,j=1,\ldots,N \atop i<j}\}}\frac{\pi_i\pi_j-\pi_{ij}}{\pi_{ij}}\,(y_i/\pi_i - y_j/\pi_j)^2\cdot H_i\,H_j$$

heißt ***Varianz–Schätzer*** *von* ***Yates–Grundy***

(3) *mit folgender* ***Konvention:***
Die Summation in (1) und (2) erfolgt nur über Paare (i,j) mit $\pi_{ij}>0$.

(Als **Beispiel** betrachte man (4.5.14).)

Natürlich erhebt sich sogleich die Frage nach den Eigenschaften dieser Varianz–Schätzer, die in den Sätzen (4.4.11) und (4.4.12) behandelt wird.

(4.4.11) Satz

Ist $\pi_{ij}>0$ für alle Paare (i,j), $i,j=1,\ldots,N$, $i\neq j$, so gilt

(1) $\mathrm{E}(\widehat{\sigma}^2_{\mathrm{HT}}) = \operatorname{Var}\widehat{\mu}_{\mathrm{HT}}$;

(2) $\mathrm{E}(\widehat{\sigma}^2_{\mathrm{YG}}) = \operatorname{Var}\widehat{\mu}_{\mathrm{HT}}$.

Beweis:

Zu (1):
Man erhält $\mathrm{E}(\widehat{\sigma}^2_{\mathrm{HT}})$, indem man in (4.4.10)(1) H_j durch $\pi_j = \mathrm{E}(H_j)$ und $H_i\,H_j$ durch $\pi_{ij} = \mathrm{E}(H_i\,H_j)$ ersetzt. Das Ergebnis ist (4.4.7)(2).

Zu (2):
Ersetze in (4.4.10)(2) $H_i\,H_j$ durch $\pi_{ij} = \mathrm{E}(H_i\,H_j)$. Das Ergebnis ist (4.4.7)(3). ■

(4.4.12) Bemerkung
Man entnimmt den oben *in den einzelnen Summanden* geführten Beweisen, daß die Unverzerrtheit von $\widehat{\sigma}^2_{\mathrm{HT}}$ und $\widehat{\sigma}^2_{\mathrm{YG}}$ zerstört werden kann, wenn es Paare (i,j), $i \neq j$, gibt mit $\pi_{ij} = 0$. ■

Als weiteres Problem entpuppt sich die Tatsache, daß die in (4.4.10) eingeführten Varianz–Schätzer auch *negative Werte* annehmen können und damit unbrauchbar sind! Allerdings lassen sich für die (strikte) Positivität von $\widehat{\sigma}^2_{\mathrm{YG}}$ vergleichsweise einfache Bedingungen angeben. Es gilt offenkundig (mit Blick auf (4.4.10)(2)):

(4.4.13) Satz
Ist $\pi_{ij} \leq \pi_i\,\pi_j$ *für alle Paare* (i,j), *so gilt:* $\widehat{\sigma}^2_{\mathrm{YG}} \geq 0$.

Falls darüber hinaus für wenigstens ein Paar (i_0, j_0) *gilt:*

$0 < \pi_{i_0 j_0} < \pi_{i_0}\,\pi_{j_0}$, $y_{i_0}/\pi_{i_0} \neq y_{j_0}/\pi_{j_0}$, *so ist sogar* $\widehat{\sigma}^2_{\mathrm{YG}} > 0$.

(Zum Problem der nicht–negativen, unverzerrten Schätzer von $\mathrm{Var}\,\widehat{\mu}_{\mathrm{HT}}$ sei auf VIJAYAN (1975) verwiesen.)

Zur Illustration betrachten wir das

(4.4.14) Beispiel (der einfachen Zufalls–Stichprobe)

(1) $\pi_i = \dfrac{n}{N}$, $\pi_{ij} = \dfrac{n(n-1)}{N(N-1)}$ gem. (2.4.4)(2),(3).

Weiter folgt aus (1) sogleich $\widehat{\mu}_{\mathrm{HT}} = \overline{Y}$. Wegen $n^2/N^2 > \dfrac{n(n-1)}{N(N-1)}$ ist ferner nach (4.4.13) der Yates–Grundy–Varianz–Schätzer stets positiv.

(2) $\widehat{\sigma}^2_{\mathrm{HT}} = \widehat{\sigma}^2_{\mathrm{YG}}$;

$$\widehat{\sigma}^2_{\mathrm{HT}} = \frac{N-n}{N} \cdot \frac{1}{n-1}\, S^2_Y = \widehat{\mathrm{Var}_{\mathrm{einfach}}}\overline{Y} \text{ (2.2.2).}$$

Zum **Beweis** der *ersten Gleichung* in (2) macht man sich analog zum Beweis von (4.4.7)(3) klar, daß — analog zu (4.4.8) — lediglich zu zeigen ist

$$\sum_{i=1}^{N}\sum_{j:j<i}\frac{\pi_i\pi_j-\pi_{ij}}{\pi_{ij}}\left(y_i^2/\pi_i^2+y_j^2/\pi_j^2\right)H_iH_j=\sum_{i=1}^{N}\frac{y_i^2}{\pi_i^2}\left(1-\pi_i\right)H_i\,.$$

Mit den in (4.4.14)(1) angegebenen ***konstanten*** Werten für die π_i, π_{ij} findet man bald

(4.4.15) $$\frac{\pi_i\pi_j-\pi_{ij}}{\pi_{ij}\,\pi_i\pi_j}=\frac{N(N-n)}{n^2(n-1)}\quad\text{und}\quad\frac{1-\pi_i}{\pi_i^2}=\frac{N(N-n)}{n^2}\,,$$

so daß wir also nur noch zu zeigen brauchen

(4.4.16) $$\sum_i\sum_{j:j<i}(y_i^2+y_j^2)H_iH_j=(n-1)\sum_i y_i^2H_i$$

Die linke Seite von (4.4.16) ist gleich

$$\sum_i\sum_{j:j<i}y_i^2\,H_iH_j\;+\;\sum_i\sum_{j:j<i}y_j^2\,H_iH_j=\sum_i\sum_{j:j\neq i}y_i^2\,H_iH_j$$
$$=\sum_i y_i^2\,H_i\sum_{j:j\neq i}H_j=\sum_i y_i^2\,H_i\cdot(n-H_i)=\sum_i y_i^2\,H_i\cdot n\;-\;\sum_i y_i^2\,H_i^2\,,$$

und dies ist wegen $H_i^2=H_i$ gleich der rechten Seite von (4.4.16).

Der **Beweis** der *zweiten Gleichung* in (2) ergibt sich nun mit (4.4.15) wie folgt:

$$\widehat{\sigma}^2_{\mathbf{HT}}=\frac{1}{N^2}\cdot\frac{N(N-n)}{n^2}\sum_{i=1}^{n}Y_i^2\;-\;\frac{1}{N^2}\cdot\frac{N(N-n)}{n^2(n-1)}\sum_{\{{i,j=1,\dots,n \atop i\neq j}\}}Y_iY_j\;=$$
$$\frac{N-n}{N}\cdot\frac{1}{n-1}\cdot\left[\frac{n-1}{n}\cdot\frac{1}{n}\sum_i Y_i^2\;-\;\frac{1}{n^2}\sum_{i,j;\,i\neq j}Y_iY_j\right].$$

Der Ausdruck in [ ] ist aber gleich

$$(1/n)\sum_i Y_i^2-(1/n^2)\big(\sum_i Y_i^2+\sum_{i,j;\,i\neq j}Y_iY_j\big)=(1/n)\sum_i Y_i^2-(\overline{Y})^2=S_Y^2\,.$$

■

4.5 *P*–proportionale *oZ*–Stichproben (pps–wor–Sampling)

P–proportionale Inklusions–Wahrscheinlichkeiten

Gegeben sei eine Grund–Verteilung P auf G mit $P(u_i)=p_i>0$ für alle i. Es sei weiter S gem. (4.4.1) eine *oZ*–Stichprobe zur Verteilung P. Wir behandeln in diesem Abschnitt nur solche Stichprobenpläne, bei denen sich die Inklusions–Wahrscheinlichkeiten π_i (4.1.3)(2) als proportional zu den p_i erweisen:

(4.5.1) Es sei $p_i\leq 1/n$ für alle $i=1,\dots,N$ und
$\pi_i=n\cdot p_i$ (Proportionalitätsfaktor n wegen (4.4.4)(1)).

(4.5.2) Definition
S *heißt P–***proportionale** *oZ–***Stichprobe,** *falls* (4.5.1) *gilt.*

Im folgenden sei S stets eine P–proportionale oZ–Stichprobe. Offenbar haben wir dann für $\widehat{\mu}_{\mathbf{HT}(P)}$ (4.4.6) den Ausdruck

$$\textbf{(4.5.3)}\quad \widehat{\mu}_{\mathbf{HT}(P)} = \frac{1}{N}\cdot\sum\nolimits_{j=1}^{N}\frac{y_j}{np_j}\cdot H_j = \widehat{\mu}_{\mathbf{HH}(P)} \text{ (4.2.5) resp. (4.2.15).}$$

Größen–proportionale Inklusions–Wahrscheinlichkeiten

P–Proportionalität in (4.5.2) bezieht sich auf die π_i (π_i proportional zu p_i). Im Gegensatz dazu ist *Größen–Proportionalität* in (4.3.5), (4.3.6) eine auf die p_i bezogene Eigenschaft (p_i proportional zur "Größe" von $u_i \in G$)! Wir werden sogar *in diesem Abschnitt* nur noch P–proportionale oZ–Stichproben mit Größen–proportionalem P (!!) betrachten. Wir reden dann von oZ–Stichproben mit **Größen–proportionalen Inklusionswahrscheinlichkeiten** (englisch: Inclusion **p**robabilities **p**roportionate to **s**ize) oder kurz von

(4.5.4) pps–Stichproben:
P proportional zur Größe X: $\quad p_j = m_j/M$ (siehe (4.3.6)(1)),
Inklusions–Wahrscheinlichkeiten proportional zu P:
$\pi_j = n\cdot p_j$, also $\pi_j = m_j\cdot n/M$ (mit $\sum_j m_j = M$).

(4.5.5) Bemerkung
Die für die Eigenschaften von $\widehat{\mu}_{\mathbf{HT}}$ wichtige Relation bei pps–Stichproben ist

$$(*)\quad \pi_j = m_j\cdot n/M \quad \text{resp.} \quad \pi_j = x_j/(N\mu_X) \qquad \text{für alle } j$$

— ohne expliziten Bezug zur Grundverteilung P. Diese Relation ist wegen (4.4.9) besonders wichtig, weil für $\widehat{\mu}_{\mathbf{HT}}$ dann mit einer eher "geringen" Varianz gerechnet werden kann — jedenfalls dann, wenn die "Größenvariable" X eine hohe Korrelation mit Y aufweist! In der Literatur wird daher oft lediglich Relation (∗) zur *Definition* einer pps–Stichprobe verlangt. (Man spricht dann auch von **πps–Stichproben.**) Über die für die Ziehungsprozedur notwendige Grundverteilung P muß dann noch auf andere Weise befunden werden. Wir werden lediglich *ein* Beispiel für dieses Vorgehen kurz behandeln (siehe (4.6.6)(1) und die Ausführungen **Zu (4.6.6)(1)**). — Über eine Fülle von Ziehungsprozeduren geben Brewer/Hanif (1983) und Chaudhuri/Vos (1988) Auskunft. Wir betrachten im folgenden nur pps–Stichproben im Sinne von (4.5.4) mit *einer* von vielen möglichen Ziehungstechniken. ■

Ziehungstechnik mit Zettelpopulation

Die **Technik der Ziehung einer** P**–proportionalen** oZ**–Stichprobe** aus einer **geordneten Population** beschreiben wir — wie soeben bemerkt wurde — nur für den (praktisch nichts einschränkenden) Fall, daß gem. (4.3.6) P selbst **größenproportional** ist (— also S eine pps–Stichprobe (4.5.4) ist —) mit

(4.5.6) (1) **Größenvektor** $\boldsymbol{m} = (m_1, \ldots, m_N)$, $m_j \in \mathbb{N}$ für alle j ,
$p_j = m_j/M$, $M = \sum_{j=1}^N m_j$;

(2) $k = M/n$ ist eine natürliche Zahl
(o.B.d.A. nach Erweitern der Brüche p_j);

(3) $G_{\boldsymbol{m}} = G_{\boldsymbol{m},1} \cup \ldots \cup G_{\boldsymbol{m},N}$ (4.3.8) ist die **assoziierte Zettelpopulation** mit den **Zettel–Teilpopulationen** $G_{\boldsymbol{m},i}$, assoziiert mit u_i resp. (Beachte insbesondere Notation (4.3.8)(1).)

Der eigentliche **Ziehungsvorgang** spielt sich nun wie folgt ab:

(4.5.7) (1) J sei eine einfache Zufalls-Stichprobe der Länge 1 aus $\{1, \ldots, k\}$:
$P(J = j) = 1/k$ für alle $j \in \{1, \ldots, k\}$;

(2) **Zettel–Stichprobe** $\mathsf{S}' = (\mathsf{U}'_1, \ldots, \mathsf{U}'_n)$:
setze $\mathsf{U}'_r := u'_{J+(r-1)k}$ für $r = 1, \ldots, n$;

(3) P**–proportionale** oZ**–Stichprobe** $\mathsf{S} = (\mathsf{U}_1, \ldots, \mathsf{U}_n)$:
setze $\mathsf{U}_r = u_i$ genau dann, wenn $\mathsf{U}'_r \in G_{\boldsymbol{m},i}$ ist.

(4.5.8) Satz
Wenn $p_i \le 1/n$ *für alle* $i = 1, \ldots, N$ *ist, so ist die gem.* (4.5.6), (4.5.7) *aus der geordneten Population* $G = (u_1, \ldots, u_N)$ *gezogene Stichprobe* S (4.5.7)(3) *eine* P*–proportionale* oZ*–Stichprobe (die also* (4.5.1) *erfüllt). (Zum Fall* $p_i > 1/n$ *für einige* i *: siehe* (4.5.9).)

Beweis: Zunächst ist S eine oZ–Stichprobe: wegen $p_i \le 1/n$ ist (siehe (4.5.6)(1) und (2)) $m_i \le k$ für alle i ; folglich stammen

$$(\mathsf{U}'_1, \ldots, \mathsf{U}'_n) = (u'_{J+k}, u'_{J+2k}, \ldots, u'_{J+(n-1)k})$$

aus n *verschiedenen* Zettel–Teilpopulationen.

Weiter ist $\pi_i = \sum_r P(\mathsf{U}'_r \in G_{\boldsymbol{m},i}) = \sum_r P(u'_{J+(r-1)k} \in G_{\boldsymbol{m},i}) =$
$\sum_r P\big(J + (r-1)k \in \{M_{i-1} + 1, \ldots, M_{i-1} + m_i = M_i\}\big)$ (s. Notation (4.3.8)(1)).
Wegen $m_i \le k$ gibt es (zu gegebenem i) genau ein $r = r_0$ mit

$$\{M_{i-1} + 1, \ldots, M_i\} \subset \{(r_0 - 1)k + 1, \ldots, r_0 k, r_0 k + 1, \ldots, (r_0 + 1)k\} .$$

Folglich ist $P\big(J+(r-1)k \in \{M_{i-1}+1,\dots,M_i\}\big)=0$ für $r \notin \{r_0, r_0+1\}$. Also ist
$$\pi_i = P\big(J+(r_0-1)k \in \{M_{i-1}+1,\dots,M_i\}\big) + P\big(J+r_0k \in \{M_{i-1}+1,\dots,M_i\}\big) \ .$$
Ist nun
$$m_i^1 = \#\big(\{M_{i-1}+1,\dots,M_i\} \cap \{(r_0-1)k+1,\dots,r_0k\}\big) \ ,$$
$$m_i^2 = \#\big(\{M_{i-1}+1,\dots,M_i\} \cap \{r_0k+1,\dots,(r_0+1)k\}\big) \ ,$$
so ist $\pi_i = m_i^1/k + m_i^2/k = m_i/k = n \cdot m_i/M = n\,p_i$. ■

(4.5.9) Bemerkung

Ist $I = \{i : p_i > 1/n\}$, so bildet die beliebig angeordnete Menge $\{u_i : i \in I\}$ die ersten $\#(I)$ Elemente von S . Sodann prüfe man, ob gem. (4.5.1) gilt: $\dfrac{p_j}{1-\sum_{i\in I} p_i} \le \dfrac{1}{n-\#(I)}$ für alle $j \notin I$. Ist dies der Fall, verfahre man gem. (4.5.6), (4.5.7) mit $n-\#(I)$ (statt n) und $\dfrac{p_j}{1-\sum_{i\in I} p_i} = P(u_j)$ für $u_j \in G \setminus \{u_i : i \in I\}$. Andernfalls nehme man als weitere Stichproben–Elemente diejenigen u_j , für die $\dfrac{p_j}{1-\sum_{i\in I} p_i} > \dfrac{1}{n-\#(I)}$ ist etc .... ■

In dem nun folgenden Beispiel werden wir an einer sehr kleinen Population ($N=6$) die beschriebenen Vorgänge bei der Ziehung einer pps–Stichprobe illustrieren. Zunächst werden (schrittweise) 2 Elemente "mit Sicherheit" in die Stichprobe genommen (wegen $np_i > 1$). Danach wird die Poplulation *neu notiert* (nämlich mit den für die weitere Ziehung verbliebenen — nun $N=4$ — Elementen erneut als $\{u_1,\dots,u_4\}$ hingeschrieben), damit nun die in (4.5.6) und (4.5.7) angegebene Prozedur problemlos ablaufen kann.

(4.5.10) Beispiel

G geordnet:	a= u_1	b= u_2	c= u_3	d= u_4	e= u_5	f= u_6
p_j :	0.03	0.12	0.06	0.50	0.09	0.20
$n=4$; $n\,p_j$:	0.12	0.48	0.24	2.00	0.36	0.80
$\mathsf{U}_1 = \mathrm{d}$				***		

$G \setminus \{\mathrm{d}\}$:	a= u_1	b= u_2	c= u_3	e= u_5	f= u_6
$p_j/(1-0.5)$:	0.06	0.24	0.12	0.18	0.40
$n=3$; $n \cdot \dfrac{p_j}{1-0.5}$:	0.18	0.72	0.36	0.54	1.2
$\mathsf{U}_2 = \mathrm{f}$					***

$G \setminus \{\mathrm{d},\mathrm{f}\}$	a= u_1	b= u_2	c= u_3	e= u_5
$\dfrac{p_j}{(1-0.5)\cdot(1-0.4)} = \dfrac{p_j}{1-0.5-0.2} = \dfrac{p_j}{0.3} = p_j^{neu}$:	0.1	0.4	0.2	0.3
$n=2$; $n \cdot p_j^{neu}$:	0.2	0.8	0.4	0.6

($\mathsf{U}_1^* = \mathsf{U}_3, \mathsf{U}_2^* = \mathsf{U}_4$) werden nun gem. (4.5.6), (4.5.7) gezogen:

Neue Notation:

G geordnet :	a= u_1	b= u_2	c= u_3	e= u_4	$N=4$
p_j :	0.1	0.4	0.2	0.3	$n=2$
m_j :	1	4	2	3	$M=10;\ k=5$
M_j :	1	5	7	10	
Zettel u'_j :	1	2,3,4,5	6,7	8,9,10	

Die einfache Zufalls–Stichprobe J aus $\{1,\ldots,5\}$ ergab $J=3$; folglich wurden aus der Zettel–Population $\mathsf{U}'_1 = u'_3$, $\mathsf{U}'_2 = u'_{3+5} = u'_8$ gezogen. Also ist

$(\mathsf{U}^*_1, \mathsf{U}^*_2) = (\mathrm{b}, \mathrm{e})$, und die gesamte Stichprobe ist nun

$\mathsf{S} = (\mathrm{d}, \mathrm{f}, \mathrm{b}, \mathrm{e})$.

■

Man bemerke, daß für die Ziehung von S gem. (4.5.6), (4.5.7) eine feste Anordnung von G benötigt wurde. Dennoch gilt:

Die π_i (4.1.3)(2) sind unabhängig von der Anordnung von G .

Hingegen gilt leider:

Die π_{ij} (4.1.3)(3) hängen von der Anordnung von G ab.

Dies macht man sich wie folgt klar. Es sei

(4.5.11) (1) $m_{ij} =$ Anzahl der Werte s von J (4.5.7)(1), bei denen Zettel $u'_{s+(r-1)k}$ $(r=1,\ldots,n)$ aus den Teilpopulationen $G_{m,i}$ und $G_{m,j}$ ausgewählt werden;
genauer:

(2) $m_{ij} = \#\{s : \ s = 1,\ldots,k; \ \text{ es existieren } r, r', \text{ die } (*) \text{ erfüllen}\}$
mit

$$(*)\quad \begin{aligned} M_{i-1}+1 \le \ & s+(r-1)\,k \ \le M_i \ , \\ M_{j-1}+1 \le \ & s+(r'-1)\,k \ \le M_j \ . \end{aligned}$$

Offensichtlich gilt mit m_{ij} (4.5.11)

(4.5.12) $\pi_{ij} = m_{ij}/k = n \cdot m_{ij}/M$.

Die m_{ij} hängen offenbar von der Anordnung von G ab, sofern nicht $p_j = 1/N$ für alle j ist.

(4.5.13) Beispiel

Betrachte (4.5.10) ab “Neue Notation”. Offenbar ist dort

$m_{12} = 0$, $m_{13} = 1$ $(s=1)$, $m_{14} = 0$, $m_{23} = 1$ $(s=2)$, $m_{24} = 3$ $(s = 3,4,5)$, $m_{34} = 0$. Beispielsweise ist $P(\mathrm{b},\mathrm{e} \in \mathsf{S}) = m_{24}/5 = 0.6$.

Neue Anordnung, Neue Notation:

G geordnet :	a= u_1	c= u_2	e= u_3	b= u_4	$N = 4$
p_j :	0.1	0.2	0.3	0.4	$n = 2$
m_j :	1	2	3	4	$M = 10\,;\quad k = 5$
M_j :	1	3	6	10	
Zettel u'_j :	1	2,3	4,5,6	7,8,9,10	

$m_{12} = 0\,,\ m_{13} = 1\ (s = 1)\,,\ m_{14} = 0\,,\ m_{23} = 0\,,\ m_{24} = 2\ (s = 2,3)\,,\ m_{34} = 2\ (s = 4,5)$. Beispielsweise ist $P(\mathrm{b},\mathrm{e} \in \mathsf{S}) = m_{34}/5 = 0.4$. ∎

Da die π_{ij} sowohl in die Varianz von $\widehat{\mu}_{\mathbf{HT}}$ als auch in die Varianz–Schätzungen eingehen, gilt für das hier in (4.5.6) und (4.5.7) angegebene Stichprobenverfahren:

Var $\widehat{\mu}_{\mathbf{HT}}$ und $\widehat{\sigma}^2_{\mathbf{HT}}$ und $\widehat{\sigma}^2_{\mathbf{YG}}$ (4.4.10) hängen von der Anordnung von G ab.

(4.5.14) Beispiel

Wir betrachten die 10 Betriebe eines Ortes:

$G = (B_1, \ldots, B_{10})$, angeordnet !!!

Von Interesse ist das auf G definierte Merkmal Y = "Gewinn" (in einem bestimmten Zeitraum in einer bestimmten Einheit). Eine pps–Stichprobe der Länge $n = 3$ mit dem Größenvektor $(m_1, \ldots, m_{10})$ ist zu ziehen, wobei gilt:

m_j = Vorjahres–Umsatz (in einer gewissen Einheit) von B_j .

Folgende Angaben liegen vor (mit $M_j = m_1 + \ldots + m_j$):

j	1	2	3	4	5	6	7	8	9	10
m_j	10	20	10	5	5	5	25	10	5	25
M_j	10	30	40	45	50	55	80	90	95	120

Da $n\,m_j/120 < 1$ für alle j ist, ziehen wir eine einfache Stichprobe der Länge 1 aus $\{1, \ldots, 40 = k = 120/3\}$. Das Ergebnis ist $J = 17$. Wir haben also folgendes Stichprobenergebnis:

Zettel U'_i	u'_{17}	u'_{57}	u'_{97}
Betrieb U_i	$B_2\,(j = 2)$	$B_7\,(j = 7)$	$B_{10}\,(j = 10)$
Inklusionsw. $\pi_j = 3\,p_j$	1/2=60/120	5/8=75/120	5/8=75/120
Gewinn y_j (erhoben)	25	50	25
y_j/π_j	50	80	40

Man errechnet nun gem. (4.5.3) (oder (4.4.6)):

$$\widehat{\mu}_{\mathbf{HT}(P)} = \frac{1}{10} \cdot [50 + 80 + 40] = 17\ .$$

Für die Varianz–Schätzung *bei der vorliegenden Anordnung von* G (!!!) berechnen wir die π_{ij} (für $i, j \in \{2, 7, 10\}$) und finden

$\pi_{2,7} = 3/8 = 15/40\ \ (m_{2,7} = 15$ für $J \in \{16, \ldots, 30\})$,
$\pi_{2,10} = 3/8 = 15/40\ \ (m_{2,10} = 15$ für $J \in \{16, \ldots, 30\})$,

$$\pi_{7,10} = 5/8 = 25/40 \quad (m_{7,10} = 25 \text{ für } J \in \{16, \ldots, 40\}).$$

Daraus errechnet man gem. (4.4.10)(2)

$$\widehat{\sigma}^2_{\mathbf{YG}} = \frac{1}{100}\left[\frac{5/16 - 6/16}{6/16} \cdot 30^2 + \frac{5/16 - 6/16}{6/16} \cdot 10^2 + \frac{25/64 - 40/64}{40/64} \cdot 40^2\right] < 0\,,$$

und dieser Schätzer ist nicht zulässig, also unbrauchbar.

Wir berechnen weiter gem. (4.4.10)(1)

$$\begin{aligned}\widehat{\sigma}^2_{\mathbf{HT}} &= \frac{1}{100}\left[50^2 \cdot 1/2 + 80^2 \cdot 3/8 + 40^2 \cdot 3/8\right] \\ &\quad - \frac{1}{100}\left[\frac{5-6}{6 \cdot 5/16} \cdot 25 \cdot 50 + \frac{5-6}{6 \cdot 5/16} \cdot 25 \cdot 25 + \frac{25-40}{40 \cdot 25/64} \cdot 50 \cdot 25\right] \\ &= [12.5 + 24 + 6] - [-6.67 - 3.33 - 12] = 42.5 + 22 = 64.5\end{aligned}$$

■

Varianzvergleich (*mZ–oZ*)

Wir betrachten schließlich die Frage, wann es sich — im Vergleich mit einer P–proportionalen *mZ*–Stichprobe — "lohnt", eine P–proportionale *oZ*–Stichprobe zu ziehen.

(4.5.15) Satz
Für eine P–proportionale oZ–Stichprobe gilt:

$\mathrm{Var}_{oZ}\ \widehat{\mu}_{\mathbf{HT}(P)} \leq \mathrm{Var}_{mZ}\ \widehat{\mu}_{\mathbf{HH}(P)}$ *für j e d e s b e l i e b i g e Merkmal Y (!!) gilt genau dann, wenn* $\pi_{ij} \geq \pi_i \pi_j \cdot (n-1)/n = (n-1)\, n \cdot p_i\, p_j$ *ist.*

Beweis: Betrachte (4.4.7)(3) mit $\pi_i = n\, p_i$, also

$\mathrm{Var}_{oZ}\ \widehat{\mu}_{\mathbf{HT}(P)} = \dfrac{1}{n\, N^2} \sum\limits_{i<j} \dfrac{n^2 \cdot p_i\, p_j - \pi_{ij}}{n} \left(\dfrac{y_i}{p_i} - \dfrac{y_j}{p_j}\right)^2$. Ein Vergleich mit (4.2.6)(3) ergibt nun bald die Behauptung. ■

Als **Beispiel** für (4.5.15) sei auf (4.4.14) verwiesen; man prüft leicht nach, daß die Bedingung aus (4.5.15) erfüllt ist.

4.6 Lahiri–Midzuno–*oZ*–Stichproben

Wir betrachten in diesem Abschnitt eine *nicht-proportionale* (!!) *oZ*–Stichprobe zur Grund–Verteilung P , bei der sich (trotzdem) die Inklusions–Wahrscheinlichkeiten (4.1.3)(2), (3) leicht und unabhängig von der Anordnung in G (!) berechnen lassen; sie werden sich als lineare Funktionen der durch die Verteilung P gegebenen Wahrscheinlichkeiten $p_i = P(u_i)$ erweisen (siehe auch (4.6.4)):

$$(4.6.1) \quad \pi_i = \frac{n-1}{N-1} + p_i \cdot \frac{N-n}{N-1} = p_i + (1-p_i)\,\frac{n-1}{N-1}\,,$$

$$\pi_{ij} = \frac{(n-1)(n-2)}{(N-1)(N-2)} + \frac{(n-1)(N-n)}{(N-1)(N-2)} \cdot (p_i + p_j)$$

$$= (p_i + p_j)\,\frac{n-1}{N-1} + (1 - p_i - p_j)\,\frac{(n-1)(n-2)}{(N-1)(N-2)}\,.$$

Dieser nun zu untersuchende Stichprobenplan läßt sich kurz so beschreiben als

(4.6.2) Lahiri–Midzuno–Stichproben–Verfahren :

(1) das erste Element U_1 wird proportional zu P gezogen,

(2) die übrigen Elemente $\mathsf{U}_2, \ldots, \mathsf{U}_n$ werden als einfache *oZ*–Stichprobe aus $G \setminus \mathsf{U}_1$ gezogen.

(4.6.3) Definition
P_{LM} heißt ***Lahiri–Midzuno–Stichprobenplan*** *(zur Grund–Verteilung P), falls*

$$P_{LM}(\mathsf{u}_1, \mathsf{u}_2, \ldots, \mathsf{u}_n) = P(\mathsf{u}_1) \cdot \frac{1}{(N-1) \cdot \ldots \cdot (N-n+1)} \quad \text{für } \mathsf{u}_i \neq \mathsf{u}_j \text{ bei } i \neq j$$

gilt. Wir nennen dann $\mathsf{S} = (\mathsf{U}_1, \ldots, \mathsf{U}_n)$ kurz eine ***LM–Stichprobe****.*

Bemerkung
In der Literatur (siehe z.B. CHAUDHURI/VOS (1988) S. 183) wird dieser Stichprobenplan auch **Horvitz–Thompson–Stichprobenplan** genannt — jedoch unter Beachtung der Bemerkungen **Zu (4.6.6)(1)**. Zusammen mit dem in (4.6.7) eingeführten Schätzer ergibt er die in (4.6.8) behandelte **Lahiri–Midzuno–Strategie**. indexStrategie!LahiriMidzuno@Lahiri–Midzuno– ■

(4.6.4) Satz

(1) *Für eine Lahiri–Midzuno–Stichprobe* S *gilt* (4.6.1).

(2) *Ist die Grundverteilung P insbesondere X–proportional, also gem.* (4.3.2)

$$P(u_j) = \frac{x_j}{N \cdot \mu_X} \quad \text{mit } N \cdot \mu_X = \textstyle\sum_{j=1}^N x_j\,, \quad x_j > 0 \quad \text{für alle } j\,,$$

so ist
$$\pi_i = \frac{n-1}{N-1} + x_i \cdot \frac{(N-n)}{\mu_X \cdot N\,(N-1)}\,,$$

$$\pi_{ij} = \frac{(n-1)(n-2)}{(N-1)(N-2)} + (x_i + x_j) \cdot \frac{(n-1)(N-n)}{\mu_X \cdot N\,(N-1)(N-2)}\,.$$

Beweis: Es genügt offensichtlich, (4.6.4)(1) zu beweisen. Beachte im folgenden

$$P(\mathsf{U}_1 = u_i) = p_i \quad \text{wegen (4.6.3)},$$
$$P\big(u_i\,,\, u_j \in (\mathsf{U}_2,\ldots,\mathsf{U}_n) \mid \mathsf{U}_1 \notin \{u_i\,,\, u_j\}\big) = \tfrac{(n-1)(n-2)}{(N-1)(N-2)} \quad \text{wegen (2.2.7)},$$
$$P(\mathsf{U}_r = u_i \mid \mathsf{U}_1 \neq u_i) = \tfrac{1}{(N-1)} \quad (\text{für } r > 1) \quad \text{wegen (2.2.6)},$$

— wobei die Referenzen jeweils mutatis mutandis zu lesen sind. Nun ist

$$\begin{aligned}
\pi_i = {} & P\big(u_i \in \mathsf{S} = (\mathsf{U}_1,\mathsf{U}_2,\ldots,\mathsf{U}_n)\big) = P\big(\textstyle\bigcup_{r=1}^{n}\{\mathsf{U}_r = u_i\}\big)\\
= {} & P(\mathsf{U}_1 = u_i) + \textstyle\sum_{r=2}^{n} P(\mathsf{U}_r = u_i)\\
= {} & p_i + \textstyle\sum_{r=2}^{n} P\big(\{\mathsf{U}_r = u_i\} \cap \{\mathsf{U}_1 \in G \setminus \{u_i\}\}\big)\\
= {} & p_i + \textstyle\sum_{r=2}^{n} P(\mathsf{U}_r = u_i \mid \{\mathsf{U}_1 \in G \setminus \{u_i\}) \cdot P(\{\mathsf{U}_1 \in G \setminus \{u_i\})\\
= {} & p_i + \tfrac{n-1}{N-1} \cdot (1 - p_i)\ ,
\end{aligned}$$

und die Behauptung über die π_i (4.6.1) folgt.

$$\begin{aligned}
\pi_{ij} = {} & P\big(\mathsf{U}_1 = u_i \mid u_j \in (\mathsf{U}_2,\ldots,\mathsf{U}_n)\big) \cdot P\big(u_j \in (\mathsf{U}_2,\ldots,\mathsf{U}_n)\big) +\\
& P\big(\mathsf{U}_1 = u_j \mid u_i \in (\mathsf{U}_2,\ldots,\mathsf{U}_n)\big) \cdot P\big(u_i \in (\mathsf{U}_2,\ldots,\mathsf{U}_n)\big) +\\
& P\big(u_i\,,\, u_j \in (\mathsf{U}_2,\ldots,\mathsf{U}_n) \mid \mathsf{U}_1 \in G \setminus \{u_i\,,\, u_j\}\big) \cdot P(\mathsf{U}_1 \in G \setminus \{u_i\,,\, u_j\})\\
= {} & p_i \cdot \tfrac{n-1}{N-1} \ + \ p_j \cdot \tfrac{n-1}{N-1} \ + \ (1 - [p_i + p_j]) \cdot \tfrac{(n-1)(n-2)}{(N-1)(N-2)}\ ,
\end{aligned}$$

und die Behauptung über die π_{ij} (4.6.1) folgt bald. ■

Gemäß (4.4.7)(1) ist nun der Schätzer

$$\widehat{\mu}_{\mathbf{HT}} \text{ (4.4.6)} \qquad \text{mit (4.6.1) resp. (4.6.3)}$$

unverzerrt für μ , und wegen $\pi_{ij} > 0$ (siehe (4.6.1)(!)) ist die Varianz von $\widehat{\mu}_{\mathbf{HT}}$ gemäß (4.4.11) durch die in (4.4.10) gegebenen Varianz–Schätzer *unverzerrt* schätzbar! Ferner ist

$$\pi_i \cdot \pi_j = \frac{(n-1)^2 \cdot (N-2) + (p_i + p_j)(n-1)(N-n) \cdot (N-2)}{(N-1)^2 \cdot (N-2)} + \frac{p_i\, p_j\, (N-n)^2 \cdot (N-2)}{(N-1)^2 \cdot (N-2)}\ .$$

Der erste Bruch minus

$$\pi_{ij} = \frac{(n-1)(n-2) \cdot (N-1) \ + \ (p_i + p_j)\,(n-1)(N-n) \cdot (N-1)}{(N-1)^2 \cdot (N-2)}$$

ist im Zähler gleich

$$\begin{aligned}
& (n-1) \cdot \big[(n-1)(N-2) - (n-2)(N-1)\big] - (p_i + p_j)(n-1)(N-n)\\
& \qquad = (n-1) \cdot [N-n] - (p_i + p_j)(n-1)(N-n) \geq 0\ ,
\end{aligned}$$

so daß gemäß (4.4.13) nun der Varianz–Schätzer (4.4.10)(2) stets nicht–negativ ist.

Unsere Kenntnis über die Strategie $(P_{\mathbf{LM}}, \widehat{\mu}_{\mathbf{HT}})$ fassen wir nun zusammen:

(4.6.5) Beim Lahiri–Midzuno–Stichprobenplan (4.6.3) läßt sich die Varianz des — gem. (4.4.7)(1) unverzerrten — Horvitz–Thompson–Schätzers (4.4.6) durch den stets nicht-negativen Yates–Grundy–Schätzer (4.4.10)(2) unverzerrt schätzen.

Der LM–Plan liefert — wie Satz (4.6.4) sagt — *keine* pps–Stichprobe (!) (da ja die π_i *nicht* proportional zu den p_i sind, wenn P die X-proportionale Grundverteilung P^X ist), nur eine *oZ–P*–Stichprobe. Die für pps–Stichproben geltenden Vorzüge des Horvitz–Thompson–Schätzers für pps–Stichproben (siehe (4.5.5)) mögen hier deshalb verloren gehen.

(4.6.6) Die Frage ist daher, ob

(1) *entweder* durch Veränderung von P erreicht werden kann, daß die π_i proportional zu den x_i werden (bei hoher Korrelation zwischen Y und X),

(2) *oder* statt des Horvitz–Thompson–Schätzers nun (auch) ein anderer Schätzer mit dem LM–Plan und $P = P^X$ sinnvolle Ergebnisse liefert.

Zu (4.6.6)(1):

Wenn man in (4.6.2)(1) die p_j wie folgt wählt:

$$p_j = \frac{N-1}{N-n} \cdot \frac{n x_j}{N \mu_X} - \frac{n-1}{N-n},$$

so ist in (4.6.1) [π_j = proportional zu x_j] bald bestätigt. Leider jedoch ergeben sich hieraus sehr scharfe Einschränkungen für die Hilfsvariable X — nämlich

$$x_j \geq \frac{(n-1)\,N}{n\,(N-1)} \cdot \mu_X \qquad \text{für alle } j\ .$$

Zu (4.6.6)(2): In der Tat erweist sich der Stichprobenplan P_{LM} noch mit einem anderen (— in Abschnitt 6.5 im Zusammenhang mit *einfachen mZ*–Stichproben näher untersuchten—) Schätzer als nützlich. Wir betrachten dazu (mit $X > 0$)

(4.6.7) (1) P : X-proportionale Grundverteilung (siehe (4.3.6)(2)),

(2) $X_i = X_i(\mathsf{S}) = X(\mathsf{U}_i)$ für die LM–Stichprobe S ,

(3) $\widehat{\mu} = \widehat{\mu}_{\mathrm{V}} = \dfrac{\overline{Y}}{\overline{X}} \cdot \mu_X$ mit μ_X (4.6.4).

$\widehat{\mu}_{\mathrm{V}}$ heißt **(gewöhnlicher) Verhältnis–Schätzer**.

(4.6.8) Satz

Für die ***Lahiri–Midzuno–Strategie*** *indexStrategie!LahiriMidzuno@Lahiri-Midzuno– ($P_{\mathrm{LM}}, \widehat{\mu}_{\mathrm{V}}$) gilt:* $\mathrm{E}(\widehat{\mu}_{\mathrm{V}}) = \mu$.

Beweis: Wir betrachten n–elementige Teilmengen J von $\{1,\ldots,N\}$. Setze
$u_J = \{u_{j_1},\ldots,u_{j_n}\}$ für $J = \{j_1,\ldots,j_n\}$, $n\,\overline{y}_J = \sum_{i=1}^n y_{j_i}$, $\overline{x}_J$ analog.
Da der Wert von $\widehat{\mu}_{\mathsf{V}}(\mathsf{S})$ nicht von der Anordnung in S, also nur von der *nicht angeordneten* reduzierten Stichprobe S^{r} abhängt, ist

$$\mathrm{E}(\widehat{\mu}_{\mathsf{V}}) = \mu_X \cdot \sum\nolimits_J \frac{n\,\overline{y}_J}{n\,\overline{x}_J} \cdot P_{\mathbf{LM}}(\mathsf{S}^{\mathrm{r}} = u_J)\ ,$$

wobei der Index J über alle n–elementigen Teilmengen — deren es bekanntlich $\binom{N}{n}$ gibt — läuft. Wegen

$$P(\mathsf{S}^{\mathrm{r}} = u_J) = \sum\nolimits_{i=1}^n P(\mathsf{U}_1 = u_{j_i}) \cdot \frac{(n-1)!}{(N-1)\cdot\ldots\cdot(N-n+1)}$$

$$= \frac{n\,\overline{x}_J}{N\,\mu_X} \cdot \frac{(n-1)!}{(N-1)\cdot\ldots\cdot(N-n+1)} = \frac{n\,\overline{x}_J}{N\,\mu_X} \cdot \binom{N-1}{n-1}^{-1}$$

(gem. (4.6.3)) ist daher

$$\mathrm{E}(\widehat{\mu}_{\mathsf{V}}) = \frac{1}{N} \sum\nolimits_J \sum_{j\in J} y_j \cdot \binom{N-1}{n-1}^{-1}. \quad \text{Da aber } \sum_J \sum_{j\in J} y_j = \binom{N-1}{n-1} \cdot \sum\nolimits_{j=1}^N y_j$$

ist — weil in der Summe $\sum_J \sum_{j\in J}$ jeder Index $j \in \{1,\ldots,N\}$ in genau $\binom{N-1}{n-1}$ Teilmengen (die natürlich die Form $\{j\} \cup \{j_2,\ldots,j_n\}$ mit $\{j_2,\ldots,j_n\} \subset \{1,\ldots,N\} \setminus \{j\}$ haben müssen) vorkommt —, folgt sofort die Behauptung. ■

Zur Berechnung und (unverzerrten) Schätzung von $\mathrm{Var}\ \widehat{\mu}_{\mathsf{V}}$ sei der Leser auf RAO, T.J. (1966) verwiesen.

Weitere Literatur:

ANDREATTA, G., KAUFMAN, G. M. (1986); ASOK, C., SUKHATME, B. V. (1976); AVADHANI, M. S., SUKHATME, B. V. (1973); BANSAL, M. L., SINGH, R. (1986); BAYLESS, D. L., RAO, J. N. K. (1970); BICKEL, P. J., NAIR, V. N., WANG, P. C. C. (1992); BREWER, K. R. W., HANIF, M (1983); CASSEL, C. M. (1972); CHANDRA, K. S., SAMPATH, S. (1992); CHAO, M. T. (1982); CHAUDHURI, A. (1975); CHAUDHURI, A., VOS, J. W. E. (1988); CHOTAI, J. (1974); DESPHANDE, M. N. (1985); DESPHANDE, M. N., PRABHU–AJGAONKAR, S. G. (1977); DODDS, D. J., FRYER, J. G. (1971); GABLER, S., SCHWEIGKOFFER, R. (1990); GODAMBE, V. P., JOSHI, V. M. (1965); GUPTA, V. K., NIGAM, A. K., KUMAR, P. (1982); HÁJEK, J. (1964); HARTLEY, H. O., RAO, J. N. K. (1962); JOSHI, V. M. (1965a), (1965b), (1970), (1971b), (1972); KONIJN, H. S. (1973); KUMAR, P., KATHURIA, O. P., AGARWAL, S. K. (1984); LANKE, J. (1973), (1974); MUKHOPADHYAY, P. (1975); PATHAK, P. K. (1962); RAJ, D. (1968); RAMACHANDRAN, G., RAO, T. J. (1974); RAMAKRISHNAN, M. K. (1973); RAO, J. N. K., VIJAYAN, K. (1977); RAO, T. J. (1966), (1971); ROSÉN, B. (1972); SAMPFORD, M. R. (1967); SÄRNDAL, C. E. (1976); SINHA, B. K., PANTULA, S. G. (1986); STRECKER, H. (1979); VIJAYAN, K. (1975); WETZEL, W. (1985); WYNN, H. P. (1976); YATES, F., GRUNDY, P. M. (1953);

Kapitel 5

Klumpenstichproben (Cluster Sampling)

Bei der bereits in (1.2.4) geschilderten Grundidee der Klumpenstichproben werden die Stichprobenelemente aus G nicht einzeln, sondern in Gruppen — genannt "Klumpen" — gezogen. Grundaufgabe bleibt aber nach wie vor die Schätzung des Mittelwertes eines auf G definierten Merkmals Y.

Es kann zweckmäßig (oder bei geringer "Organisation"/Struktur von G notwendig) sein, die letztlich zu befragenden Klumpen nicht in einem Schritt zu ziehen, sondern in einer Hierarchie von Schritten zu ermitteln. Wir demonstrieren dies an folgendem

Beispiel
Betrachte eine "große" Fläche, auf der ein "Schädlingsbekämpfungsmittel" A gestreut wurde. Untersucht werden soll

Y = Anzahl der "Schädlinge pro Quadratdezimeter".

G besteht also aus den Quadratdezimetern (dm^2), aus denen die Gesamtfläche zusammengesetzt gedacht werden kann. (Ein Koordinatensystem möge für Wohldefiniertheit und Eindeutigkeit sorgen.) Diejenigen dm^2, auf denen Y (etwa durch aufwendige Zählungen) ermittelt wird, sind in folgender Weise auszuwählen:

1. Stufe: Teile die Gesamtfläche in Teilflächen von je 1 Hektar. Wähle aus diesen 1 ha–Flächen eine Stichprobe aus.

2. Stufe: Teile jede so ausgewählte 1 ha–Fläche in Teilflächen von je $1\,m^2$. Wähle aus diesen $1\,m^2$–Flächen eine Stichprobe aus.

3. Stufe: Teile jede so ausgewählte $1\,m^2$–Fläche in Teilflächen von je $1\,dm^2$. Wähle aus diesen $1\,dm^2$–Flächen eine Stichprobe und ermittele dort Y. ■

Betrachtet man jede 1 ha–Fläche bzw. jede 1 m^2–Fläche als "Klumpen" von 1 dm^2–Flächen, so werden auf der ersten und zweiten Stufe in obigem Beispiel "Klumpenstichproben" gezogen, i.e. Stichproben aus einer Menge von Klumpen. Erst auf der dritten Stufe erfolgt eine Ziehung von "ursprünglichen" Einheiten, nämlich Quadratdezimetern. (Man spricht auch von "Primäreinheiten" bei Elementen der 1. Stufe (ha–Flächen), von "Sekundäreinheiten" bei Elementen der 2. Stufe (m^2–Flächen), etc ....) Das obige Beispiel erhellt auch den Gebrauch des Terminus' **Flächen–Stichproben** (statt Klumpenstichproben).

Diese soeben angesprochenen mehrstufigen Stichproben werden in den Abschnitten 5.7 und 5.8 behandelt. Daß wir uns dabei auf die zweistufigen Verfahren beschränken, hat zwei Gründe: (1) Die Charakteristika eines Überganges von Stufe zu Stufe werden bereits beim zweistufigen Verfahren deutlich. (2) Für mehrstufige Verfahren werden Formeln für die Varianz eines Schätzers (und für Schätzfunktionen dieser Varianz) so umfangreich und lästig, daß der Aufwand in dem hier gegebenen Rahmen ungebührlich erscheinen muß. (Siehe hierzu z.B. SOM (1973), III und IV.)

Abschnitt 5.1 enthält zunächst die im weiteren Verlauf des Kapitels benötigten grundlegenden Notationen. Dann folgen *mZ*– und *oZ*–Stichproben (aus "Klumpen–Populationen" mit gegebenen Grund–Verteilungen) in den Abschnitten 5.2 und 5.3. Abschnitt 5.4 enthält die einfachen Klumpenstichproben, bei denen alle für die Ziehung zur Verfügung stehenden Klumpen die gleichen (insbesondere von ihrer Größe unabhängigen) Chancen haben, in die Stichprobe zu gelangen. Ein Vergleich mit (den in Kapitel 2 behandelten) einfachen Zufalls–Stichproben schließt sich in 5.5 an. In 5.6 findet man die klassische "systematische Stichprobe", die nichts anderes als eine Klumpenstichprobe der Länge 1 ist.

5.1 Grundlegende Definitionen und Notationen

Klumpenpopulation; Merkmalssummen und –mittel

Gegeben ist nach wie vor eine Population G (1.3.1) mit $N = \#(G)$, ein Merkmal Y auf G mit Mittelwert μ (1.3.15)(1) und Varianz σ^2 (1.3.15)(2) (auch (1.3.15)(3)). Die Aufgabe ist weiterhin, μ aufgrund einer Stichprobe zu schätzen.

Es sei nun — ähnlich wie in (3.1.1), jedoch in gänzlich anderer Absicht — eine Aufteilung von G gegeben:

(5.1.1) $K_1, \ldots, K_R$ sei eine Zerlegung von G ;
$m_i = \#(K_i) > 0$ für alle $i = 1, \ldots, R$; $\sum_i m_i = N$.

Ferner betrachten wir eine neue Menge, deren Elemente die in (5.1.1) gegebenen K_i — genannt Klumpen — sind:

(5.1.2) $G^K = \{K_1, \ldots, K_R\}$ **(Klumpenpopulation)**.

Gelegentlich (insbesondere für Techniken der Stichprobenziehung) werden wir G^K anordnen müssen; wir schreiben dann auch einfach

(5.1.3) $G^K = (K_1, \ldots, K_R)$ **(geordnete Klumpenpopulation)** .

(Man vergleiche hierzu (1.3.1), (1.3.2) und die Bemerkungen dazu im Anschluß an (1.3.2).) Einige der im folgenden mitgeteilten Ergebnisse werden von der speziellen, in (5.1.3) gewählten Anordnung abhängen; ein Blick auf (4.5.12) und das daran anschließende Beispiel (4.5.13) macht dies deutlich, da — wie wir bald sehen werden — bei Stichproben aus Klumpenpopulationen in gewisser Weise dieselben Probleme auftreten wie bei P–Stichproben.

(5.1.4) Definition
$K_1, \ldots, K_R$ (5.1.1) *heißen* ***Klumpen*** *von* G, *wenn eine Schätzung von* μ *mit Hilfe einer Stichprobe aus der* Klumpenpopulation G^K *(5.1.2) resp. (5.1.3) erfolgt.*

Bemerkung
Wir befassen uns hier nicht systematisch mit der Frage, wie Klumpen zu bilden sind. Dennoch ist diese Frage außerordentlich wichtig, weil von der Klumpenbildung die innere Struktur der Klumpen und damit (wie wir sehen werden; siehe auch (5.2.4)(3) und (5.2.12)) die Güte der Schätzung von μ abhängt. In der Praxis angewandte Methoden wie die Klumpenbildung nach Anfangsbuchstaben des Familiennamens oder nach Geburtstagen etc. ... können sinnvoll sein und auch "Fallen" enthalten. Letztlich braucht man weitere Informationen über G, um eine "günstige" Klumpenbildung vornehmen zu können. ∎

Mit Hilfe von Y (das auf G definiert ist) erklären wir auf G^K die folgenden Merkmale:

(5.1.5) (1) **Merkmalssumme:**

$$Y^K : \left\{ \begin{array}{ccc} G^K & \to & \mathbb{R} \\ Y^K(K_j) & = & y_j^K := \sum_{u \in K_j} Y(u) \end{array} \right. ;$$

(2) **Merkmalsmittel:**

$$\overline{Y}^K : \left\{ \begin{array}{ccc} G^K & \to & \mathbb{R} \\ \overline{Y}^K(K_j) & = & \overline{y}_j^K := \dfrac{1}{m_j} Y^K(K_j) \end{array} \right. .$$

Offenbar gilt für den Mittelwert der Merkmalssumme:

(5.1.6) $$\mu^K = \frac{1}{R}\sum_{j=1}^{R} y_j^K = \frac{N}{R}\mu = \sum_{j=1}^{R} \frac{m_j}{R}\bar{y}_j^K = \frac{N}{R}\sum_{j=1}^{R}\frac{m_j}{N}\bar{y}_j^K .$$

Zur Erläuterung mag man die einschlägigen Teile von **Beispiel** (5.2.11) (*Tabelle Klumpenpopulation*) betrachten.

P–Klumpenstichproben

Es sei nun

(5.1.7) (1) $\boldsymbol{P}$ eine W–Verteilung — die **Grundverteilung** — auf G^K .

Diese W–Verteilung ist auf der gesamten Potenzmenge von G^K vollständig bestimmt durch die auf $\{\ \{K_j\} : j = 1, \ldots, R\ \}$ angenommenen Werte, also durch das

(2) *Merkmal* $\boldsymbol{P}$ auf G^K :

$$\boldsymbol{P}(K_j) = \boldsymbol{p}_j > 0 \quad \text{für } j = 1, \ldots, R \ .$$

Die folgende Spezialisierung von $\boldsymbol{P}$ ist gerade bei (möglicherweise unterschiedlich großen (!)) Klumpen besonders relevant:

(5.1.8) Definition
$\boldsymbol{P}$ aus (5.1.7) *heißt* **Größen–proportional** — *kurz:* $\boldsymbol{P}$ *heißt* **pps** —, *falls gilt:*

$$\boldsymbol{p}_j = \frac{m_j}{N} \quad \text{für alle } j = 1, \ldots, R \quad (\text{mit } m_j \text{ (5.1.1)}).$$

(5.1.9) Definition
Es sei nun $\boldsymbol{P}_{(r)}$ *eine durch* $\boldsymbol{P}$ *vollständig bestimmte W–Verteilung auf* $(G^K)^r$. *Eine* ***P*–Stichprobe** *aus* G^K *(der Länge r) (siehe* (4.1.2)*) aus der* Klumpenpopulation G^K (5.1.2) *resp.* (5.1.3), *bezeichnet mit*

(1) $\boldsymbol{K} = (\boldsymbol{K}_1, \ldots, \boldsymbol{K}_r)$: ***P*–Stichprobe** *aus* G^K ,

erzeugt eine ***P*‑Klumpenstichprobe aus** G *im folgenden Sinne: Die (angeordneten) Elemente der (angeordneten) Klumpen* $\boldsymbol{K}_1, \ldots, \boldsymbol{K}_r$ *bilden die Stichprobe aus der Population* G :

(2) $\mathsf{S} = \big((\text{Elemente aus } \boldsymbol{K}_1), \ldots, (\text{Elemente aus } \boldsymbol{K}_r)\big).$

Wir bedienen uns im allgemeinen der bequemen Schreibweise (1) — und nennen kurz $\boldsymbol{K}$ *aus (1) eine* ***P–Klumpenstichprobe*** *— auch wenn* S *aus (2) gemeint ist!*
Die Stichprobenlänge in (2) ist offenbar im allgemeinen eine Zufallsvariable (siehe (5.2.10))!

Auf dem Stichprobenraum definieren wir folgende Zufallsvariable:

(5.1.10) $Y_i^K = Y^K(\boldsymbol{K}_i)$ = Merkmalssumme im i–ten gezogenen Klumpen,

$\overline{Y}_i^K = \overline{Y}^K(\boldsymbol{K}_i)$ = Mittelwert im i–ten gezogenen Klumpen,

$\boldsymbol{P}_i = \boldsymbol{P}(\boldsymbol{K}_i)$ = Wahrscheinlichkeit (gem. $\boldsymbol{P}$ (5.1.7)(2)) des i–ten *gezogenen* Klumpens.

(Zur Erläuterung sei auch hier auf **Beispiel** (5.2.11) — insbesondere (3), (4) — verwiesen.) Mit Hilfe der in (5.1.10) erklärten Zufallsvariablen werden wir nun **Schätzer** für μ **aus Klumpenstichproben** konstruieren (siehe (5.2.2), (5.3.4)).

5.2 Hansen–Hurwitz–Schätzer bei *mZ–P*–Klumpenstichproben

Es sei $\boldsymbol{K} = (\boldsymbol{K}_1, \ldots, \boldsymbol{K}_r)$ eine ***mZ–P*–Klumpenstichprobe** (siehe (5.1.9) mit (4.2.2) mutatis mutandis):

(5.2.1) (1) $\boldsymbol{P}(\boldsymbol{K}_i = K_j) = \boldsymbol{p}_j$ für alle $j = 1, \ldots, R$; $i = 1, \ldots, r$;

(2) falls $\boldsymbol{P}$ **Größen–proportional (pps)** (5.1.8) ist:

$$\boldsymbol{P}(\boldsymbol{K}_i = K_j) = \frac{m_j}{N} \quad (\text{mit } m_j = \#(K_j)) \quad \text{für alle } i, j .$$

Hansen–Hurwitz–Schätzer

Als Schätzer betrachten wir — mit (5.1.10) — den

(5.2.2) Hansen–Hurwitz–Schätzer

$$\widehat{\mu}_{\mathbf{K,HH}} = \widehat{\mu}_{\mathbf{K,HH}(\boldsymbol{P})} = \frac{1}{r}\sum\nolimits_{i=1}^{r} \frac{Y_i^K}{N\boldsymbol{P}_i} .$$

Wir bemerken:

(5.2.3) Ist $\boldsymbol{P}$ Größen–proportional (5.1.8), so gilt

$$\widehat{\mu}_{\mathbf{K,HH}} = \frac{1}{r}\sum\nolimits_{i=1}^{r} \overline{Y}_i^K .$$

(5.2.4) Satz

Für den Hansen–Hurwitz–Schätzer (5.2.2) *resp.* (5.2.3) *gilt:*

(1) $\mathrm{E}(\widehat{\mu}_{\mathbf{K,HH}}) = \mu$;

(2) $$\mathrm{Var}\,\widehat{\mu}_{\mathbf{K,HH}} = \frac{1}{r}\sum_{j=1}^{R}\left(\frac{y_j^K}{N\boldsymbol{p}_j} - \mu\right)^2 \boldsymbol{p}_j \quad \textit{(mit (5.1.5) und (5.1.7))}.$$

(3) *Ist* $\boldsymbol{P}$ *Größen–proportional* (5.1.8), (5.2.1)(2), *so gilt:*

$$\mathrm{Var}\ \widehat{\mu}_{\mathbf{K,HH}} = \frac{1}{r}\sum_{j=1}^{R}(\overline{y}_j^K - \mu)^2 \cdot \frac{m_j}{N} .$$

(4) *Eine unverzerrte Schätzung für* Var $\widehat{\mu}_{\mathbf{K,HH}}$ *ist*

$$\widehat{\mathrm{Var}}\ \widehat{\mu}_{\mathbf{K,HH}} = \frac{1}{r(r-1)}\sum_{i=1}^{r}\left(\frac{Y_i^K}{N\boldsymbol{P}_i} - \widehat{\mu}_{\mathbf{K,HH}}\right)^2 \quad (r > 1) .$$

(5) *Ist* $\boldsymbol{P}$ *Größen–proportional* (5.1.8), (5.2.1)(2), *so lautet der in* (4) *angegebene Varianz–Schätzer:*

$$\widehat{\mathrm{Var}}\ \widehat{\mu}_{\mathbf{K,HH}} = \frac{1}{r(r-1)}\sum_{i=1}^{r}(\overline{Y}_i^K - \widehat{\mu}_{\mathbf{K,HH}})^2 \quad (r > 1) .$$

Beweis: Zunächst stellen wir fest, daß $\widehat{\mu}_{\mathbf{K,HH}}$ das arithmetische Mittel der voneinander unabhängigen Variablen $Y_i^K/(N\boldsymbol{P}_i)$ ist; alle diese Variablen sind verteilt wie $Y^K/(N\boldsymbol{P})$. Folglich gilt — analog zu (4.2.9) im Beweis von (4.2.6):

(5.2.5) (1) $\mathrm{E}(\widehat{\mu}_{\mathbf{K,HH}}) = \mathrm{E}\big(Y^K/(N\boldsymbol{P})\big)$;

(2) $\mathrm{Var}\,\widehat{\mu}_{\mathbf{K,HH}} = \frac{1}{r}\,\mathrm{Var}\big(Y^K/(N\boldsymbol{P})\big)$.

Zu (1): $\mathrm{E}(\widehat{\mu}_{\mathbf{K,HH}}) = (R/N)\cdot \mathrm{E}\big(Y^K/(R\boldsymbol{P})\big)$ nach (5.2.5)(1). Aber nach (4.2.6)(1) und (4.2.9)(1) (!!) ist $\mathrm{E}\big(Y^K/(R\boldsymbol{P})\big) = \mu^K = \frac{N}{R}\mu$ mit (5.1.6), und hieraus folgt sogleich die Behauptung.

Zu (2): Folgt sogleich aus (5.2.5)(2) zusammen mit der soeben bewiesenen Behauptung (1) und mit (5.1.5), (5.1.7).

Zu (3): Folgt aus (2) mit (5.1.8) und (5.1.5)(2).

Zu (4): Analog zu (4.2.13), (4.2.14) ist der Ausdruck $\frac{1}{r-1}S^2_{(Y^K/(N\boldsymbol{P}))} = V$ eine unverzerrte Schätzfunktion für die Varianz von $\widehat{\mu}_{\mathbf{K,HH}}$ (= arithmetisches Mittel der $Y_i^K/(N\boldsymbol{P})$). V ist jedoch der in (4) angegebene Ausdruck $\widehat{\mathrm{Var}}\,\widehat{\mu}_{\mathbf{K,HH}}$.

Zu (5): Folgt aus (4) mit (5.1.8), (5.1.5)(2), (5.1.10). ∎

Zur Illustration sei auf **Beispiel** (5.2.11)(3),(4) verwiesen.

Ziehungstechnik mit Zettel–Population

Für eine beliebige Verteilung $\boldsymbol{P}$ (5.1.7) erfolgt die Ziehung von $\boldsymbol{K}$ in der Art und Weise, wie sie in (4.3.6) bis (4.3.9) — mutatus mutandis — beschrieben ist. Wir machen dabei freilich die für die Praxis irrelevante Einschränkung, daß alle $\boldsymbol{p}_j$ rationale Zahlen sein müssen, so daß wir schließlich schreiben können

(5.2.6) $\boldsymbol{P}^Z(K_j) = \boldsymbol{p}_j = z_j/(R\mu_Z) \quad \text{mit } z_j \in \mathbb{N}\,, \quad R\mu_Z = \sum_{j=1}^{R} z_j\,.$

Mit G^K und dem Größenvektor $\boldsymbol{z} = (z_1, \ldots, z_R)$ wird nun die neue **Zettelpopulation** $G_{\boldsymbol{z}}^K$ gemäß (4.3.6), (4.3.7), (4.3.8) assoziiert:

(5.2.7) (1) mit K_j assoziierte Zettel:
G_j^K = Menge von z_j verschiedenen "Zetteln", auf denen jedoch überall der "Name" des Klumpens K_j steht;

(2) mit G^K assoziierte Zettel:
$G_{\boldsymbol{z}}^K$ = Vereinigungsmenge dieser R Zettel-Mengen G_j^K .

Ziehe nun aus $G_{\boldsymbol{z}}^K$ eine einfache *mZ*-Stichprobe (siehe Kapitel 2); setze nun

K_i = derjenige Klumpen, dessen Name auf dem i–ten gezogenen Zettel steht

(siehe (4.3.9)). Wir haben also folgende Prozedur für die

(5.2.8) Ziehung einer *mZ*–*P*–Klumpenstichprobe:

(1) $(\mathsf{U}_1, \ldots, \mathsf{U}_r)$: einfache *mZ*-Stichprobe aus $G_{\boldsymbol{z}}^K$ (5.2.7)(2),

(2) $\boldsymbol{K}_i = K_j$ genau dann, falls $\mathsf{U}_i \in G_j^K$ (5.2.7)(1) ist.

Besonders interessant ist natürlich der Fall, daß $\boldsymbol{P}$ Größen–proportional ist. Dann ist in (5.2.6) $z_j = m_j$ mit m_j aus (5.1.1), (5.1.8); ferner ist dann $\sum_{j=1}^{R} z_j = N$. Wenn wir die Konvention einführen, daß jedes $u \in G$ auch als "Zettel" gilt, der genau dann den Namen K_j trägt, wenn $u \in K_j$ ist, so können wir offenbar $G_{\boldsymbol{z}}^K$ mit G "identifizieren"! Wir erhalten also nach (5.2.8) folgendes Verfahren der

(5.2.9) Ziehung einer pps–*mZ*–Klumpenstichprobe
(d.h. mit **Größen–proportionalem** $\boldsymbol{P}$ (5.1.8)):
Es sei $\mathsf{S} = (\mathsf{U}_1, \ldots, \mathsf{U}_r)$ eine einfache *mZ*-Stichprobe aus G. Setze

$\boldsymbol{K}_i = K_j$ genau dann, wenn $\mathsf{U}_i \in K_j$ ist.

Dann ist $\boldsymbol{K} = (\boldsymbol{K}_1, \ldots, \boldsymbol{K}_r)$ eine *mZ*-pps–Klumpenstichprobe (d.h. *mZ*–$\boldsymbol{P}$–Klumpenstichprobe mit $\boldsymbol{P}$ (5.1.8)).

(5.2.10) Bemerkung
Die Anzahl der zu ziehenden Klumpen ist zwar fest gegeben, nämlich r ; die Anzahl der aus G insgesamt gezogenen Elemente ist jedoch eine Zufallsvariable. Es ist nämlich $\#(\boldsymbol{K}) = \sum_{i=1}^{r} \#(\boldsymbol{K}_i)$ die Länge der Stichprobe aus G, und sobald die m_j verschieden sind, wird diese Stichprobenlänge keine Konstante sein. Das Problem der zufälligen Stichprobenlänge verursacht hier jedoch keine großen Schwierigkeiten, da in (5.2.4) nur die feste Anzahl r der gezogenen Klumpen eine Rolle spielt. ∎

(5.2.11) Beispiel
(1): Population G, Klumpenpopulation G^K, Grundverteilungen $\boldsymbol{P}$
Es sei

G = Beschäftigte der $R = 16$ Betriebe eines (bestimmten) Ortes.

Y = Anzahl der im Vorjahr außerhalb des Wohnortes verbrachten Urlaubstage.

(Wir führen die einzelnen [$N = 500$; siehe unten *Tabelle Klumpenpopulation*] Werte von Y auf G nicht auf, sondern nur die [natürlich unbekannten] Merkmalsmittel in den sogleich zu bildenden Klumpen.)

Es soll eine *mZ-$\boldsymbol{P}$*-Klumpenstichprobe der Länge $r = 4$ gezogen werden mit den Betrieben als **Klumpen**:

$$G^K = (B_1, \dots, B_{16})\ , \quad \textit{angeordnet}\ (!), \quad B_j = \text{Betrieb No. } j\ (R = 16).$$

Wir wollen zwei Grund-Verteilungen auf G^K betrachten:

$\boldsymbol{P}^Z$: gegeben durch den Größenvektor $\boldsymbol{z} = (z_1, \dots, z_{16})$, $z_t \in \mathbb{N}$; $Z_j = \sum_{t=1}^{j} z_t$; $Z_{j-1} + 1, \dots, Z_j = Z_{j-1} + z_j$ sind die Zettel-Nummern für den Betrieb B_j ;

$\boldsymbol{P}$: Größen-proportional, gegeben durch die m_j = [Anzahl der Beschäftigten in B_j], $M_j = \sum_{t=1}^{j} m_t$; $M_{j-1} + 1, \dots, M_j$: Zettel-Nummern der Beschäftigten in B_j .

In folgender Tabelle sind diese Angaben enthalten. Ferner führen wir die

unbekannten (!) Merkmalsmittel $\overline{y}_j^K$ (5.1.5)(2) von Y

in den Klumpen (Betrieben) B_j mit auf, um sie dann nach der Stichprobenziehung erheben und $\widehat{\mu}_{\mathbf{K,HH}}$ berechnen zu können.

(2) : Tabelle: Klumpenpopulation

i	1	2	3	4	5	6	7	8	
z_j	5	5	5	5	5	5	5	5	
Z_j	5	10	15	20	25	30	35	40	
m_j	10	20	15	50	25	10	100	10	
M_j	10	30	45	95	120	130	230	240	
$\overline{y}_j^K$	8	12	10	20	15	5	12	8	
i	9	10	11	12	13	14	15	16	
z_j	10	10	10	10	5	5	5	5	
Z_j	50	60	70	80	85	90	95	100	
m_j	60	25	5	20	90	10	10	40	
M_j	300	325	330	350	440	450	460	500	$= N$
$\overline{y}_j^K$	15	5	5	5	13	7	10	10	

(Hieraus errechnet man $\mu^K = \dfrac{1}{20} \cdot \sum_{j=1}^{20} m_j \cdot \overline{y}_j^K = \dfrac{6065}{20} = 303.25$.)

(3) : *mZ–P^Z*–Klumpenstichprobe:
Eine einfache *mZ*-Stichprobe aus der (mit Hilfe von $\boldsymbol{z}$) assoziierten Zettelpopulation $G_{\boldsymbol{z}}^K$ ergab insgesamt folgende Ergebnisse:

	i	1	2	3	4
Stichprobe aus den Zetteln $G_{\boldsymbol{z}}^K$:	U_i	17	92	71	76
Stichprobe $\boldsymbol{K}$ aus G^K :	$\boldsymbol{K}_i$	B_4	B_{15}	B_{12}	B_{12}
Merkmalssumme (5.1.10):	Y_i^K	1 000	100	100	100
$N \cdot \boldsymbol{P}_i^Z$		25	25	50	50
$Y_i^K/(N \cdot \boldsymbol{P}_i^Z)$		40	4	2	2

Man errechnet gem. (5.2.2): $\widehat{\mu}_{\mathbf{K,HH}(P^Z)} = (1/4)(40 + 4 + 2 + 2) = 12$;
ferner ist gem. (5.2.4)(4) $\widehat{\text{Var}}\, \widehat{\mu}_{\mathbf{K,HH}(P^Z)} = (1/12)(28^2 + 8^2 + 10^2 + 10^2) = 87.33$.

(4) : *mZ*–pps–Klumpenstichprobe:
Eine einfache *mZ*-Stichprobe aus G — der gem. (5.2.9) assoziierten Zettelpopulation (!) — ergab insgesamt folgende Ergebnisse:

	i	1	2	3	4
Stichprobe S aus G :	U_i	u_{64}	u_{211}	u_{316}	u_{101}
Stichprobe $\boldsymbol{K}$ aus G^K :	$\boldsymbol{K}_i$	B_4	B_7	B_{10}	B_5
Merkmalsmittel (5.1.10):	$\overline{Y}_i^K$	20	12	5	15

Man errechnet gem. (5.2.3) und (5.2.4)(5):

$$\widehat{\mu} = (1/4) \cdot 52 = 13 , \quad \widehat{\text{Var}}\, \widehat{\mu} = (1/12)(7^2 + 1^2 + 8^2 + 2^2) = 9.83 .$$

■

Varianzvergleich

Dem **Vergleich** einer Klumpenstichprobe mit einer einfachen Zufalls–Stichprobe steht nun doch entgegen, daß $\#(\boldsymbol{K})$ keine Konstante ist. Einen genaueren quantitativen Vergleich verschieben wir auf 5.5. Dennoch lassen sich bereits jetzt Überlegungen anstellen über die Bedingungen, die bei der Klumpenbildung zu berücksichtigen sind, damit $\widehat{\mu}_{\mathbf{K,HH}}$ eine geringe Varianz hat. Wir beschränken uns auf ein Größen–proportionales $\boldsymbol{P}$ (5.1.8).

Zunächst bemerken wir, daß analog zu der in (3.1.5) gegebenen Zerlegung die folgende Darstellung von σ^2 möglich ist (wobei wir (9.3.1), (9.4.2) und die uniforme Verteilung P_0 auf G benutzen):

$$\textbf{(5.2.12)} \quad \begin{aligned} \sigma^2 &= \sum_{i=1}^{R} \mathrm{Var}_{P_0}(Y \mid K_i)\frac{m_i}{N} + \sum_{i=1}^{R}(\overline{y}_i^K - \mu)^2\frac{m_i}{N} \\ &= \mathrm{Var}_{\mathbf{int}} + \mathrm{Var}_{\mathbf{ext}} \quad (= \text{interne} + \text{externe Varianz}) \\ &= \sigma^2_{\mathbf{int}} + \sigma^2_{\mathbf{ext}} \,. \end{aligned}$$

Aus (2.1.3)(2) wissen wir, daß $\mathrm{Var}(\overline{Y})$ bei einer einfachen Zufalls–Stichprobe nur von σ^2 und der Stichprobenlänge n abhängt. Aus (5.2.4)(3) ersehen wir hingegen, daß — für Größen–proportionales $\boldsymbol{P}$ — $\mathrm{Var}\,\widehat{\mu}_{\mathbf{K,HH}}$ (für $\widehat{\mu}_{\mathbf{K,HH}}$ aus (5.2.3)) nur von $\mathrm{Var}_{\mathbf{ext}}$ und der Länge r der Klumpenstichprobe abhängt:

$$\textbf{(5.2.13)} \quad \begin{aligned} &\mathrm{Var}_{P_0^n}\, \overline{Y} = \frac{1}{n}\left(\mathrm{Var}_{\mathbf{int}} + \mathrm{Var}_{\mathbf{ext}}\right) , \\ &\mathrm{Var}_{\boldsymbol{P}^n}\, \widehat{\mu}_{\mathbf{K,HH}} = \tfrac{1}{r}\, \mathrm{Var}_{\mathbf{ext}} \quad (\text{für } \boldsymbol{P} \text{ pps (5.1.8)}). \end{aligned}$$

Es kommt also bei der Bildung der Klumpen — wegen (5.2.12) — darauf an, $\mathrm{Var}_{\mathbf{ext}}$ möglichst klein zu erhalten, also möglichst viel der Gesamtvarianz σ^2 in $\mathrm{Var}_{\mathbf{int}}$, in die Varianz innerhalb der Klumpen, zu "packen". Ein quantitativer Vergleich zwischen $\frac{1}{r}\,\mathrm{Var}_{\mathbf{ext}}$ und $\frac{1}{n}(\mathrm{Var}_{\mathbf{int}} + \mathrm{Var}_{\mathbf{ext}})$ kann natürlich erst dann erfolgen, wenn man Aussagen über die Anzahl der Elemente aus G in einer Klumpenstichprobe der Länge r machen kann. (Siehe Abschnitt 5.5.) Man bemerke jedoch, daß die Bedingung der möglichst großen internen Varianz $\mathrm{Var}_{\mathbf{int}}$ im sozusagen krassen Gegensatz steht zu den Erfordernissen, die an die Schichten für eine *geschichtete* Stichprobe (Kapitel 3) zu stellen sind. (Siehe (3.3.7) und die daran anschließenden Erörterungen.)

5.3 Horvitz–Thompson–Schätzer bei *oZ*–Klumpenstichproben zur Verteilung P

Es sei $\boldsymbol{P}$ eine Grund–Verteilung auf G^K (5.1.2) (mit Klumpenbildung (5.1.1)); es sei ferner $\boldsymbol{P}_{(r)}$ ein Stichprobenplan, der durch $\boldsymbol{P}$ vollständig bestimmt wird. Es sei nun $\boldsymbol{K} = (\boldsymbol{K}_1, \ldots, \boldsymbol{K}_r)$ eine gemäß $\boldsymbol{P}_{(r)}$ gezogene Klumpenstichprobe. Setze — analog zu (4.1.3) —

(5.3.1) $\boldsymbol{H}_j =$ Häufigkeit von K_j in $\boldsymbol{K}$; $j = 1, \ldots, R$.

Wir haben (bzw. setzen) ferner — in Analogie zu (4.1.3):

(5.3.2) $\boldsymbol{\pi}_j = \boldsymbol{P}_{(r)}(\boldsymbol{H}_j = 1) = \mathrm{E}(\boldsymbol{H}_j)$;

$\boldsymbol{\pi}_{ij} = \boldsymbol{P}_{(r)}(\boldsymbol{H}_i = 1, \boldsymbol{H}_j = 1) = \mathrm{E}(\boldsymbol{H}_i \cdot \boldsymbol{H}_j)$.

(Die $\boldsymbol{\pi}_j$ und $\boldsymbol{\pi}_{ij}$ sind durch $\boldsymbol{P}_{(r)}$ vollständig bestimmt.)

(5.3.3) Definition
*$\boldsymbol{K}$ ist eine oZ–P–**Klumpenstichprobe**, falls gilt:*

$\boldsymbol{H}_j$ ist $BV(1, \boldsymbol{\pi}_j)$–verteilt für alle $j = 1, \ldots, R$.

($\boldsymbol{H}_j$ kann also nur die Werte 0 oder 1 annehmen.)

Horvitz–Thompson–Schätzer

Natürlich bietet sich für μ^K (5.1.6) (Mittelwert der Merkmalssummen in den Klumpen) nun der zu (4.4.6) analoge Schätzer, für $\mu = (R/N)\,\mu^K$ also folgender Schätzer an:

(5.3.4) Definition
*Der **Horvitz–Thompson–Schätzer** (für die Schätzung von μ aus einer oZ–Klumpenstichprobe) ist definiert als*

$$\widehat{\mu}_{\mathbf{K,HT}} = \frac{1}{N}\sum_{j=1}^{R} \frac{y_j^K}{\boldsymbol{\pi}_j}\boldsymbol{H}_j = \frac{R}{N} \cdot \frac{1}{R}\sum_{j=1}^{R} \frac{y_j^K}{\boldsymbol{\pi}_j}\boldsymbol{H}_j\,.$$

(5.3.5) Satz
Für den in (5.3.4) definierten Horvitz–Thompson–Schätzer gilt

(1) $\mathrm{E}(\widehat{\mu}_{\mathbf{K,HT}}) = \mu$;

(2) $$\mathrm{Var}\ \widehat{\mu}_{\mathbf{K,HT}} = \frac{1}{N^2}\sum_{j=1}^{R}(y_j^K)^2 \cdot \frac{1-\boldsymbol{\pi}_j}{\boldsymbol{\pi}_j} + \frac{1}{N^2}\sum_{\substack{i,j=1\\ i\neq j}}^{R} \frac{y_i^K}{\boldsymbol{\pi}_i} \cdot \frac{y_j^K}{\boldsymbol{\pi}_j} \cdot (\boldsymbol{\pi}_{ij} - \boldsymbol{\pi}_i\boldsymbol{\pi}_j)\,.$$

(3) *Einen alternativen Ausdruck für* $\mathrm{Var}\ \widehat{\mu}_{\mathbf{K,HT}}$ *erhält man analog zu* (4.4.7)(3).

Beweis:
Zu (1): Trivial wegen (4.4.7)(1) (mit μ^K (5.1.6) statt μ) und wegen $\mu = \frac{R}{N}\mu^K$.
Zu (2) und (3): Trivial wegen (4.4.7)(2) und (3). ■

Für die Schätzung von Var $\widehat{\mu}_{\mathrm{K,HT}}$ sind zwei Statistiken gebräuchlich, die zu den in (4.4.10) angegebenen analog sind:

(5.3.6) Definition
Varianz–Schätzer *für oZ–Klumpenstichproben:*

(1) ***nach Horvitz–Thompson:***

$$\widehat{\sigma}^2_{\mathrm{K,HT}} = \frac{1}{N^2}\sum_{j=1}^{R}\left(\frac{y_j^K}{\boldsymbol{\pi}_j^2}\right)^2 \cdot (1-\boldsymbol{\pi}_j)\cdot \boldsymbol{H}_j + \frac{1}{N^2}\sum_{\left\{\substack{i,j=1\\ i\neq j}\right\}}^{R} \frac{y_i^K}{\boldsymbol{\pi}_i}\cdot\frac{y_j^K}{\boldsymbol{\pi}_j}\cdot\frac{(\boldsymbol{\pi}_{ij}-\boldsymbol{\pi}_i\boldsymbol{\pi}_j)}{\boldsymbol{\pi}_{ij}}\cdot \boldsymbol{H}_i\boldsymbol{H}_j\ ;$$

(2) ***nach Yates–Grundy:***

$$\widehat{\sigma}^2_{\mathrm{K,YG}} = \frac{1}{N^2}\sum_{\left\{\substack{i,j=1\\ i<j}\right\}}^{R}\left(\frac{y_i^K}{\boldsymbol{\pi}_i}-\frac{y_j^K}{\boldsymbol{\pi}_j}\right)^2\cdot\frac{\boldsymbol{\pi}_i\boldsymbol{\pi}_j-\boldsymbol{\pi}_{ij}}{\boldsymbol{\pi}_{ij}}\cdot \boldsymbol{H}_i\boldsymbol{H}_j\ .$$

(3) ***Konvention:*** *Die Summationen in (1) und (2) erfolgen nur über solche Paare (i,j), für die $\boldsymbol{\pi}_{ij} > 0$ ist.*

Aus (4.4.11) entnehmen wir sofort:

(5.3.7) Satz
Ist $\boldsymbol{\pi}_{ij} > 0$ für alle Paare (i,j) mit $i \neq j$, so sind der Horvitz–Thompson–Varianz–Schätzer (5.3.6)(1) und der Yates–Grundy–Varianz–Schätzer (5.3.6)(2) erwartungstreu für die Varianz von $\widehat{\mu}_{\mathrm{K,HT}}$.

Zur Nicht–Negativität des Yates-Grundy–Schätzers: siehe (4.4.13) mutatis mutandis.

Schließlich betrachten wir eine in Analogie zu (4.5.2) definierte

(5.3.8) *P*–proportionale *oZ*–Klumpenstichprobe der Länge r :

$\boldsymbol{\pi}_i = r\cdot \boldsymbol{p}_i$ für alle $i = 1,\ldots,R$ (mit $r \leq 1/\boldsymbol{p}_i$, $\boldsymbol{p}_i$ (5.1.7)).

Offenbar können wir dann den HT–Schätzer (5.3.4) in folgender Gestalt schreiben:

(5.3.9) $\widehat{\mu}_{\mathrm{HT}} = \frac{1}{r}\sum_{i=1}^{r}\frac{Y_i^K}{N\boldsymbol{P}_i}$ für eine ***P***–proportionale *oZ*–Klumpenstichprobe.

Ein Vergleich von (5.3.9) mit (5.2.2) zeigt nun, daß $\widehat{\mu}_{\mathrm{K,HT}} = \widehat{\mu}_{\mathrm{K,HH}}$ ist. Dies gilt auch für den speziellen Fall einer

(5.3.10) Größen–proportionalen *oZ*–Klumpenstichprobe,
kurz: pps–*oZ*–Klumpenstichprobe
(d.h. $\boldsymbol{P}$–proportionale *oZ*-Klumpenstichprobe mit $\boldsymbol{P}$ (5.1.8)):
$\boldsymbol{\pi}_j = r \cdot m_j / N \quad (\text{mit } r \cdot m_j \leq N)$.

Dann ist $\widehat{\mu}_{\mathbf{K,HT}}$ gleich dem in (5.2.3) angegebenen arithmetischen Mittel der in (5.1.10) angegebenen Mittelwerte von Y in den gezogenen Klumpen:

(5.3.11) $\widehat{\mu}_{\mathbf{K,HT}} = \frac{1}{r} \sum_{i=1}^{r} \overline{Y}_i^K$ bei pps–*oZ*–Klumpenstichproben.

Für $\widehat{\text{Var}}\ \widehat{\mu}_{\mathbf{K,HT}}$ und $\widehat{\text{Var}}\ \widehat{\mu}_{\mathbf{K,HT}}$ aus (5.3.6) lassen sich Vereinfachungen bei pps–Klumpenstichproben erreichen, indem man $\frac{y_i^K}{\boldsymbol{\pi}_i}$ ersetzt durch $\frac{N}{r}\overline{y}_i^K$. Die Ausführung bleibt dem Leser überlassen.

Technik der Ziehung einer pps–*oZ*–Klumpenstichprobe

Zur Ziehungs–Technik für eine pps–*oZ*–Klumpenstichprobe verweisen wir auf (4.5.6), (4.5.7) mit folgenden offensichtlichen Modifikationen:

(5.3.12) (1) G ist die **Zettel–Population**
für G^K (5.1.3);
G ist geordnet durch Anordnung der Elemente innerhalb jedes Klumpens K_j in (5.1.3);

(2) (Elemente von K_j) = Zettel des Klumpens $K_j \in G^K$ (5.1.3);

(3) $N/r = k \in \mathbb{N}$ (notfalls nach "Vervielfachung" von G und G^K);

(4) J = einfache Zufalls–Stichprobe aus $\{1, \ldots, k\}$ der Länge 1;

(5) $\boldsymbol{K}_i = K_j$ genau dann, wenn $u_{J+(i-1)\cdot k} \in K_j$ ist $(i = 1, \ldots, r)$.

Zur Rolle, die die Anordnung (5.1.3) für die $\boldsymbol{\pi}_{ij}$ spielt und zu den für die Berechnung der $\boldsymbol{\pi}_{ij}$ sich daraus ergebenden Problemen verweisen wir ebenfalls auf Abschnitt 4.5 (siehe insbesondere (4.5.13)).

(5.3.13) Beispiel
Betrachte (5.2.11) mit Größen–proportionalem $\boldsymbol{P}$. Es soll eine pps–oZ–Klumpenstichprobe der Länge $r = 4$ gezogen werden. Gemäß (5.3.12) ziehen wir nun eine einfache Stichprobe der Länge 1 aus $\{1, \ldots, k = N/r = 500/4 = 125\}$. Das Ergebnis ist $J = 36$. Wir haben damit folgendes Stichprobenergebnis:

Stichprobe aus (den Zetteln) G	u_{36}	u_{161}	u_{286}	u_{411}
Stichprobe aus G^K	B_3	B_7	B_9	B_{13}
Merkmalsmittel (5.1.10) $\overline{Y}_i^K$	10	12	15	13

Man errechnet gem. (5.3.11): $\widehat{\mu}_{\mathrm{K,HT}} = (1/4) \cdot (10 + 12 + 15 + 13) = 50/4 = 12.5$.
Die Berechnung der Varianzschätzer (5.3.6) ist aufwendig und unterbleibt hier. (Siehe auch (4.5.14).) ■

5.4 Einfache Klumpenstichproben

Wir bezeichnen die uniforme Verteilung auf G^K mit $\boldsymbol{P}_0$:

(5.4.1) $\boldsymbol{P}_0(K_j) = 1/R$ resp. $p_j = 1/R$ für alle $j = 1, \ldots, R$.

(5.4.2) Definition
Es sei $\boldsymbol{K}$ *eine einfache* mZ– *bzw.* oZ*–Stichprobe der Länge* r *aus der Klumpenpopulation* G^K . *Dann heißt* $\boldsymbol{K}$ (5.1.9)(1) *resp.* S (5.1.9)(2) ***einfache Klumpenstichprobe*** mZ *bzw.* oZ.

Die Ziehung einer einfachen Klumpenstichprobe bietet sich insbesondere dann an, wenn alle Klumpen gleichgroß sind. Diesen Fall (5.5.1) werden wir erst im *nächsten* Abschnitt gesondert untersuchen.

Im folgenden sei $\boldsymbol{K}$ (5.1.9) eine einfache Klumpenstichprobe. Aus (5.2.2) mit (5.4.1) — für eine mZ–Stichprobe — resp. (5.3.4) mit (5.4.1) und $\boldsymbol{\pi}_j = r/R$ — für eine oZ–Stichprobe — erhalten wir dann den folgenden

(5.4.3) Schätzer aus einer einfachen Klumpenstichprobe:

$$\widehat{\mu}_{\mathrm{K}} = \widehat{\mu}_{\mathrm{K,einfach}} = \frac{1}{r} \sum\nolimits_{i=1}^{r} \frac{R}{N} Y_i^K , \quad r = \#(\boldsymbol{K})$$

(5.4.4) Satz
Für die Schätzung $\widehat{\mu}_{\mathbf{K}}$ (5.4.3) *gilt:*

(1) $\mathrm{E}(\widehat{\mu}_{\mathbf{K}}) = \mu$;

(2) $\mathrm{Var}\ \widehat{\mu}_{\mathbf{K}} = \frac{1}{r}\sigma_K^2(1 - f_K^*)$, *wobei wir setzen:*

(3) $\sigma_K^2 = \mathrm{Var}\left(\frac{R}{N}Y^K\right) = \frac{1}{R}\sum_{j=1}^{R}\left(\frac{R}{N}y_j^K - \mu\right)^2$ mit Y^K aus (5.1.5), *und*

(4) $f_K^* = \begin{cases} \frac{r-1}{R-1} & \text{für eine oZ–Stichprobe,} \\ 0 & \text{für eine mZ–Stichprobe.} \end{cases}$

Beweis: Folgt sofort aus (2.4.8), wenn man (5.4.3), (5.1.6) zusammen mit (2.4.2) beachtet. ∎

(5.4.5) Satz

(1) *Setze* $\widehat{\mathrm{Var}}\ \widehat{\mu}_{\mathbf{K}} = (1 - f_K) \cdot \frac{1}{r-1}S_K^2$ *mit*

(2) $S_K^2 = \frac{1}{r}\sum_{i=1}^{r}\left(\frac{R}{N}Y_i^K - \widehat{\mu}_{\mathbf{K}}\right)^2$ *und*

(3) $f_K = \begin{cases} \frac{r}{R} & \text{für eine oZ–Stichprobe,} \\ 0 & \text{für eine mZ–Stichprobe.} \end{cases}$

(4) *Dann gilt* $\mathrm{E}(\widehat{\mathrm{Var}}\ \widehat{\mu}_{\mathbf{K}}) = \mathrm{Var}\ \widehat{\mu}_{\mathbf{K}}$.

Beweis: Folgt aus (2.4.8)(3) und (4). ∎

(5.4.6) Satz
Ist $\boldsymbol{K}$ *eine einfache oZ–Klumpenstichprobe, so gilt:*

(1) $\widehat{\sigma}^2_{\mathbf{K,HT}} = \widehat{\sigma}^2_{\mathbf{K,YG}}$ *für die in* (5.3.6) *definierten Varianz–Schätzer;*

(2) *beide in* (1) *genannten Schätzer sind gleich*

$$\widehat{\mathrm{Var}}\ \widehat{\mu}_{\mathbf{K}} = \left(1 - \frac{r}{R}\right)\frac{1}{r-1}S_K^2 \quad (5.4.5)(1).$$

Beweis: Folgt sofort aus (4.4.14)(2) ∎

(5.4.7) Beispiel
Betrachte (5.2.11). Ein einfache *mZ*-Klumpenstichprobe ergab

	K	B_4	B_7	B_{10}	B_5
Merkmalssumme (5.1.10)	Y_i^K	1 000	1 200	125	375
	$(R/N) \cdot Y_i^K$	32	38.4	4	12

Man errechnet gem. (5.4.3): $\widehat{\mu}_{\mathbf{K}} = \frac{1}{4} \cdot (32 + 38.4 + 4 + 12) = 21.6$.

Weiter ist $S_K^2 = (1/4)(10.4^2 + 16.8^2 + 17.6^2 + 9.6^2) = 792.32/4 = 198.08$.
Also ist $\widehat{\text{Var}}\, \widehat{\mu}_{\mathbf{K}} = 198.08/(4-1) = 66.03$.

Würde das vorliegende Stichprobenergebnis aus einer einfachen *oZ*-Stichprobe stammen, hätten wir den Varianzschätzer $\widehat{\text{Var}}\, \widehat{\mu}_{\mathbf{K}} = (1 - 4/16) \cdot 66.03 = 49.52$.

■

5.5 Vergleich von einfachen Klumpen–Stichproben mit einfachen Zufalls–Stichproben

In diesem Abschnitt unterstellen wir, daß alle Klumpen gleich groß sind:

(5.5.1) $\#(K_i) = m = m_i$ für alle $i = 1, \ldots, R$;

$$m = \frac{N}{R}, \quad \boldsymbol{p}_i = \frac{m}{N} = \frac{1}{R} \quad \text{für alle } i = 1, \ldots, R .$$

Es sei $\boldsymbol{K}$ eine einfache Klumpenstichprobe der Länge r. Da nun $\boldsymbol{P}_0$ (5.4.1) wegen (5.5.1) Größen-proportional (pps) ist (!), nennen wir jetzt $\boldsymbol{K}$ resp. S (5.4.2) (bzw. (5.1.9)(2)) eine **einfache pps—Klumpenstichprobe** (oder auch **einfache, Größen–proportionale Klumpenstichprobe**). Die Länge der Klumpenstichprobe $\mathsf{S}_K = \mathsf{S}$ (5.1.9)(2) ist nun eine Konstante, nämlich:

(5.5.2) $\#(\mathsf{S}_K) = r\,m =$ Anzahl der Elemente aus G in der Klumpenstichprobe
$=$ Stichprobenlänge aus G .

Wir vergleichen daher (in offensichtlicher Notation) die *einfache* pps-*Klumpenstichprobe* S_K aus G (mit Klumpengröße m)

(5.5.3) $\mathsf{S}_K = \big((\mathsf{U}_{11}, \ldots, \mathsf{U}_{1m}), \ldots, (\mathsf{U}_{r1}, \ldots, \mathsf{U}_{rm})\big)$, erzeugt durch
$\boldsymbol{K} = (\boldsymbol{K}_1, \ldots, \boldsymbol{K}_r)$,

mit einer *einfachen Zufallsstichprobe* S aus G mit der gleichen Stichprobenlänge:

(5.5.4) $\mathsf{S} = (\mathsf{U}_1, \ldots, \mathsf{U}_{r\cdot m}), \quad \#(\mathsf{S}) = n = r \cdot m$.

Dieser Vergleich erfolgt natürlich über die Varianzen der Schätzfunktionen $\widehat{\mu} = \overline{Y}$ (für (5.5.4)) und $\widehat{\mu}_\mathbf{K}$ aus (5.4.3) (für (5.5.3)). Zunächst gilt:

(5.5.5) Satz
Bei einer einfachen pps–Klumpenstichprobe gilt für $\widehat{\mu}_\mathbf{K}$ (5.4.3)

(1) $\widehat{\mu}_\mathbf{K} = \frac{1}{n}\sum_i Y_i^K = \overline{Y} = \frac{1}{r}\sum_i \overline{Y}_i^K$;

(2) $\text{Var } \widehat{\mu}_\mathbf{K} = (1 - f_K^*)\frac{1}{r} \text{Var } \overline{Y}^K$ *mit* f_K^* (5.4.4)(4) *und* $\overline{Y}^K$ (5.1.5)(2);

(3) $\widehat{\text{Var}} \; \widehat{\mu}_\mathbf{K} = (1 - f_K)\frac{1}{r-1}\frac{1}{r}\sum_{i=1}^{r}(\overline{Y}_i^K - \widehat{\mu}_\mathbf{K})^2$ *mit* f_K (5.4.5)(3)

ist eine unverzerrte Schätzung für $\text{Var } \widehat{\mu}_\mathbf{K}$.

Beweis: Folgt sogleich aus (5.4.3) mit (5.5.1) (und $N = m \cdot R$) sowie aus (5.4.4)(2), (3) mit $R/N = 1/m$ sowie (5.4.5). ■

Aufgrund von (2.4.8)(2) und (5.4.4)(2) haben wir nun miteinander zu vergleichen

(5.5.6) (1) $\text{Var}_{P_0} \overline{Y} = (1 - f^*)\frac{1}{n}\sigma^2$ und

(2) $\text{Var}_{\mathbf{P}_0} \overline{Y} = (1 - f_K^*)\frac{1}{r}\sigma_K^2$ mit $\sigma_K^2 = \text{Var } \overline{Y}^K$ (5.4.4)(3).

Zunächst wird σ_K^2 in geeigneter Weise zerlegt:

(5.5.7) Lemma

(1) *Sei* $\rho_K = \frac{1}{R}\sum_{j=1}^{R}\rho_{K,j}$ *mit* $\rho_{K,j} = \frac{1}{m(m-1)}\sum_{\substack{s,t=1\\ s\neq t}}^{m}\frac{(y_{js} - \mu)(y_{jt} - \mu)}{\sigma^2}$,

wobei $y_{j1}, \ldots, y_{jm}$ *die Werte des Merkmals* Y *der* m *Elemente des Klumpens* K_j *sind (also* $K_j = \{u_{j1}, \ldots, u_{jm}\}$ *und* $y_{js} = Y(u_{js})$*). Dann ist*

(2) $\sigma_K^2 = \frac{1}{m}\sigma^2 + \frac{m-1}{m}\sigma^2\rho_K = \frac{1}{m}\sigma^2(1 + (m-1)\rho_K) = \text{Var } \overline{Y}^K$.

Beweis: Es ist $\sum_{s=1}^{m}(y_{js}-\mu) = y_j^K - m\mu = y_j^K - \frac{N}{R}\mu$. Setzt man dies in (5.4.4)(3) ein, so erhält man: $\sigma_K^2 = \frac{1}{R}\frac{1}{m^2}\sum_{j=1}^{R}\left(\sum_{s=1}^{m}(y_{js}-\mu)\right)^2$. Daraus ergibt sich $\sigma_K^2 = \frac{1}{Rm^2}\sum_j\left(\sum_s(y_{js}-\mu)^2 + \sum_{\{\substack{s,t\\ s\neq t}\}}(y_{js}-\mu)(y_{jt}-\mu)\right)$.
Aus der Definition von $\rho_{K,j}$ in (1) erhält man (mit (5.5.1))

$$\sigma_K^2 = \frac{1}{m}\frac{1}{N}\sum_{u\in G}(Y(u)-\mu)^2 + \frac{1}{R}\sum_j \frac{m-1}{m}\sigma^2\rho_{K,j}$$

und mit (1.3.15)(2) die in (5.5.7)(2) angegebene Darstellung. ∎

(5.5.8) Definition
ρ_K aus (5.5.7)(1) *heißt* ***klumpeninterner Korrelationskoeffizient*** *(intra cluster correlation coefficient).*

Die obige Definition wird gerechtfertigt durch die Tatsache, daß — wie nun gezeigt werden soll — ρ_K tatsächlich der Korrelationskoeffizient von zwei Variablen ist, die auf einem (in der Klumpenschtichprobe ausgewählten) Klumpen definiert sind. Dazu betrachten wir das folgende "zweistufige" Verfahren (siehe auch Abschnitte 5.7 und 5.8):

(5.5.9) (1) 1. Stufe: Ziehe eine einfache Klumpenstichprobe aus G, Länge $r = 1$: $\boldsymbol{K} = \boldsymbol{K}_1$;

(2) 2. Stufe: Ziehe eine einfache *oZ*-Stichprobe aus $\boldsymbol{K}_1$ der Länge 2: $\mathsf{S}^* = (\mathsf{U}_1^*, \mathsf{U}_2^*)$.

(3) Setze $Y_1^* = Y(U_1^*)$, $Y_2^* = Y(U_2^*)$ mit $(\mathsf{U}_1^*, \mathsf{U}_2^*)$ in (2).

(5.5.10) Lemma
Der Korrelationskoeffizient zwischen Y_1^* *und* Y_2^* *ist gleich* ρ_K (5.5.7)(1).

Beweis: Zunächst ist wegen (2.2.4)(2) klar, daß Y_1^* und Y_2^* dieselbe Verteilung haben, so daß auch $E(Y_1^*) = E(Y_2^*)$ und $\operatorname{Var} Y_1^* = \operatorname{Var} Y_2^*$ ist. Mit (9.3.7) (oder auch (9.3.13) und (9.3.11)) und der in (5.5.7)(1) eingeführten Notation ist

$$\begin{aligned} E(Y_1^*) &= E(E(Y_1^* \mid \boldsymbol{K}_1)) \\ &= \frac{1}{R}\sum_j E(Y_1^* \mid \boldsymbol{K}_1 = K_j) \overset{(2.2.6)(!)}{=} \frac{1}{R}\sum_j \frac{1}{m}\sum_s y_{js} = \frac{1}{N}\sum_{u\in G} Y(u) = \mu \ . \end{aligned}$$

Da man ebenso zeigt, daß $E((Y_1^*)^2) = \frac{1}{N}\sum_{u\in G} Y^2(u)$ ist, folgt $\operatorname{Var} Y_1^* = \sigma^2$. Um (5.5.10) zu beweisen, müssen wir daher zeigen:

(5.5.11) $\rho_K = \dfrac{\mathrm{E}\big((Y_1^* - \mu)(Y_2^* - \mu)\big)}{\sigma^2}$.

Zunächst folgt aus (2.2.7):

$$\mathrm{E}\big((Y_1^* - \mu)(Y_2^* - \mu) \mid \boldsymbol{K}_1 = K_j\big) = \frac{1}{m(m-1)} \sum_{\substack{s,t \\ s \neq t}} (y_{js} - \mu)(y_{jt} - \mu) = \rho_{K,j}\, \sigma^2$$

mit dem in (5.5.7)(1) erklärten Ausdruck $\rho_{K,j}$. Also ist

$$\mathrm{E}\big((Y_1^* - \mu)(Y_2^* - \mu)\big) = \frac{1}{R} \sum_j \mathrm{E}\big((Y_1^* - \mu)(Y_2^* - \mu) \mid \boldsymbol{K}_1 = K_j\big) = \frac{1}{R} \sum_j \rho_{K,j}\, \sigma^2$$

$= \rho_K\, \sigma^2$ (mit (5.5.7)(1)). (5.5.11) folgt nun sogleich. ∎

Um nun einen Vergleich von $\mathrm{Var}_{\boldsymbol{P}_0} \overline{Y}$ mit $\mathrm{Var}_{P_0} \overline{Y}$ in (5.5.6) vornehmen zu können, setzen wir (5.5.7)(2) in (5.5.6) ein und erhalten

$$\mathrm{Var}_{\boldsymbol{P}_0} \overline{Y} = (1 - f_K^*) \frac{1}{rm} \sigma^2 \big(1 + (m-1)\rho_K\big).$$

Beachtet man, daß $\dfrac{1 - f_K^*}{1 - f^*} = \dfrac{R - r}{R - 1} \cdot \dfrac{N - 1}{N - n} = \dfrac{Rm - rm}{Rm - m} \cdot \dfrac{N - 1}{N - n} = \dfrac{N - 1}{N - m}$ ist, sofern $\boldsymbol{K}$ in (5.5.3) und S in (5.5.4) *oZ*–Stichproben sind, so erhält man

(5.5.12) (1) $1 - f_K^* = \dfrac{1 - f^*}{1 - f_{G,K}^*}$ mit

(2) $f_{G,K}^* = \begin{cases} \dfrac{m-1}{N-1} & \text{falls } \boldsymbol{K} \text{ (5.5.3), S (5.5.4) } oZ\text{–Stichproben sind,} \\ 0 & \text{falls } \boldsymbol{K} \text{ (5.5.3), S (5.5.4) } mZ\text{–Stichproben sind.} \end{cases}$

Aus (5.5.7)(2) und (5.5.12) folgt nun sofort für die in (5.5.6) gegebenen Varianzen:

(5.5.13) $\mathrm{Var}_{\boldsymbol{P}_0} \overline{Y} = \dfrac{1 + (m-1) \cdot \rho_K}{1 - f_{G,K}^*} \cdot \mathrm{Var}_{P_0} \overline{Y}$.

Aus (5.5.13) ersieht man, daß eine einfache Größen–proportionale Klumpenstichprobe $\boldsymbol{K}$ genau dann "besser" ist als eine einfache Stichprobe S — i.e. daß $\mathrm{Var}_{\boldsymbol{P}_0} \overline{Y} < \mathrm{Var}_{P_0} \overline{Y}$ genau dann gilt —, falls $\big(1 + (m-1)\rho_K\big)/(1 - f_{G,K}^*) < 1$ ist bzw. falls $(m-1)\rho_K < -f_{G,K}^*$ ist. Hieraus erhalten wir (mit (5.5.12)(2)):

(5.5.14) Satz
Für einfache pps–Klumpenstichproben gilt $\mathrm{Var}_{P_0}\overline{Y} < \mathrm{Var}_{P_0}\overline{Y}$ *genau dann, wenn*

$$\rho_K < \begin{cases} \dfrac{-1}{N-1} & \text{für } oZ\text{–Stichproben } \boldsymbol{K} \text{ und } \mathsf{S}, \\ 0 & \text{für } mZ\text{–Stichproben } \boldsymbol{K} \text{ und } \mathsf{S}, \end{cases}$$

wobei $m > 1$ *in* (5.5.1) *vorausgesetzt wird.*

Wir werden auf die Bedingung $\rho_K < 0$ bzw. $\rho_K < -1/(N-1)$ im nächsten Abschnitt noch einmal (und ausführlicher) zu sprechen kommen.

5.6 Systematische Stichproben (Systematic Sampling)

Zu den klassischen Stichprobenverfahren gehört das Ziehen einer "systematischen" Stichprobe. Bei diesem Verfahren wird — so läßt sich die Technik interpretieren — ein "zufälliges" Anfangselement von G gewählt, und sodann wird mit diesem Anfangselement jedes Element im "Abstand" R, $2R$, $3R$ etc. ... in die Stichprobe aufgenommen. In der Terminologie dieses Kapitels können wir sagen, daß eine systematische Stichprobe nichts anderes ist als eine Klumpenstichprobe der Länge 1, wobei die Klumpen in bestimmter "systematischer" Weise vermöge einer Anordnung (1.3.2) von G definiert sind.

Zur Präzisierung der obigen Andeutungen schreiben wir G aus (1.3.2) in der Form

(5.6.1) $G = \{u_{i+(j-1)R} : i = 1, \ldots, R,\ j = 1, \ldots, m\}$
mit $m,\ R \in \mathbb{N}$ und mit $N = m \cdot R$.

Die Klumpen werden in folgender Weise definiert:

(5.6.2) $K_i = \{u_{i+(j-1)R} : j = 1, \ldots, m\}$, $(i = 1, \ldots, R)$.

Zur Erläuterung betrachte man das fiktive

(5.6.3) Beispiel
Seien $N = 15$, $R = 5$, $m = 3$. $G = (u_1, \ldots, u_{15})$ wird in 5 Klumpen aufgeteilt mit je 3 Elementen: $K_1 = \{u_1, u_6, u_{11}\}$, $K_2 = \{u_2, u_7, u_{12}\}$, ..., $K_5 = \{u_5, u_{10}, u_{15}\}$.

(5.6.4) Definition

Eine ***systematische Stichprobe der Länge*** *m ist eine einfache Klumpenstichprobe der Länge 1, sofern die Klumpen gemäß (5.6.2) über eine fest gewählte Anordnung von G (5.6.1) definiert sind und jeder so erklärte Klumpen genau m verschiedene Elemente besitzt.*

Es sei im folgenden $\boldsymbol{K} = \boldsymbol{K}_1 = (\mathsf{U}_1, \ldots, \mathsf{U}_m)$ eine systematische Stichprobe der Länge m. Wegen $r = 1$ und $R/N = 1/m$ in (5.4.3) ist also

(5.6.5) $\widehat{\mu}_{\mathrm{K}} = \overline{Y}$ bei einer systematischen Stichprobe.

Aufgrund von (5.6.5) und (5.4.4) gilt:

(5.6.6) Satz

Es sei $\boldsymbol{K} = (\mathsf{U}_1, \ldots, \mathsf{U}_m)$ eine systematische Stichprobe. Dann gilt für Erwartungswert $\mathrm{E}_{\mathrm{syst}}$ und Varianz $\mathrm{Var}_{\mathrm{syst}}$ von $\overline{Y} = (1/m) \sum_{i=1}^{m} Y(\mathsf{U}_i)$:

(1) $\mathrm{E}_{\mathrm{syst}}(\overline{Y}) = \mu$;

(2) $\mathrm{Var}_{\mathrm{syst}}\,\overline{Y} = \sigma^2_{\mathrm{ext}}$ (5.2.12) $= \frac{1}{R} \sum_{i=1}^{R} (\overline{y}_j^K - \mu)^2$ *(mit* $\frac{m_i}{N} = \frac{m}{N} = \frac{1}{R}$*)* ;

(3) $\mathrm{Var}_{\mathrm{syst}}\,\overline{Y} = (\sigma^2/m)\big[1 + (m-1)\rho_K\big]$ mit ρ_K aus (5.5.7)(1).

Beweis:

Zu (1) und (2): Folgt sofort aus (5.5.5), (5.5.6)(2) mit $r = 1$, $f_K^* = 0$ unter Beachtung von (5.6.5).

Zu (3): Siehe (5.5.7)(2). ∎

Zum Vergleich einer systematischen Stichprobe der Länge m mit einer einfachen *oZ*-Stichprobe der Länge m gibt folgender Satz Auskunft, dessen Beweis sich sofort aus (5.6.6)(3) und (5.5.14) ergibt:

(5.6.7) Satz

Für $\mathrm{Var}_{\mathrm{syst}}\,\overline{Y}$ (5.6.6)(3) *und* $\mathrm{Var}_{\mathrm{einfach}}\,\overline{Y}$ (2.2.3)(2) *gilt*

$\mathrm{Var}_{\mathrm{syst}}\,\overline{Y} < \mathrm{Var}_{\mathrm{einfach}}\,\overline{Y}$ *genau dann, falls* $\rho_K < -1/(N-1)$ *ist.*

Die in (5.5.14) und (5.6.7) auftretende Bedingung $\rho_K < -1/(N-1)$ wird in der Praxis bei vielen "natürlichen" Klumpenbildungen nicht erfüllt sein.

Beispiel
Geht man davon aus, daß “Einkommensklassen” mit “Wohngebieten” hoch korreliert sind, so werden die Elemente eines Klumpens “Einwohner der Straße A” mit ihren jeweiligen Einkommen “im Prinzip” über oder unter dem Durchschnittseinkommen liegen, so daß für diesen Klumpen $\rho_{K,j} > 0$ (siehe (5.5.7)(1)) ist. ■

Dies wird im wesentlichen für alle “natürlichen” Klumpen gelten, so daß in der Regel eher $\rho_K > 0$ erfüllt ist als $\rho_K < 0$ oder gar $\rho_K < -1/(N-1)$. Hat man freilich genügend Informationen über G, läßt sich die Anordnung in (5.6.1) so wählen, daß man tatsächlich ein stark negatives ρ_K erreicht — z.B. durch “Mischen” verschieden “guter” Wohnstraßen in einem Klumpen. Je kleiner ρ_K ist, umso “besser” ist nach (5.6.6)(3) (oder auch (5.5.7)(2)) die systematische resp. die Klumpenstichprobe. Die Untergrenze für ρ_K ist offenbar $-1/(m-1)$ (wegen $\sigma_K^2 > 0$ in (5.5.7)(2)), so daß im Bereich

(5.6.8) $-1/(m-1) < \rho_K < -1/(N-1)$

eine Klumpenstichprobe (resp. eine systematische Stichprobe) einer einfachen Stichprobe der gleichen Länge vorzuziehen ist.

(5.6.9) Bemerkung
Wegen $r = 1$ in (5.6.4) läßt sich die Varianz von $\overline{Y}$ nicht mit Hilfe von (5.4.5) (oder (5.5.5)(3)) schätzen. Einen Ausweg aus diesem Dilemma bieten einfache Klumpenstichproben der Länge $r > 1$, wobei die Klumpen gemäß (5.6.2) zu definieren sind. (Siehe GAUTSCHI (1957).)

5.7 Mehrstufige, insbesondere zweistufige Stichproben (Multi Stage Sampling. Two Stage Sampling. Sub–Sampling)

Eine **mehrstufige Stichprobe** ist im wesentlichen eine Stichprobe, die durch eine Hierarchie von Klumpenstichproben gezogen wurde, wobei die eigentliche “Erhebung” von Y erst auf der letzten Stufe der Hierarchie erfolgt. Zur Illustration betrachte man folgendes

Beispiel
G = Einwohner der **Bundesrepublik** Deutschland;
Klumpen der **1. Stufe**: Einwohner der **Bundesländer**;

Klumpen der **2. Stufe**: Einwohner der **Landkreise**/kreisfreien Städte;
Klumpen der **3. Stufe**: Einwohner der **Gemeinden**.

Mit dieser vorgegebenen Hierarchie nehme man die **Stichprobenziehung** wie folgt vor: Auf der 1. Stufe wähle man (nach einem Stichprobenplan) einige Bundesländer für die weitere Prozedur aus; auf der 2. Stufe wähle man aus den so ausgewählten Bundesländern einige Kreise aus; auf der 3. Stufe wähle man aus den ausgewählten Kreisen einige Gemeinden aus. Wird nun das Merkmal Y für alle Einwohner der so ausgewählten Gemeinden erhoben, so hat man eine dreistufige Klumpenstichprobe, wobei auch die letzte, die "Erhebungsstufe" eine Klumpenstichprobe ist; werden aus jeder so ausgewählten Gemeinde einige Einwohner für die Erhebung von Y in einer Stichprobe gezogen, so hat man insgesamt eine vierstufige Stichprobe, wobei jedoch die letzte Stufe ("Erhebungsstufe") keine Klumpenstichprobe mehr ist. ∎

Zweistufige Stichproben

Wir befassen uns im folgenden nur noch mit zweistufigen Stichproben. Die Behandlung mehr(-als zwei-)stufiger Stichproben bietet zwar keine grundsätzlich anderen Schwierigkeiten, wird jedoch i.a. unter notationeller Schwerfälligkeit leiden.

(5.7.1) Definition
Gegeben sei G, G^K aus (5.1.2), (5.1.3). Ferner sei

$\boldsymbol{P}$ (5.1.7): *W-Verteilung auf* G^K ,

$P^{(j)}$: *W-Verteilung auf* K_j *für jedes* $j = 1, \ldots, R$

(für jeden Klumpen K_j muß eine möglicherweise zu ziehende $P^{(j)}$–Stichprobe erklärt sein!; siehe auch (5.7.2)). Weiter sei

$\boldsymbol{K} = (\boldsymbol{K}_1, \ldots, \boldsymbol{K}_r)$ *eine* $\boldsymbol{P}$*–Klumpenstichprobe (**1. Stufe**).*

Es sei nun $J(i)$ definiert durch die Bedingung:

$J(i) = j$ *genau dann, wenn* $\boldsymbol{K}_i = K_j$ *ist,*

d.h. $J(i)$ ist der Index des an i–ter Stelle gezogenen Klumpens. Weiter sei

S_i *eine* $P^{(J(i))}$*–Stichprobe aus* $\boldsymbol{K}_i$ *für jedes* $i = 1, \ldots, r$ *(**2. Stufe**).*

*Dann heißt $(\mathsf{S}_1, \ldots, \mathsf{S}_r)$ eine **zweistufige Stichprobe aus** G. Sind $\boldsymbol{K}$ und $\mathsf{S}_1, \ldots, \mathsf{S}_r$ einfach, so liegt eine **zweistufige einfache Stichprobe** vor.*

(5.7.2) Bemerkung
Natürlich muß für jedes j vorab geklärt sein, wie die Stichprobe der zweiten Stufe aus K_j zu ziehen ist, falls K_j an einer Stelle in $\boldsymbol{K}$ auftritt. In (5.7.1) ist daher notwendigerweise implizit unterstellt, daß mit $P^{(j)}$ auch ein Stichprobenplan

$P^{(j)}_{(n_j)}$ (siehe (1.3.11)) vorgegeben ist. Man könnte auch sagen: eine **zweistufige Stichprobe** ist durch die **Stichprobenpläne** $\boldsymbol{P}_{(r)}$ (bestimmt durch $\boldsymbol{P}$), $P^{(j)}_{(n_j)}$ (bestimmt durch $P^{(j)}$) mit $j = 1, \ldots, R$ charakterisiert. ■

Der Grundgedanke der Schätzung von μ mit Hilfe von mehrstufigen Stichproben (hier: zweistufigen) ist, die Erhebung der letzten Stufe zu nutzen für die Schätzung von Parametern der vorletzten Stufe, die Schätzung jeder Stufe für die Schätzung von Parametern der vorangehenden Stufe zu verwenden, bis man schließlich bei G (sozusagen der nullten Stufe) und damit μ angelangt ist.

Im zweistufigen Fall liegt folgende Situation vor: μ ist mit Hilfe von Schätzungen für die "Parameter"

$$Y_i^K = \text{Summe der } Y\text{–Werte in } \boldsymbol{K}_i \text{ (= "Parameter" der 1. Stufe)}$$

zu schätzen, und zwar mit Hilfe von **Variablenschätzern**

$$\widehat{Y}_i^K = \widehat{Y}_i^K(\mathsf{S}_i)\,, \quad \mathsf{S}_i : P^{(J(i))}\text{–Stichprobe aus } \boldsymbol{K}_i \text{ (beachte (5.7.2))}.$$

P–Proportionale oZ–Stichproben auf der 1. Stufe

Natürlich sind die $\boldsymbol{P}$–proportionalen oZ–Stichproben (siehe (5.3.8)) von besonderer Wichtigkeit. Aus (5.2.2) und (5.3.9) wissen wir dann, daß μ sich mit Hilfe von Statistiken der 1. Stufe in folgender Weise unverzerrt schätzen läßt:

(5.7.3) $$\widehat{\mu}_{(1.\text{St})} = \frac{1}{r}\sum_{i=1}^{r} \frac{Y_i^K}{N\boldsymbol{P}_i} \;; \quad \mathrm{E}(\widehat{\mu}_{(1.\text{St})}) = \mu\,.$$

Mit $\boldsymbol{K}$ sind uns auch die $\boldsymbol{P}_i$ gegeben; für Y_i^K hingegen benötigen wir Schätzungen — wir bezeichnen sie mit $\widehat{Y}_i^K$ — mit folgenden Eigenschaften:

(5.7.4) $$\widehat{Y}_i^K = \widehat{Y}_i^K(\mathsf{S}_i)\,; \quad \mathsf{S}_i = (\mathsf{U}_{i1}, \ldots, \mathsf{U}_{in_{J(i)}}) \quad \text{mit}$$
$$\mathrm{E}(\widehat{Y}_i^K \mid \boldsymbol{K}) = Y_i^K\,.$$

(5.7.5) Satz

Setze $\widehat{\mu}_{(2\text{–stufig})} = \frac{1}{r}\sum_{i=1}^{r} \frac{\widehat{Y}_i^K}{N\boldsymbol{P}_i}$. *Dann gilt:*

(1) $\mathrm{E}(\widehat{\mu}_{(2\text{–stufig})}) = \mu$;

(2) $\mathrm{Var}\,\widehat{\mu}_{(2\text{–stufig})} = \mathrm{Var}\,\widehat{\mu}_{(1.\text{St})} + \mathrm{E}\big(\mathrm{Var}(\widehat{\mu}_{(2\text{–stufig})} \mid \boldsymbol{K})\big)$.

Beweis:

Zu (1): $\mathrm{E}(\widehat{\mu}_{(\mathbf{2\text{-}stufig})}) = \frac{1}{r}\sum_{i=1}^{r} \mathrm{E}\left(\frac{\widehat{Y}_i^K}{N\boldsymbol{P}_i}\right)$

$$= \frac{1}{r}\sum_{i=1}^{r} \mathrm{E}\left[\mathrm{E}\left(\frac{\widehat{Y}_i^K}{N\boldsymbol{P}_i}\,\middle|\,\boldsymbol{K}\right)\right] = \frac{1}{r}\sum_{i=1}^{r} \mathrm{E}\left(\frac{1}{N\boldsymbol{P}_i}\mathrm{E}(\widehat{Y}_i^K \mid \boldsymbol{K})\right).$$

Beachtet man nun (5.7.4), so stellt man fest, daß $\mathrm{E}(\widehat{\mu}_{(\mathbf{2\text{-}stufig})}) = \mathrm{E}(\widehat{\mu}_{(\mathbf{1.St})}) = \mu$ ist (mit (5.7.3)). Implizit haben wir gezeigt:

(5.7.6) $\mathrm{E}(\widehat{\mu}_{(\mathbf{2\text{-}stufig})} \mid \boldsymbol{K}) = \widehat{\mu}_{(\mathbf{1.St})}$.

Zu (2): Grundlegend (und instruktiv) ist die folgende Beziehung, die man aus (9.4.5) erhält:

(5.7.7) $\mathrm{Var}\,\widehat{\mu}_{(\mathbf{2\text{-}stufig})} = \mathrm{Var}\,\mathrm{E}(\widehat{\mu}_{(\mathbf{2\text{-}stufig})} \mid \boldsymbol{K}) + \mathrm{E}\big(\mathrm{Var}(\widehat{\mu}_{(\mathbf{2\text{-}stufig})} \mid \boldsymbol{K})\big)$.

Man braucht nun noch (5.7.6) zu beachten, und die Behauptung (2) folgt aus (5.7.7). ■

Für die Schätzung von $\mathrm{Var}\,\widehat{\mu}_{(\mathbf{2\text{-}stufig})}$ verweisen wir auf (z.B.) RAJ (1968), S. 115f. Die Behandlung von *oZ*–Stichproben zur Verteilung $\boldsymbol{P}$, die nicht notwendigerweise proportional sind, findet man z.B. bei RAJ (1968), S. 117ff.

5.8 Einfache Zufalls–Stichproben auf 2. Stufe

Von besonderem Interesse ist der Fall, daß die S_i (5.7.1) *einfache Zufalls–Stichproben* sind. Um eine Schätzung der Größen Y_i^K (5.1.10) vorzunehmen, führen wir zunächst als Schätzung für die $\overline{Y}_i^K$ (5.1.10) ein:

(5.8.1) $\widehat{\overline{Y}}_i^K =$ arithmetisches Mittel von Y in der aus $\boldsymbol{K}_i$ gezogenen Stichprobe S_i (aus (5.7.1)).

Wir können $\widehat{\overline{Y}}_i^K$ auch genauer in folgender Weise schreiben:

(5.8.2) $\mathsf{S}_i = (\mathsf{U}_{i1}, \ldots, \mathsf{U}_{in_{J(i)}})$ aus $\boldsymbol{K}_i$,

$$\widehat{\overline{Y}}_i^K = \frac{1}{n_{J(i)}}\sum_j Y(\mathsf{U}_{ij}) = \frac{1}{n_{J(i)}}\sum_{u\in\mathsf{S}_i} Y(u).$$

Führt man ferner noch auf $\boldsymbol{K}$ die Statistiken

(5.8.3) $M(i) = \#(\boldsymbol{K}_i) =$ Anzahl der Elemente im i–ten gezogenen Klumpen

für $i = 1, \ldots, r$ ein, so bietet sich folgende Schätzung der Y_i^K an:

(5.8.4) (1) $\widehat{Y}_i^K = M(i) \cdot \widehat{\overline{Y}}_i^K$ mit

(2) $\mathrm{E}(\widehat{Y}_i^K \mid \boldsymbol{K}) = Y_i^K$, also

(3) $\widehat{\mu}_{(\text{2-stufig})} = \frac{1}{r} \sum_{i=1}^{r} \frac{M(i) \cdot \widehat{\overline{Y}}_i^K}{N\boldsymbol{P}_i}$ mit $\mathrm{E}(\widehat{\mu}_{(\text{2-stufig})}) = \mu$.

Beweis (von (2)): Es ist $\mathrm{E}(\widehat{Y}_i^K \mid \boldsymbol{K}) = M(i) \cdot \mathrm{E}(\widehat{\overline{Y}}_i^K \mid \boldsymbol{K})$ wegen (9.3.9), da mit $\boldsymbol{K}$ auch die $M(i)$ gegeben sind. Wie man nun aus Satz (2.4.8)(1) (!!) sofort ablesen kann, ist $\mathrm{E}(\widehat{\overline{Y}}_i^K \mid \boldsymbol{K}) = \overline{Y}_i^K$, so daß wir insgesamt haben: $\mathrm{E}(\widehat{Y}_i^K \mid \boldsymbol{K}) = M(i) \cdot \overline{Y}_i^K = Y_i^K$. ■

pps–Stichproben auf 1. Stufe

Ist darüber hinaus $\boldsymbol{K}$ eine pps–Stichprobe, so ist ja

$N \cdot \boldsymbol{P}_i = M(i) =$ Anzahl der Elemente in $\boldsymbol{K}_i$;

wir erhalten sofort aus (5.8.4)(3):

(5.8.5) Korollar

Für pps–Klumpenstichproben (siehe (5.2.1)(2)*) auf der 1. Stufe und einfache Zufalls–Stichproben auf der 2. Stufe ist*

$$\widehat{\mu}_{(\text{2-stufig})} = \frac{1}{r} \sum_{i=1}^{r} \widehat{\overline{Y}}_i^K \qquad \textit{unverzerrt für } \mu \ .$$

(5.8.6) Beispiel

Betrachte (5.3.13) (mit (5.2.11)) als Stichprobe der 1. Stufe — mit nunmehr *unbekannten*, nicht ermittelten $\overline{Y}_i^K$ (siehe jedoch (5.2.11)). Aus den gezogenen Betrieben (Klumpen) B_3, B_7, B_9, B_{13} ziehen wir nun je eine einfache *mZ*–Stichprobe (der 2. Stufe) mit folgenden Ergebnissen:

Betrieb (1. Stufe) $\boldsymbol{K}_i$	$\boldsymbol{K}_1 = B_3$	$\boldsymbol{K}_2 = B_7$	$\boldsymbol{K}_3 = B_9$	$\boldsymbol{K}_4 = B_{13}$
Unbekannte $\overline{Y}_i^K$	10	12	15	13
Stichprobenlängen (2. Stufe)	2	4	4	2
Stichprobenergebnisse	10 12	11 14 15 12	14 16 15 15	13 15
Aritmetische Mittel $\overline{Y}_i$	11	13	15	14

Man berechnet gem. (5.8.5)

$$\widehat{\mu}_{(\text{2-stufig})} = \frac{1}{4} \cdot [11 + 13 + 15 + 14] = 13.25 \ .$$

■

Einfache Zufalls–Stichproben auf 1. Stufe

Wir betrachten nun den Fall, daß (auch) in (5.7.1) $\boldsymbol{P}$ eine uniforme Verteilung ist:

(5.8.7) $\boldsymbol{P} = \boldsymbol{P}_0$ mit $\boldsymbol{P}_0(K_j) = 1/R$ für alle j,

so daß (nun auch) $\boldsymbol{P}$–Stichproben einfache Zufalls–Stichproben sind. Aufgrund von (5.4.3) wissen wir zunächst, daß mit

(5.8.8) $\widehat{\mu}_{(1.\,\mathrm{St})} = \frac{1}{r}\sum_{i=1}^{r} \frac{R}{N} Y_i^K$ (cf. auch (5.7.3))

eine erwartungstreue Schätzfunktion für μ vorliegt (mit freilich unbekannten Y_i^K). Die Schätzung der Y_i^K nehmen wir gem. (5.8.4)(1),(2) vor und erhalten

(5.8.9) $\widehat{\mu}_{(2\text{-stufig})} = \frac{1}{r}\frac{R}{N}\sum_{i=1}^{r} M(i) \cdot \widehat{\overline{Y}}_i^K$.

(5.8.10) Satz

(1) $\mathrm{E}(\widehat{\mu}_{(2\text{-stufig})}) = \mu$ *für* $\widehat{\mu}_{(2\text{-stufig})}$ aus (5.8.9);

(2) $\operatorname{Var}\widehat{\mu}_{(2\text{-stufig})} = \frac{1}{r}(1 - f_K^*)\sigma_K^2 + \frac{R}{r}\frac{1}{N^2}\sum_{j=1}^{R} m_j^2(1 - f_j^*)\frac{\sigma_j^2}{n_j}$ *mit*

(3) $\sigma_j^2 = \operatorname{Var}(Y \mid K_j) = \frac{1}{m_j}\sum_{t=1}^{m_j}(y_{jt} - \overline{y}_j^K)^2$ *(interne Varianz in* K_j*)*
(siehe Notation (5.1.5)(2) *und* (5.5.7)*).*

(4) $f_j^* = \begin{cases} \dfrac{n_j - 1}{m_j - 1} & \text{falls aus } K_j \text{ eine oZ–Stichprobe zu ziehen ist,} \\ 0 & \text{falls aus } K_j \text{ eine mZ–Stichprobe zu ziehen ist;} \end{cases}$

f_K^* *bzw.* σ_K^2 *stammen aus* (5.4.4)(4) *bzw.* (3).

Beweis:
Zu (1): trivial wegen (5.8.4)(2).

Zu (2): Wegen (5.4.4)(2), (5.7.5)(2), (5.8.8) haben wir nur noch zu zeigen:

$$\text{(5.8.11)}\quad \mathrm{E}\big(\mathrm{Var}\,(\widehat{\mu}_{(2\text{-stufig})} \mid \boldsymbol{K})\big) = \frac{R}{r}\frac{1}{N^2}\sum\nolimits_{j=1}^{R} m_j^2(1-f_j^*)\frac{\sigma_j^2}{n_j}\,.$$

Für den Nachweis von (5.8.11) bemerken wir zunächst, daß aufgrund der Konstruktion der zweistufigen Stichprobe die Ziehung von S_i aus $\boldsymbol{K}_i$ unabhängig von der Ziehung von S_j aus K_j $(i \neq j)$ erfolgt (bei gegebenem $\boldsymbol{K}$). Wir haben für (5.8.9):

$$\mathrm{Var}\,(\widehat{\mu}_{(2\text{-stufig})} \mid \boldsymbol{K}) = \frac{1}{r^2}\frac{R^2}{N^2}\sum\nolimits_i (M(i))^2\,\mathrm{Var}(\widehat{\overline{Y}}{}_i^K \mid \boldsymbol{K})\,.$$

Ferner ist nach (2.4.8)(2)

$$\mathrm{Var}\,(\widehat{\overline{Y}}{}_i^K \mid \boldsymbol{K}) = (1-f_{J(i)}^*)\frac{\sigma_{J(i)}^2}{n_{J(i)}}\,,$$

da $J(i)$ der Index des i-ten gezogenen Klumpens ist. Die uniforme Verteilung $\boldsymbol{P} = \boldsymbol{P}_0$ erzwingt nach (2.1.4)(2) resp. (2.2.4)(2) (mutatis mutandis), daß die Variablen $(M(i))^2 \cdot \mathrm{Var}\,(\widehat{\overline{Y}}{}_i^K \mid \boldsymbol{K})$ für $i = 1,\ldots,r$ alle dieselbe Verteilung haben; wir erhalten daher (z.B.): $\mathrm{E}\big(\mathrm{Var}(\widehat{\mu}_{(2\text{-stufig})} \mid \boldsymbol{K})\big) =$

$$\mathrm{E}\left(\frac{rR^2}{r^2N^2}(M(1))^2\,\mathrm{Var}(\widehat{\overline{Y}}{}_1^K \mid \boldsymbol{K})\right) = \frac{1}{r}\frac{R^2}{N^2}\mathrm{E}\left((M(1))^2(1-f_{J(1)}^*)\frac{\sigma_{J(1)}^2}{n_{J(1)}}\right).$$

Dieser Ausdruck ist jedoch gleich der rechten Seite von (5.8.11), da $\boldsymbol{P}\big(J(1)=j\big) = (1/R)$ für alle $j = 1, \ldots, R$ ist. ■

(5.8.12) Beispiel

Betrachte (5.8.6). Mit (5.2.11) erhalten wir

Betrieb (1. Stufe) $\boldsymbol{K}_i$	$\boldsymbol{K}_1 = B_3$	$\boldsymbol{K}_2 = B_7$	$\boldsymbol{K}_3 = B_9$	$\boldsymbol{K}_4 = B_{13}$
Unbekannte $\overline{Y}_i^K$	10	12	15	13
Aritmetische Mittel $\overline{Y}_i$	11	13	15	14
Klumpengröße $M(i)$	15	100	60	90

Man errechnet nun gem. (5.8.9)

$$\widehat{\mu}_{(2\text{-stufig})} = \frac{1}{4}\cdot\frac{16}{500}(15\cdot 11 + 100\cdot 13 + 60\cdot 15 + 90\cdot 14) = 29.00\,.$$

■

Zur Schätzung von Var $(\widehat{\mu}_{(2\text{-stufig})}$ (5.8.10)(2) verweisen wir auf (z.B.) RAJ (1968), s. 115 f.

Weitere Literatur:

BELLHOUSE, D. R., RAO, J. N. K. (1975); BELLHOUSE, D. R., THOMPSON, M. E., GODAMBE, V. P. (1977); BENNET, B. M. (1987); BLIGHT, B. J. N. (1973); BREWER, K. R. W., HANIF, M. (1970); BURDICK, R. K., SIELKEN, R. L. JR. (1979); FRANK, O. (1970); GAUTSCHI, W. (1957); IACHAN, R. (1983); JOSHI, V. M. (1968a); KARLTON, G. (1979); KONIJN, H. S.

(1973); KOOP, J. C. (1971); RAJ, D. (1968); ROYALL, R. M. (1976); SCHNEEBERGER, H. (1986); SINGH, D., JINDAL, K. H., GARG, J. N. (1968); SKINNER, C. J. (1986); SOM, R. K. (1973); SRINATH, K. P., HIDIROGLOU, M. A. (1980); STENGER, H. (1974b); TIN, M., TOE, T. (1972); WOLTER, K. M. (1984); ZINGER, A. (1980);

Kapitel 6

Schätzung mit Hilfe von Vorkenntnissen

In vielen praktischen Fällen wird man — wie bereits in (1.2.5) geschildert und an einigen Beispielen (4.3.4) verdeutlicht wurde — davon ausgehen können,

(6.0.1) (1) daß das Untersuchungsmerkmal Y in (mehr oder weniger) engem Zusammenhang steht mit einem anderen Merkmal X, das für die Schätzung von $\mu = \mu_Y$ als **Hilfsvariable** in Frage kommt, weil

(2) über X geeignete Vorinformationen vorliegen:
(a) $\mu_X =$ Mittelwert von X ist bekannt und/oder
(b) X–Werte auf G oder auf Teilen von G (wie Schichten G_i, Klumpen K_j) sind bekannt (oder sehr leicht zu ermitteln).

Wir setzen stets voraus, daß sowohl X als auch der Mittelwert von X auf G nicht Null sind. In vielen Anwendungen ist $X > 0$. (Man betrachte die Beispiele (4.3.4).)

In der Literatur und in der Praxis sind mehrere Schätzer gebräuchlich, die die Kenntnis von μ_X für die Schätzung von μ_Y nutzen:

$\widehat{\mu}_{\mathbf{Dif}}$: *Differenzen–Schätzer* (6.2.1),
$\widehat{\mu}_{\mathbf{Reg}}$: *Regressions–Schätzer* (6.3.1),
$\widehat{\mu}_{\mathbf{HReg}}$: *Homogener Regressions–Schätzer* (6.4.1) (weniger üblich),
$\widehat{\mu}_{\mathbf{V}}$: *(gewöhnlicher) Verhältnis–Schätzer* (6.5.1),
$\widehat{\mu}_{\mathbf{HR}}$: *Hartley–Ross–Schätzer* (6.6.1),
$\widehat{\mu}_{\mathbf{HRmod}}$: *modifizierter Hartley–Ross–Schätzer* (6.6.1) (weniger üblich).

Wir werden diese *Schätzer mit Vorkenntnis* (auch **gebundene Hochrechnung** genannt) in diesem Kapitel ausführlich vorstellen und ihre Berechnungen kurz am gemeinsamen Beispiel (6.6.5) kurz illustrieren. Anders als in Kapitel 4 wird hier nicht die Kenntnis aller X–Werte sondern nur die des Mittelwertes μ_X benötigt (Fall (a) in (6.0.1)(2)). Der Anwendungsbereich solcher Schätzer ist ungeheuer groß, da oft

$X =$ betrachtetes Merkmal M zu einem früheren Zeitpunkt,

$Y =$ betrachtetes Merkmal M "heute" ist.

Beispiele für M: Umsatz (auf Betrieben), Bevölkerungszahl (auf Regionen), Anteil für die politische Partei A (auf Wahlkreisen), Ausgaben für Wohnen (auf Haushalten), ...

Um entscheiden zu können, welcher dieser Schätzer in welcher Situation geeignet ist, muß man eine Vorstellung von der Art des in (6.0.1) angesprochenen Zusammenhanges haben. (6.0.1)(1) muß daher präzisiert und in gewisser Weise auch quantifiziert werden. Dies geschieht durch die Annahme, daß sich *im wesentlichen* ein "linearer Zusammenhang" auf G "konstituieren" läßt in folgendem Sinne: Es gibt Konstante $a,\ b \in \mathbb{R}$, so daß das nun auf G erklärte

"Differenz–Merkmal" $\mathcal{E} = Y - [a + bX]$

sich ggf. nach geeigneter "Bereinigung" als gleichsam "unsystematische Fehlervariable" interpretieren läßt. Wir haben dann:

(6.0.2) (1) $Y = a + b \cdot X + \mathcal{E}$ mit
$a,\ b \in \mathbb{R}$: Konstante, $\mathcal{E}$: Fehler–Term,

(2) $\mu_Y = a + b \cdot \mu_X + \mu_\mathcal{E}$ (summiere (1) über G; siehe (6.0.5)).

Der Fehler–Term $\mathcal{E}$ — resp. seine noch vorzunehmende "Bereinigung" — wird später genauer spezifiziert werden (siehe (6.1.1)).

Bemerkung

Der hier gemachte Vorschlag (6.0.2) mit (6.1.1) bewegt sich ganz im Rahmen der *konventionellen Stichprobentheorie* — ohne Verteilungsannahmen über die Y–Werte. Über den alternativen Vorschlag der *Super–Populationen* — wo Verteilungsannahmen über die Y–Werte eine entscheidende Rolle spielen — wird in 6.7 kurz berichtet. ■

Mit geeigneten Schätzfunktionen $\widehat{a}$, $\widehat{b}$, $\widehat{\mu}_\mathcal{E}$ (für die Koeffizienten $a,\ b$ und die mittlere Fehlergröße $\mu_\mathcal{E}$) ist folgende Schätzer–Konstruktion für $\mu = \mu_Y$ aufgrund von (6.0.2)(2) naheliegend:

(6.0.3) Schätzer mit Vorkenntnis:

$$\widehat{\mu} = \widehat{a} + \widehat{b} \cdot \mu_X + \widehat{\mu}_{\mathcal{E}} \qquad \text{mit der}$$

Restriktion: $\widehat{c} \equiv c$, falls c bekannt ist, $c \in \{a,\, b,\, \mu_{\mathcal{E}}\}$.

Verschiedene Koeffzienten- und Fehlergrößen-Schätzer führen nun zu verschiedenen Schätzern für μ . In Abschnitt 6.2 wird b *nicht* geschätzt sondern als bekannt — o.B.d.A. $b = 1$ — vorausgesetzt; Abschnitt 6.3 benutzt *(gewöhnliche) Kleinste-Quadrate*-Koeffizienten-Schätzer für a und b, die aus der (einfachen) Regressionstheorie bekannt sind, während in den Abschnitten 6.4 bis 6.6 im wesentlichen *(gewöhnliche) Kleinste-Quadrate*-Schätzer für b *unter der Voraussetzung* $a \equiv 0$ benutzt werden.

(6.0.4) Bemerkung
Wir betrachten in diesem Kapitel ausschließlich *einfache Zufalls-Stichproben*. Einige Aussagen sind sogar nur für Stichproben *mit Zurücklegen* formuliert. Dies geschieht auch aus beweistechnischen Gründen. Im Lichte von (9.6.1) sind die *asymptotischen Aussagen* (über die Geschwindigkeit, mit der "uninteressante Reste" gegen 0 gehen — verglichen mit Nullfolgen der Form $O(1/n^t)$ —) jedoch auch für *oZ*-Stichproben gültig! ■

Wir bedienen uns folgender — teilweise bereits eingeführter — Notationen für

$$\text{auf der Population} \quad G = \{u_1, \ldots, u_N\} \ ,$$
$$\text{auf der Stichprobe} \quad \mathsf{S} = (\mathsf{U}_1, \ldots, \mathsf{U}_n)$$

definierte Größen (siehe auch (1.3.15), (2.2.5) (und die dortige Bemerkung!), (1.3.25), (1.3.26)):

(6.0.5) $y_j = Y(u_j)\,,\ x_j = X(u_j) \neq 0\,,\ e_j = \mathcal{E}(u_j)\ ;$

$$\mu_X = \tfrac{1}{N} \cdot \textstyle\sum_{j=1}^N x_j = \mathrm{E}_{P_0}(X) \neq 0\ , \quad \mu_{\mathcal{E}} = \tfrac{1}{N} \cdot \sum_{j=1}^N e_j = \mathrm{E}_{P_0}(\mathcal{E})\ ;$$
$$\sigma_{XY} = (1/N) \cdot \textstyle\sum_j (x_j - \mu_X) \cdot (y_j - \mu_Y) = \mathrm{E}_{P_0}[(X - \mu_X) \cdot (Y - \mu_Y)]$$
$$= \sigma_{X,Y} = \mathrm{E}_{P_0}(X \cdot Y) - \mu_X \cdot \mu_Y = \mu_{X \cdot Y} - \mu_X \cdot \mu_Y\ ;$$
$$\sigma^*_{XY} = \tfrac{N}{N-1} \cdot \sigma_{XY}\ ; \quad \sigma^2_X = \sigma_{XX} > 0\ ; \quad \sigma^{*2}_X = \tfrac{N}{N-1}\sigma^2_X\ ; \quad \sigma^2_{\mathcal{E}} = \sigma_{\mathcal{E}\mathcal{E}}\ ;$$

(6.0.6) $X_i = X(\mathsf{U}_i)\ , \quad \mathcal{E}_i = \mathcal{E}(\mathsf{U}_i)\ ;$

$$\overline{X}\,,\ \overline{Y}\,,\ S^2_X\,,\ S^2_Y\ ;$$
$$S_{XY} = S_{X,Y} = \tfrac{1}{n} \textstyle\sum_{i=1}^n (X_i - \overline{X}) \cdot (Y_i - \overline{Y}) = \tfrac{1}{n} \sum_{i=1}^n X_i Y_i - \overline{X} \cdot \overline{Y}\ ,$$
$$S^*_{XY} = S^*_{X,Y} = \tfrac{n}{n-1} S_{XY}\ .$$

Analog zu der bereits in (2.4.8)(4) getroffenen Feststellung benötigen wir später

(6.0.7) Satz

$$\mathrm{E}(S^*_{XY}) = \frac{1-f^*}{1-f} \cdot \sigma_{XY} \quad \text{mit } f,\ f^* \ (2.4.5).$$

Beweis: Da $X_i \cdot Y_i$ verteilt ist wie $X \cdot Y$ (analog zu (2.1.4)(2), (2.2.4)(2)) und $X_i \cdot Y_j$ für $i \neq j$ verteilt ist wie (z.B.) $X_1 \cdot Y_2$, ist

$$\mathrm{E}\,(\overline{X} \cdot \overline{Y}) = \mathrm{E}\left(\frac{1}{n^2} \sum_{i,j} X_i \cdot Y_j\right) = \frac{1}{n^2} \cdot \left(\sum_i \mathrm{E}(X_i \cdot Y_i) + \sum_{i \neq j} \mathrm{E}(X_i \cdot Y_j)\right);$$

also ist (z.B.)

(6.0.8) $$\mathrm{E}(\overline{X} \cdot \overline{Y}) = \frac{1}{n}\,\mathrm{E}(X \cdot Y) + \frac{n-1}{n}\,\mathrm{E}(X_1 \cdot Y_2)\,.$$

Weiter ist — wie man schnell aus (6.0.6) ersieht —

$$\mathrm{E}(S^*_{X,Y}) = \frac{n}{n-1}\,\mathrm{E}(\overline{X \cdot Y} - \overline{X} \cdot \overline{Y}) = \frac{n}{n-1}(\mathrm{E}(X \cdot Y) - \mathrm{E}(\overline{X} \cdot \overline{Y}))\,.$$

Mit Gleichung (6.0.8) ergibt sich alsbald

(*) $$\mathrm{E}(S^*_{X,Y}) = \mathrm{E}(X \cdot Y) - \mathrm{E}(X_1 \cdot Y_2)\,.$$

Bei einer mZ-Stichprobe sind X_1 und Y_2 unabhängig (siehe auch (2.1.4)(3)), und wir erhalten in (*) auf der rechten Seite: $\mathrm{E}(X \cdot Y) - \mu_X \cdot \mu_Y = \sigma_{XY}$.

Bei einer oZ-Stichprobe ist wegen (2.2.8) die rechte Seite in (*) gleich
$\mathrm{E}(X \cdot Y) + \frac{1}{N-1}\mathrm{E}(X \cdot Y) - \frac{N}{N-1}\mu_X \cdot \mu_Y = \frac{N}{N-1}(\mathrm{E}(X \cdot Y) - \mu_X \cdot \mu_Y) = \frac{N}{N-1}\sigma_{XY}$.
Beachte nun noch (2.4.6). ■

Mit (6.0.8) (und (2.2.8) bei *oZ*-Stichproben) errechnet man wegen
$\sigma_{\overline{X},\overline{Y}} = \mathrm{E}(\overline{X} \cdot \overline{Y}) - \mu_X \cdot \mu_Y$ recht leicht

(6.0.9) $$\sigma_{\overline{X},\overline{Y}} = \frac{1}{n}(1 - f^*)\,\sigma_{X,Y} \quad (f^* : (2.4.5)).$$

Wir wenden uns nun der Frage zu, wie ggf. der Fehler–Term $\mathcal{E}$ in (6.0.2)(1) zu "bereinigen" ist und wie sich so "Zusammenhänge" zwischen den in der Population vorliegenden Werten y_j und x_j präzise "konstituieren" lassen.

6.1 Quasi–Strukturen und OLS–Schätzer

Wir wollen von einer *quasi–γ–heteroskedastischen* Struktur der (X, Y)–Werte auf G reden, wenn zwischen den — vermöge der Division durch X^γ — "bereinigten" Größen Y/X^γ und $X^{1-\gamma} = X/X^\gamma$ mit den Werten

$$\{(y_j/x_j^\gamma,\ x_j^{1-\gamma}) : j = 1, \ldots, N\}$$

ein "bester" linearer "empirischer" Zusammenhang konstituiert werden kann. Genauer (beachte auch zur Notation (6.0.5)):

(6.1.1) Definition

Es sei X ein weiteres Merkmal auf G mit $X(u) \neq 0$ für alle $u \in G$. Y heißt (auf G) bzgl. X **quasi–γ–heteroskedastisch** *strukturiert, wenn (mit a, $b \in \mathbb{R}$, ggf. $a = 0$ oder $b = 1$) folgende Darstellung möglich ist:*

(1) $Y = a + b \cdot X + \mathcal{E}$ resp. $y_j = a + b \cdot x_j + e_j$ resp.
$Y/X^\gamma = a/X^\gamma + b \cdot X^{1-\gamma} + \mathcal{E}/X^\gamma$ resp.
$y_j/x_j^\gamma = a/x_j^\gamma + b \cdot x_j^{1-\gamma} + e_j/x_j^\gamma$ mit

(2) $\mu_{\mathcal{E}/X^\gamma} = 0$ d.h. $\sum_{j=1}^N e_j/x_j^\gamma = 0$ (siehe auch (6.0.5)),

(3) $\sigma^2_{\mathcal{E}/X^\gamma} = \text{Min}\,!$ d.h. $\sum_{j=1}^N \left(\frac{e_j}{x_j^\gamma}\right)^2 \leq \sum_{j=1}^N \left[\frac{y_j - (\alpha + \beta \cdot x_j)}{x_j^\gamma}\right]^2$

für alle $\alpha, \beta \in \mathbb{R}$ mit $[\alpha = 0 \iff a = 0]$, $[\beta = 1 \iff b = 1]$.

Wir werden sogleich sehen, daß einige dieser Strukturen besonders naheliegend und sogar stets feststellbar/konstituierbar sind.

Quasi–γ–heteroskedastische Strukturen vererben sich in gewisser Weise auf die entsprechenden Stichprobenvariablen bei einer einfachen Zufalls–Stichprobe. Ist nämlich

$\mathsf{S} = (\mathsf{U}_1, \ldots, \mathsf{U}_n)$ eine einfache Zufalls–Stichprobe,

so gilt — u.a. wegen (2.1.4), (2.2.4) (nun mit $\mathcal{E}/X^\gamma$ statt Y) — mit den in (6.0.6) eingeführten Größen und den Konstanten $a, b \in \mathbb{R}$ aus (6.1.1):

(6.1.2) (1) $Y_i = a + bX_i + \mathcal{E}_i$ oder $\frac{Y_i}{X_i^\gamma} = \frac{a}{X_i^\gamma} + b\,\frac{X_i}{X_i^\gamma} + \frac{\mathcal{E}_i}{X_i^\gamma}$

(für $i = 1, \ldots, n$) mit

(2) $\mathrm{E}(\mathcal{E}_i/X_i^\gamma) = 0$, $\mathrm{Var}\,(\mathcal{E}_i/X_i^\gamma) = \mathrm{Var}\,(\mathcal{E}/X^\gamma)$;

(3) für $i \neq j$ ist

$$\mathrm{E}\left(\frac{\mathcal{E}_i}{X_i^\gamma} \cdot \frac{\mathcal{E}_j}{X_j^\gamma}\right) = \begin{cases} 0 & \text{falls } \mathsf{S} \text{ eine } mZ\text{–Stichprobe ist,} \\ -\dfrac{\mathrm{Var}\,(\mathcal{E}/X^\gamma)}{N-1} & \text{falls } \mathsf{S} \text{ eine } oZ\text{–Stichprobe ist.} \end{cases}$$

Aus (6.1.2) ergeben sich sofort für die (i.a. unbekannten) Parameter a, b die folgenden *gewöhnlichen Kleinste–Quadrate–Schätzer*, kurz: **OLS–Schätzer** (Ordinary Least Squares), die definiert sind als

(6.1.3) $\widehat{a}\,,\ \widehat{b}$ **: Lösung der Aufgabe**

$$\sum_{i=1}^{n} (\mathcal{E}_i / X_i^\gamma)^2 = \text{Min !} \quad \text{d.h.} \quad \sum_{i=1}^{n} \left[\frac{Y_i - (\widehat{a} + \widehat{b} \cdot X_i)}{X_i^\gamma} \right]^2 = \text{Min !}$$

(mit Restriktion (6.0.3)).

(6.1.4) Bemerkung

Man kann zeigen, daß — mit der in (6.1.2) gegebenen Varianz–Covarianz–Struktur bei *oZ*–Stichproben — $\widehat{a}\,,\ \widehat{b}$ (6.1.3) sogar sogenannte *verallgemeinerte* Kleinste–Quadrate–Schätzer — kurz: **GLS–Schätzer** (mit G für "generalized") — sind (und damit "beste" Schätzer auch im Fall von *oZ*–Stichproben, wo die Covarianzen (6.1.2)(3) *nicht* verschwinden), sofern $a \neq 0$ ist (siehe GOLLNICK/THIEL (1980), S. 152 ff). (Der mit GLS–Schätzern nicht vertraute Leser mag sich in der Literatur über *Lineare Regression* — etwa POKROPP (1994) — kurz informieren.) Im Fall $a = 0$ sind GLS–Schätzer (für *oZ*–Stichproben) und OLS–Schätzer (für *mZ*–Stichproben) unterschiedlich (siehe z.B. POKROPP (1989), (3.3) S. 171). Dieser Fall wird hier jedoch nur bei den in (6.1.9) und (6.1.11) behandelten Strukturen mit $a = 0,\ \gamma \neq 1$ auftreten; denn im Fall $a = 0$ und $\gamma = 1$ in (6.1.2)(1) übernimmt offenbar $b \neq 0$ die Rolle von a . Wir betrachten daher im folgenden ausschließlich die OLS–Schätzer (6.1.3), zumal vor allem sie ***auch bei oZ–Stichproben*** in der Praxis angewandt werden. ∎

Wir wollen nun einige besonders wichtige Strukturen mit den *zugehörigen* OLS–*Schätzern* betrachten. Dabei werden nur die Werte $0\,,\ \frac{1}{2}\,, 1$ für γ vorkommen.

Differenzen–Struktur: $\gamma = 0\,,\ b = 1$

Setze $\gamma = 0$. Ferner sei b bekannt. Setze dann o.B.d.A. $b = 1$ (man betrachte dann $X_{\text{neu}} = b{\cdot}X$ als neue Vorkenntnis–Variable). Die Aufgabe $\sum_{j=1}^{N} ([y_j - x_j] - a)^2 =$ Min ! (siehe (6.1.1)(3)) hat (offenkundig: differenziere nach a, setze die Ableitung $= 0$) die Lösung

(6.1.5) (1) $a = \mu_Y - \mu_X$, also

(2) $Y = (\mu_Y - \mu_X) + X + \mathcal{E}$ mit $\mu_{\mathcal{E}} = 0$.

Auch für den OLS–Schätzer $\widehat{a}$ gem. (6.1.3) findet man sogleich

(6.1.6) $\widehat{a} = \overline{Y} - \overline{X}$.

Wenn man in einer Datenmenge $\{(x_j\,, y_j) \ :\ j = 1, \ldots, N\}$ nur noch die unbekannte Konstante a an die Daten $\{y_j - x_j \ :\ j = 1, \ldots, N\}$ "anpassen" muß (gem. (6.1.1)), ist dies offenbar stets möglich.

Regressions–Struktur: $\gamma = 0$

Setze $\gamma = 0$. Aus der Theorie der empirischen Regression ist bekannt (siehe z.B. POKROPP (1990), S.61 ff), daß (6.1.1)(2),(3) erfüllt sind mit

(6.1.7) (1) $a = \mu_Y - b \cdot \mu_X \, , \; b = \sigma_{XY}/\sigma_X^2$, also

$$(2) \; Y = \left(\mu_Y - \frac{\sigma_{XY}}{\sigma_X^2} \cdot \mu_X\right) + \frac{\sigma_{XY}}{\sigma_X^2} \cdot X + \mathcal{E} \quad \text{mit } \mu_{\mathcal{E}} = 0 \, .$$

Natürlich ergibt sich analog für die OLS–Schätzer (6.1.3):

(6.1.8) $\widehat{a} = \overline{Y} - \widehat{b} \cdot \overline{X} \, , \quad \widehat{b} = \dfrac{S_{XY}}{S_X^2}$ für $S_X^2 \neq 0$ (setze $\widehat{b} = 0$ für $S_X^2 = 0$).

(Da der Fall $S_X^2 = 0$ nur mit Wahrscheinlichkeit $O(1/n^\infty)$ auftritt — siehe (9.6.2)(2) —, wird er in den weiteren *approximativen* Berechnungen keine Rolle spielen.) Man ersieht aus der Herleitung von (6.1.7), daß man offenbar für *jede* Datenmenge $\{(x_j \, , y_j) \; : \; j = 1, \ldots, N\}$ eine solche (*allgemeine*) *Regressions–Struktur* konstituieren kann! (Wie "gut" eine solche Struktur ist, bleibt dabei freilich offen und hängt natürlich von der Datenmenge ab.)

Homogene Regressions–Struktur: $\gamma = 0 \, , \; a = 0$

Setze $\gamma = 0$ und nun auch $a = 0$.

Bemerkung
Die bei der Untersuchung weiterer Strukturen stets gemachte Voraussetzung $a = 0$ bedeutet aufgrund von (6.1.1)(1), daß — wenn man vom Fehler–Term $\mathcal{E}$ absieht — nur noch die das "Verhältnis" von Y zu X bestimmende Konstante b für die Strukurierung zur Verfügung steht. Alle von nun an betrachteten Strukturen sind in diesem Sinne **(allgemeine) Verhältnis–Strukturen**. ■

Nun führt — wie man leicht bestätigt — (6.1.1)(3) zur Bedingung

$$b = (\textstyle\sum_j x_j y_j)/(\sum_j x_j^2) \; ;$$

da weiter (6.1.1)(2) offenkundig $b = \mu_Y/\mu_X$ bedeutet, haben wir

(6.1.9) (1) $\mu_Y/\mu_X = b = \dfrac{\sum_j x_j y_j}{\sum_j x_j^2} = \dfrac{\sigma_{XY} + \mu_X \cdot \mu_Y}{\sigma_X^2 + \mu_X^2}$, also

(2) $Y = \dfrac{\sigma_{XY} + \mu_X \cdot \mu_Y}{\sigma_X^2 + \mu_X^2} \cdot X + \mathcal{E} \quad \text{mit } \mu_{\mathcal{E}} = 0 .$

(3) Bemerke: mit $\sigma_{X,Y} = b\,\sigma_X^2 + \sigma_{X,\mathcal{E}}$ und $\mu_Y - b\,\mu_X = 0$ haben wir

$$\begin{aligned}\mu_{\mathcal{E}} &= \mu_Y - \frac{\sigma_{XY} + \mu_X\mu_Y}{\sigma_X^2 + \mu_X^2} \cdot \mu_X = \frac{\mu_Y\sigma_X^2 - \mu_X\sigma_{XY}}{\sigma_X^2 + \mu_X^2} \\ &= \frac{\mu_Y\sigma_X^2 - \mu_X[b\sigma_X^2 + \sigma_{X\mathcal{E}}]}{\sigma_X^2 + \mu_X^2} = \frac{\sigma_{X,\mathcal{E}}}{\sigma_X^2 + \mu_X^2} . \\ \mu_{\mathcal{E}} &= 0 \iff \frac{\mu_Y}{\mu_X} = \frac{\sigma_{X,Y}}{\sigma_X^2} \iff \sigma_{X\mathcal{E}} = 0 .\end{aligned}$$

Anders als die (allgemeine) Regressions–Struktur läßt sich die *homogene Regressions–Struktur* (6.1.9) *nicht* für beliebige (X, Y)–Daten konstituieren; denn die in (6.1.9)(1) enthaltene

Bedingung: $\mu_Y/\mu_X = [\sigma_{XY} + \mu_X \cdot \mu_Y]/[\sigma_X^2 + \mu_X^2]$

wird ja keineswegs von beliebigen (X, Y)–Daten erfüllt.

Ganz ähnlich wie in (6.1.9)(1) erhält man sofort für den OLS–Schätzer (6.1.3) (mit $a = 0$):

(6.1.10) $\hat{b} = \dfrac{\sum_{i=1}^n X_i Y_i}{\sum_{i=1}^n X_i^2} = \dfrac{S_{XY} + \overline{X} \cdot \overline{Y}}{S_X^2 + \overline{X}^2} = \dfrac{\overline{X \cdot Y}}{\overline{X^2}} .$

(Bemerke: $S_X^2 + \overline{X}^2 > 0$; siehe (6.0.5).)

(Gewöhnliche) Verhältnis–Struktur: $\gamma = 0.5$, $a = 0$

Setze für die *(gewöhnliche) Verhältnis–Struktur* $\gamma = 1/2$ und weiterhin $a = 0$. Dann ist wegen (6.1.1)(2) zunächst $\mu_{Y/\sqrt{X}} = b \cdot \mu_{\sqrt{X}}$. Die Bedingung (6.1.1)(3) bedeutet aber

$$\sum_j \left(\frac{y_j}{\sqrt{x_j}} - b \cdot \sqrt{x_j}\right)^2 = \text{Min !}, \quad \text{also} \quad \sum_j \sqrt{x_j} \cdot \left(\frac{y_j}{\sqrt{x_j}} - b\sqrt{x_j}\right) = 0 \quad \text{oder}$$

$b = \mu_Y/\mu_X$ (aus (6.1.1)(3)). Wir haben also

(6.1.11) (1) $\dfrac{\mu_{Y/\sqrt{X}}}{\mu_{\sqrt{X}}} = b = \mu_Y/\mu_X$, also

(2) $Y = \dfrac{\mu_{Y/\sqrt{X}}}{\mu_{\sqrt{X}}} \cdot X + \mathcal{E} \quad \text{mit } \mu_{\mathcal{E}} = 0 .$

Wiederum gilt, daß diese (spezielle) Verhältnis–Struktur nur dann für eine (X, Y)–Datenmenge konstituierbar ist, wenn die in (6.1.11) enthaltene

$$\textbf{Bedingung}: \quad \frac{\mu_{Y/\sqrt{X}}}{\mu_{\sqrt{X}}} = \mu_Y/\mu_X$$

erfüllt ist.

Analog zur Herleitung von b aus (6.1.1)(3) (!!) findet man schnell für den OLS–Schätzer (6.1.3) (mit $a = 0$ und $\gamma = 1/2$):

(6.1.12) $\widehat{b} = \dfrac{\overline{Y}}{\overline{X}}$ falls $\overline{X} \neq 0$ (setze $\widehat{b} = 0$ für $\overline{X} = 0$).

(Da der Fall $\overline{X} = 0$ nur mit Wahrscheinlichkeit $O(1/n^\infty)$ auftritt — siehe (9.6.2)(1) —, wird er in den weiteren *approximativen* Berechnungen keine Rolle spielen.)

Hartley–Ross–Struktur: $\gamma = 1$, $a = 0$

Setze nun $\gamma = 1$ und weiterhin $a = 0$. Dann lautet die Bedingung (6.1.1)(3): $\sum_j (y_j/x_j - b)^2 = \text{Min}\,!$ oder $\sum_j (y_j/x_j - b) = 0$ oder $b = \mu_{Y/X}$. Das aber ist offenkundig identisch mit der Bedingung (6.1.1)(2). Wir haben daher *keine* weitere Bedingung für $\mu_\mathcal{E}$. Wir betrachten deshalb die beiden folgenden Strukturen:

(6.1.13) (1) $b = \mu_{Y/X}$, also

(2) $Y = \mu_{[Y/X]} \cdot X + \mathcal{E}$ mit

(3) $\mu_\mathcal{E} = \mu_Y - \mu_{[Y/X]} \cdot \mu_X = \mu_{[Y/X] \cdot X} - \mu_{[Y/X]} \cdot \mu_X = \text{Cov}([Y/X], X)$:

(4) **Hartley–Ross–Struktur** : $\mu_\mathcal{E}$ ist unbekannt,

(5) **modifizierte Hartley–Ross–Struktur** : $\mu_\mathcal{E} = 0$.

Bedingung: $\text{Cov}([Y/X], X) = 0$.

Offenbar läßt sich eine Hartley–Ross–Struktur (6.1.13)(4) für jede (X, Y)–Datenmenge konstituieren — wie "gut" oder "schlecht" auch immer.

Für den OLS–Schätzer (6.1.3) erhält man (analog zu b in (6.1.13)) sogleich

(6.1.14) $\widehat{b} = \frac{1}{n}\sum_i Y_i/X_i = \overline{Y/X}\,,$ offenbar mit $\mathrm{E}(\widehat{b}) = b$ (siehe (6.1.13)).

Im Falle (6.1.13)(1) werden wir noch eine Schätzung für $\mu_{\mathcal{E}}$ benötigen. Betrachte dazu vorübergehend die Zufallsvariable

$Z = Y/X$ mit $\mu_Z = b$;

Stichprobenvariable $Z_i = Y_i/X_i$ mit $\overline{Z} = \widehat{b}$, $\mathrm{E}(\widehat{b}) = \mathrm{E}(\overline{Z}) = b$.

Mit Hilfe von (6.0.8) und $Y = Z \cdot X$ findet man zunächst (z.B.)

$$\mathrm{E}(\widehat{b}\cdot\overline{X}) = \tfrac{1}{n}\,\mu_Y + \tfrac{n-1}{n}\,\mathrm{E}(Z_1 \cdot X_2).$$

Daraus folgt mit Hilfe von (2.2.8) für *oZ*-Stichproben und Unabhängigkeit von Z_1 und X_2 bei *mZ*-Stichproben

$$\mathrm{E}(\widehat{b}\cdot\overline{X}) = \begin{cases} \tfrac{1}{n}\,\mu_Y + \tfrac{n-1}{n}\,b\mu_X & \text{für } mZ\text{-Stichproben,} \\ \tfrac{1}{n}\,\mu_Y + \tfrac{n-1}{n}[\tfrac{N}{N-1}\,b\,\mu_X - \tfrac{1}{N-1}\mu_Y] & \text{für } oZ\text{-Stichproben.} \end{cases}$$

Hieraus ergibt sich — mit $\mu_{\mathcal{E}} = \mu_Y - b\cdot\mu_X$ — nach wenigen elementaren Umformungen

(6.1.15) $$\mathrm{E}(\overline{Y} - \widehat{b}\cdot\overline{X}) = \begin{cases} \tfrac{n-1}{n}\,\mu_{\mathcal{E}} & \text{für } mZ\text{-Stichproben,} \\ \tfrac{n-1}{n}\cdot\tfrac{N}{N-1}\,\mu_{\mathcal{E}} & \text{für } oZ\text{-Stichproben,} \end{cases}$$

so daß folgender unverzerrter Schätzer für $\mu_{\mathcal{E}}$ zur Verfügung steht:

(6.1.16) $$\widehat{\mu}_{\mathcal{E}} = \frac{n-f}{n-1}\cdot(\overline{Y} - \widehat{b}\,\overline{X}) \quad \text{mit}$$

$$\mathrm{E}(\widehat{\mu}_{\mathcal{E}}) = \mu_{\mathcal{E}} = \mu_Y - \mu_{[Y/X]}\cdot\mu_X \quad \text{(siehe (6.1.13)) und}$$

$$f = \begin{cases} 0 & \text{für } mZ\text{-Stichproben} \\ n/N & \text{für } oZ\text{-Stichproben} \end{cases} \quad \text{(siehe (2.4.5)).}$$

Bemerkung zum Problem der Strukturerkennung :

Die Frage, welche der hier vorgestellten Strukturen in einer aktuell vorliegenden Population von den (X, Y)-Werten erfüllt wird, läßt sich wohl nur aufgrund sehr überzeugender “inhaltlicher” Überlegungen zum Charakter von X und Y oder — methodisch näher liegend — aufgrund von Streudiagrammen von (X, Y)-Stichproben entscheiden (siehe **Beispiel** (6.6.5) und vor allem (6.6.6), wo auch neueste Untersuchungen zur Struktur–Erkennung erwähnt sind). ■

6.2 Differenzen–Schätzer

Im folgenden betrachten wir die Differenzen–Struktur (6.1.5). Aufgrund von (6.1.6) erhalten wir für (6.0.3) den

(6.2.1) Differenzen–Schätzer

$$\widehat{\mu}_{\text{Dif}} = \overline{Y} - (\overline{X} - \mu_X) \, .$$

(6.2.2) Satz
Für $\widehat{\mu}_{\text{Dif}}$ (6.2.1) *gilt (mit* f, f^* (2.4.5)*):*

(1) $\mathrm{E}(\widehat{\mu}_{\text{Dif}}) = \mu$;

(2) $\operatorname{Var} \widehat{\mu}_{\text{Dif}} = (1 - f^*) \cdot \frac{1}{n} (\sigma_Y^2 + \sigma_X^2 - 2\,\sigma_{XY}) = (1 - f^*) \cdot \frac{1}{n} \operatorname{Var}(Y - X)$;

(3) $\widehat{\operatorname{Var}}\, \widehat{\mu}_{\text{Dif}} = (1 - f) \cdot \frac{1}{n-1} (S_Y^2 + S_X^2 - 2\,S_{XY})$ *ist unverzerrt für* $\operatorname{Var} \widehat{\mu}_{\text{Dif}}$.

Beweis:

(1) folgt aus (2.4.8)(1), angewandt *auch* auf $\overline{X}$;

(2) folgt aus (2.4.8)(2) — angewandt *auch* auf $\overline{X}$ — und aus (6.0.9);

(3) folgt aus (2.4.8)(3) — angewandt *auch* auf $\overline{X}$ — (unter Beachtung von (2.4.8)(4) sowie (6.0.7). ∎

Als **Beispiel** betrachte (6.6.5).

(6.2.3) Bemerkung (zum Varianzvergleich)
Offenbar ist wegen (2.4.8)(2) und (6.2.2)(2) genau dann $\operatorname{Var} \widehat{\mu}_{\text{Dif}} < \operatorname{Var} \overline{Y}$, wenn $\operatorname{Var} \mathcal{E} < \operatorname{Var} Y$ in (6.1.5) ist, die Differenzen-Struktur also "gut" ist. Dies ist genau dann der Fall, wenn $\sigma_X^2 - 2\,\sigma_{XY} < 0$ ist. Wegen (6.1.5)(2) ist $\sigma_{X,Y} = \sigma_X^2 + \sigma_{X,\mathcal{E}}$ und daher

$\sigma_X^2 - 2\,\sigma_{XY} = -(\sigma_X^2 + 2\,\sigma_{X,\mathcal{E}})$. *Wenn* nun die ("natürliche") Annahme

(*) $\sigma_{X,\mathcal{E}} = 0$

erfüllt ist, gilt tatsächlich $\sigma_X^2 - 2\,\sigma_{XY} < 0$, also $\operatorname{Var} \widehat{\mu}_{\text{Dif}} < \operatorname{Var} \overline{Y}$. ∎

6.3 Regressions–Schätzer

In der Praxis wird die für die Anwendung des Differenzen-Schätzers (6.2.1) notwendige Kenntnis von b (=1 o.B.d.A. in (6.1.5)(2)) i.d.R. nicht vorhanden sein. Wir unterstellen daher jetzt die in (6.1.7)(2) mitgeteilte Regressions-Struktur, so daß nun die beiden Koeffizienten a und b (6.1.7)(1) aus der Stichprobe geschätzt werden müssen. Mit (6.1.8) erhalten wir für (6.0.3) den

(6.3.1) Regressions–Schätzer

$$\widehat{\mu}_{\mathbf{Reg}} = \begin{cases} \overline{Y} - \dfrac{S_{XY}}{S_X^2} \cdot (\overline{X} - \mu_X) & \text{falls } S_X^2 \neq 0 \\ \overline{Y} & \text{falls } S_X^2 = 0 \end{cases} .$$

(6.3.2) Satz
Für $\widehat{\mu}_{\mathbf{Reg}}$ (6.3.1) *gilt (mit* f, f^* (2.4.5)*):*

(1) $\mathrm{E}(\widehat{\mu}_{\mathbf{Reg}}) = \mu + \mathrm{O}(1/n)$;

(2) $\mathrm{Var}\ \widehat{\mu}_{\mathbf{Reg}} = (1 - f^*) \cdot \dfrac{1}{n} \cdot (\sigma_Y^2 - \sigma_{X,Y}^2/\sigma_X^2) + \mathrm{O}(n^{-3/2})$;

(3) $\widehat{\mathrm{Var}}\ \widehat{\mu}_{\mathbf{Reg}} = (1 - f) \cdot \dfrac{1}{n-1} \cdot (S_Y^2 - S_{X,Y}^2/S_X^2)$ *ist approximativ unverzerrt für*

$\mathrm{Var}\ \widehat{\mu}_{\mathbf{Reg}}$ *:* $\mathrm{E}(\widehat{\mathrm{Var}}\ \widehat{\mu}_{\mathbf{Reg}}) = \mathrm{Var}\ \widehat{\mu}_{\mathbf{Reg}} + \mathrm{O}(n^{-3/2})$.

Beweis (Skizze): Wir folgen im wesentlichen den Beweisideen von STENGER (1971), S.108ff.

(1) Betrachte die Funktion

$$H(a, b, c, d) = \begin{cases} a - \dfrac{c - ab}{d - b^2} \cdot (b - \mu_X) & \text{für } d - b^2 \neq 0 , \\ a & \text{für } d - b^2 = 0 . \end{cases}$$

Man prüft leicht nach (u.a. mit $\overline{X \cdot Y} = S_{XY} + \overline{X} \cdot \overline{Y}$, $\overline{X^2} = S_X^2 + \overline{X}^2$) :

$$\widehat{\mu}_{\mathbf{Reg}} = H(\overline{Y}, \overline{X}, S_{XY} + \overline{X} \cdot \overline{Y}, S_X^2 + \overline{X}^2) .$$

Wegen $P(S_X^2 = 0) = \mathrm{O}(1/n^\infty)$ (gem. (9.6.2)(2)) brauchen wir uns nur für den zu $d - b^2 \neq 0$ gehörenden "Ast" von H zu interessieren. (9.6.8)(4) liefert alsbald (mit $H(\mu_Y, \mu_X, c, d) = \mu_Y = \mu$) die Behauptung.

(2) Wir betrachten — um (9.6.8)(2) anzuwenden — die partiellen ersten Ableitungen von H an der Stelle $(\mu_Y, \mu_X, \mathrm{E}(X \cdot Y), \mathrm{E}(X^2))$. Man erhält

$H_a = 1$, $H_b = -\sigma_{XY}/\sigma_X^2$, $H_c = 0$, $H_d = 0$, also mit (9.6.8)(2):

$$\mathrm{Var}\ \widehat{\mu}_{\mathbf{Reg}} = \mathrm{Var}\ \overline{Y} + (-\frac{\sigma_{XY}}{\sigma_X^2})^2 \cdot \mathrm{Var}\ \overline{X} + 2(-\frac{\sigma_{XY}}{\sigma_X^2}) \cdot \mathrm{Cov}(\overline{X}, \overline{Y}) + \mathrm{O}(n^{-3/2}) .$$

Hieraus folgt nun die Behauptung mit (9.6.9).

(3) Betrachte die Funktion

$$H^*(a, b, c, d, e) = (a - b^2) - \frac{(c - b\,d)^2}{e - d^2} \quad \text{für } e - d^2 \neq 0 .$$

Man findet leicht:

$$H^*(\overline{Y^2}, \overline{Y}, \overline{X \cdot Y}, \overline{X}, \overline{X^2}) = \frac{(n-1)}{1-f} \cdot \widehat{\mathrm{Var}}\ \widehat{\mu}_{\mathbf{Reg}} .$$

(Da der Fall $S_X^2 = 0 = \overline{X^2} - \overline{X}^2$ nur mit Wahrscheinlichkeit $O(1/n^\infty)$ auftritt, brauchen wir nur den Fall $e - d^2 \neq 0$ in H^* zu betrachten.) An der Stelle $(\mu_{(Y^2)}, \mu_Y, \mu_{X \cdot Y}, \mu_X, \mu_{(X^2)})$ hat H^* den Wert $\sigma_Y^2 - \sigma_{XY}/\sigma_X^2$. Die Behauptung ergibt sich nun bald aus (9.6.8)(4) — unter Berücksichtigung der folgenden Bemerkung (6.3.3). (Beachte noch (9.5.1).) ■

(6.3.3) Bemerkung

Natürlich ist — ebenso wie $\frac{1}{n^2}$ — auch $\frac{1}{n(n-1)} = \frac{1}{n^2} \cdot \frac{n}{n-1} = O(1/n^2)$. Also ist $c \cdot \left(\frac{1}{n-1} - \frac{1}{n}\right) = O(1/n^2)$. Man vergewissert sich ebenso: $\frac{1-f}{n-1} - \frac{1-f^*}{n} = O(1/n^2)$ und auch (wegen $n < N$) $\frac{1-f}{n} - \frac{1-f^*}{n} = O(1/n^2)$. Wir hätten in $\widehat{\text{Var}}\ \widehat{\mu}_{\text{Reg}}$ daher auch den Faktor $(1 - f^*)/n$ oder gar $(1 - f)/n$ statt $(1 - f)/(n - 1)$ verwenden können. Dasselbe gilt für die im weiteren Verlauf dieses Kapitels behandelten approximativ unverzerrten Varianz–Schätzer. ■

Als **Beispiel** betrachte (6.6.5).

(6.3.4) Bemerkung (zum Varinzvergleich)

Wegen $-\sigma_{X,Y}^2/\sigma_X^2 \leq 0$ ist stets der Hauptteil von Var $\widehat{\mu}_{\text{Reg}}$ (ohne den Term $O(n^{-3/2})$) *kleiner als oder gleich* Var $\overline{Y}$. ■

6.4 Homogener Regressions–Schätzer

In vielen Anwendungen weiß man, daß in (6.0.2)(1) vernünftigerweise $a = 0$ unterstellt werden kann/muß. (Betrachte (6.0.2)(1) für die Beispiele (4.3.4)). Für diese allgemeine Verhältnis–Struktur ist die einfachste Annahme die, daß die homogene Regressions–Struktur (6.1.9) vorliegt. Gegeben sei also (6.1.9). Mit (6.1.10) erhalten wir für (6.0.3) den

(6.4.1) Homogenen Regressions–Schätzer

$$\widehat{\mu}_{\text{HReg}} = \frac{\overline{X \cdot Y}}{\overline{X^2}} \cdot \mu_X = \frac{\overline{X} \cdot \overline{Y} + S_{XY}}{\overline{X}^2 + S_X^2} \cdot \mu_X .$$

(Bei *oZ*–Stichproben erhält man den — hier nicht weiter untersuchten — GLS–Schätzer, indem man in (6.4.1) für $S_{X,Y}$ bzw. S_X^2 den Ausdruck $(1 - f)\, S_{X,Y}$ bzw. $(1 - f)\, S_X^2$ einsetzt.)

Wir betrachten im weiteren Verlauf *zur beweistechnischen Vereinfachung* nur den Fall:

(6.4.2) $\mathsf{S} = (\mathsf{U}_1, \ldots, \mathsf{U}_n)$ ist eine einfache *mZ*-Stichprobe.

(6.4.3) Satz
Für $\widehat{\mu}_{\mathbf{HReg}}$ (6.4.1) *unter der Annahme* (6.4.2) *gilt:*

(1) $\mathrm{E}(\widehat{\mu}_{\mathbf{HReg}}) = \mu \quad - \quad \dfrac{\mu_Y\,\sigma_X^2 - \mu_X\,\sigma_{XY}}{\sigma_X^2 + \mu_X^2} \quad + \quad \mathrm{O}(1/n)\ ;$

(2) $\mathrm{Var}\ \widehat{\mu}_{\mathbf{HReg}} \quad = \quad \dfrac{1}{n}\left(\dfrac{\mu_X}{\mu_{X^2}}\right)^2 \cdot \left[\sigma_{X\cdot Y}^2 + \left(\dfrac{\mu_{X\cdot Y}}{\mu_{X^2}}\right)^2 \sigma_{X^2}^2 - 2\,\dfrac{\mu_{X\cdot Y}}{\mu_{X^2}}\sigma_{X^2,\,X\cdot Y}\right]$

$\qquad + \quad \mathrm{O}(1/n^{-3/2})\ ;$

(3) $\widehat{\mathrm{Var}}\ \widehat{\mu}_{\mathbf{HReg}} = \dfrac{1}{n-1}\left(\dfrac{\overline{X}}{\overline{X^2}}\right)^2 \left[S_{X\cdot Y}^2 + \left(\dfrac{\overline{X\cdot Y}}{\overline{X^2}}\right)^2 S_{X^2}^2 - 2\dfrac{\overline{X\cdot Y}}{\overline{X^2}} S_{X\cdot Y,\,X^2}\right]$

ist approximativ unverzerrt für Var $\widehat{\mu}_{\mathbf{HReg}}$ *:*

$$\mathrm{E}(\widehat{\mathrm{Var}}\ \widehat{\mu}_{\mathbf{HReg}}) = \mathrm{Var}\ \widehat{\mu}_{\mathbf{HReg}} + \mathrm{O}(1/n^{-3/2})\ .$$

Bemerkung
Die in (6.4.3) gemachten Aussagen über $\widehat{\mu}_{\mathbf{HReg}}$ (6.4.1) gelten unabhängig davon, ob (6.1.9)(1),(2) zutrifft, d.h. ob eine homogene Regressions-Struktur vorliegt. *Wenn* aber tatsächlich (6.1.9)(1),(2) gilt, so ist — wie man (6.1.9)(3) sofort entnimmt — $\widehat{\mu}_{\mathbf{HReg}}$ sogar asymptotisch unverzerrt. ■

Beweis (Skizze):

(1) Betrachte die Funktion

$$H(a,\ b) = \mu_X \cdot a/b \quad \text{für } b \neq 0\ .$$

Dann ist $\widehat{\mu}_{\mathbf{HReg}} = H(\overline{X\cdot Y},\ \overline{X^2})$. Anwendung von (9.6.8)(4) ergibt

$$\mathrm{E}(\widehat{\mu}_{\mathbf{HReg}}) = \frac{\mu_{X\cdot Y}}{\mu_{X^2}} \cdot \mu_X \ + \ \mathrm{O}(1/n)\ .$$

Es ist aber $\dfrac{\mu_{X\cdot Y}}{\mu_{X^2}} \cdot \mu_X = \mu \ + \ \left(\dfrac{\mu_{X\cdot Y}}{\mu_{X^2}} \cdot \mu_X - \mu_Y\right)$ und

$$\frac{\mu_{X\cdot Y}}{\mu_{X^2}} \cdot \mu_X - \mu_Y = (1/\mu_{X^2}) \cdot (\mu_X \cdot \sigma_{XY} + \mu_X \cdot \mu_X\mu_Y - \mu_Y \cdot [\sigma_X^2 + \mu_X^2])\ ,$$

und die Behauptung folgt.

(2) Man wende (9.6.8)(2) an.

(3) Betrachte die Funktion

$$H^*(a,\ b,\ c,\ d,\ e,\ f,\ g) = \left(\frac{g}{a}\right)^2 \left[(b - cd) + \left(\frac{b}{a}\right)^2 (e - a^2) - 2\left(\frac{b}{a}\right)(f - ba)\right]$$

mit $H^*(\overline{X^2},\ \overline{X\cdot Y},\ \overline{X},\ \overline{Y},\ \overline{X^4},\ \overline{X^3\cdot Y},\ \overline{X}) = (n-1)\cdot \widehat{\mathrm{Var}}\ \widehat{\mu}_{\mathbf{HReg}}$. Verfahre nun analog zum Beweis von von (6.3.2)(3). ■

Als **Beispiel** betrachte (6.6.5).

6.5 (Gewöhnlicher) Verhältnis–Schätzer

Der Schätzer $\widehat{b} = \overline{Y}/\overline{X}$ (6.1.12) besticht durch seine Einfachheit, wenngleich die zugrunde liegende Struktur (6.1.11) eher "kompliziert" und intuitiv nicht naheliegend ist. Um jedoch $\widehat{b}$ (6.1.12) als OLS–Schätzer zu erhalten, unterstellen wir nun, daß die *gewöhnliche* Verhältnis–Struktur (6.1.11) vorliegt. Für den Schätzer (6.0.3) erhält man dann aus (6.1.12) den

(6.5.1) (gewöhnlichen) Verhältnis–Schätzer

$$\widehat{\mu}_V = \begin{cases} (\overline{Y}/\overline{X}) \cdot \mu_X & \text{falls } \overline{X} \neq 0\,, \\ \overline{Y} & \text{sonst.} \end{cases}$$

(Bei *oZ*–Stichproben erhält man den — hier nicht weiter untersuchten — GLS–Schätzer, indem man in (6.5.1) $\overline{Y}$ durch $\overline{Y} - f \cdot S_{\sqrt{X},[Y/\sqrt{X}]}$ und $\overline{X}$ durch $\overline{X} - f \cdot S^2_{\sqrt{X}}$ ersetzt.)

Bemerkung
In der Praxis ist $\widehat{\mu}_V$ (6.5.1) sowohl bei *mZ*– als auch bei *oZ*–Stichproben ein viel gebrauchter Schätzer. Wir betrachten daher *auch für oZ–Stichproben* diesen OLS–Schätzer $\widehat{\mu}_V$. ■

(6.5.2) Satz
Für $\widehat{\mu}_V$ gilt (mit f, f^* (2.4.5)):

(1) $$\mathrm{E}(\widehat{\mu}_V) = \mu + \frac{1}{n} \cdot \left(\mu \frac{\sigma_X^2}{\mu_X^2} - \frac{\sigma_{XY}}{\mu_X}\right) + \mathrm{O}(n^{-3/2}) = \mu + \mathrm{O}(1/n)\,;$$

(2) $$\begin{aligned} \mathrm{Var}\,\widehat{\mu}_V &= (1-f^*)\frac{1}{n} \cdot \left(\sigma_Y^2 + \frac{\mu^2}{\mu_X^2}\sigma_X^2 - 2\frac{\mu}{\mu_X}\sigma_{XY}\right) + \mathrm{O}(n^{-3/2}) \\ &= (1-f^*)\frac{1}{n} \cdot \mathrm{Var}\left(Y - [\mu/\mu_X] \cdot X\right) + \mathrm{O}(n^{-3/2})\,; \end{aligned}$$

(3) $$\widehat{\mathrm{Var}}\,\widehat{\mu}_V = (1-f)\frac{1}{n-1} \cdot \left(S_Y^2 + \frac{\overline{Y}^2}{\overline{X}^2} S_X^2 - 2\frac{\overline{Y}}{\overline{X}} S_{XY}\right)$$ *ist approximativ*

unverzerrt für $\mathrm{Var}\,\widehat{\mu}_V$: $\quad \mathrm{E}(\widehat{\mathrm{Var}}\,\widehat{\mu}_V) = \mathrm{Var}\,\widehat{\mu}_V + \mathrm{O}(n^{-3/2})$.

(6.5.3) Bemerkung (zum Varianzvergleich)
Offenbar ist in (6.5.2)(2) der Hauptterm von Var $\widehat{\mu}_V$ (ohne $O(n^{-3/2})$) genau dann *kleiner gleich* Var $\overline{Y}$, wenn Var $(Y - [\mu/\mu_X] \cdot X) \leq$ Var Y ist. Diese Aussage gilt unabhängig davon, ob Struktur (6.1.11) vorliegt. — *Wenn* nun die Verhältnis-Struktur (6.1.11) gegeben ist, ist $Y - [\mu/\mu_X] \cdot X = \mathcal{E}$, und es ist

[*Hauptterm* Var $\widehat{\mu}_V] \leq$ Var $\overline{Y}$ genau dann, wenn Var $\mathcal{E} \leq$ Var Y

ist, und dies ist gleichbedeutend mit

(*) $$\frac{\mu^2}{\mu_X^2} \sigma_X^2 - 2 \frac{\mu}{\mu_X} \sigma_{XY} \leq 0 .$$

Bei einer "guten" Anpassung von Y an $[\mu/\mu_X] \cdot X$ sollte in der Tat Var $\mathcal{E} \leq$ Var Y sein. ∎

Beweis: Wir nutzen — wie schon in vorangegangenen Beweisen — wieder (9.6.8), und wir betrachten wegen $P(\overline{X} = 0) = O(1/n^\infty)$ (siehe (9.6.2)(1) und $\mu_X \neq 0$ gem. (6.0.5)) nur den Fall $\overline{X} \neq 0$.

(1) Betrachte die Funktion

$$H(a, b) = \frac{a}{b} \cdot \mu_X \quad \text{für } b \neq 0 .$$

Dann ist offenkundig $\widehat{\mu}_V = H(\overline{Y}, \overline{X})$. Im Punkte (μ, μ_X) sind die partiellen Ableitungen

$$H_a = 1,\ H_b = -\mu/\mu_X,\ H_{aa} = 0,\ H_{bb} = 2\,\mu/\mu_X^2,\ H_{ab} = -1/\mu_X .$$

Mit (2.4.8)(2) und (6.0.9) folgt nun aus (9.6.8)(1) die Behauptung.

(2) Mit H aus (1) und den dort angegeben partiellen Ableitungen folgt die Behauptung sogleich aus (9.6.8)(2) und (9.6.9).

(3) Betrachte — nur für den Fall $d \neq 0$ — die Funktion

$$H^*(a, b, c, d, e) = (a - b^2) + (b^2/d^2) \cdot (e - d^2) - 2\,(b/d) \cdot (c - b\,d) .$$

Man sieht leicht: $H^*(\overline{Y^2}, \overline{Y}, \overline{X \cdot Y}, \overline{X}, \overline{X^2}) = \frac{n-1}{1-f} \cdot \widehat{\text{Var}}\ \widehat{\mu}_V$. Mit wenig Mühe beweist man nun die Behauptung mit Hilfe von (9.6.8)(4). (Beachte ggf. (6.3.3).) ∎

Als **Beispiel** betrachte (6.6.5).

(6.5.4) Bemerkung
$\widehat{\mu}_V$ (siehe auch (4.6.7)!) wurde bereits in (4.6.8) mit dem Stichprobenplan P_{LM} (4.6.3) zur *unverzerrten* Strategie $(P_{LM}, \widehat{\mu}_V)$ "kombiniert". Bei der (*verzerrten*) Strategie $(P_{\text{einfach}}, \widehat{\mu}_V)$ dieses Kapitels ist zwar die Stichprobenziehung im wahrsten Sinne des Wortes "einfach"; doch geht — im Vergleich mit $(P_{LM}, \widehat{\mu}_V)$ — die Unverzerrtheit verloren. ∎

6.6 Hartley–Ross–(HR–) Schätzer und modifizierter HR–Schätzer

Schließlich untersuchen wir die OLS–Schätzung von μ bei einer (ggf. modifizierten) Hartley–Ross–Struktur (6.1.13). Aufgrund von (6.1.14) und ggf. (6.1.16) ergeben sich für (6.0.3) die beiden folgenden Schätzer:

(6.6.1) (1) **Hartley–Ross–(HR–) Schätzer**

$$\widehat{\mu}_{\mathbf{HR}} = \overline{[Y/X]} \cdot \mu_X + \frac{n-f}{n-1} \cdot \left(\overline{Y} - \overline{[Y/X]} \cdot \overline{X}\right)$$

mit f (2.4.5), $\overline{[Y/X]} = \left(\frac{1}{n}\sum_i Y_i/X_i\right)$;

(2) **modifizierter Hartley–Ross–(HR–) Schätzer**

$$\widehat{\mu}_{\mathbf{HRmod}} = \overline{[Y/X]} \cdot \mu_X \ .$$

(6.6.2) Satz

Für $\widehat{\mu}_{\mathbf{HR}}$ (6.6.1)(1) gilt (mit f, f^* (2.4.5)):

(1) $\mathrm{E}(\widehat{\mu}_{\mathbf{HR}}) = \mu$;

(2)
$$\begin{aligned}\mathrm{Var}\ \widehat{\mu}_{\mathbf{HR}} &= (1-f^*)\frac{1}{n}\left(\sigma_Y^2 + \mu_{[Y/X]}^2\sigma_X^2 - 2\,\mu_{[Y/X]}\,\sigma_{XY}\right) + \mathrm{O}(n^{-3/2}) \\ &= (1-f^*)\frac{1}{n}\cdot \mathrm{Var}\left(Y - \mu_{[Y/X]}\cdot X\right) + \mathrm{O}(n^{-3/2})\ ;\end{aligned}$$

(3) $\widehat{\mathrm{Var}}\ \widehat{\mu}_{\mathbf{HR}} = (1-f)\frac{1}{n-1}\left(S_Y^2 + \overline{[Y/X]}^2 \cdot S_X^2 - 2\cdot\overline{[Y/X]}\cdot S_{XY}\right)$ *ist approximativ unverzerrt für* $\mathrm{Var}\ \widehat{\mu}_{\mathbf{HR}}$: $\mathrm{E}(\widehat{\mathrm{Var}}\ \widehat{\mu}_{\mathbf{HR}}) = \mathrm{Var}\ \widehat{\mu}_{\mathbf{HR}} + \mathrm{O}(n^{-3/2})$.

Für $\widehat{\mu}_{\mathbf{HRmod}}$ (6.6.1)(2) gilt :

(4) $\mathrm{E}(\widehat{\mu}_{\mathbf{HRmod}}) = \mu_Y - \mathrm{Cov}(X, [Y/X])$;

(5) $\mathrm{Var}\ \widehat{\mu}_{\mathbf{HRmod}} = (1-f^*)\cdot\frac{\mu_X^2}{n}\,\sigma_{[Y/X]}^2$;

(6) $\widehat{\mathrm{Var}}\ \widehat{\mu}_{\mathbf{HRmod}} = (1-f)\cdot\frac{\mu_X^2}{n-1}\,S_{[Y/X]}^2$ *ist unverzerrt für* $\mathrm{Var}\ \widehat{\mu}_{\mathbf{HRmod}}$.

(6.6.3) Bemerkung (zum Varianzvergleich)
Offenbar ist in (6.6.2)(2) der Hauptterm von Var $\widehat{\mu}_{\mathbf{HR}}$ (ohne $O(n^{-3/2})$) genau dann *kleiner gleich* Var $\overline{Y}$, wenn Var $(Y - \mu_{[Y/X]} \cdot X) \leq$ Var Y ist. Diese Aussage gilt unabhängig davon, ob die HR–Struktur (6.1.13)(1),(2) vorliegt. — *Wenn* nun die HR–Struktur (6.1.13)(1),(2) gegeben ist, ist $Y - \mu_{[Y/X]} \cdot X = \mathcal{E}$, und es ist

[*Hauptterm* Var $\widehat{\mu}_{\mathbf{HR}}] \leq \operatorname{Var}\overline{Y}$ genau dann, wenn $\operatorname{Var}\mathcal{E} \leq \operatorname{Var}Y$

ist, und dies ist gleichbedeutend mit

(*) $\qquad \mu^2_{[Y/X]}\,\sigma^2_X - 2\,\mu_{[Y/X]}\,\sigma_{XY} \leq 0$.

Bei einer "guten" Anpassung von Y an $\mu_{[Y/X]} \cdot X$ sollte in der Tat $\operatorname{Var}\mathcal{E} \leq \operatorname{Var}Y$ sein.

$\widehat{\mu}_{\mathbf{HRmod}}$ ist unverzerrt, wenn tatsächlich die modifizierte HR–Struktur (6.1.13)(1),(2),(3),(5) gegeben ist. ■

Beweis (Skizze):

(1) Mit (6.1.16) ergibt sich sofort: $\mathrm{E}(\widehat{\mu}_{\mathbf{HR}}) = (\mu_{[Y/X]} \cdot \mu_X) + (\mu_Y - \mu_{[Y/X]} \cdot \mu_X) = \mu_Y = \mu$.

(2) Betrachte die Funktion

$$H(a,\, b,\, c) = a \cdot \mu_X + \frac{n}{n-1}(b - a \cdot c)\ .$$

Dann ist (mit $f = 0$) offenkundig $H(\overline{[Y/X]}, \overline{Y}, \overline{X}) = \widehat{\mu}_{\mathbf{HR}}$. An der Stelle $(\mu_{[Y/X]}, \mu_Y, \mu_X)$ lauten die partiellen ersten Ableitungen:

$$H_a = -\mu_X/(n-1),\ H_b = n/(n-1),\ H_c = -\mu_{[Y/X]} \cdot n/(n-1)\ .$$

Da Varianzen und Covarianzen der Stichprobenmittel $\overline{[Y/X]}, \overline{Y}, \overline{X}$ bekanntlich (siehe (9.6.9)) $O(1/n)$–Funktionen sind und da weiter $H_a = O(1/n)$ ist, brauchen wir in (9.6.8)(4) — wegen des Restes $O(n^{-3/2})$ — nur die zu H_b und H_c gehörenden Terme zu betrachten, und die Behauptung folgt bald.

(3) Mit der Funktion

$$H(a,\, b,\, c,\, d,\, e,\, f) = (a - b^2) + c^2 \cdot (d - e^2) - 2c \cdot (f - be)$$

ist $\dfrac{n-1}{1-f}\,\widehat{\operatorname{Var}}\ \widehat{\mu}_{\mathbf{HR}} = H(\overline{Y^2},\ \overline{Y},\ \overline{[Y/X]},\ \overline{X^2},\ \overline{X},\ \overline{X \cdot Y})$. Mit Hilfe von (9.6.8)(4) läßt sich nun die Behauptung leicht nachweisen. (Beachte ggf. (6.3.3).)

(4) $\mathrm{E}(\widehat{\mu}_{\mathbf{HRmod}}) = \mu_{[Y/X]} \cdot \mu_X = \mu_Y - (\mu_{[Y/X]\cdot X} - \mu_{[Y/X]} \cdot \mu_X)$, und die Behauptung folgt.

(5) Siehe (2.4.8)(2) mutatis mutandis.

(6) Siehe (2.4.8)(3) mutatis mutandis. ■

(6.6.4) Bemerkung

Der Schätzer $\widehat{\mu}_{\mathbf{HRmod}}$ (6.6.1)(2) ist zwar identisch mit dem Schätzer $\widehat{\mu}_{\mathbf{HH}(P^X)}$ (4.3.10)(1); doch sind die *mZ*-Stichprobenpläne P_0^n (hier) und $(P^X)^n$ (4.3.6)(2) (in Abschnitt 4.3) verschieden. Die Strategie $(P_0^n\,,\,\widehat{\mu}_{\mathbf{HRmod}})$ erfordert weniger Aufwand und Vorkenntnis (— nur μ_X —) als die Strategie $((P^X)^n\,,\,\widehat{\mu}_{\mathbf{HH}(P^X)})$, bei der für die Ziehung alle x_j bekannt sein müssen. ■

Um die Berechnung der in diesem Kapitel vorgestellten Schätzer zu illustrieren, betrachten wir nun folgendes

(6.6.5) Beispiel

In der (fiktiven und "kleinen") Population G (mit $N = 20$ Elementen) ist

$\mu_X = 200$ bekannt, $\mu_Y = 450$ unbekannt.

Weiter ist dort (unbekannt):

$$\sigma_X^2 = 31\,800\ ,\quad \sigma_Y^2 = 129\,129\ ,\quad \sigma_{XY} = 63\,989\ ,\quad \mu_{[Y/X]} = 2.77\ .$$

In der einfachen *mZ*-Stichprobe der Länge $n = 5$ erhielt man folgendes Ergebnis:

X_i	150	520	150	360	20
Y_i	350	1120	350	740	140

Man berechnet:

$$\overline{X} = 240\ ,\qquad \overline{Y} = 540\ ,\qquad S_X^2 = 31\,480\ ,$$
$$S_Y^2 = 121\,720\ ,\qquad S_{XY} = 61\,720\ ,\qquad \overline{X\cdot Y} = 191\,320\ ,$$
$$\overline{X^2} = 89\,080\ ,\qquad S_{X\cdot Y}^2 = 46\,532\,469\,600\ ,\qquad S_{X^2}^2 = 10\,249\,749\,600\ ,$$
$$\overline{[Y/X]} = 3.175\ ,\qquad S_{[Y/X]}^2 = 3.6687\ ,\qquad S_{X\cdot Y,X^2}^2 = 21\,831\,218\,400\ ,$$
$$\overline{Y}/\overline{X} = 2.25\ .$$

Daraus ergeben sich folgende Schätzergebnisse (wobei in der letzten Spalte auch die eigentlich ja unbekannten Vergleichswerte des Haupt–Terms von $\sqrt{\mathrm{Var}\ \widehat{\mu}}$ aus den Populationsparametern aufgeführt sind):

Schätzer	$\widehat{\mu} =$	$\sqrt{\widehat{\mathrm{Var}}\ \widehat{\mu}} \approx$	$\sqrt{\mathrm{Var}\ \widehat{\mu}} \approx$
$\overline{Y}$	540	174	161
Differenzen– ($b = 1$)	500	86	81
Regressions–	462	13	9
Homogener Regressions–	430	8	11
Verhältnis–	450	29	21
Hartley–Ross–(HR–)	357	109	61
modifizierter HR–	635	192	101

■

(6.6.6) Bemerkung (zur Wahl des Schätzers)

Zur Frage: **Wann ist welcher Schätzer zu benutzen ?** unterstützen Simulations–Studien (siehe POKROPP (1988a), (1988b), (1989)) folgende

Regel :		
	$\widehat{\mu}_{\text{Dif}}$	bei der Differenzen–Struktur resp.
	$\widehat{\mu}_{\text{Reg}}$	bei der Regressions–Struktur resp.
	$\widehat{\mu}_{\text{HReg}}$	bei der homogenen Regressions–Struktur resp.
	$\widehat{\mu}_{\text{V}}$	bei der (gewöhnlichen) Verhältnis–Struktur resp.
	$\widehat{\mu}_{\text{HRmod}}$	(sehr oft) bei der modifizierten HR–Struktur

hat minimale *simulierte* Varianz und minimalen *simulierten* MSE (siehe (1.4.10), (1.4.11)). Genauer: Im Vergleich der Schätzer auf den in 6.1 vorgestellten quasi-heteroskedastischen Strukturen hat der jeweilige OLS–Schätzer (nahezu stets) minimale simulierte Varianz und minimalen simulierten MSE. Die einzige

Ausnahme ist $\widehat{\mu}_{\text{HR}}$.

Dieser Schätzer wird nahezu stets (auch auf einer Hartley–Ross–Struktur) von anderen Schätzern — i.d.R. von $\widehat{\mu}_{\text{HReg}}$ oder $\widehat{\mu}_{\text{HRmod}}$ — "dominiert"; der Preis für die Unverzerrtheit von $\widehat{\mu}_{\text{HR}}$ scheint zu hoch zu sein.

Die Varianz–Schätzer $\widehat{\text{Var}}\,\widehat{\mu}$ sind als Vergleichskriterium zu "unempfindlich" und daher ungeeignet als "Auswahl–Kriterium". Daher läßt sich die Frage

Welche Struktur erfüllen die (X, Y)–Werte auf G ?

wohl kaum anders als anhand des Streudiagramms der (X, Y)-Stichprobe entscheiden. Die Punkte $\{(X_i, Y_i) : i = 1, \ldots, n\}$ sollten bei der jeweiligen Struktur in folgender Weise streuen:

Struktur	Streumuster der (X_i, Y_i)	Fehler $\mathcal{E}_i$
Differenzen–	$Y_i - X_i$ um eine Konstante	gleichbleibend
Regressions–	um eine beliebige Gerade	gleichbleibend
Homog. Regressions–	um eine Gerade durch (0,0)	gleichbleibend
(gewöhnliche) Verhältnis–	um eine Gerade durch (0,0)	proportional mit $\sqrt{X}$ zunehmend
Hartley–Ross– und modif. Hartley–Ross–	um eine Gerade durch (0,0)	proportional mit X zunehmend

Neuesten Untersuchungen zufolge (siehe POKROPP (1996)) scheint es möglich, durch "bootstap–Stichproben" aus *einer* vorliegenden Stichprobe als "Eltern–Stichprobe" festzustellen, welchen Schätzer man benutzen sollte/könnte; denn in Simulations–Experimenten war die aus den bootstrap–Stichproben gewonnene Schätzer–Varianz nahezu stets — nämlich bis auf den HR–Schätzer — genau dann minimal, wenn die (aus *vielen* Stichproben) simulierte Varianz des Schätzers minimal war! ∎

6.7 Exkurs über Super–Populationen

Die in (6.0.1) angesprochene Idee des "Zusammenhanges" zwischen zwei Merkmalen X und Y wurde in (6.0.2) und in Abschnitt 6.1 dahingehend präzisiert, daß dieser "Zusammenhang" auf der Population $G = \{1, \ldots, N\}$ — i.e. zwischen den "empirischen" (X, Y)-Werten auf G — "konstituiert" wurde. Die Idee der *Super-Population* ist nun, den Zusammenhang zwischen X und Y *selbst* und gleichsam ohne Bezug zu einer "aktuellen" Population zu betrachten. (Daten über X und Y erhält man natürlich dann aus einer aktuell vorliegenden Population.)

Dazu ist notwendig, eine Menge $\mathcal{G}$ — genannt **Super–Population** — einzuführen, die gleichsam alle möglichen **aktuellen Populationen** G enthält, und auf der die Merkmale X und Y ohne Bezug zu einer aktuellen Population definiert sind. Ferner benötigt man noch eine **Super–W–Verteilung** $\mathcal{P}$, die das

Zufallsexperiment: "Erzeugung der aktuellen Population aus $\mathcal{G}$" resp.
"Erzeugung der aktuellen Populationsparameter $(y_1, \ldots, y_N)$ aus $\mathcal{G}$"

wahrscheinlichkeitstheoretisch beschreibt.

Genauer: Zu jedem Index $j \in \{1, \ldots, N\}$ gehört in $\mathcal{G}$ eine Menge *möglicher* statistischer Einheiten, die man sich in Anwendungen oft als verschiedene "Zustände" der j-ten "Person" (siehe sogleich (6.7.1)) vorstellen kann. Oder anders: Zu jedem Index j gehört nicht *ein* Y-Wert, sondern eine Funktion $\mathcal{Y}_j$, die den möglichen Zuständen von "Person" j die entsprechenden Y-Werte zuordnet. Die Super-W-Verteilung $\mathcal{P}$ gibt an, mit welchen Wahrscheinlichkeiten welche Zustände und damit welche Y-Werte realisiert werden. Kurz: Die aktuelle Population (mit dem aktuellen Populations-Parameter $(y_1, \ldots, y_N)$; siehe (1.3.15)) ist das Ergebnis einer gemäß $\mathcal{P}$ sich vollziehenden "Zufalls-Auswahl" aus $\mathcal{G}$.

(6.7.1) Beispiel
Jeder der N Wahlberechtigten (oder "Käufer") in einem Gemeinwesen kann sich in verschiedenen "Wahlzuständen" (oder "Kaufzuständen") befinden. Aufgrund des am Wahltag (zum Kaufzeitpunkt) vorliegenden "Zustandes" entscheidet der Wähler (Käufer), welche Partei er wählt (welches Produkt er kauft). Wir haben also etwa

(1) $G =$ Wahlberechtigte $\{1,\ldots,N\}$,
ggf. identifizierbar mit der ***aktuellen*** Population
$\widehat{=}$ am Wahltag vorliegende Gesamtheit der aktuellen "Wahlzustände" der N Wahlberechtigten
(zu jedem $j \in \{1,\ldots,N\}$ gehört genau ein "Wahlzustand", gekennzeichnet durch ein y_j);

(2) $\mathcal{G} =$ Gesamtheit aller "Wahlzustände" der Wahlberechtigten
(zu jedem Wahlberechtigten $j \in \{1,\ldots,N\}$ gehört eine *Menge* von [möglichen] "Wahlzuständen", gekennzeichnet durch eine **Funktion**, die jedem möglichen Zustand ein y_j zuorndet);

(3) $\mathcal{Y}_j$: "Wahlverhalten" des Wahlberechtigten j am Wahltag
(also die in (2) angesprochene **Funktion**);
y_j : aktuell gewählte Partei des Wahlberechtigten j (Wert von $\mathcal{Y}_j$);
x_j : gewählte Partei des Wahlberechtigten j bei den vorangegangenen Wahlen (**konstante** Vorkenntnis);

(4) $\mathcal{P} \widehat{=}$ Meinungsbildungsprozess, der den am Wahltag aktuellen Wahlzustand von j (und damit y_j) für jedes j erzeugt.

Von Interesse ist nun die Feststellung eines Zusammenhanges zwischen

$$(\mathcal{Y}_1,\ldots,\mathcal{Y}_N) \text{ und } (x_1,\ldots,x_N)$$

und die Nutzung dieses Zusammenhanges und der Vorkenntnis X für eine Wahlprognose. (Beachte: Die Hochrechnung am Wahlabend erfolgt (als *Schätzung mit Vorkenntnis*) auf der Population der *Stimmbezirke*!) ■

Man sieht an obigem Beispiel, daß der entscheidende neue Aspekt darin besteht, statt der (unbekannten) *Konstanten* $(y_1,\ldots,y_N)$ (Populations–*Parameter* (1.3.15)) nun die *Zufallsvariablen* $(\mathcal{Y}_1,\ldots,\mathcal{Y}_N)$ (mit durch $\mathcal{P}$ bestimmter Verteilung (!)) zu betrachten. Die Rolle von G ist nur noch die, als *Indexmenge* (Etiketten–Population (1.3.3)) $\{1,\ldots,N\}$ zur Verfügung zu stehen. Wenn wir von der nicht weiter interessierenden Ereignis–Algebra in $\mathcal{G}$ (auf der die Super–W–Verteilung $\mathcal{P}$ erklärt ist) absehen, können wir die folgende (etwas laxe) Redeweise einführen:

(6.7.2) Definition
Ein ***Superpopulations–Modell*** *ist ein 5–Tupel*

$$(G,\, \mathcal{G},\, \mathcal{P},\, \mathcal{Y},\, X) \qquad \textit{mit}$$

G : **Etiketten–Population**;

$\mathcal{G}$: jedem $j \in G$ ist eine Teilmenge von $\mathcal{G}$ ("Zustände" von j) zugeordnet; die **Super–Population** $\mathcal{G}$ enthält alle diese Teilmengen;

$\mathcal{P}$: W–Verteilung auf $\mathcal{G}$ (**Super–W–Verteilung**);

$\mathcal{Y}$: $j \to [\mathcal{Y}_j =$ Zufallsvariable auf $\mathcal{G}]$ (für jedes $j \in G$);

Y : $j \to y_j =$ aktueller Wert (Realisierung) von $\mathcal{Y}_j$; (G mit Y bildet die **aktuelle Population**;)

X : Merkmal auf G , **konstante Vorkenntnis**.

Die wohl gebräuchlichste Spezifizierung von "Zusammenhang" dürfte in der Literatur (siehe z.B. ROYALL (1970b), (1971), ROYALL/HERSON (1973a), HERSON (1976), SCOTT/BREWER/HO (1978), CASSEL/SÄRNDAL/WRETMAN (1977), Chapter 5) die folgende sein (analog zu (6.0.2)):

$\mathcal{Y} = A + B \cdot X +$ ["Fehler–Term" $\mathcal{E}$]
mit Konstanten A, B (ggf. $A = 0$)
und gleich noch zu spezifizierenden Eigenschaften von $\mathcal{E}$.

Wir präzisieren:

(6.7.3) (quantifiziertes) **Superpopulations–Modell:**

$\mathcal{Y}_j = A + B \cdot x_j + \mathcal{E}_j \quad (x_j > 0), \quad j = 1, \ldots, N$ mit

(1) $\mathrm{E}_{\mathcal{P}}(\mathcal{E}_j) = 0, \quad \mathrm{Var}_{\mathcal{P}}\, \mathcal{E}_j = \sigma_0^2 \cdot V(x_j)$;

(2) B, σ_0, ggf. A : unbekannte Konstante,
$V > 0$: bekannte (reelle) Funktion;

(3) $\mathcal{Y}_1, \ldots, \mathcal{Y}_N$ sind ($\mathcal{P}$–) stochastisch unabhängig.

Durch $\mathcal{P}$ wird zwar die Erzeugung der *aktuellen* Populations–Parameter $(y_1, \ldots, y_N)$ aus den Zufallsvariablen $(\mathcal{Y}_1, \ldots, \mathcal{Y}_N)$ bewerkstelligt; nach wie vor ist aber — auch im Superpopulations–Modell — das Ziel, den Mittelwert

(6.7.4) $\mu = \mu_Y = \frac{1}{N} \sum_j y_j =$ (gem. $\mathcal{P}$) *realisierter Wert* von $\left[\overline{\mathcal{Y}} = \frac{1}{N} \sum_j \mathcal{Y}_j\right]$

aufgrund einer Stichprobe aus G zu schätzen. Es sei also

(6.7.5) S : gemäß Stichprobenplan $P_{(n)}$ gezogene Stichprobe aus $\{1, \ldots, N\}$,
S^{r} : reduzierte Stichprobe (siehe (1.3.7)).

Folgende Notation wird hilfreich sein:

(6.7.6) n_e = effektive Stichprobenlänge (1.3.4);
$(1/n_e) \cdot \sum_{\{j \in \mathrm{S^r}\}} y_j = \overline{Y}(\mathrm{S^r})$, $\overline{X}(\mathrm{S^r})$ analog.

Da wir μ stets zerlegen können als

$$\textbf{(6.7.7)} \quad \mu = (1/N) \sum_{\{j \in \mathrm{S^r}\}} y_j + (1/N) \sum_{\{j \notin \mathrm{S^r}\}} y_j \; ,$$

und da die erste Summe in (6.7.7) ja bekannt ist, liegt es nahe, einen Schätzer $\widehat{\mu}$ für μ mit Hilfe eines Schätzers für die *zweite* Summe von (6.7.7) zu konstruieren:

$$\textbf{(6.7.8)} \quad \widehat{\mu} = \frac{n_e}{N} \cdot \overline{Y}(\mathrm{S^r}) + \Big[\text{ Schätzer für } (1/N) \sum_{\{j \notin \mathrm{S^r}\}} y_j \Big] \, .$$

Aufgrund von (6.7.3) bietet sich an, die *Schätzung dieser zweiten Summe von* (6.7.7) — mit noch zu bestimmenden Schätzern $\widehat{A}$, $\widehat{B}$ für A, B — durch

$$\textbf{(6.7.9)} \quad \frac{1}{N} \sum_{\{j \notin \mathrm{S^r}\}} [\widehat{A} + \widehat{B} \cdot x_j] \; = \; \frac{N - n_e}{N} \widehat{A} + \widehat{B} \cdot (\mu_X - \frac{n_e}{N} \overline{X}(\mathrm{S^r}))$$

vorzunehmen, so daß wir aus (6.7.8) mit (6.7.9) folgende Darstellungen für $\widehat{\mu}$ erhalten:

$$\begin{aligned} \textbf{(6.7.10)} \quad \widehat{\mu}(\mathrm{S^r}) &= \frac{n_e}{N} \overline{Y}(\mathrm{S^r}) + \frac{N - n_e}{N} \widehat{A} + \widehat{B} \cdot (\mu_X - \frac{n_e}{N} \overline{X}(\mathrm{S^r})) \\ &= \big[\widehat{A} + \widehat{B} \cdot \mu_X \big] + \frac{n_e}{N} \cdot \big[\overline{Y}(\mathrm{S^r}) - (\widehat{A} + \widehat{B}\, \overline{X}(\mathrm{S^r})) \big] \, . \end{aligned}$$

(6.7.11) Bemerkung
Man vergleiche diese heuristische Herleitung von $\widehat{\mu}$ (6.7.10) mit dem in (6.0.3) gemachten Vorschlag. Soweit sind beide Vorschläge im Rahmen der *konventionellen Stichprobentheorie* möglich. *Wie* $\widehat{A}$ und $\widehat{B}$ zu bestimmen sind, wird in Kürze freilich unter gänzlich neuen Aspekten betrachtet werden. (Siehe als Beispiel (6.7.17).)
■

Man macht sich übrigens folgende Behauptungen leicht klar:

(6.7.12) Satz
Bei oZ–Stichproben gilt:

(1) *Ist* $\widehat{B} = \dfrac{\sum_{\{j \in \mathrm{S^r}\}} x_j \, y_j - n_e \overline{X}(\mathrm{S^r}) \, \overline{Y}(\mathrm{S^r})}{\sum_{\{j \in \mathrm{S^r}\}} x_j^2 - n_e \left(\overline{X}(\mathrm{S^r})\right)^2}$, $\widehat{A} = \overline{Y}(\mathrm{S^r}) - \widehat{B}\, \overline{X}(\mathrm{S^r})$ *, so ist*
$\widehat{\mu}$ (6.7.10) $= \widehat{\mu}_{\mathrm{Reg}}$ (6.3.1).

(2) *Ist* $A \equiv 0 \equiv \widehat{A}$, $\widehat{B} = \dfrac{\overline{Y}(\mathsf{S}^r)}{\overline{X}(\mathsf{S}^r)}$, *so ist*

$\widehat{\mu}$ (6.7.10) $= \widehat{\mu}_{\mathbf{V}}$ (6.5.1).

In der Superpopulations–Theorie interessiert man sich nun für die stochastischen Eigenschaften bzgl. $\mathcal{P}$; dazu betrachtet man natürlich den Schätzer $\widehat{\mu}(\mathsf{S}^r)$ als *Wert einer geeigneten "Statistik"*, die aufgrund der Stichprobe S — nach welchem Stichprobenplan $P_{(n)}$ auch immer sie gezogen werden mag — eine "Schätzung" von $\overline{\mathcal{Y}}$ (6.7.4) liefert; diese "Statistik" heißt dann

(6.7.13) Prediktor für $\overline{\mathcal{Y}}$ auf $\mathcal{G}$:

$$\widehat{\overline{\mathcal{Y}}} = \widehat{\overline{\mathcal{Y}}}(\mathsf{S}) = [\,\widehat{A} + \widehat{B}\cdot\mu_X\,] + \frac{n_e}{N}\cdot[\,\overline{\mathcal{Y}}(\mathsf{S}^r) - (\widehat{A} + \widehat{B}\,\overline{X}(\mathsf{S}^r))\,]$$

mit geeigneten **Prediktoren** für A, B : $\widehat{A} = \widehat{A}(\mathsf{S})$; $\widehat{B} = \widehat{B}(\mathsf{S})$.

(6.7.14) Definition

(1) *Der Prediktor* $\widehat{\overline{\mathcal{Y}}}$ *heißt* $\mathcal{P}$–**unverzerrt** *(für* $\overline{\mathcal{Y}}$*), falls für jedes* s *(im Stichprobenraum* $\mathcal{S}$ (1.3.4)(6) *mit* $P_{(n)}(\mathsf{s}) > 0$*) gilt:* $\mathrm{E}_{\mathcal{P}}(\widehat{\overline{\mathcal{Y}}}(\mathsf{s}) - \overline{\mathcal{Y}}(\mathsf{s})) = 0$.

(2) *Der* ***mittlere*** $\mathcal{P}$***–Quadrat–Fehler*** *— kurz:* $\mathcal{P}$*–**MSE** — von* $\widehat{\overline{\mathcal{Y}}}$ *bei Anwenden des Stichprobenplans* $P_{(n)}$ *ist definiert als*

$$\begin{aligned}\mathcal{P}\text{-MSE}(\,P_{(n)}\,,\,\widehat{\overline{\mathcal{Y}}}\,) &= \mathrm{E}_{\mathcal{P}}(\textstyle\sum_{\{\mathsf{s}\in\mathcal{S}\}} P_{(n)}(\mathsf{s})\cdot[\,\widehat{\overline{\mathcal{Y}}}(\mathsf{s}) - \overline{\mathcal{Y}}\,]^2) \\ &= \mathrm{E}_{\mathcal{P}}\,\mathrm{E}_{P_{(n)}}([\,\widehat{\overline{\mathcal{Y}}}(\mathsf{S}) - \overline{\mathcal{Y}}\,]^2)\,.\end{aligned}$$

Der $\mathcal{P}$–MSE betrachtet also die quadratischen Abweichungen zwischen Prediktor und μ auf allen möglichen (aktuellen) Populationen; er betrachtet gleichsam den $\mathcal{P}$–Erwartungswert von $\mathrm{MSE}_{P_{(n)}}(\widehat{\mu})$ (über alle möglichen aktuellen Populationen).

Die Superpopulations–Theorie widmet sich nun dem Problem, bei gegebenem Stichprobenplan $P_{(n)}$ einen $\mathcal{P}$**–MSE–besten linearen** $\mathcal{P}$**–unverzerrten** Prediktor $\widehat{\overline{\mathcal{Y}}}_{\mathbf{BLU}}$ zu konstruieren, für den — *ex definitione* — gilt:

(6.7.15) $\mathcal{P}\text{-MSE}(\,P_{(n)}\,,\,\widehat{\overline{\mathcal{Y}}}_{\mathbf{BLU}}\,) \leq \mathcal{P}\text{-MSE}(\,P_{(n)}\,,\,\widehat{\overline{\mathcal{Y}}}\,)$

für jeden (in den $\mathcal{Y}_i$, $i \in S$) linearen, $\mathcal{P}$–unverzerrten Prediktor $\widehat{\overline{\mathcal{Y}}}$.

Natürlich wird — wenn man großes Vertrauen in die Modell–Annahmen (6.7.3) hat — nun eine Schätzung von A, B angezeigt sein, die zu BLU–Prediktoren (6.7.13) (mit (6.7.15)) führt. Folgende bemerkenswerte spezielle Resultate lassen sich beweisen — um nur die herausragendsten zu nennen:

(6.7.16) Satz
Es sei S *eine oZ–Stichprobe (gem.* $P_{(n)}$*) der Länge* $n = n_e$. *Dann gilt:*

(1) *Ist in* (6.7.3) $V(x) =$ *konstant* ($\equiv 1$), *so ist*

$$\widehat{\overline{\mathcal{Y}}}_{\mathrm{BLU}} = \overline{\mathcal{Y}}(\mathsf{S}) + \frac{\sum_{i \in \mathsf{S}}(x_i - \overline{X}(\mathsf{S}))\,\mathcal{Y}_i}{\sum_{i \in \mathsf{S}}(x_i - \overline{X}(\mathsf{S}))^2} \cdot (\mu_X - \overline{X}(\mathsf{S})) =: \widehat{\overline{\mathcal{Y}}}_{\mathrm{Reg}} \quad \textit{(siehe (6.3.1))};$$

(2) *ist in* (6.7.3) $A \equiv 0 \equiv \widehat{A}$, $V(x) = x$, *so ist*

$$\widehat{\overline{\mathcal{Y}}}_{\mathrm{BLU}} = \frac{\overline{\mathcal{Y}}(\mathsf{S})}{\overline{X}(\mathsf{S})} \cdot \mu_X =: \widehat{\overline{\mathcal{Y}}}_{\mathbf{V}} \quad \textit{(siehe (6.5.1))}.$$

Beweis: Siehe z.B. CASSEL/SÄRNDAL/WRETMAN (1977) S.128, S.120. ■

Man kann überdies zeigen (siehe CASSEL/SÄRNDAL/WRETMAN (1977) S.121), daß unter den Voraussetzungen von (6.7.16)(2) der $\mathcal{P}$–MSE($P_{(n)}$, $\widehat{\overline{\mathcal{Y}}}_{\mathbf{V}}$) *minimiert* wird, wenn — bei gegebenem *oZ*–Stichprobenplan $P_{(n)}$ — $\overline{X}(\mathsf{S})$ *maximiert* wird. Wünschenswert ist also eine Stichprobe mit *großen* X–Werten (Konzentrations–Prinzip)! Man würde also für die Schätzung von B wie folgt verfahren:

(6.7.17) $P_{(n)}$: Wähle mit Sicherheit $\mathsf{S} = \mathbf{s}_{\max}$ mit

$$\sum_{j \in \mathbf{s}_{\max}} x_j \geq \sum_{j \in \mathbf{s}} x_j \ \text{ für alle } \mathbf{s} . \quad \text{Setze } \widehat{B} = \frac{\overline{\mathcal{Y}}(\mathbf{s}_{\max})}{\overline{X}(\mathbf{s}_{\max})} .$$

Betrachtet man hingegen *einfache* *oZ*–Stichproben, so ist der MSE($\widehat{\mu}_{\mathbf{V}}$) (siehe (1.4.10)(1) mit (6.5.1) und (6.5.2)(1)) approximativ gleich der Varianz von $\widehat{\mu}_{\mathbf{V}}$. Diese nun ist proportional (mit bekannter Konstanten) zu Var $[Y - (\mu/\mu_X)\,X]$ (siehe (6.5.2)(2); für *oZ*–Stichproben wäre lediglich noch ein Faktor — etwa $(1 - n/N)$ — zu berücksichtigen). Wegen $\mathrm{E}(Y - (\mu/\mu_X)\,X) = 0$ ist diese Varianz proportional zu $\sum_{j=1}^{N}(y_j - (\mu/\mu_X)\,x_j)^2$. Eine bzgl. P_{einfach} approximativ unverzerrte Schätzung hierfür wäre natürlich proportional zu

$$M(\widehat{\mu}_{\mathbf{V}}) := \sum_{i \in \mathsf{S}}(y_i - \frac{\overline{Y}(\mathsf{S})}{\overline{X}(\mathsf{S})}\,x_i)^2 .$$

Von Interesse ist daher der Prediktor

$$\widehat{M}(\widehat{\mu}_{\mathbf{V}}) := \sum_{i \in \mathsf{S}}(\mathcal{Y}_i - \frac{\overline{\mathcal{Y}}(\mathsf{S})}{\overline{X}(\mathsf{S})}\,x_i)^2 ,$$

für dessen $\mathcal{P}$–Erwartungswert unter den Voraussetzungen von (6.7.16)(2) man bald errechnet, daß er proportional zu

$$\sum_{i \in \mathsf{S}} x_i \cdot (1 - [x_i / n\overline{X}(\mathsf{S})])^2$$

ist. Dieser Ausdruck ist umso kleiner, je kleiner die X_i (der Stichprobe) sind (wie man z.B. durch partielles Differenzieren feststellt). Wir haben:

(6.7.18) Wünschenswert für einen möglichst kleinen MSE($\widehat{\mu}_V$) ist eine Stichprobe mit *kleinen* X–Werten

— in drastischem Gegensatz zu (6.7.17). Die Unterschiedlichkeit der Güte–Kriterien in der Superpopulations–Theorie und in der konventionellen Stichprobentheorie kann also — wie man an (6.7.17) und (6.7.18) sieht — zu ganz unterschiedlichen Bewertungen von Stichproben–Ergebnissen führen. Der Anwender muß entscheiden, welches Kriterium wichtig ist. Dabei muß er beachten, daß die Attraktivität von Super–Populationen — wie sie sich z.B. in (6.7.16) und überhaupt in der Existenz von "besten" Prediktoren manifestiert — ganz am zugrunde gelegten Modell (hier: (6.7.3)) hängt. Dem steht gegenüber die *Robustheit* der konventionellen Stichprobentheorie, deren Ergebnisse eben *nicht* auf spezielle Modell–Annahmen angewiesen und daher gleichsam "universell" anwendbar sind.

Weitere Literatur:

Cassel, C. M., Särndal, C. E., Wretman, J. H. (1977); Chaudhuri, A. (1976); Foreman, E. K., Brewer, K. R. W. (1971); Hansen, M. H., Madow, W. G., Tepping, B. J. (1983); Herson, J. (1976); Holt, D., Smith, T. M. F., Winter, P. D. (1980); Isaki, C. T., Fuller, W. A. (1982); Mukhopadhyay, P. (1993); Pokropp, F. (1987), (1988a), (1989), (1996); Raj, D. (1968); Rao, J. N. K. (1969); Rao, J. N. K., Kuzik, R. A. (1974); Rao, J. N. K., Ramachandran, V. (1974); Rao, P. S. R. S. (1974); Rao, T. J. (1966), (1977); Reddy, V. N. (1974), (1975); Royall, R. M. (1970b), (1971), (1986); Royall, R. M., Cumberland, W. G. (1978), (1981); Royall, R. M., Eberhardt, K. R. (1975); Royall, R. M., Herson, J. (1973a); Sahoo, J., Sahoo, L. N., Mohanty, S. (1994); Scott, A. J., Brewer, K. R. W., Ho, E. W. H. (1978); Scott, A., Smith, T. M. F. (1974), (1975); Sen, A. R., Sellers, S., Smith, G. E. J. (1975); Stenger, H. (1971); Strecker, H., Wiegert, R. (1986a); Valliant, R. (1985); Wiegert, R., Strecker, H. (1991); Wright, R. L. (1983); Wynn, H. P. (1977a);

Kapitel 7

Doppelstichproben (Double Sampling)

Die in den vorangegangenen Kapiteln vorgestellten Strategien $(P_{(n)}, \widehat{\mu})$ wird man nicht immer anwenden können, weil nun doch in praktischen Situationen

(1) die Ziehung von S gemäß $P_{(n)}$ nicht erfolgen kann, da die dafür benötigte "Verfügbarkeit" oder "Strukturierung" von G nicht vorhanden ist, oder

(2) die für die Anwendung (resp. Berechnung!) von $\widehat{\mu}$ benötigten Vor- und Zusatzinformationen (die aus S nicht zu beschaffen sind) nicht vorliegen.

(In (1.2.6) sind bereits solche Situationen beschrieben worden.) Dann liegt es nahe, den Versuch zu machen, die benötigten Informationen aus einer weiteren (Vor–, Zusatz–) Stichprobe zu beschaffen, um sodann **Schätzer aus Doppel–Stichproben** zu konstruieren.

In Abschnitt 7.1 behandeln wir das Problem, wie man für eine geschichtete Stichprobe aus G die Schichten G_i ($i = 1, \ldots, k$) "verfügbar" machen kann, wenn sie nicht explizit in "Dateien" vorliegen. Die Quoten $q_i = N_i/N$ (mit $N_i = \#(G_i)$, $N = \#(G)$) können dabei bekannt oder unbekannt sein. Wie man zu verfahren hat, wenn zwar die Ziehung aus den G_i unproblematisch ist, die q_i jedoch unbekannt und daher zu schätzen sind, schildert Abschnitt 7.2. Die Ermittelung von "Vorkenntnissen", die — wie bei den in Kapitel 6 behandelten Verfahren — für die Schätzung von μ benötigt werden, ist in 7.3 der Gegenstand der Untersuchungen. Eine ähnliche Problemlage ist gegeben, wenn man allgemeine P–Stichproben ziehen will (siehe Kapitel 4), die Wahrscheinlichkeiten $p_j = P(u_j)$ der Grund–Verteilung P jedoch nicht explizit vorliegen. Die benötigte "Vorkenntnis" über P muß dann in einer zusätzlichen Stichprobe beschafft werden (siehe Abschnitt 7.4). Die letzten beiden Abschnitte 7.5 und 7.6 sind einfache Anwendungen von 7.1: die

Antwort–Unwilligen ("Verweigerer") werden als eine "Schicht" betrachtet, in der man den Mittelwert des Untersuchungsmerkmals mit zusätzlichem Aufwand schließlich doch schätzen kann; bei **überhöhten Grundgesamtheiten** wird die gewünschte Population als Schicht der für die Ziehung zur Verfügung stehenden überhöhten Gesamtheit angesehen. Auf diese Weise lassen sich die genannten Probleme der "Verweigerer" und der "überhöhten Grundgesamtheiten" — die in der Praxis ständig auftreten und die in der Literatur zum Teil sehr ausführlich dargestellt werden — mühelos behandeln.

Die in diesem Kapitel behandelten Probleme — Schätzung aus geschichteten Stichproben, Schätzung mit Vorkenntnis, Schätzung aus allgemeinen P–Stichproben — unterscheiden sich von den in den Kapiteln 3, 6, 4 behandelten Fragestellungen lediglich dadurch, daß die Population G (zumindest teilweise) vertreten wird durch eine "lange" Vor–Stichprobe $\mathbf{S}$. Unser Augenmerk liegt daher auf der Frage, in welcher Weise die *Eigenschaften* der (bereits bekannten und auf der "eigentlichen" Stichprobe S definierten) Schätzer (resp. Strategien) sich verändern. Hinsichtlich der Berechnung der Schätzer treten keine neuen Probleme auf; benötigte "Hilfs–Informationen" werden lediglich statt durch G nun durch $\mathbf{S}$ geliefert. Auf das Rechnen von Beispielen kann man hier deshalb schadlos verzichten.

7.1 Geschichtete Doppelstichproben (Double Sampling for Stratification)

Schichtung und Doppelstichprobe

Es sei — wie in (3.1.1), (3.1.2), (3.1.3), (3.1.4), (3.1.5)

(7.1.1) $G_1, \ldots, G_k$: Schichtung von G ;

$N_i = \#(G_i) > 0$ für alle i ;

$\mu_i = \mathrm{E}_{P_0}(Y \mid G_i)$: Mittelwert von Y in G_i ; $\mu = \sum_i (N_i/N)\mu_i$;

$\sigma_i^2 = \mathrm{Var}_{P_0}(Y \mid G_i)$: Streuung von Y in der Schicht G_i ;

$G_1, \ldots, G_k$ seien jedoch für die Ziehung nicht "verfügbar". Wir verfahren dann wie folgt:

(7.1.2) Ziehung einer geschichteten Doppel–Stichprobe:

(1) Ziehe eine einfache *mZ*-Stichprobe $\mathbf{S}$ der Länge n^* aus G ;

(2) führe auf $\mathbf{s}$ eine Schichtung ein (gemäß der G_i in einer gleich noch zu präzisierenden Weise);

(3) ziehe — unter Verwendung dieser Schichtung — nun eine einfache geschichtete oZ-Stichprobe aus $\mathbf{s}$.

(7.1.3) Definition
Es sei $\mathbf{s} = (\mathfrak{U}_1, \ldots, \mathfrak{U}_{n^\star})$ *eine einfache mZ-Stichprobe aus* G *(der Länge* $n^\star$*). Definiere*

(1) $\mathbf{s}_i = \mathbf{s} \sqcap G_i$ *(ähnlich wie in (3.6.4))*
$:=$ *Teilvektor von* $\mathbf{s}$*, dessen Komponenten in* G_i *liegen;*
$n_i^\star = \#(\mathbf{s}_i) =$ *Anzahl der Komponenten (!) in* $\mathbf{s}_i$. *(*$n_i^\star = 0$ *ist möglich.)*

Die Komponenten von $\mathbf{s}_i$ *tragen verschiedene (!) Subscripte (wegen der verschiedenen Subscripte* $1, \ldots, n^\star$ *in* $\mathbf{s}$*);* $\mathbf{s}_i$ *wird daher wie eine geordnete Menge mit* $n_i^\star$ *verschiedenen Elementen gehandhabt.*

Es sei nun n_i *eine vollständig durch die Zufallsvariable* $n_i^\star$ *bestimmte Zufallsvariable mit folgenden Eigenschaften*

(2) $n_i \leq n_i^\star$; $n_i = 0$ *gilt genau dann, wenn* $n_i^\star = 0$ *ist.*

Für jedes gegebene $\mathbf{s}$ *sei nun* $\mathbf{s}_1, \ldots, \mathbf{s}_k$ *(gem. (1)) eine Schichtung von* $\mathbf{s}$. *Mit dieser Schichtung sei schließlich* $\mathsf{S} = (\mathsf{S}_1, \ldots, \mathsf{S}_k)$ *eine einfache geschichtete oZ-Stichprobe aus* $\mathbf{s}$ *mit Teilstichprobenlängen* $n_i = \#(\mathsf{S}_i)$. *Dann heißt* S *eine* **geschichtete Doppelstichprobe aus** G *der Länge* $n = \sum_{i=1}^{k} n_i$.

(7.1.4) Bemerkung
Ist $n_i = n_i^\star$ in (7.1.3)(2) für alle i, so liegt offenbar eine "nachträgliche Schichtung" vor, wie sie in 3.5 behandelt wurde (cf. (3.5.1)). ■

Schätzer aus einer Doppelstichprobe

Wir betrachten nun für μ_i den folgenden auf S_i erklärten Schätzer:

$$\textbf{(7.1.5)} \quad \widehat{\mu}_i = \begin{cases} (1/n_i) \sum_{u \in \mathsf{S}_i} Y(u) & \text{für } n_i > 0\,, \\ 0 & \text{für } n_i = 0\,. \end{cases}$$

($\widehat{\mu}_i$ ist also das arithmetische Mittel von Y auf S_i , sofern die i-te Schicht G_i überhaupt in $\mathbf{s}$ vertreten ist.) Dann lassen sich die folgenden Schätzfunktionen für μ definieren:

(7.1.6) (1) $\widehat{\mu}_{GG} = \sum_{i=1}^{k} \frac{N_i}{N} \widehat{\mu}_i$, wenn die $\frac{N_i}{N}$ bekannt sind;

(2) $\widehat{\mu}^{\star}_{GG} = \sum_{i=1}^{k} \frac{n_i^\star}{n^\star} \widehat{\mu}_i$, wenn die $\frac{N_i}{N}$ unbekannt sind.

Natürlich hängen die Eigenschaften der Schätzer (7.1.6) entscheidend von denen der Schätzer (7.1.5) ab. Dabei müssen wir in Rechnung stellen, daß auch die n_i Zufallsvariable sind, und daß insbesondere $n_i = n_i^\star = 0$ sein kann! Offenbar gilt nämlich:

(7.1.7) $n_i^\star$ ist eine $BV(n^\star; p_i = N_i/N)$–verteilte Zufallsvariable (cf. Bemerkungen nach (3.5.7)).

Aus (9.5.5)(1) und (7.1.7) folgern wir:

(7.1.8) $P(n_i^\star = 0) = P(n_i = 0) = O(1/n^{\star\infty})$.

Wir zeigen nun

(7.1.9) Lemma

(1) $E(\widehat{\mu}_i) = \mu_i + O(1/n^{\star\infty})$;

(2) $E(\widehat{\mu}_i) = \mu_i \cdot P(n_i^\star > 0)$;

(3) $E(n_i^\star \widehat{\mu}_i) = n^\star (N_i/N) \mu_i$.

Beweis:
Zu (1): Analog zu (7.1.5) definieren wir das (hier allerdings *nicht* erhobene, unbekannte) arithmetische Mittel von Y auf $\mathbf{s}_i$ durch (cf. (3.5.3))

$$\textbf{(7.1.10)}\quad \widehat{\mu}_i^\star = \begin{cases} (1/n_i^\star)\sum_{u\in \mathbf{S}_i} Y(u) & \text{für } n_i^\star > 0 \,, \\ 0 & \text{für } n_i^\star = 0 \,. \end{cases}$$

Aufgrund von (2.2.3)(1) können wir folgern:

(7.1.11) $\mathrm{E}(\widehat{\mu}_i \mid \mathbf{s}) = \widehat{\mu}_i^\star$,

wobei wir noch (7.1.3)(2) zu beachten haben. (9.3.8) und (7.1.11) ergibt dann sofort: $\mathrm{E}(\widehat{\mu}_i) = \mathrm{E}(\widehat{\mu}_i^\star)$. $\mathrm{E}(\widehat{\mu}_i^\star)$ ist jedoch bereits in (3.5.8)(2) als $\mu_i + \mathrm{O}(1/n^{\star\infty})$ bestimmt worden.

Zu (2): Wie soeben mit (3.5.7)(3) und (3.5.8)(1) (statt (3.5.8)(2)) am Schluß.

Zu (3): Es ist $\mathrm{E}(n_i^\star\widehat{\mu}_i) = \mathrm{E}\big(\mathrm{E}(n_i^\star\widehat{\mu}_i \mid \mathbf{s})\big) = \mathrm{E}\big(n_i^\star\,\mathrm{E}(\widehat{\mu}_i \mid \mathbf{s})\big) = \mathrm{E}(n_i^\star\widehat{\mu}_i^\star)$ nach (9.3.6), (9.3.9) (mutatis mutandis; $n_i^\star$ ist mit $\mathbf{s}$ gegeben (!)) und nach (7.1.11). Mit (9.3.6) und (9.3.4) folgt weiter:

$$\begin{aligned}\mathrm{E}(n_i^\star\widehat{\mu}_i^\star) &= \mathrm{E}\big(\mathrm{E}(n_i^\star\widehat{\mu}_i^\star \mid n_i^\star)\big) = \mathrm{E}\big(n_i^\star\,\mathrm{E}(\widehat{\mu}_i^\star \mid n_i^\star)\big)\\ &= \mathrm{E}\big(n_i^\star\,\mathrm{E}(\widehat{\mu}_i^\star \mid n_i^\star) \bigm| n_i^\star > 0\big)P(n_i^\star > 0),\end{aligned}$$

wobei wir noch die zweite Zeile in (7.1.10) beachten. Da $\mathbf{s}$ eine einfache *mZ*-Stichprobe ist, sind die Summanden der 1. Zeile von (7.1.10) offenbar eine einfache *mZ*-Stichprobe aus $(Y \mid G_i)$, so daß wegen (2.1.3)(1) gilt: Für jede natürliche Zahl r $(r > 0)$ ist $\mathrm{E}(\widehat{\mu}_i^\star \mid n_i^\star = r) = \mu_i$. Insgesamt erhalten wir daher:

$$\mathrm{E}(n_i^\star\widehat{\mu}_i) = \mathrm{E}(n_i^\star\widehat{\mu}_i^\star) = \mathrm{E}(n_i^\star\mu_i \mid n_i^\star > 0)P(n_i^\star > 0) = \mu_i\,\mathrm{E}(n_i^\star \mid n_i^\star > 0)P(n_i^\star > 0).$$

Bedenkt man nun, daß wegen (9.3.4) $\mathrm{E}(n_i^\star) = \mathrm{E}(n_i^\star \mid n_i^\star > 0)P(n_i^\star > 0)$ ist, so erhält man schließlich mit (7.1.7):

$$\mathrm{E}(n_i^\star\widehat{\mu}_i) = \mu_i\,\mathrm{E}(n_i^\star) = \mu_i\, n^\star N_i/N. \qquad \blacksquare$$

Mit Hilfe von Lemma (7.1.9) läßt sich über die in (7.1.6) aufgeführten Schätzer leicht beweisen

(7.1.12) Satz

(1) $\mathrm{E}(\widehat{\mu}_{\mathrm{GG}}) = \mu + \mathrm{O}(1/n^{\star\infty})$;

(2) $\mathrm{E}(\widehat{\mu}^\star_{\mathrm{GG}}) = \mu$.

Beweis:
Zu (1): Folgt aus (7.1.9)(1) mit (3.1.5).

Zu (2): Folgt aus (7.1.9)(3) mit (3.1.5). ■

Bemerkung
Betrachte statt $\widehat{\mu}_{\mathrm{GG}}$ die (nach FLEISCHER (1990)) korrigierte Version:

$$\widehat{\mu}_{\mathrm{GG,korr}} = \sum\nolimits_{i=1}^{k} \frac{N_i}{N} \cdot \frac{\widehat{\mu}_i}{P(n_i^\star > 0)} .$$

Aus (7.1.9)(2) mit (3.1.5)(1) folgt sogleich $\mathrm{E}(\widehat{\mu}_{\mathrm{GG,korr}}) = \mu$. ■

Man kann leicht zeigen, daß (7.1.12) gültig bleibt, wenn man auch $\mathbf{s}$ als *oZ*-Stichprobe zieht! (Siehe z.B. POKROPP (1974), Satz 1 und Satz 4.)

Schätzer–Varianzen

Wir bestimmen nun die Varianzen von $\widehat{\mu}_{GG}$ und $\widehat{\mu}^\star_{GG}$:

(7.1.13) Satz

(1) $\operatorname{Var} \widehat{\mu}_{GG} = \sum_{i=1}^{k} \left(\frac{N_i}{N}\right)^2 \sigma_i^2 \cdot \mathrm{E}\left(\frac{1}{n_i} - \frac{1}{n_i^\star}\right) + \frac{1}{n^\star} \sum_{i=1}^{k} \frac{N_i}{N} \sigma_i^2 + \mathrm{O}\left(\frac{1}{n^{\star 2}}\right);$

(2) $\operatorname{Var} \widehat{\mu}^\star_{GG} = \frac{\sigma^2}{n^\star} + \sum_{i=1}^{k} \mathrm{E}\left(\frac{n_i^\star}{n_i}(n_i^\star - n_i)\right) \frac{\sigma_i^2}{n^{\star 2}} + \mathrm{O}\left(\frac{1}{n^{\star\infty}}\right).$

Beweis:
Zu (1): Aus (9.4.5) — mit $\mathrm{E}(\widehat{\mu}_{GG} \mid \mathrm{S}) = \sum_i (N_i/N) \cdot \widehat{\mu}_i^\star$ (gem. (7.1.11)) $= \widehat{\mu}_{NG}$ (3.5.4) (!!!) — und (3.5.6)(2) schließen wir:

$$\operatorname{Var} \widehat{\mu}_{GG} = \frac{1}{n^\star} \sum_i \frac{N_i}{N} \sigma_i^2 + \mathrm{O}\left(\frac{1}{n^{\star 2}}\right) + \mathrm{E}\big(\operatorname{Var}(\widehat{\mu}_{GG} \mid \mathrm{S})\big) \ .$$

(Man beachte, wodurch hier der Term $\mathrm{O}(1/n^{\star 2})$ entsteht und im Beweis von (2) *nicht* entstehen wird.) Zum Beweis von (1) haben wir also zu zeigen:

(7.1.14) $\mathrm{E}\big(\operatorname{Var}(\widehat{\mu}_{GG} \mid \mathrm{S})\big) = \sum_i \left(\frac{N_i}{N}\right)^2 \sigma_i^2 \cdot \mathrm{E}\left(\frac{1}{n_i} - \frac{1}{n_i^\star}\right) + \mathrm{O}\left(\frac{1}{n^{\star 2}}\right).$

Zur Berechnung von $\mathrm{E}\big(\operatorname{Var}(\widehat{\mu}_{GG} \mid \mathrm{S})\big)$ führen wir ein:

(7.1.15) $\widehat{\sigma}_i^{\star 2} = \begin{cases} (1/n_i^\star) \sum_{u \in \mathrm{S}_i} \big(Y(u) - \widehat{\mu}_i^\star\big)^2 & \text{für } n_i^\star > 0 \,, \\ 0 & \text{für } n_i^\star = 0 \,. \end{cases}$

Bemerkung: Man beachte den Unterschied zwischen den Symbolen * und * : das Symbol * am $\widehat{\sigma}$ bedeutet hier *nicht* eine “korrigierte” Streuung (im Unterschied zu * in (1.3.25)). ■

Nach Konstruktion einer geschichteten Doppelstichprobe S (7.1.3) ist $\operatorname{Var}(\widehat{\mu}_{GG} \mid \mathrm{S})$ die Varianz einer geschichteten Stichprobe aus S mit Gewichtung N_i/N (in $\widehat{\mu}_{GG}$). *Sofern* alle $n_i^\star > 1$ sind, haben wir:

$$\operatorname{Var}(\widehat{\mu}_{GG} \mid \mathrm{S}) = \sum_i \left(\frac{N_i}{N}\right)^2 \frac{1}{n_i} \widehat{\sigma}_i^{\star 2} \left(1 - \frac{n_i - 1}{n_i^\star - 1}\right)$$

— wie man in enger Analogie zu (3.2.9)(2) leicht zeigt. Nun ist nach (9.3.4) ja

$\mathrm{E}(\operatorname{Var}(\widehat{\mu}_{GG} \mid \mathrm{S})) = \mathrm{E}\big(\operatorname{Var}(\widehat{\mu}_{GG} \mid \mathrm{S}) \,\big|\, n_i^\star > 1 \text{ für alle } i\big) \cdot P(n_i^\star > 1 \text{ für alle } i)$

$$+\mathrm{E}\big(\mathrm{Var}\,(\widehat{\mu}_{\mathrm{GG}} \mid \mathbf{s}) \bigm| n_i^\star \le 1 \text{ für einige } i\big) \cdot P(n_i^\star \le 1 \text{ für einige } i)\,.$$

Da nach (9.5.5)(2) die Wahrscheinlichkeit für $n_i^\star \le 1$ nur von der Ordnung $\mathrm{O}(1/n^{\star\infty})$ ist, mithin also

$$P(n_i^\star \le 1 \text{ für einige } i) \le \textstyle\sum_{i=1}^k P(n_i^\star \le 1) = \mathrm{O}(1/n^{\star\infty})$$

gilt, brauchen wir im folgenden tatsächlich

nur diesen Fall: $\quad n_i^\star > 1 \quad$ *für alle* i

zu betrachten; denn Terme $\mathrm{O}(1/n^{\star\infty})$ werden ohnehin von Termen $\mathrm{O}(1/n^{\star 2})$ dominiert. Mit dieser Konvention erhalten wir jetzt:

$$\mathrm{E}\big(\mathrm{Var}(\widehat{\mu}_{\mathrm{GG}} \mid \mathbf{s})\big) \approx \sum_i \left(\frac{N_i}{N}\right)^2 \mathrm{E}\left(\frac{1}{n_i}\left(1 - \frac{n_i - 1}{n_i^\star - 1}\right)\widehat{\sigma}_i^{\star 2}\right).$$

Da — wie bereits bemerkt wurde — die Summanden in (7.1.10) eine einfache *mZ*-Stichprobe aus $(Y \mid G_i)$ darstellen, erhalten wir aus (2.1.3)(4):

(7.1.16) $\mathrm{E}(\widehat{\sigma}_i^{\star 2} \mid n_i^\star) \approx \sigma_i^2 \,\dfrac{n_i^\star - 1}{n_i^\star}\,.$

Setzen wir dies in obigen Ausdruck ein, so ergibt sich:

$$\mathrm{E}\big(\mathrm{Var}\,(\widehat{\mu}_{\mathrm{GG}} \mid \mathbf{s})\big) \approx \sum_i \left(\frac{N_i}{N}\right)^2 \cdot \sigma_i^2 \cdot \mathrm{E}\left(\frac{1}{n_i}\left(1 - \frac{n_i - 1}{n_i^\star - 1}\right)\frac{n_i^\star - 1}{n_i^\star}\right).$$

Nach leichten Umformungen unter dem Erwartungswertoperator E folgt die Behauptung (7.1.14).

Zu (2): Zunächst bemerke man, daß wegen (7.1.11) gilt:

$$\mathrm{E}(\widehat{\mu}_{\mathrm{GG}}^\star \mid \mathbf{s}) = \overline{Y}^\star := \text{arithmetisches Mittel von } Y \text{ auf } \mathbf{s}\,.$$

Da nach (2.1.3)(2) $\mathrm{Var}\,\overline{Y}^\star = \sigma^2/n^\star$ — ohne Fehler–Terme !!! — ist und wegen (9.4.5) die Zerlegung

$$\mathrm{Var}\;\widehat{\mu}_{\mathrm{GG}}^\star = \mathrm{Var}\,\overline{Y}^\star + \mathrm{E}\big(\mathrm{Var}\,(\widehat{\mu}_{\mathrm{GG}}^\star \mid \mathbf{s})\big)$$

gilt, haben wir für den Nachweis von (2) zu zeigen:

(7.1.17) $\mathrm{E}\big(\mathrm{Var}\,(\widehat{\mu}_{\mathrm{GG}}^\star \mid \mathbf{s})\big) = \displaystyle\sum_i \mathrm{E}\left(\frac{n_i^\star}{n_i}(n_i^\star - n_i)\frac{\sigma_i^2}{n^{\star 2}}\right) + \mathrm{O}\left(\frac{1}{n^{\star\infty}}\right).$

Wiederum brauchen wir

nur den Fall: $n_i^\star > 1$ *für alle* i

zu betrachten, wenn wir in folgenden Rechnungen Terme der Ordnung $\mathrm{O}(1/n^{\star\infty})$ nicht aufführen. Wir haben dann unmittelbar aus (3.2.9)(2):

$$\mathrm{Var}\,(\widehat{\mu}_{\mathrm{GG}}^\star \mid \mathbf{s}) \approx \sum_i \left(\frac{n_i^\star}{n^\star}\right)^2 \left(1 - \frac{n_i - 1}{n_i^\star - 1}\right)\frac{\widehat{\sigma}_i^{\star 2}}{n_i},$$

mit $\widehat{\sigma}_i^{\star 2}$ (7.1.15). Mit

$$\begin{aligned}\mathrm{E}\big(\mathrm{Var}\,(\widehat{\mu}^\star_{\mathrm{GG}} \mid \mathbb{S})\big) &= \mathrm{E}\Big(\mathrm{E}\big(\mathrm{Var}\,(\widehat{\mu}^\star_{\mathrm{GG}} \mid \mathbb{S}) \mid n_1^\star, \dots, n_k^\star\big)\Big) \\ &= \sum_i \mathrm{E}\left(\left(\frac{n_i^\star}{n^\star}\right)^2 \left(1 - \frac{n_i - 1}{n_i^\star - 1}\right) \frac{1}{n_i} \mathrm{E}(\widehat{\sigma}_i^{\star 2} \mid n_i^\star)\right)\end{aligned}$$

erhält man wegen (7.1.16)

$$\mathrm{E}\big(\mathrm{Var}\,(\widehat{\mu}^\star_{\mathrm{GG}} \mid \mathbb{S})\big) \approx \sum_i \sigma_i^2 \,\mathrm{E}\left(\left(\frac{n_i^\star}{n^\star}\right)^2 \left(1 - \frac{n_i - 1}{n_i^\star - 1}\right) \frac{n_i^\star - 1}{n_i n_i^\star}\right) ,$$

und nach leichten Umformungen unter dem Erwartungswertoperator E erhält man (7.1.17). ■

Allokation der Stichprobenlängen

Die in (7.1.13) vorkommenden Ausdrücke

(7.1.18) (1) $\mathrm{E}(1/n_i - 1/n_i^\star)$

(2) $\mathrm{E}\big((n_i^\star - n_i)n_i^\star/n_i\big)/n^{\star 2}$

können erst dann näher bestimmt werden, wenn die Abhängigkeit der n_i von den $n_i^\star$ (7.1.3)(2) spezifiziert wird. Wir betrachten die folgenden, besonders wichtigen Fälle:

(7.1.19) Definition
Die Bestimmung der n_i gemäß

(1) $n_i = \min(n_i^0, n_i^\star)$ *mit* $n_i^0 =$ *Konstante* > 0

heißt ***quasi–konstante Allokation****; die Bestimmung gemäß*

(2) $n_i = a_i n_i^\star$ *mit* $1 \geq a_i =$ *Konstante* > 0

heißt ***quasi–proportionale Allokation****. (Eigentlich müßte man in (2) die kleinste natürliche Zahl größer gleich $a_i n_i^\star$ betrachten.)*

Bemerkung
In (7.1.19)(1) sind alle Allokationen subsummiert, bei denen die n_i vor der Ziehung von S bestimmt sind — z.B. gemäß einem der in Abschnitt 3.3 aufgeführten Verfahren! Das Problem kann jedoch sein, daß in S nicht soviel Elemente aus Schicht G_i vorhanden sind, wie für die *oZ*-Stichprobe S_i benötigt werden. Falls also die "gewünschte" Stichprobenlänge n_i^0 größer als n_i^* ist, ist die tatsächliche Länge von S_i gleich n_i^*. In (7.1.19)(2) ist der Fall $a_i = a$ für alle i von besonderem Interesse; er kann als das "stochastische" Analogon zur proportionalen Allokation (3.3.1) gelten. ■

Wir untersuchen nun die Ausdrücke (7.1.18) für die quasi–konstante und quasi–proportionale Allokation (7.1.19).

(7.1.20) Satz

(1) *Bei quasi–konstanter Allokation (7.1.19)(1) ist*

$$\mathrm{E}\left(\frac{1}{n_i} - \frac{1}{n_i^*}\right) = \frac{1}{n_i^0} - \frac{N}{n^* N_i} + \mathrm{O}\left(\frac{1}{n^{*2}}\right) ;$$

(2) *bei quasi–proportionaler Allokation (7.1.19)(2) ist*

$$\mathrm{E}\left(\frac{1}{n_i} - \frac{1}{n_i^*}\right) = \left(\frac{1}{a_i} - 1\right)\frac{N}{n^* N_i} + \mathrm{O}\left(\frac{1}{n^{*2}}\right) ;$$

(3) *bei quasi–konstanter Allokation (7.1.19)(1) ist*

$$\mathrm{E}\left((n_i^* - n_i)\frac{n_i^*}{n_i}\right)\frac{1}{n^{*2}} = \mathrm{O}\left(\frac{1}{n^{*\infty}}\right) + \frac{1}{n^*}\frac{1}{n_i^0}\frac{N_i}{N}\left(1 - \frac{N_i}{N} - n_i^0 + n^*\frac{N_i}{N}\right) ;$$

(4) *bei quasi–proportionaler Allokation (7.1.19)(2) ist*

$$\mathrm{E}\left((n_i^* - n_i)\frac{n_i^*}{n_i}\right)\frac{1}{n^{*2}} = \left(\frac{1}{a_i} - 1\right)\frac{1}{n^*}\frac{N_i}{N} .$$

Beweis:
Zu (1): Mit (9.3.4) und (9.5.5)(2) schließen wir:

$$\mathrm{E}\left(\frac{1}{n_i}\right) = \mathrm{E}\left(\frac{1}{n_i} \,\middle|\, n_i^* \geq n_i^0\right) P(n_i^* \geq n_i^0) + \mathrm{O}\left(\frac{1}{n^{*\infty}}\right) = \frac{1}{n_i^0} + \mathrm{O}\left(\frac{1}{n^{*\infty}}\right) ,$$

da $P(n_i^* < n_i^0) = \mathrm{O}(1/n^{*\infty})$ ist. Der Rest ergibt sich aus (3.5.13) mit n^* (7.1.3) statt n (beachte auch (7.1.7)).

Zu (2): Es ist $\quad \mathrm{E}\left(\frac{1}{n_i} - \frac{1}{n_i^*}\right) = \left(\frac{1}{a_i} - 1\right)\mathrm{E}\left(\frac{1}{n_i^*}\right) ,$

und nun besorgt (3.5.13) wiederum den Rest (mit n^* statt n).

Zu (3): Es ist $\quad \mathrm{E}\left((n_i^* - n_i)\frac{n_i^*}{n_i}\right) = \mathrm{E}\left(\frac{n_i^{*2}}{n_i}\right) - \mathrm{E}(n_i^*)$

$$= \mathrm{E}\left(\frac{n_i^{\star 2}}{n_i} \,\middle|\, n_i^\star \geq n_i^0\right) P(n_i^\star \geq n_i^0) + \mathrm{O}\left(\frac{1}{n^{\star\infty}}\right) - n^\star \frac{N_i}{N}$$

(mit (9.5.5)(2)). Mit (7.1.19)(1) folgt:

$$\mathrm{E}\left(\frac{n_i^{\star 2}}{n_i}\right) - \mathrm{E}(n_i^\star) = \frac{1}{n_i^0}\,\mathrm{E}(n_i^{\star 2}) - n^\star \frac{N_i}{N} + \mathrm{O}\left(\frac{1}{n^{\star\infty}}\right) .$$

Setzt man hierin ein $\mathrm{E}(n_i^{\star 2}) = n^{\star 2}\left(\frac{N_i}{N}\right)^2 + n^\star \frac{N_i}{N}\left(1 - \frac{N_i}{N}\right)$ (siehe (7.1.7)), so folgt die Behauptung.

Zu (4): Man hat mit (7.1.19)(2)

$$\mathrm{E}\left((n_i^\star - n_i)\frac{n_i^\star}{n_i}\right) = \mathrm{E}(n_i^\star)(1 - a_i)\frac{1}{a_i} = n^\star \frac{N_i}{N}\left(\frac{1}{a_i} - 1\right). \qquad \blacksquare$$

Die Untersuchung von Schätzern für Var $\widehat{\mu}_{GG}$ und Var $\widehat{\mu}^\star_{GG}$ in (7.1.13) würde den hier gesteckten Rahmen weit überschreiten. In der Literatur findet man Angaben dazu für den Fall, daß auch S in (7.1.3) eine *oZ*-Stichprobe ist. (Siehe z.B. Cochran (1972), S. 389ff, Rao,J.N.K. (1973).)

Es bleibt dem Leser überlassen, aus (7.1.13) und (7.1.20) die jeweils gewünschte Varianz — für die Schätzer (7.1.6) mit den Allokationen (7.1.19) — explizit hinzuschreiben.

7.2 Geschichtete Stichproben mit unbekannten, geschätzten Quoten

In der Praxis steht man gelegentlich vor folgender Situation: Bei einer gegebenen Schichtung $G_1, \ldots, G_k$ von G ist zwar eine Schätzung $\widehat{\mu}_i$ des Mittelwertes von Y in G_i — den wir ja mit $\mu_i = \mathrm{E}_{P_0}(Y \mid G_i)$ bezeichnen — möglich; die Schätzung von μ scheitert jedoch daran, daß die Quoten $q_i = N_i/N$ unbekannt sind und die Schätzfunktion (3.2.2) daher nicht zur Verfügung steht. Zumindest lassen sich praktische Situationen so beschreiben, als sei die Ziehung von S_i aus G_i resp. die Schätzung von μ_i kein Problem, obgleich die N_i/N unbekannt sind. Wir illustrieren dies an zwei Beispielen.

Beispiel 1: Zu einem bestimmten Zeitpunkt t_0 sind $G_1, \ldots, G_k$ verfügbar, und $\mathsf{S} = (\mathsf{S}_1, \ldots, \mathsf{S}_k)$ kann als geschichtete Stichprobe gezogen werden. Zu einem späteren Zeitpunkt t_1 werden dieselben Elemente S nach ihren Y-Werten befragt, auch wenn die Schichten und mit ihnen die Quoten N_i/N sich im Lauf der Zeit geändert haben. Sind die Schichten sehr "homogen", so wird der Mittelwert von Y in "G_i zur Zeit t_1" kaum abweichen vom Mittelwert von Y in "G_i zur Zeit t_0", sofern die Definition der G_i (z.B. durch ein Schichtungsmerkmal) geeignet gewählt ist. Man wird dann die zur Zeit t_0 gezogene Stichprobe S benutzen können, um die Mittelwerte von Y in den G_i zur Zeit t_1 (nach Erhebung zur Zeit t_1 von Y in G_i !) zu schätzen, ohne daß große Verzerrungen zu erwarten sind. Wir behandeln dann S so, als sei es auch eine zur Zeit t_1 gezogene geschichtete Stichprobe. Die Quoten "N_i/N zur Zeit t_1" muß man nun jedoch als unbekannt ansehen. ■

Bemerkung
Das oben genannte Beispiel 1 weist eine gewisse Verwandschaft auf mit Problemen, die bei **Panel–Stichproben** auftreten: dieselbe Personengruppe (das "Panel", die "Stichprobe") wird zu mehreren Zeitpunkten nach dem Untersuchungsmerkmal Y befragt. Rückschlüsse von Veränderungen innerhalb des Panels auf Veränderungen innerhalb der gesamten Population sind im allgemeinen mit kalkulierbaren Risiken nur dann möglich, wenn gewisse andere Parameter — z.B. die Quoten wie in Beispiel 1 — gegeben sind. ■

Beispiel 2: Die Schichten sind in dem Sinne verfügbar, daß mit Hilfe eines geeigneten Verfahrens S_i aus G_i gezogen werden kann, ohne daß dabei die Schichtgröße N_i benötigt wird. Beispielsweise kann G_i definiert sein als "geographisches Gebiet Nr. i", und die Ziehung von S_i erfolgt in mehreren Stufen mit Hilfe "natürlicher Klumpen" oder "künstlicher" Koordinaten–Netze resp. der dadurch erzeugten "künstlichen" Klumpen (siehe z.B. das Beispiel am Anfang von Kapitel 5). Man hätte dann eine Schätzung $\widehat{\mu}_i$ für μ_i, ohne doch die Quote N_i/N zu kennen. ■

Geschichtete unabhängige Doppelstichproben

Als Ausweg aus der geschilderten Situation bietet sich an, auch die Quoten zu schätzen. Wir gehen davon aus, daß die Erhebung des Merkmals

$$X = \text{"Schichtindex"} \text{ — also: } X(u) = i \quad \text{für } u \in G_i \text{ —}$$

kein Problem darstellt und schnell und preiswert erfolgen kann. Desgleichen möge G für die Ziehung einfacher Stichproben verfügbar sein, so daß sich die Ziehung einer "langen" einfachen Zufallsstichprobe für die Schätzung von N_i/N anbietet.

Es sei also nach wie vor Situation (7.1.1) *mit verfügbaren Schichten* G_i, jedoch *unbekannten Quoten* N_i/N gegeben. Ferner sei — wie in (3.2.1) —

(7.2.1) (1) $\mathsf{S} = (\mathsf{S}_1, \ldots, \mathsf{S}_k)$ eine geschichtete Stichprobe aus G .

Weiter sei $\widehat{\mu}_i = \widehat{\mu}_i(\mathsf{S}_i, Y(u) : u \in \mathsf{S}_i)$ eine auf der i–ten Teilstichprobe S_i basierende Schätzung von μ_i mit

(2) $\mathrm{E}(\widehat{\mu}_i) = \mu_i$, Var $\widehat{\mu}_i = \tau_i^2$.

Schließlich sei $\widehat{\tau}_i^2$ eine auf S_i basierende Schätzfunktion für τ_i^2 mit

(3) $\mathrm{E}(\widehat{\tau}_i^2) = \tau_i^2$.

Für die Schätzung der (hier ja unbekannten Quoten) N_i/N sei nun

(7.2.2) $\mathbf{S}$: einfache *mZ*-Stichprobe aus G mit $\#(\mathbf{S}) = n^*$,

$\mathbf{S}$: unabhängig von S (7.2.1),

$\mathbf{S}_i$: wie in (7.1.3)(1) mit $n_i^* = \#(\mathbf{S}_i)$.

Bemerkung: Anders als in (7.1.2), (7.1.3) spielt hier $\mathbf{S}$ lediglich die "Nebenrolle", eine Schätzung für N_i/N zu ermöglichen. Wir benutzen daher — um den Unterschied auch notationell ein wenig sichtbar zu machen — das Symbol $*$ statt $\star$ (wie in 7.1) für im Zusammenhang mit $\mathbf{S}$ stehende Größen. ■

(7.2.3) Definition
Wir nennen das Paar (S , $\mathbf{S}$) *eine* ***geschichtete unabhängige Doppelstichprobe***.

G–Schätzer mit geschätzten Quoten

Wir betrachten nun n_i^*/n^* als

Quoten–Schätzer: $[\widehat{N_i/N}] = n_i^*/n^*$

und bedienen uns statt des in (3.2.2) angegebenen Schätzers $\widehat{\mu}_{\mathrm{G}}$ nun der Schätzfunktion

$$\textbf{(7.2.4)}\quad \widehat{\mu}_{\mathrm{G}}^* = \sum_{i=1}^{k} \frac{n_i^*}{n^*}\,\widehat{\mu}_i \;.$$

(7.2.5) Satz

(1) $\mathrm{E}(\widehat{\mu}_{\mathrm{G}}^*) = \mu$;

(2) $$\mathrm{Var}\;\widehat{\mu}_{\mathrm{G}}^* = \sum_{i=1}^{k}\left(\frac{N_i}{N}\right)^2\tau_i^2 + \frac{1}{n^*}\sum_{i=1}^{k}\frac{N_i}{N}(\mu_i-\mu)^2 + \frac{1}{n^*}\sum_{i=1}^{k}\frac{N_i}{N}\left(1-\frac{N_i}{N}\right)\tau_i^2$$

(man bemerke, daß die erste Summe gleich der Varianz des Schätzers (3.2.2) *ist; siehe* (3.2.3)(2)*);*

(3) *Eine unverzerrte Schätzung für* Var $\widehat{\mu}_{\mathrm{G}}^*$ *ist*

$$\widehat{\mathrm{Var}}\;\widehat{\mu}_{\mathrm{G}}^* = \frac{n^*}{n^*-1}\cdot\sum_{i=1}^{k}\left(\frac{n_i^*}{n^*}\right)^2\widehat{\tau}_i^2 + \frac{1}{n^*-1}\sum_{i=1}^{k}\frac{n_i^*}{n^*}(\widehat{\mu}_i^2-\widehat{\tau}_i^2) - \frac{1}{n^*-1}\widehat{\mu}_{\mathrm{G}}^{*2} \;.$$

Beweis:

Zu (1): Aufgrund von (7.2.2) sind n_i^* und $\widehat{\mu}_i$ voneinander unabhängig. Nach (7.1.7) ist aber $\mathrm{E}(n_i^*/n^*) = N_i/N$, nach (7.2.1)(2) ist $\mathrm{E}(\widehat{\mu}_i) = \mu_i$. Also ist $\mathrm{E}(\widehat{\mu}_i n_i^*/n^*) = \mu_i N_i/N$; der Rest folgt nun aus (7.1.1).

Zu (2): Wir schreiben: $\quad \mathrm{Var}\ \widehat{\mu}_{\mathrm{G}}^* = \sum_{i=1}^k A_i + \sum_{\{i,j=1 \atop i\neq j\}}^k B_{ij} \quad$ mit

$$\textbf{(7.2.6)}\quad (1)\ \ A_i = \mathrm{Var}\left(\frac{n_i^*}{n^*}\widehat{\mu}_i\right),$$

$$(2)\ \ B_{ij} = \mathrm{Cov}\left(\frac{n_i^*}{n^*}\widehat{\mu}_i\,,\ \frac{n_j^*}{n^*}\widehat{\mu}_j\right) \quad \text{für } i \neq j\ .$$

Wir zeigen:

$$\textbf{(7.2.7)}\quad (1)\ \ A_i = \left(\frac{N_i}{N}\right)^2 \tau_i^2 + \frac{1}{n^*}\frac{N_i}{N}\left(1 - \frac{N_i}{N}\right)(\tau_i^2 + \mu_i^2)\ ;$$

$$(2)\ \ B_{ij} = -\frac{1}{n^*}\frac{N_i}{N}\frac{N_j}{N}\cdot \mu_i\mu_j \quad \text{für } i \neq j\ .$$

Für die Berechnung von A_i in (7.2.6)(1) beachten wir die Unabhängigkeit von S und **S** (7.2.2) und erhalten:

$$A_i = \mathrm{E}(\widehat{\mu}_i^2)\,\mathrm{E}\left(\frac{n_i^{*2}}{n^{*2}}\right) - \mu_i^2\left(\frac{N_i}{N}\right)^2.$$

Dies ist mit (7.2.1)(2), (3) und (7.1.7) gleich

$$(\mu_i^2 + \tau_i^2)\left(\left(\frac{N_i}{N}\right)^2 + \frac{1}{n^*}\frac{N_i}{N}\left(1 - \frac{N_i}{N}\right)\right) - \mu_i^2\left(\frac{N_i}{N}\right)^2,$$

und hieraus folgt sogleich (7.2.7)(1).

Für die Berechnung der B_{ij} aus (7.2.6)(2) ist (7.2.2) ebenso entscheidend wie die Tatsache, daß in einer geschichteten Stichprobe die Teilstichproben S_i (und damit die auf ihnen basierenden Schätzer $\widehat{\mu}_i$) voneinander unabhängig sind. Wir haben daher:

$$\begin{aligned}
B_{ij} &= \mathrm{E}\left(\widehat{\mu}_i\frac{n_i^*}{n^*}\cdot\widehat{\mu}_j\frac{n_j^*}{n^*}\right) - \mathrm{E}\left(\widehat{\mu}_i\frac{n_i^*}{n^*}\right)\cdot\mathrm{E}\left(\widehat{\mu}_j\frac{n_j^*}{n^*}\right)\\
&= \mathrm{E}(\widehat{\mu}_i\widehat{\mu}_j)\,\mathrm{E}\left(\frac{n_i^*n_j^*}{n^{*2}}\right) - \mathrm{E}(\widehat{\mu}_i)\,\mathrm{E}(\widehat{\mu}_j)\,\mathrm{E}\left(\frac{n_i^*}{n^*}\right)\mathrm{E}\left(\frac{n_j^*}{n^*}\right)\\
&= \mu_i\mu_j\cdot\left(\mathrm{E}(n_i^*n_j^*) - \mathrm{E}(n_i^*)\,\mathrm{E}(n_j^*)\right)\cdot\frac{1}{n^{*2}}\\
&= \mu_i\mu_j\,\frac{1}{n^{*2}}\,\mathrm{Cov}(n_i^*, n_j^*).
\end{aligned}$$

Offenbar ist der Beweis von (7.2.7)(2) beendet, wenn wir gezeigt haben:

(7.2.8) $\mathrm{Cov}(n_i^*, n_j^*) = -n^* \dfrac{N_i}{N}\dfrac{N_j}{N} \quad \text{für } i \neq j\,.$

Um (7.2.8) zu beweisen, "identifizieren" wir (7.2.8) mit (4.2.17)(3) (mit n^* statt n, N_i/N statt p_i) durch Betrachten des folgenden Stichproben–Verfahrens:

Ziehe eine mZ–P^K–Stichprobe (4.2.2) (!) aus $G^K = \{G_1, \ldots, G_k\}$ mit G als assoziierter Zettel–Population (4.3.8). Dann ist offenkundig

$n_i^* = H_i =$ Häufigkeit von G_i ,

$p_i = P(G_i) = N_i/N$ für die Grund–Verteilung P^K .

Also folgt nun (7.2.8) sofort aus (4.2.17)(3).

Nachdem (7.2.7) bewiesen ist, summieren wir nun über alle A_i und alle B_{ij} $(i \neq j)$ und erhalten nach elementaren Umformungen die Behauptung (7.2.5)(2), wobei wir insbesondere benutzen

$$-\sum\nolimits_{\left\{ {i,j \atop i\neq j} \right\}} c_i c_j = -\sum_{i,j} c_i c_j + \sum_i c_i^2 = -\Big(\sum_i c_i\Big)^2 + \sum_i c_i^2$$

mit $c_i = \mu_i N_i/N$; ferner ist $\sum\nolimits_i \dfrac{N_i}{N}\mu_i^2 - \mu^2 = \sum\nolimits_i \dfrac{N_i}{N}(\mu_i - \mu)^2$.

Zu (3): Aus (7.2.2), (7.1.7) und (7.2.1)(3) folgern wir:

(7.2.9) $\mathrm{E}\left(\widehat{\tau}_i^2 \cdot \dfrac{n_i^{*2}}{n^{*2}}\right) = \tau_i^2\left(\left(\dfrac{N_i}{N}\right)^2 + \dfrac{1}{n^*}\dfrac{N_i}{N}\left(1 - \dfrac{N_i}{N}\right)\right).$

Beachtet man zusätzlich (7.2.1)(2), so folgt

(7.2.10) $\mathrm{E}\left(\dfrac{n_i^*}{n^*}(\widehat{\mu}_i^2 - \widehat{\tau}_i^2)\right) = \dfrac{N_i}{N}(\mu_i^2 + \tau_i^2 - \tau_i^2) = \mu_i^2\dfrac{N_i}{N}.$

Ferner folgt aus (7.2.5)(1)

(7.2.11) $\mathrm{E}(\widehat{\mu}_{\mathrm{G}}^{*2}) = \mu^2 + \mathrm{Var}\ \widehat{\mu}_{\mathrm{G}}^*$ (mit $\mathrm{Var}\ \widehat{\mu}_{\mathrm{G}}^*$ (7.2.5)(2)).

Bildet man nun in $\widehat{\mathrm{Var}}\ \widehat{\mu}_{\mathrm{G}}^*$ aus (7.2.5)(3) den Erwartungswert und setzt man nun für jeden Term die entsprechenden Ausdrücke (7.2.9), (7.2.10), (7.2.11) ein, so erhält man unter Verwendung von (7.2.5)(2) die Behauptung (7.2.5)(3) nach einigen elementaren Umformungen. ■

Varianzvergleiche

Es mag instruktiv sein, $\operatorname{Var}\widehat{\mu}_G^*$ aus (7.2.5)(2) auf die beiden folgenden Arten zu schreiben, wobei wir uns folgender Notation bedienen:

$\widehat{\mu}_G$ für den Schätzer (3.2.2) bei bekannten Quoten,

$\sigma^2_{\text{extern}} = \sum_i (N_i/N)(\mu_i - \mu)^2$ in der Zerlegung (3.1.5),

$V^2 = \sum_i (N_i/N)\big(1 - (N_i/N)\big)\tau_i^2$:

(7.2.12) (1) $$\operatorname{Var}\widehat{\mu}_G^* = \operatorname{Var}\widehat{\mu}_G + O\Big(\frac{1}{n^*}\Big);$$

(2) $$\operatorname{Var}\widehat{\mu}_G^* = \operatorname{Var}\widehat{\mu}_G + \frac{1}{n^*}\cdot\sigma^2_{\text{extern}} + \frac{1}{n^*}\cdot V^2 .$$

Aus (7.2.12)(1) ersieht man, daß die durch die Schätzung der Quoten bedingte Zunahme (nur) von der Ordnung $O(1/n^*)$ ist. Bei "hinreichend" großem n^* kann man $O(1/n^*)$ vernachlässigen. In (7.2.12)(2) findet man (leider!) auch die externe Varianz als Bestandteil von $\operatorname{Var}\widehat{\mu}_G^*$. Sind die Schichten G_i "sehr homogen", so werden die internen Varianzen klein sein (darauf beruht ja der eigentliche Vorteil der geschichteten Stichprobe; siehe (3.2.9)(2)); die externe Varianz σ^2_{extern} wird also relativ groß sein! (Siehe auch die Bemerkungen im Anschluß an (3.3.7).)

Betrachtet man in (7.2.12)(2) in $\widehat{\mu}$ eine "proportionale Allokation" (3.3.1) (die an sich ja nicht möglich ist, da die N_i/N unbekannt sind!), so erhält man für einfache geschichtete mZ-Stichproben S (siehe auch (3.2.4)) mit Hilfe von (3.2.5) und (3.3.7):

$$\operatorname{Var}\widehat{\mu}_G^* = \operatorname{Var}_{P_0}\overline{Y} - \Big(\frac{1}{n} - \frac{1}{n^*}\Big)\sigma^2_{\text{extern}} + \frac{1}{n^*}V^2,$$

wobei $\overline{Y}$ das arithmetische Mittel aus einer einfachen ((!); siehe P_0 (2.1.1)(1)) mZ-Stichprobe ist. Wir sehen: Wenn nicht n^* deutlich größer als n ist (und damit $-(1/n - 1/n^*)$ deutlich negativ ist), ist (bei propotionaler Allokation) die Schätzung aus einer geschichteten Stichprobe mit unbekannten Quoten schlechter als die Schätzung aus einer einfachen Stichprobe derselben Länge.

7.3 Schätzungen mit Hilfe von Vorkenntnissen aus Doppelstichproben

Unabhängige mZ-Doppelstichproben

Um einen der in Kapitel 6 behandelten Schätzer $\widehat{\mu}$ berechnen zu können, benötigt man die (Vor–) Kenntnis des Mittelwertes μ_X der Hilfsvariablen X. In vielen praktischen Anwendungen ist diese Vorkenntnis nicht vorhanden. Wenn jedoch die Erhebung von X vergleichsweise *schnell und preiswert* zu bewerkstelligen ist, bietet sich an, zunächst auf einer "langen" "Vor-Stichprobe" (oder "Zusatz-Stichprobe") X zu erheben und daraus μ_X zu schätzen und sodann die "Schätzer mit Vorkenntnis" mit $\widehat{\mu}_X$ statt mit μ_X zu berechnen.

(7.3.1) Definition
Es seien

(1) $\mathcal{S} = (\mathcal{U}_1, \ldots, \mathcal{U}_{n^*})$, $\mathsf{S} = (\mathsf{U}_1, \ldots, \mathsf{U}_n)$ *(i.d.R.* $n^* >> n$*)*
voneinander unabhängige einfache mZ–Stichproben aus G.

$\mathsf{S}_{\text{Dop}} := (\mathcal{S}, \mathsf{S}) = (\mathcal{U}_1, \ldots, \mathcal{U}_{n^*}, \mathsf{U}_1, \ldots, \mathsf{U}_n)$ *heißt (**unabhängige**) mZ–**Doppelstichprobe** (aus* G*).*

(2) X *wird auf* S_{Dop}, *also auf* S *und* $\mathcal{S}$ *erhoben,*

Y *wird nur auf* S *erhoben!*

(7.3.2) Bemerkung
Alternativ zu (7.3.1)(1) könnte man zunächst

e i n e einfache *mZ*-Stichprobe $\mathsf{S}^*_{\text{Dop}} = (\mathsf{U}^*_1, \ldots, \mathsf{U}^*_{n^*}, \mathsf{U}^*_{n^*+1}, \ldots, \mathsf{U}^*_{n^*+n})$

der Länge $n^* + n$ ziehen und diese dann in $\mathcal{S}$ und S "aufteilen". Genauer:

(1) Zunächst wird die *unabhängige Doppelstichprobe* $\mathsf{S}^*_{\text{Dop}}$ als einfache *mZ*–Stichprobe gezogen mit

$P(\mathsf{S}^*_{\text{Dop}} = \mathsf{s}^*) = (1/N)^{n^*+n}$ für jedes $\mathsf{s}^* \in G^{n^*+n}$ (siehe (2.1.1)(2)).

(2) Aus den $n^* + n$ Komponenten von $\mathsf{S}^*_{\text{Dop}}$ wird gem. (2.2.1) eine einfache (geordnete) *oZ*-Stichprobe S^{**} gezogen mit

$$P(\mathsf{S}^{**} = \mathsf{s}^{**} \mid \mathsf{S}^*_{\text{Dop}}) = \frac{1}{(n^* + n)(n^* + n - 1) \cdot \ldots \cdot (n^* + 1)}$$

für jedes mögliche $\mathsf{s}^{**} \in (\mathsf{S}^*_{\text{Dop}})^n$.

Um sich klar zu machen, daß man auf diese Weise tatsächlich eine einfache *mZ*–Stichprobe aus G (!) der Länge n zieht, beachte man nun, daß es offenkundig zu gegebenem $\mathsf{s} \in G^n$ genau

$$N^{n^*} \cdot (n^* + n)(n^* + n - 1) \cdot \ldots \cdot (n^* + 1)$$

verschiedene $\mathsf{s}^* \in G^{n^*+n}$ gibt, die s als Teilvektor enthalten; denn die Anzahl der Möglichkeiten für $(\mathsf{U}^*_1, \ldots, \mathsf{U}^*_{n^*})$ — beispielsweise, wenn $(\mathsf{U}^*_{n^*+1}, \ldots, \mathsf{U}^*_{n^*+n}) = \mathsf{s}$ ist — ist gleich N^{n^*}, und es gibt $(n^* + n)(n^* + n - 1) \cdot \ldots \cdot (n^* + 1)$ Möglichkeiten, die n Stellen für den Teilvektor s aus den $n^* + n$ Stellen von s^* auszuwählen. Wir haben also

$$P(\mathsf{S}^{**} = \mathsf{s}) = \sum\nolimits_{\{\mathsf{S}^*_{\mathrm{Dop}}:\mathsf{S}^*_{\mathrm{Dop}} \text{ enthält } \mathsf{s} \text{ als Teilvektor}\}} P(\mathsf{S} = \mathsf{s} \mid \mathsf{S}^*_{\mathrm{Dop}}) \cdot P(\mathsf{S}^*_{\mathrm{Dop}})$$

$$= N^{n^*} \cdot (n^* + n) \cdot \ldots \cdot (n^* + 1) \cdot \frac{1}{(n^* + n) \cdot \ldots \cdot (n^* + 1)} \cdot (1/N)^{n^* + n} = (1/N)^n$$

— was zu zeigen war. Da die im folgenden vorkommenden Statistiken *symmetrisch* in den Stichprobenvariablen sind, die Reihenfolge der Stichprobenvariablen also irrelevant ist, spielt es keine Rolle, ob wir im folgenden $\mathsf{S}^*_{\mathrm{Dop}}$ oder $\mathsf{S}_{\mathrm{Dop}}$ in bedingten Betrachtungen als gegeben ansehen. ∎

Schätzer mit Vorkenntnis aus Doppelstichproben

Es sei weiter (beachte zur Notation auch (1.3.6))

(7.3.3) Definition

(1) $\widehat{\mu}^*_X := \overline{X}^* := \frac{1}{n^*} \sum\nolimits_{u \in \mathbf{S}} X(u)$ *(auf* $\mathbf{S}$ *),* $\quad \overline{X} = \frac{1}{n} \sum\nolimits_{u \in \mathsf{S}} X(u)$ *(auf* S *),*

$\widehat{\mu}_X = \overline{X}_{\mathbf{D}} := \frac{1}{n^* + n}(n^* \cdot \widehat{\mu}^*_X + n \cdot \overline{X})$ *(auf* $\mathsf{S}_{\mathrm{Dop}}$ *);*

$\overline{Y}^*$ *auf* $\mathbf{S}$ *(unbekannt),* $\overline{Y}$ *auf* S *(bekannt), analog,*

$\overline{Y}_{\mathbf{D}} = \frac{1}{n^* + n}(n^* \cdot \overline{Y}^* + n \cdot \overline{Y})$ *auf* $\mathsf{S}_{\mathrm{Dop}}$ *(unbekannt);*

$S_{X_{\mathrm{D}}, Y_{\mathrm{D}}} = \frac{1}{n^* + n} \sum\nolimits_{\{u \in \mathsf{S}_{\mathrm{Dop}}\}} (X(u) - \widehat{\mu}_X) \cdot (Y(u) - \overline{Y}_{\mathbf{D}})$ *sowie*

$S^2_{Y_{\mathrm{D}}}$ *auf* $\mathsf{S}_{\mathrm{Dop}}$ *(unbekannt),* $S^2_{X_{\mathrm{D}}}$ *(bekannt) analog.*

Setze nun

(2) $\widehat{\widehat{\mu}}_{\mathbf{Dif}} = \overline{Y} - (\overline{X} - \widehat{\mu}_X)$ *(siehe (6.2.1));*

$\widehat{\widehat{\mu}}_{\mathbf{Reg}} = \overline{Y} - \frac{S_{XY}}{S^2_X} \cdot (\overline{X} - \widehat{\mu}_X)$ *für* $S^2_X > 0$ *(siehe (6.3.1));*

$\widehat{\widehat{\mu}}_{\mathbf{V}} = \frac{\overline{Y}}{\overline{X}} \cdot \widehat{\mu}_X$ *für* $\overline{X} \neq 0$ *(siehe (6.5.1));*

$\widehat{\widehat{\mu}}_{\mathbf{HR}} = \overline{[Y/X]} \cdot \widehat{\mu}_X + \left(1 - \frac{1}{n^* + n}\right) \cdot \frac{n}{n-1} \cdot \left(\overline{Y} - \overline{[Y/X]} \cdot \overline{X}\right)$ *(siehe (6.6.1)(1)).*

Die in (2) erklärten Schätzer heißen ***Differenzen–, Regressions–, Verhältnis–, Hartley–Ross–Schätzer*** *(resp.)* ***aus einer (unabhängigen)*** *mZ–* ***Doppelstichprobe.***

Natürlich stellt sich nun die Frage, welche Eigenschaften die in (7.3.3)(2) eingeführten Schätzer haben. Aufgrund von (7.3.2) und der in Kapitel 6 mitgeteilten Resultate ergeben sich — unter Beachtung von (6.0.4) — sofort folgende Aussagen über *bedingte Erwartungen* auf der "eigentlichen" Stichprobe S, gegeben $\mathsf{S}_{\mathrm{Dop}}$:

(7.3.4) Lemma

(1) $\mathrm{E}(\widehat{\mu}_{\mathbf{Dif}} \mid \mathsf{S}_{\mathbf{Dop}}) = \overline{Y}_{\mathbf{D}}$ *(siehe (6.2.2)(1));*

(2) $\mathrm{E}(\widehat{\mu}_{\mathbf{Reg}} \mid \mathsf{S}_{\mathbf{Dop}}) = \overline{Y}_{\mathbf{D}} + \mathrm{O}(1/n)$ *(siehe (6.3.2)(1));*

(3) $\mathrm{E}(\widehat{\mu}_{\mathbf{V}} \mid \mathsf{S}_{\mathbf{Dop}}) = \overline{Y}_{\mathbf{D}} + \mathrm{O}(1/n)$ *(siehe (6.5.2)(1));*

(4) $\mathrm{E}(\widehat{\mu}_{\mathbf{HR}} \mid \mathsf{S}_{\mathbf{Dop}}) = \overline{Y}_{\mathbf{D}}$ *(siehe (6.6.2)(1)).*

Nunmehr läßt sich sofort folgender Satz leicht beweisen:

(7.3.5) Satz

(1) $\mathrm{E}(\widehat{\mu}_{\mathbf{Dif}}) = \mu$;

(2) $\mathrm{E}(\widehat{\mu}_{\mathbf{Reg}}) = \mu + \mathrm{O}(1/n)$;

(3) $\mathrm{E}(\widehat{\mu}_{\mathbf{V}}) = \mu + \mathrm{O}(1/n)$;

(4) $\mathrm{E}(\widehat{\mu}_{\mathbf{HR}}) = \mu$.

Beweis: Nach (9.3.6) ist $\mathrm{E}(\,\widehat{\mu}\,) = \mathrm{E}\left[\mathrm{E}(\widehat{\mu} \mid \mathsf{S}_{\mathbf{Dop}})\right]$. Man beachte nun (7.3.4) und (2.2.2) (!), (2.2.3)(1) (!). ∎

Varianzen der Schätzer

Auskunft über die Varianzen der Schätzer aus Doppel–Stichproben erhält man aus folgendem Satz:

(7.3.6) Satz

(1) $\mathrm{Var}\,(\widehat{\mu}_{\mathbf{Dif}}) = \dfrac{1}{n}\left(\sigma_Y^2 + \dfrac{n^*}{n^*+n}\cdot\left[\sigma_X^2 - 2\,\sigma_{X\,Y}\right]\right)$;

(2) $\mathrm{Var}\;\widehat{\mu}_{\mathbf{Reg}} = \dfrac{1}{n}\cdot\left(\sigma_Y^2 - \dfrac{n^*}{n^*+n}\cdot\dfrac{\sigma_{X\,Y}^2}{\sigma_X^2}\right) + \mathrm{O}(n^{-3/2})$

(siehe jedoch auch (7.3.8));

(3) $\mathrm{Var}\;\widehat{\mu}_{\mathbf{V}} = \dfrac{1}{n}\left(\sigma_Y^2 + \dfrac{n^*}{n^*+n}\cdot\left[\dfrac{\mu^2}{\mu_X^2}\sigma_X^2 - 2\,\dfrac{\mu}{\mu_X}\sigma_{X,Y}\right]\right) + \mathrm{O}(n^{-3/2})$

(siehe jedoch auch (7.3.8));

(4) $\mathrm{Var}\,(\widehat{\mu}_{\mathbf{HR}}) = \dfrac{1}{n}\left(\sigma_Y^2 + \dfrac{n^*}{n^*+n}\cdot\left[\mu_{[Y/X]}^2\sigma_X^2 - 2\,\mu_{[Y/X]}\sigma_{X,Y}\right]\right) + \mathrm{O}(n^{-3/2})$.

Bemerkung
Ein Vergleich der Schätzer $\widehat{\widehat{\mu}}$ aus (7.3.6) mit

Var $\widehat{\mu}_{\mathbf{Dif}}$ (6.2.2)(2) mit der *zusätzlichen Annahme* (6.2.3)(*) resp.

Var $\widehat{\mu}_{\mathbf{Reg}}$ (6.3.2)(2) resp.

Var $\widehat{\mu}_{\mathbf{V}}$ (6.5.2)(2) mit der *zusätzlichen Annahme* (6.5.3)(*) resp.

Var $\widehat{\mu}_{\mathbf{HR}}$ (6.6.2)(2) mit der *zusätzlichen Annahme* (6.6.3)(*)

zeigt, daß — natürlich !!! — die entprechenden Schätzer aus Kapitel 6 "besser" sind als die hier in (7.3.6) behandelten. Man wird dafür, daß statt μ_X eine *Schätzung* von μ_X in den Schätzer $\widehat{\mu}_Y$ eingeht, mit Vergrößerung der (Hauptterme der) Varianz "bestraft". ■

Beweis (Skizze):
Zu (1): Eine leichte Rechnung zeigt:

$$\textbf{(7.3.7)}\quad \overline{X} - \widehat{\mu}_X = \beta\,(\overline{X} - \widehat{\mu}_X^*) \qquad \text{mit } \beta = \frac{n^*}{n^* + n} .$$

Mit (7.3.7) haben wir zunächst die Darstellung

$$\widehat{\widehat{\mu}}_{\mathbf{Dif}} = \overline{Y} - \beta\,(\overline{X} - \widehat{\mu}_X^*) .$$

Da $\widehat{\mu}_X^*$ stochastisch unabhängig ist von $\overline{X}$ und $\overline{Y}$ (siehe (7.3.1)(1),(7.3.3)), ist

$$\operatorname{Var}\, \widehat{\widehat{\mu}}_{\mathbf{Dif}} = \operatorname{Var} \overline{Y} + \beta\,(\operatorname{Var} \overline{X} + \operatorname{Var}\, \widehat{\mu}_X^*) - 2\beta\, \operatorname{Cov}(\overline{Y}\,,\, \overline{X}) .$$

Beachte nun (2.1.3)(2), (6.0.9).

Zu (2): Mit (7.3.7) haben wir zunächst die Darstellung

$$\widehat{\widehat{\mu}}_{\mathbf{Reg}} = \overline{Y} - \beta \cdot \frac{S_{XY}}{S_X^2}\,(\overline{X} - \widehat{\mu}_X^*) \qquad \text{mit } \beta \text{ (7.3.7).}$$

Wegen der Unabhängigkeit von $\widehat{\mu}_X^*$ einerseits und $\overline{X}\,,\,\overline{Y}$ andererseits läßt sich bei der Berechnung von $\mathrm{E}\left[\operatorname{Var}\,(\widehat{\widehat{\mu}}_{\mathbf{Reg}} \mid \widehat{\mu}_X^*)\right]$ analog zum Beweis von (6.3.2)(2) verfahren. Dabei übernimmt in der Berechnung von $\operatorname{Var}\,(\widehat{\widehat{\mu}}_{\mathbf{Reg}} \mid \widehat{\mu}_X^*)$ zunächst $\widehat{\mu}_X^*$ die Rolle von μ_X ; wir brauchen hierbei — in den partiellen Ableitungen an der Stelle $(\mu_Y, \mu_X, \mathrm{E}(X \cdot Y), \mathrm{E}(X^2))$ — Terme, in denen $(\mu_X - \widehat{\mu}_X^*)$ vorkommt, nicht zu berücksichtigen, da $\mathrm{E}(\mu_X - \widehat{\mu}_X^*) = 0$ und $\mathrm{E}[(\mu_X - \widehat{\mu}_X^*)^2] = \mathrm{O}(1/n^*)$ $(n^* > n)$ ist und mit $\operatorname{Cov}(\overline{X}\,,\,\overline{Y})$ oder $\operatorname{Cov}(\overline{X}\,,\,\overline{X})$ multipliziert einen Term $\mathrm{O}(n^{-2})$ ergibt. Schließlich findet man — wie im Beweis von (6.3.2)(2) — :

$$\begin{aligned} \mathrm{E}\left[\operatorname{Var}\,(\widehat{\widehat{\mu}}_{\mathbf{Reg}} \mid \widehat{\mu}_X^*)\right] &= \operatorname{Var} \overline{Y} + \beta^2 \cdot \left[\frac{\sigma_{XY}}{\sigma_X^2}\right]^2 \cdot \operatorname{Var} \overline{X} \\ &\quad - 2\beta \cdot \frac{\sigma_{XY}}{\sigma_X^2} \cdot \operatorname{Cov}(\overline{X}\,,\,\overline{Y}) + \mathrm{O}(n^{-3/2}) . \end{aligned}$$

Weiter ist — nunmehr analog zum Beweis von (6.3.2)(1) —

$$\mathrm{E}\left[\widehat{\widehat{\mu}}_{\mathbf{Reg}} \mid \widehat{\mu}_X^*\right] = \mu - \beta \cdot \frac{\sigma_{XY}}{\sigma_X^2} \cdot (\mu_X - \widehat{\mu}_X^*) + \mathrm{O}(1/n) ,$$

also $\quad \text{Var}\left(\text{E}\left[\widehat{\widehat{\mu}}_{\text{Reg}} \mid \widehat{\mu}^*_X\right]\right) = \left[\beta \cdot \frac{\sigma_{XY}}{\sigma_X^2}\right]^2 \cdot \frac{1}{n^*}\sigma_X^2 .$

Insgesamt haben wir nach (9.4.3):

$$\begin{aligned}\text{Var}\ \widehat{\widehat{\mu}}_{\text{Reg}} = &\ \frac{1}{n}\sigma_Y^2 + \beta^2\left[\frac{\sigma_{XY}}{\sigma_X^2}\right]^2 \cdot \left[\frac{1}{n} + \frac{1}{n^*}\right] \cdot \sigma_X^2 \\ - &\ 2\beta \cdot \frac{\sigma_{X,Y}}{\sigma_X^2} \cdot \frac{1}{n}\sigma_{X,Y} + \text{O}(n^{-3/2}) ,\end{aligned}$$

und die Behauptung folgt bald.

Ein "kurzer" Beweis zu (2) mit (9.4.3), (7.3.2), (7.3.4): Es ist

$$\text{Var}\left(\widehat{\widehat{\mu}}_{\text{Reg}} \mid \mathsf{S}_{\text{Dop}}\right) = \left(1 - \frac{n}{n^* + n}\right)\frac{1}{n}\left[S^2_{Y_\text{D}} - S^2_{X_\text{D},Y_\text{D}}/S^2_{X_\text{D}}\right] + \text{O}(n^{-3/2})$$

nach (6.3.2)(2) und (6.3.3). Nach (9.6.8)(4) ist der Erwartungswert dieses Ausdrucks — abgesehen von Termen $\text{O}(n^{-3/2})$ — gleich

$$\beta \cdot \frac{1}{n}\left[\sigma_Y^2 - \sigma_{X,Y}^2/\sigma_X^2\right] .$$

Addiert man hierzu $\text{Var}\ \overline{Y}_\text{D} = \dfrac{1}{n^* + n}\sigma_Y^2 = \dfrac{1}{n}\dfrac{n}{n^* + n}\sigma_Y^2$, so folgt bald die Behauptung.

Zu (3): Zunächst ist — weiterhin mit β (7.3.7) —

$$\widehat{\mu}_\text{V} = \frac{\overline{Y}}{\overline{\overline{X}}}\left[(1-\beta)\cdot\overline{X} + \beta\cdot\widehat{\mu}^*_X\right] = (1-\beta)\cdot\overline{Y} + \beta\cdot\frac{\overline{Y}}{\overline{\overline{X}}}\widehat{\mu}^*_X .$$

Weiter ist — wegen der Unabhängigkeit von S und S in (7.3.1)(1) und nach (9.6.8)(4) —

$$\text{E}\left(\frac{\overline{Y}}{\overline{\overline{X}}}\widehat{\mu}^*_X \mid \widehat{\mu}^*_X\right) = \widehat{\mu}^*_X \cdot \text{E}\left(\frac{\overline{Y}}{\overline{\overline{X}}}\right) = \frac{\mu}{\mu_X}\cdot\widehat{\mu}^*_X + \text{O}(1/n) .$$

Da

$$\text{E}\left(\text{Var}\left[\frac{\overline{Y}}{\overline{\overline{X}}}\widehat{\mu}^*_X \mid \widehat{\mu}^*_X\right]\right) = \text{E}\left(\overline{X}^{*2}\cdot\text{Var}\frac{\overline{Y}}{\overline{\overline{X}}}\right) = \left(\mu_X^2 + \frac{\sigma_X^2}{n^*}\right)\cdot\frac{1}{\mu_X^2}\cdot\text{Var}\ \widehat{\mu}_\text{V}$$

ist, erhalten wir aus

$$\text{Var}\left[\frac{\overline{Y}}{\overline{\overline{X}}}\widehat{\mu}^*_X\right] = \text{Var}\ \text{E}\left(\frac{\overline{Y}}{\overline{\overline{X}}}\widehat{\mu}^*_X \mid \widehat{\mu}^*_X\right) + \text{E}\left(\left[\text{Var}\ \frac{\overline{Y}}{\overline{\overline{X}}}\widehat{\mu}^*_X \mid \widehat{\mu}^*_X\right]\right)$$

und (6.5.2)(2) (unter Beachtung von $(1/n)\sigma_X^2/n^* = \text{O}(n^{-3/2})$) bald

$$\text{Var}\left[\frac{\overline{Y}}{\overline{\overline{X}}}\widehat{\mu}^*_X\right] = \frac{1}{n^*}\left(\frac{\mu}{\mu_X}\right)^2\sigma_X^2 + \frac{1}{n}\cdot\left(\sigma_Y^2 + \frac{\mu^2}{\mu_X^2}\sigma_X^2 - 2\frac{\mu}{\mu_X}\sigma_{XY}\right) + \text{O}(n^{-3/2}) .$$

Wir werden sogleich noch die Covarianz von $\overline{Y}$ und $(\overline{Y}/\overline{\overline{X}})\cdot\widehat{\mu}^*_X$ benötigen. Es ist — wegen der Unabhängigkeit von S und S in (7.3.1)(1) —

$$\text{Cov}\left(\overline{Y}, \frac{\overline{Y}}{\overline{\overline{X}}}\cdot\widehat{\mu}^*_X\right) = \mu_X\cdot\text{E}\left[\frac{\overline{Y}^2}{\overline{\overline{X}}}\right] - \mu\,\mu_X\ \text{E}\left[\frac{\overline{Y}}{\overline{\overline{X}}}\right] = \mu_X\cdot\text{E}\left[\frac{\overline{Y}^2}{\overline{\overline{X}}}\right] - \mu\cdot\text{E}(\widehat{\mu}_\text{V})$$

(mit $E(\widehat{\mu}_V)$ aus (6.5.2)(1)). Für $E\left[\frac{\overline{Y}^2}{\overline{X}}\right]$ errechnet man mit Hilfe von (9.6.8)(1) und der Funktion $H(a,b) = a^2/b$ — ganz analog zum Beweis von (6.5.2)(1) —

$$E\left[\frac{\overline{Y}^2}{\overline{X}}\right] = \frac{\mu^2}{\mu_X} + \frac{1}{n}\left[\frac{1}{\mu_X}\sigma_Y^2 + \frac{\mu^2}{\mu_X^3}\sigma_X^2 - 2\frac{\mu}{\mu_X^2}\sigma_{X,Y}\right] + O(n^{-3/2}) .$$

Daraus ergibt sich mit (6.5.2)(1) zunächst

$$\mathrm{Cov}\left(\overline{Y}, \frac{\overline{Y}}{\overline{X}} \cdot \widehat{\mu}_X^*\right) = \frac{1}{n}\sigma_Y^2 - \frac{1}{n} \cdot \frac{\mu}{\mu_X}\sigma_{X,Y} .$$

Aufgrund der soeben vorgenommenen Berechnungen und wegen

$$\mathrm{Var}\ \widehat{\widehat{\mu}}_V = (1-\beta)^2\,\mathrm{Var}\ \overline{Y} + \beta^2\,\mathrm{Var}\left[\frac{\overline{Y}}{\overline{X}}\widehat{\mu}_X^*\right] + 2\beta\,(1-\beta)\ \mathrm{Cov}\left(\overline{Y}, \frac{\overline{Y}}{\overline{X}} \cdot \widehat{\mu}_X^*\right)$$

findet man bald die Behauptung.

Ein "kurzer" Beweis zu (3) mit (9.4.3), (7.3.2), (7.3.4): Es ist

$$\mathrm{Var}\,(\widehat{\widehat{\mu}}_V \mid \mathrm{S_{Dop}}) \approx \frac{1}{n}\left(1 - \frac{n}{n^*+n}\right) \cdot \left(S_{Y_D}^2 + \left[\frac{\overline{Y}_D}{\overline{X}_D}\right]^2 S_{X_D}^2 - 2\left[\frac{\overline{Y}_D}{\overline{X}_D}\right] S_{X_D,Y_D}\right)$$

($\approx$ bedeutet: bis auf Terme $O(n^{-3/2})$) nach (6.5.2)(2) mit (6.3.3). Der Erwartungswert dieses Ausdsrucks ist gem. (9.6.8)(4) bis auf Terme $O(n^{-3/2})$ gleich

$$\frac{1}{n}\frac{n^*}{n^*+n}\left(\sigma_Y^2 + \left[\frac{\mu}{\mu_X}\right]^2\sigma_X^2 - 2\left[\frac{\mu}{\mu_X}\right]\sigma_{X,Y}\right) .$$

Addiert man hierzu $\mathrm{Var}\ \overline{Y}_D = \frac{1}{n}\frac{n}{n^*+n}\sigma_Y^2$, so folgt bald die Behauptung.

Ein "kurzer" Beweis zu (4) mit (9.4.3), (7.3.2), (7.3.4): Es ist

$$\mathrm{Var}\,(\widehat{\widehat{\mu}}_{HR} \mid \mathrm{S_{Dop}}) \approx \frac{1}{n}\left(1 - \frac{n}{n^*+n}\right) \cdot \left(S_{Y_D}^2 + \overline{[Y_D/X_D]}^2 S_{X_D}^2 - 2\,\overline{[Y_D/X_D]} S_{X_D,Y_D}\right)$$

($\approx$ bedeutet: bis auf Terme $O(n^{-3/2})$) nach (6.6.2)(2) (mit (6.3.3)). Nach (9.6.8)(4) ist — bis auf Terme $O(n^{-3/2})$ — der Erwartungswert dieses Ausdrucks gleich

$$\frac{1}{n}\frac{n^*}{n^*+n}\left(\sigma_Y^2 + \mu_{[Y/X]}^2\sigma_X^2 - 2\,\mu_{[Y/X]}\sigma_{X,Y}\right) .$$

Addiert man hierzu $\mathrm{Var}\ \overline{Y}_D = \frac{1}{n}\frac{n}{n^*+n}\sigma_Y^2$, so folgt bald die Behauptung. ■

(7.3.8) Bemerkung

Zu $\widehat{\widehat{\mu}}_{Reg}$:

Verwendet man in $\widehat{\widehat{\mu}}_{Reg}$ statt des in (7.3.1)(1) angegebenen Schätzers $\widehat{\mu}_X$ den Schätzer $\widehat{\mu}_X^*$ (7.3.1)(1), so erhält man den " *-Regressions-Schätzer"

$$\widehat{\widehat{\mu}}_{Reg}^* = \overline{Y} - \frac{S_{X,Y}}{S_X^2}(\overline{X} - \widehat{\mu}_X^*) .$$

Der obigen Beweisführung zu Var $\widehat{\widehat{\mu}}_{\mathrm{Reg}}$ und dem Beweis zu (7.3.5)(2) entnimmt man sofort:

$$\mathrm{E}(\widehat{\widehat{\mu}}^*_{\mathrm{Reg}}) = \mu + \mathrm{O}(1/n)\ ; \quad \mathrm{Var}\ \widehat{\widehat{\mu}}^*_{\mathrm{Reg}} = \frac{1}{n}\left(\sigma_Y^2 - \frac{\sigma_{X,Y}^2}{\sigma_X^2}\right) + \frac{1}{n^*}\frac{\sigma_{X,Y}^2}{\sigma_X^2} + \mathrm{O}(n^{-3/2})\ .$$

(Siehe auch COCHRAN (1972), S.393 mit einer eher "verwickelten" Beweisführung.)

Zu $\widehat{\widehat{\mu}}_{\mathbf{V}}$ **:**
Verwendet man in $\widehat{\widehat{\mu}}_{\mathrm{V}}$ statt des in (7.3.1)(1) angegebenen Schätzers $\widehat{\mu}_X$ den Schätzer $\widehat{\mu}^*_X$ (7.3.1)(1), so erhält man den " *-Verhältnis-Schätzer"

$$\widehat{\widehat{\mu}}^*_{\mathrm{V}} = \frac{\overline{Y}}{\overline{\overline{X}}} \cdot \widehat{\mu}^*_X\ .$$

Dessen Varianz wurde oben bereits berechnet:

$$\mathrm{Var}\ \widehat{\widehat{\mu}}^*_{\mathrm{V}} = \frac{1}{n^*}\left(\frac{\mu}{\mu_X}\right)^2 \sigma_X^2 + \frac{1}{n}\cdot\left(\sigma_Y^2 + \frac{\mu^2}{\mu_X^2}\sigma_X^2 - 2\frac{\mu}{\mu_X}\sigma_{XY}\right) + \mathrm{O}(n^{-3/2})\ .$$

(Siehe auch COCHRAN (1972), S.398 .) ■

7.4 *P*–Stichproben mit Hilfe von Doppelstichproben

mZ–P–Doppelstichproben

Die in Kapitel 4 beschriebene Ziehung von *P*–Stichproben (zu einer Grund-Verteilung *P* auf *G*) erfordert natürlich die Kenntnis dieser Verteilung, also die Kenntnis der $p_j = P(u_j)$ (siehe (4.3.6) bis (4.3.9)). In der Praxis wird oft $P = P^X$ aus (4.3.2) wünschenswert sein, wobei *X* eine die "Größe"/"Bedeutung" der Elemente von *G* "messende" Hilfsvariable ist. Ähnlich wie in 7.3 wird man *X* nicht von vornherein kennen; man wird jedoch oft *X* vergleichsweise schnell, mühelos, preiswert auf einer "langen" Vorstichprobe/Zusatzstichprobe ermitteln können und die "eigentliche" Stichprobe aus der "Vorstichprobe" ziehen.

Beispiel: *G* = Gesamtheit der landwirtschaftlichen Betriebe, *Y* = pro Arbeitskraft erzieltes durchschnittliches Jahreseinkommen, *X* = Größe in Hektar. *X* kann leicht auf einer langen "Vorstichprobe" ermittelt werden, während für die "teure" Erhebung von *Y* eine eher "kurze" Stichprobe zu ziehen ist. ■

Im folgenden sei stets

(7.4.1) $\mathfrak{s} = (\mathfrak{u}_1, \ldots, \mathfrak{u}_{n^*})$ eine einfache *oZ*–Stichprobe aus *G* ;

P sei eine W–Verteilung auf $G = \{u_1, \ldots, u_N\}\ :\ P(u_j) = p_j$.

P "induziert" auf $\mathfrak{s}$ in folgender Weise eine "zufällige"

(7.4.2) W–Verteilung $P^\star$: $p_i^\star = P(\mathfrak{U}_i)/\sum_{j=1}^{n^\star} P(\mathfrak{U}_j)$ für $i = 1, \ldots, n^\star$.

Bemerkung
Eigentlich ist $p_i^\star$ für jedes i eine auf $\mathbf{S}$ definierte Variable: $P(\mathfrak{U}_i)$ hat den Wert $P(u)$ genau dann, wenn $\mathfrak{U}_i = u$ ist (mit $u \in G$).

Wie in 7.1 benutzen wir das Symbol $\star$ für im Zusammenhang mit $\mathbf{S}$ stehende Größen; wie in 7.1 wird die Ziehung der eigentlichen Stichprobe S aus $\mathbf{S}$ erfolgen. ∎

Ein Spezialfall von (7.4.2) ist die durch P^X (4.3.2) induzierte "zufällige" Verteilung:

(7.4.3) $p_i^{\star X} = X_i^\star / \sum_j X_j^\star \quad$ mit $X_j^\star = X(\mathfrak{U}_j),\ j = 1, \ldots, n^\star$.

(7.4.4) Definition
Es sei P eine Verteilung auf G, $\mathbf{S}$ wie in (7.4.1), *$P^\star$ durch* (7.4.2) *definiert. Es sei $\mathsf{S} = (\mathsf{U}_1, \ldots, \mathsf{U}_n)$ (mit $n < n^\star$) eine gemäß* (4.2.2) *erklärte mZ–Stichprobe zur Verteilung $P^\star$* aus $\mathbf{S}$. *Dann heißt* $(\mathbf{S}, \mathsf{S})$ *mZ–P–***Doppelstichprobe** aus *G*.

Hansen–Hurwitz–Schätzer auf P–Doppelstichproben

Im folgenden sei $(\mathbf{S}, \mathsf{S})$ eine *mZ–P*–Doppelstichprobe aus G der Länge n $(n < n^\star)$. Setze dann

(7.4.5) $Y_i = Y(\mathsf{U}_i)$, $P_i^\star = P^\star(\mathsf{U}_i) \quad$ (i.e. $P_i^\star = p_j^\star$ für $\mathsf{U}_i = \mathfrak{U}_j$).

Analog zu (4.2.5) definieren wir nun:

(7.4.6) Definition
$\widehat{\mu}_{\mathbf{HH}(P)} = \frac{1}{n} \sum_{i=1}^{n} \frac{Y_i}{n^\star P_i^\star}$ *(mit* (7.4.4), (7.4.5)*) heißt* ***Hansen–Hurwitz–Schätzer auf einer P–Doppelstichprobe*** *(resp. zur* ***Grundverteilung*** *P).*

(7.4.7) Satz
Für den Hansen–Hurwitz–Schätzer (7.4.6) *gilt:*

(1) $\mathrm{E}(\widehat{\widehat{\mu}}_{\mathbf{HH}(P)}) = \mu_Y$;

(2) $$\operatorname{Var}\widehat{\widehat{\mu}}_{\mathbf{HH}(P)} = \frac{N}{N-1}\cdot\frac{n^\star-1}{n^\star}\cdot\frac{1}{n}\cdot\sum_{j=1}^{N} p_j\left(\frac{y_j}{Np_j}-\mu\right)^2 + \left(1-\frac{n^\star-1}{N-1}\right)\frac{\sigma_Y{}^2}{n^\star}$$
$$= \frac{N}{N-1}\cdot\frac{n^\star-1}{n^\star}\cdot\operatorname{Var}\widehat{\mu}_{\mathbf{HH}} + \left(1-\frac{n^\star-1}{N-1}\right)\frac{\sigma_Y{}^2}{n^\star}$$
mit $\widehat{\mu}_{\mathbf{HH}}$ aus (4.2.5);

(3) *Eine unverzerrte Schätzfunktion für* Var $\widehat{\widehat{\mu}}_{\mathbf{HH}(P)}$ *ist*
$$\widehat{\operatorname{Var}}\,\widehat{\widehat{\mu}}_{\mathbf{HH}(P)} = \frac{1}{n-1}S^2_{Y/(n^\star P^\star)}$$
$$+\left(1-\frac{n^\star}{N}\right)\frac{1}{n(n^\star-1)}\left(\frac{1}{n^\star}\sum_{i=1}^{n}\frac{Y_i^2}{P_i^\star} - \frac{1}{(n-1)n^{\star 2}}\sum_{\substack{i,j=1\\ i\neq j}}^{n}\frac{Y_iY_j}{P_i^\star P_j^\star}\right)$$
mit $$S^2_{Y/(n^\star P^\star)} = \frac{1}{n}\sum_{i=1}^{n}\left(\frac{Y_i}{n^\star P_i^\star} - \widehat{\widehat{\mu}}_{\mathbf{HH}(P)}\right)^2.$$

Beweis:
Zu (1): Aufgrund von (4.2.6)(1) wissen wir:
$$\mathrm{E}(\widehat{\widehat{\mu}}_{\mathbf{HH}(P)}\mid \mathbf{S}) = \overline{Y}^\star := \frac{1}{n^\star}\sum_{i=1}^{n^\star} Y(\mathfrak{U}_j)\,.$$

Wegen (7.4.1) (mit (2.1.2), (2.1.3)) ist $\mathrm{E}(\overline{Y}^\star) = \mu_Y$; die Behauptung folgt, wenn man (9.3.6) beachtet.

Zu (2): Aus (4.2.6)(2) folgern wir:
$$\operatorname{Var}\left(\widehat{\widehat{\mu}}_{\mathbf{HH}(P)}\mid \mathbf{S}\right) = \frac{1}{n}\sum_{j=1}^{n^\star} p_j^\star\left(\frac{Y(\mathfrak{U}_j)}{n^\star p_j^\star} - \overline{Y}^\star\right)^2.$$

Dieser Ausdruck ist nach (4.2.6)(3) auch gleich
$$Z^\star = \frac{1}{n\cdot n^{\star 2}}\sum_{\substack{i,j=1\\ i<j}}^{n^\star} Z_{ij} \qquad \text{mit } Z_{ij} = p_i^\star p_j^\star\left(\frac{Y(\mathfrak{U}_i)}{p_i^\star} - \frac{Y(\mathfrak{U}_j)}{p_j^\star}\right)^2.$$

Aus (2.2.4)(1),(2) und (7.4.1) folgern wir: Alle Z_{ij} haben denselben Erwartungswert, nämlich — mit (2.2.7) —
$$\mathrm{E}_0 = \frac{1}{N}\frac{1}{N-1}\sum_{\substack{r,s=1\\ r\neq s}}^{N}\left(\frac{y_r}{p_r}-\frac{y_s}{p_s}\right)^2 p_r p_s \;=\; \frac{n^\star N}{N-1}\cdot 2\operatorname{Var}\widehat{\mu}_{\mathbf{HH}}\ (4.2.6)(3),$$

wobei wir natürlich $p_r = P(u_r)$ und $y_r = Y(u_r)$ setzen. Nun ist nach (9.4.5)

$$\text{Var}\ \widehat{\mu}_{\mathbf{HH}(P)} = \text{E}(Z^\star) + \text{Var}\,\overline{Y}^\star .$$

Die Behauptung (2) folgt hieraus, wenn wir beachten, daß nach (2.2.3)(2)

$$\text{Var}\,\overline{Y}^\star = \left(1 - \frac{n^\star - 1}{N-1}\right)\frac{\sigma_Y{}^2}{n^\star}$$

gilt und daß $\quad \text{E}(Z^\star) = \dfrac{1}{n\,n^{\star 2}} \cdot \dfrac{1}{2}\, n^\star(n^\star - 1)\,\text{E}_0 \quad$ ist.

Zu (3): Nach (4.2.14) ist

$$\text{E}\left(\frac{1}{n-1} S^2_{Y/(n^\star P^\star)} \;\middle|\; \mathbb{S}\right) = \text{Var}\big(\widehat{\mu}_{\mathbf{HH}(P)} \mid \mathbb{S}\big);$$

also ist nach (9.3.6):

$$\text{E}\left(\frac{1}{n-1} S^2_{Y/(n^\star P)}\right) = \text{E}\Big(\text{Var}\big(\widehat{\mu}_{\mathbf{HH}(P)}\big) \mid \mathbb{S}\Big).$$

Wie man dem Beweis zu (2) entnimmt, ist dieser Erwartungswert gleich $\text{E}(Z^\star)$, und dies ist ja gleich dem ersten Summanden in (7.4.7)(2). Es bleibt zu zeigen: Der zweite Summand in (7.4.7)(3)

$$B = \left(1 - \frac{n^\star}{N}\right)\frac{1}{n(n^\star - 1)}\left(\frac{1}{n^\star}\sum_{i=1}^{n}\frac{Y_i^2}{P_i} - \frac{1}{(n-1)n^{\star 2}}\sum_{\substack{i,j=1\\ i\neq j}}^{n}\frac{Y_i \cdot Y_j}{P_i \cdot P_j}\right)$$

ist eine unverzerrte Schätzung für den zweiten Summanden in (7.4.7)(2). Da alle Y_i/P_i dieselbe Verteilung haben, ist offenbar (z.B.)

$$\text{E}(B) = \left(1 - \frac{n^\star}{N}\right)\frac{1}{(n^\star - 1)\,n^\star}\left[\text{E}\left(\frac{Y_1^2}{P_1}\right) - \frac{1}{n^\star}\text{E}\left(\frac{Y_1}{P_1}\cdot\frac{Y_2}{P_2}\right)\right].$$

Da weiter S eine mZ–P–Stichprobe aus $\mathbb{S}$ ist, Y_1/P_1 und Y_2/P_2 also unabhängig sind, ist (mit $\text{E} = \text{E}_{P^\star}$ gem. (7.4.2))

$$\text{E}(B \mid \mathbb{S}) = \left(1 - \frac{n^\star}{N}\right)\frac{1}{n^\star - 1}\frac{1}{n^\star}\left[\sum_j Y^2(\mathfrak{u}_j) - \frac{1}{n^\star}\sum_{i,j} Y^2(\mathfrak{u}_i)Y^2(\mathfrak{u}_j)\right]$$

$$= \left(1 - \frac{n^\star}{N}\right)\frac{1}{n^\star - 1}\widehat{\sigma}_Y^{\star 2} \quad \text{mit} \quad \widehat{\sigma}_Y^{\star 2} = \frac{1}{n^\star}\sum\nolimits_{j=1}^{n^\star}\big(Y(\mathfrak{u}_j) - \overline{Y}^\star\big)^2 .$$

(Siehe auch Bemerkung nach (7.1.15).) Mit (9.3.6) erhalten wir nun:

$$\text{E}(B) = \left(1 - \frac{n^\star}{N}\right)\frac{1}{n^\star - 1}\,\text{E}\big(\widehat{\sigma}_Y^{\star 2}\big).$$

Dies ist nach (2.2.3)(3) mit (2.2.2) gleich $\text{Var}\,\overline{Y}^\star$ (wegen (7.4.1)). Wie bereits in (2) bemerkt wurde, ist aber $\text{Var}\,\overline{Y}^\star$ gleich dem zweiten Summanden in (2), nämlich $\left(1 - \dfrac{n^\star - 1}{N-1}\right) \cdot \dfrac{\sigma_Y^2}{n^\star}$. ∎

Analog zu einer *mZ*–Stichprobe S aus **S** kann man natürlich auch S als *oZ*–Stichprobe zur Verteilung $P^\star$ wählen (siehe hierzu die Abschnitte 4.4 und 4.5). Statt einer *mZ*–Doppelstichprobe (7.4.4) hat man dann eine *oZ*–**Doppelstichprobe zur Verteilung** P. Insbesondere kann man dann sowohl Horwitz–Thompson– als auch **Lahiri–Midzuno–Strategien** auf einer **Doppelstichprobe** nutzbar machen.

7.5 Die Behandlung der Antwort–Verweigerer (Non Respondents)

Jeder Praktiker kennt das Problem, daß einige Elemente der Stichprobe die Antwort über ihren Y–Wert "verweigern" — sehr oft in "latenter" Weise dadurch, daß sie Fragebögen nicht beantworten und zurückschicken. Wir wollen unterstellen, daß diese Antwortverweigerung nicht "total" ist; es soll möglich sein, durch zusätzlichen Aufwand (wie Hausbesuche, finanzielle Anreize etc...) doch das Untersuchungsmerkmal Y zu erheben — selbst wenn bei "normalem" Aufwand die Antwort verweigert wurde. Allerdings wird man nun versuchen, wegen des "großen" Aufwandes mit "wenigen" Erhebungen bei Antwortverweigerern auszukommen. Wir präzisieren diese Überlegungen im folgenden für den Fall, daß eine einfache *mZ*–Stichprobe gezogen wurde.

Es sei nach wie vor G die zugrunde liegende Population,

(7.5.1) $G_1 = \{u : u \in G,\ u \text{ ist bereit zu antworten}\}$,

$G_2 = \{u : u \in G,\ u \text{ ist nur bei "zusätzlichem Aufwand" bereit zu antworten}\}$,

$N_i = \#(G_i)\,,\ N_i > 0\,,\ N_1 + N_2 = N = \#(G)\,.$

Ferner sei

(7.5.2) $\mathsf{S}^\star = (\mathsf{U}_1^\star, \dots, \mathsf{U}_{n^\star}^\star)$ eine einfache *mZ*–Stichprobe aus G,

$\mathsf{S}_i^\star = \mathsf{S}^\star \sqcap G_i \quad (i = 1, 2)$ wie in (7.1.3)(1), $n_i^\star = \#(\mathsf{S}_i^\star)$.

Nach wie vor ist die Aufgabe, $\mu_Y = \mu = \mu_1 N_1/N + \mu_2 N_2/N$ zu schätzen, wobei $\mu_i = \mathrm{E}(Y \mid G_i)$ ist. Dazu betrachte man die in (7.1.10) definierten Größen $\widehat{\mu}_i^\star$.

Für $i = 1$ erhält man $\widehat{\mu}_i^\star$ aus $\mathsf{S}^\star$.

Für $i = 2$ ziehe man eine einfache *oZ*–Stichprobe S_2 der Länge n_2 aus $\mathsf{S}_2^\star$, wobei n_2 die Bedingung (7.1.3)(2) erfülle. Sodann erkläre man $\widehat{\mu}_2$ gemäß (7.1.5).

Setze nun

(7.5.3) $\widehat{\widehat{\mu}} = \frac{n_1^\star}{n^\star}\widehat{\mu}_1^\star + \frac{n_2^\star}{n^\star}\widehat{\mu}_2,$

wobei wegen des "zusätzlichen Aufwandes" auf $S_2^\star$ nun auch $\widehat{\mu}_2$ und damit $\widehat{\widehat{\mu}}$ bekannt ist.

(7.5.4) Bemerkung
Offenbar ist $(S_1 = S_1^\star, S_2)$ eine geschichtete Doppelstichprobe im Sinne von (7.1.3) mit dem Spezialfall $S_1^\star = S_1$, $k = 2$. (7.5.3) enthält also die zweite in (7.1.6) angegebene Schätzfunktion. Die erste Schätzfunktion aus (7.1.6) zu betrachten scheint nicht sinnvoll, solange der Anteil N_2/N der "Verweigerer" als unbekannt angesehen werden muß.

(7.5.5) Satz

$$\mathrm{E}(\widehat{\widehat{\mu}}) = \mu \; ; \qquad \mathrm{Var}\; \widehat{\widehat{\mu}} = \frac{\sigma^2}{n^\star} + \mathrm{E}\left(\frac{n_2^\star}{n_2}(n_2^\star - n_2)\right)\frac{\sigma_2^2}{n^{\star 2}} + \mathrm{O}\left(\frac{1}{n^{\star\infty}}\right).$$

Beweis: Bemerkung (7.5.4) und (7.1.12)(2), (7.1.13)(2). ∎

Sollten die Anteile N_1/N und N_2/N nun *doch* bekannt sein, ist durch

$$\widehat{\mu} = \frac{N_1}{N}\widehat{\mu}_1^\star + \frac{N_2}{N}\widehat{\mu}_2$$

eine asymptotisch unverzerrte Schätzung von μ möglich, wobei nach (7.1.12)(1) die Verzerrung von der Ordnung $\mathrm{O}(1/n^{\star\infty})$ ist.

7.6 Überhöhte Grundgesamtheit

Häufig ist man bei Anwendungen von Stichprobenverfahren in der Situation, daß die "gewünschte" Population G, aus der die Stichprobe zu ziehen wäre, nicht "verfügbar" ist; gleichzeitig jedoch ist eine andere Population $G^\star$, die G als Teilmenge enthält, für eine Stichprobenziehung verfügbar. Als **Beispiel** könnte man anführen

G = Menge der Wähler einer bestimmten Partei
$G^\star$ = Menge der Wahlberechtigten, die ja im "Wählerverzeichnis" verfügbar sind.

Man nennt in solchen Fällen $G^\star$ eine **überhöhte Grundgesamtheit** (oder auch **Stichproben–Population**; "sampling population"); G heißt die eigentliche **Ziel–Population** ("target population"). Wir präzisieren die Problemlage wie folgt:

(7.6.1) Definition
Es seien G, $G^\star$ zwei Populationen mit $G \subseteq G^\star$. Es sei $\mathsf{S}^\star$ eine einfache mZ–Stichprobe aus $G^\star$ der Länge $n^\star$. Ferner sei $\mathsf{S} = \mathsf{S}^\star \cap G$ (im Sinne von (7.1.3)(1)) mit $n = \#(\mathsf{S})$. Dann heißt S eine aus der ***überhöhten Grundgesamtheit*** *$G^\star$* ***gezogene einfache*** *mZ*–***Stichprobe aus*** *G der Länge n.*

(7.6.2) Satz
Analog zu (7.1.10) setze $\widehat{\mu}^\star = \begin{cases} \frac{1}{n}\sum_{u\in\mathsf{S}} Y(u) & \text{für } n > 0\,, \\ 0 & \text{für } n = 0 \end{cases}$
mit S (7.6.1) und $n = \#(\mathsf{S})$. Dann gilt: $\mathrm{E}(\widehat{\mu}^\star) = \mu + \mathrm{O}(1/n^{\star\infty})$.

Beweis: Man kann S als geschichtete Doppelstichprobe aus $G^\star$ auffassen im Sinne von (7.1.3) mit Schichtung $G_1^\star = G$, $G_2^\star = G^\star - G$, wobei wir nur an der Schätzung von $\mu_1 = \mu = \mathrm{E}(Y \mid G_1)$ interessiert sind. Aus Lemma (7.1.9)(1) können wir nun (7.6.2) folgern. ∎

(7.6.3) Satz

$$\operatorname{Var} \widehat{\mu}^\star = \frac{\sigma^2}{n} + \mathrm{O}(1/n^{\star 2})\,.$$

Beweis: Folgt ganz analog wie (3.5.6)(2).

Weitere Literatur:

Berg, S. (1972); Cochran, W. G. (1972); Fleischer, K. (1990); deGraft-Johnson, K. T., Sedransk, J. (1973); Jinn, J. H., Sedransk, J., Smith, P. (1987); Pokropp, F. (1974), (1984b), (1985); Raj, D. (1968); Rao, J. N. K. (1973); Rao, P. S. R. S. (1975); Srinath, K. P. (1971);

Kapitel 8

Schätzprobleme bei fehlerhaften Antworten

Bislang waren wir (in den Kapiteln 2 bis 7 davon ausgegangen, daß in einer Stichprobe $\mathsf{S} = (\mathsf{U}_1, \ldots, \mathsf{U}_n)$ aus $G = \{u_1, \ldots, u_N\}$ die von einem Stichprobenelement U_i gegebene Y-Antwort (bislang bezeichnet mit Y_i = Ermittelung von Y bei U_i = Messung von Y bei U_i etc ...) "korrekt" ist in dem Sinne, daß

(8.0.1) (1) $Y_i = y_j$ für $\mathsf{U}_i = u_j$ (siehe (1.3.20)(1), (2)),

(2) $y_j = [\,\textit{wahrer}\ Y\text{-Wert von } u_j\,] = Y(u_j)$.

Nun haben wir aber für unsere Parameter-Schätzer nichts anderes zur Verfügung als die Variablen

(8.0.2) Y_i = die von U_i gegebene Y-Antwort
= Stichprobenvariable aus der Zufallsgröße [Y-Antwort].

Bislang waren (8.0.1) und (8.0.2) gleichsam äquivalent": die Zufallsgrößen Y und Y-Antwort waren identisch und folglich $Y_i = \mathsf{Y}_i$.

(8.0.3) Bemerkung
Auch in den Abschnitten 2.7 und 7.5 ist die "Äquivalenz" von (8.0.1) und (8.0.2) (implizit) unterstellt; denn dort war lediglich die Bereitschaft zu antworten eingeschränkt, nicht jedoch die Korrektheit von gegebenen Antworten. ∎

In diesem 8. Kapitel werden die in (8.0.2) eingeführten Variablen Y_i benutzt werden (siehe auch (8.3.1)):

$\mathsf{Y}_1, \ldots, \mathsf{Y}_n$: Stichprobe aus der stochastischen Größe [Y-Antwort].

Statt des in (8.0.1) beschriebenen "Antwortverhaltens" ($\mathsf{Y}_i = Y_i$) werden wir jedoch auch andere "Antwort–Verhaltensweisen" unterstellen und **Fehler in Antworten** zulassen. Wir wollen auch *unkorrekte* Antworten zulassen, also Verletzungen von (8.0.1), die in realen Situationen immer wieder auftreten; hierbei werden nur einfache Zufalls–Stichproben S betrachtet. Desgleichen wird (8.0.2) modifiziert durch die Einführung einer gewissen Unbestimmtheit in Antworten. Die Folge dieser Modifikationen wird sein, daß sich die statistischen Eigenschaften des Schätzers $\overline{\mathsf{Y}}$ (statt $\overline{Y}$) für $\mu = \mu_Y$ (siehe Kapitel 2) verändern: es treten Verzerrungen und/oder vergrößerte Varianzen auf. Die folgenden 4 Abschnitte berichten, wie man mit diesen "neuen" Problemen umgehen kann.

In 8.1 betrachten wir den Fall von möglichen (auch bewußt) falschen Antworten — also eine Verletzung von (8.0.1)(1) — für "Indikator"-Variable (ja–nein– oder 0–1–Variable). Wir beschränken uns also hinsichtlich des *Antwortverhaltens* zunächst auf insgesamt *zwei* mögliche Antworten, von denen genau eine richtig ist. Gibt — wie in 2.5 — eine solche Variable darüber Auskunft, ob ein Element von G einer bestimmten Untermenge $B \subset G$ angehört, und ist ferner diese Untermenge B eine "Problemgruppe", so ist mit falschen Angaben zu rechnen. (Typische **Beispiele** für B könnten sein: Drogenabhängige, Anhänger einer extremistischen Partei, sexuell "Abnorme", ...) Durch ein geeignetes Verfahren der Fragestellung (das auf WARNER (1965) zurückgeht) werden dann doch wieder unverzerrte Schätzungen des auf B entfallenden Anteils möglich.

Wenn — insbesondere im Gegensatz zu (8.0.1)(2) — unterstellt werden muß, daß jedem Element aus G nicht genau ein Y–Wert, sondern eine ganze Palette möglicher Antworten (und i.d.R. mehr als nur zwei) zur Verfügung steht (resp. zuzuordnen ist; z.B. durch "Meßfehler" bedingt), dann werden neue grundsätzliche Überlegungen notwendig, die diese "Antwortvariabilität" berücksichtigen. (Man kann eine gewisse Verwandschaft zu Problemen bei *Super–Populationen* — siehe 6.7 — feststellen.) Diese Überlegungen werden im Grundsatz in Abschnitt 8.2 präsentiert. Die damit verbundenen Auswirkungen auf den Schätzer $\overline{\mathsf{Y}}$ sind in 8.3 enthalten. Schließlich findet man in Abschnitt 8.4 einige Bemerkungen, die den Umgang mit den zuvor präzisierten Problemen (der Antwortverzerrung und Antwortvariabilität) betreffen.

Man muß freilich konzedieren, daß mit der Einführung von 'unkorrekten' resp. von (in gewissem Sinne) 'unbestimmten' Antworten eine neue Kategorie von *nicht–statistischen Fehlern* (bei der Mittelwertschätzung) auf den Plan tritt, die naturgemäß nur unzureichend mit rein statistisch–methodisch orientierten Überlegungen behandelt werden können. In praktischen Anwendungen wird die konkrete Situation immer ein entscheidendes Wort bei der Behandlung solcher Fehler mitzusprechen haben. (Der Leser sei z.B. auf Arbeiten von STRECKER und STRECKER et al. sowie LESSLER/KALSBEEK (1992) — siehe Literaturhinweise am Kapitelende — verwiesen.)

8.1 Eine Befragungstechnik zur Vermeidung falscher Antworten (Randomized Response)

Verzerrung durch fehlerhaftes Antwortverhalten

Man betrachte das in 2.5 behandelte Problem der Schätzung eines Anteilswertes (siehe auch (2.5.1), (2.5.2)):

(8.1.1) $G_{\mathsf{E}} = \{u : u \in G,\ u \text{ besitzt Eigenschaft } \mathsf{E}\}$; ferner

$$p_{\mathsf{E}} = P_0(G_{\mathsf{E}})\,; \quad Y(u) = \begin{cases} 1 & \text{für } u \in G_{\mathsf{E}} \\ 0 & \text{für } u \notin G_{\mathsf{E}} \end{cases} \qquad \text{mit } \mu_Y = p_{\mathsf{E}}\,.$$

Wenn E eine "problematische" Eigenschaft ist, G_{E} also eine mit Vorurteilen belastete "Problemgruppe" ist, wird man auf die

Y-Frage: "Gehören Sie zu G_{E}? "

(etwa: "Sind Sie Alkoholiker?" oder "Hatten Sie im Lauf Ihres Lebens eine Abtreibung?" oder ...) nicht mit Sicherheit mit einer korrekten Antwort rechnen können. Wir unterstellen daher die Gültigkeit von folgendem

(8.1.2) (1) **Antwortverhalten :**

$$q_{\mathsf{E}} = \text{Wahrscheinlichkeit, daß } u \text{ aus } G_{\mathsf{E}} \text{ korrekt antwortet}$$
$$= P([Y\text{-Antwort}] = 1 \mid Y = 1)\,, \quad 0 < q_{\mathsf{E}} < 1\,;$$

(2) Elemente aus $G \setminus G_{\mathsf{E}}$ antworten stets korrekt:
$P([Y\text{-Antwort}] = 1 \mid Y = 0) = 0\,.$

(3) Folglich: $P([Y\text{-Antwort}] = 1) = q_{\mathsf{E}} \cdot p_{\mathsf{E}}\,.$

Die Aufgabe ist — zunächst wie in 2.5 —, $p_{\mathsf{E}} = \mathrm{E}_{P_0}(Y)$ (aus (8.1.1)) zu schätzen. Dazu sei $\mathsf{S} = (\mathsf{U}_1, \ldots, \mathsf{U}_n)$ eine einfache *mZ*-Stichprobe aus G; ferner sei gem. (8.0.2) Y_i die von U_i gegebene Antwort (auf die Y-Frage "Gehören Sie zu G_{E}?"). Wir haben dann also

(8.1.3) $\mathsf{Y}_i = \begin{cases} 1 & \text{für } \mathsf{U}_i \in G_{\mathsf{E}}\text{, und } \mathsf{U}_i \text{ antwortet korrekt,} \\ 0 & \text{sonst.} \end{cases}$

(Bemerke: $\mathsf{Y}_1, \ldots, \mathsf{Y}_n$ ist jetzt *nicht* mehr eine Stichprobe aus Y (8.1.1).) Nun hat (8.1.2)(1) für die Stichprobenelemente U_i formal die folgende Gestalt:

$$q_{\mathsf{E}} = P(\mathsf{U}_i \text{ antwortet korrekt} \mid \mathsf{U}_i \in G_{\mathsf{E}}).$$

Ferner ist
$P(\mathsf{Y}_i = 1) = P(\mathsf{U}_i \text{ antwortet korrekt und } \mathsf{U}_i \in G_{\mathsf{E}}) = q_{\mathsf{E}} \cdot P(\mathsf{U}_i \in G_{\mathsf{E}}) = q_{\mathsf{E}}\, p_{\mathsf{E}}$;
also gilt:

(8.1.4) $\mathrm{E}(\mathsf{Y}_i) = p_{\mathsf{E}}\, q_{\mathsf{E}} \quad$ für alle $i = 1, \ldots, n$.

(8.1.5) Satz

$\mathrm{E}(\overline{\mathsf{Y}}) = p_{\mathsf{E}}\, q_{\mathsf{E}} = p_{\mathsf{E}} - p_{\mathsf{E}}(1 - q_{\mathsf{E}})$, *d.h. das arithmetische Mittel* $\overline{\mathsf{Y}}$ *ist eine verzerrte Schätzfunktion für* p_{E} *(mit Verzerrung/Bias* $p_{\mathsf{E}}(1 - q_{\mathsf{E}})$*).*

Beweis: Folgt sogleich aus (8.1.4). ■

Wegen der in (8.1.5) genannten Verzerrung betrachtet man als "Gütekriterium" nicht die Varianz, sondern den mittleren quadratischen Fehler MSE (siehe (1.4.10)) von $\overline{\mathsf{Y}}$. Aus (8.1.3) und (8.1.4) mit (8.1.5) errechnet man (siehe auch (1.4.11)(2)):

(8.1.6) $\mathrm{MSE}(\overline{\mathsf{Y}}) = \mathrm{E}\big((\overline{\mathsf{Y}} - p_{\mathsf{E}})^2\big) = \frac{1}{n} p_{\mathsf{E}} q_{\mathsf{E}}(1 - p_{\mathsf{E}} q_{\mathsf{E}}) + p_{\mathsf{E}}^2 (1 - q_{\mathsf{E}})^2.$

Das Zusatzexperiment: Wahl der Frage

Man könnte versuchen, die Verzerrung zu beseitigen, indem man statt $\overline{\mathsf{Y}}$ den Schätzer $(1/q_{\mathsf{E}})\overline{\mathsf{Y}}$ benutzt. Da jedoch i.a. q_{E} nicht bekannt ist, ist dies kein gangbarer Weg. Einen Ausweg aus diesem Dilemma bietet der auf WARNER (1965) zurückgehende Versuch, nun doch korrekte Antworten zu erhalten, dadurch,daß dem Befragten Schutz der Privatshäre "garantiert" wird in folgender Weise: Vor der Befragung von U_i wird ein Zufallsexperiment Z_i (mit Werten $\{1, 2\}$) ausgeführt, das bestimmt, welche der beiden folgenden möglichen Fragen von U_i zu beantworten ist:

(8.1.7) $Z_i = \begin{cases} 1 \mathrel{\widehat{=}} \text{1. Frage: "Gehören Sie zu } G_{\mathsf{E}}\text{ ?"} \\ 2 \mathrel{\widehat{=}} \text{2. Frage: "Gehören Sie zu } G \setminus G_{\mathsf{E}}\text{ ?"} \end{cases}$

Nachdem durch Ausführung von Z_i festgestellt wird, welche Frage U_i zu beantworten hat, werden die folgenden (plausiblen) Annahmen unterstellt:

(8.1.8) (1) Nur U_i kennt das Ergebnis von Z_i (Der Interviewer kennt nicht das Ergebnis von Z_i; er weiß nicht, auf *welche* Frage U_i antwortet!);

(2) wegen (1) ist U_i bereit, stets korrekt zu antworten.

(Das in (8.1.7), (8.1.8) beschriebene Verfahren ist unter dem Namen **Randomized Response** bekannt. Besser wäre die Bezeichnung "Randomized Question"!) Dem Interviewer hingegen ist nur bekannt:

(8.1.9) $p_Z = P(Z_i = 1)$ resp. $(1 - p_Z) = P(Z_i = 2)$,
wobei $p_Z \neq 1/2$ unterstellt wird.

(Beispielsweise könnte Z_i bedeuten, daß U_i *einen* aus M Zetteln "zufällig" (mit Wahrscheinlichkeit $1/M$) auswählt. Auf jedem Zettel steht entweder "1" oder "2", und nur U_i sieht, was auf dem ausgewählten Zettel steht. Der Interviewer kennt lediglich die Anzahl m der Zettel, auf denen "1" steht; also kennt er $p_Z = m/M$.)

Statt Y_i (8.1.3) führen wir nun die folgenden Variablen ein:

(8.1.10) $$Y_i^Z = \begin{cases} 1 & \text{falls } \mathsf{U}_i \text{ "ja" sagt nach Ausführung von } Z_i \text{ (8.1.7)}, \\ 0 & \text{falls } \mathsf{U}_i \text{ "nein" sagt nach Ausführung von } Z_i \text{ (8.1.7)}. \end{cases}$$

Unverzerrte Schätzer

Nunmehr benutzen wir für $\mu = p_{\mathsf{E}}$ den

(8.1.11) Schätzer :

$$\widehat{\mu} = \widehat{p}_{\mathsf{E}}^Z = \frac{\overline{Y}^Z - (1 - p_Z)}{2p_Z - 1} \quad \text{mit} \quad \overline{Y}^Z = \frac{1}{n}\sum\nolimits_{i=1}^{n} Y_i^Z .$$

Für $p_Z = 1$ erhält man offensichtlich $\widehat{p}_{\mathsf{E}}^Z = \overline{Y}^Z = \overline{Y}$.

Bemerkung
$\widehat{p}_{\mathsf{E}}^Z$ ist genau dann ein "zulässiger" Schätzer, wenn $0 \leq \widehat{p}_{\mathsf{E}}^Z \leq 1$ ist. Dies ist für $p_Z < \frac{1}{2}$ bzw. $p_Z > \frac{1}{2}$ genau dann der Fall, wenn $1 - p_Z \geq \overline{Y}^Z \geq p_Z$ bzw. $1 - p_Z \leq \overline{Y}^Z \leq p_Z$ ist. Wir haben also die

$$\textit{Bedingung}: \min\{p_Z, 1 - p_Z\} \leq \overline{Y}^Z \leq \max\{p_Z, 1 - p_Z\} .$$

Dies bedeutet, daß die Fragen aus (8.1.7) gut "verteilt" (gemischt) sein müssen auf Stichprobenelemente aus G_{E} und aus $G \setminus G_{\mathsf{E}}$. ■

(8.1.12) Satz

(1) $\mathrm{E}(\widehat{p}_{\mathsf{E}}^{Z}) = p_{\mathsf{E}}$.

(2) $\mathrm{Var}\ \widehat{p}_{\mathsf{E}}^{Z} = \frac{1}{n} p_{\mathsf{E}}(1-p_{\mathsf{E}}) + \frac{1}{4n}\left((2p_Z-1)^{-2}-1\right)$.

(3) $\widehat{\mathrm{Var}}\ \widehat{p}_{\mathsf{E}}^{Z} = \frac{1}{n-1} \cdot \frac{\overline{Y}^{Z}(1-\overline{Y}^{Z})}{(2p_Z-1)^2}$

ist eine unverzerrte Schätzfunktion für $\mathrm{Var}\ \widehat{p}_{\mathsf{E}}^{Z}$.

Beweis:
Zu (1): Setze $p_Y = P(Y_i^Z = 1)$. Dann ist

$$p_Y = P(G_{\mathsf{E}})P(Z_i = 1) + P(G \setminus G_{\mathsf{E}})P(Z_i = 2)$$

wegen (8.1.7) und (8.1.8)(2). Also haben wir mit (8.1.9) und (8.1.10):

(8.1.13) $P(Y_i^Z = 1) = p_Y = p_{\mathsf{E}}p_Z + (1-p_{\mathsf{E}})(1-p_Z) = p_{\mathsf{E}}(2p_Z-1) + (1-p_Z)$.

Aus (8.1.13) folgt sogleich — analog zu (2.5.8)(1), (2):

(8.1.14) (1) $\mathrm{E}(\overline{Y}^{Z}) = p_Y$;

(2) $\mathrm{Var}\,\overline{Y}^{Z} = \frac{1}{n} p_Y(1-p_Y)$.

Mit Hilfe von (8.1.14)(1) und (8.1.13) zeigt man nun leicht, daß sich aus (8.1.11) die Behauptung (1) ergibt.

Zu (2): Aus (8.1.11) und (8.1.14)(2) erhält man:

(8.1.15) $\mathrm{Var}\ \widehat{p}_{\mathsf{E}}^{Z} = (2p_Z-1)^{-2} \cdot \frac{1}{n} p_Y(1-p_Y)$.

Setzt man nun (8.1.13) für p_Y ein, so findet man schließlich (nach einigen elementaren Rechenschritten):

$$p_Y(1-p_Y) = (2p_Z-1)^2 \cdot p_{\mathsf{E}}(1-p_{\mathsf{E}}) + p_Z(1-p_Z).$$

Also ist

$$\mathrm{Var}\ \widehat{p}_{\mathsf{E}}^{Z} = \frac{1}{n} p_{\mathsf{E}}(1-p_{\mathsf{E}}) + \frac{1}{n} p_Z(1-p_Z)(2p_Z-1)^{-2}.$$

Da aber

$$p_Z(1-p_Z) = \frac{1}{4}\left(4p_Z(1-p_Z) + (2p_Z-1)^2 - (2p_Z-1)^2\right) = \frac{1}{4}\left(1-(2p_Z-1)^2\right)$$

ist, folgt sogleich die Behauptung (2).

Zu (3): Nach (2.5.8)(3) ist $\overline{Y}^{Z}(1-\overline{Y}^{Z})/(n-1)$ eine unverzerrte Schätzung für die Varianz von $\overline{Y}^{Z}$. Multipliziert man diesen Schätzer mit dem Faktor $(2p_Z-1)^{-2}$, so erhält man — wie (8.1.15) und (8.1.14)(2) zu entnehmen ist — einen unverzerrten Schätzer für $\mathrm{Var}\,\widehat{p}_{\mathsf{E}}^{Z}$. ∎

Satz (8.1.12) zeigt, daß das Problem der Schätzung des Anteils p_{E} gelöst werden kann durch die in (8.1.7), (8.1.8), (8.1.10) beschriebene Methode. Nur die (triviale) Kenntnis von p_Z (8.1.9) ist dazu vonnöten. Freilich wird man – im Vergleich mit (2.5.8)(3) — bestraft mit einer um $\frac{1}{4n}\left(\frac{1}{(2p_Z-1)^2}-1\right)$ erhöhten Schätzer-Varianz.

(8.1.16) Beispiel
$n = 10,\ p_Z = 0.3$ im Zusatzexperiment (etwa: wähle "blind" einen von 10 Zetteln, und auf genau 3 Zetteln steht Fage 1 (8.1.7)). Man erhielt

$$\overline{Y}^Z = 0.6 \ \text{(6 von 10 Antworten mit "Ja")};$$

$$\widehat{\mu}_Y = \widehat{p}^Z_{\mathsf{E}} = (0.6-0.7)/(-0.4) = 0.25;$$

$$\widehat{\text{Var}}\ \widehat{p}^Z_{\mathsf{E}} = (1/9)\cdot(0.6-1)^{-2}\cdot 0.6\cdot 0.4 = 0.1667; \qquad \sqrt{\widehat{\text{Var}}\,\widehat{p}^Z_{\mathsf{E}}} = 0.41\ .$$

Im Gegensatz dazu wäre $(1/9)\cdot\overline{Y}^Z(1-\overline{Y}^Z) = 0.0267$ gemäß (2.5.8). ■

8.2 Antwort–Variabilität

Variabilität im Antwortraum

In vielen praktischen Anwendungen muß man davon ausgehen, daß ein (nach Y) befragtes Element $u_j \in G$ nicht nur eine einzige Antwort (— etwa wie bislang: y_j in (8.0.1) —) zur Verfügung hat, sondern daß die tatsächlich gegebene Antwort aus einem ganzen Bündel möglicher Antworten stammt. Diese Antwortvariabilität kann u.a. folgende Gründe haben:

(8.2.1) (1) u_j ist sich über seinen Wert $Y(u_j)$ (= "wahrer" Y–Wert von u_j) nicht so recht im klaren; dies zeigt sich darin, daß u_j bei wiederholten Befragungen verschiedene Y–Antworten gibt; es kann auch sein, daß u_j sich "bewußt" "flexibel" hält und seine Y–Meinung eben nicht festlegt;

(2) die Ermittelung von $Y(u_j)$ kann nur mit Hilfe eines bestimmten Meßverfahrens erfolgen, und dieses Meßverfahren ist (wie so oft) mit Meßfehlern behaftet;

(3) die Y–Antwort von u_j wird durch den "Interviewer" beeinflußt (dies kann man als Spezifikation von (2) betrachten);

(4) die Y-Antwort von u_j wird durch andere Elemente aus G beeinflußt; die einzelnen Y-Antworten von Stichprobenelementen können dann von den übrigen Elementen der Stichprobe abhängen.

Die unter (3) und (4) genannten Gründe können auch zu "systematischen" Verzerrungen der Antworten führen; das gleiche gilt für (2), wenn das Meßverfahren einen systematischen Fehler aufweist.

Nach den vorangegangenen Erörterungen läßt sich eine Stichprobenerhebung von Y als "zusammengesetztes" Experiment auffassen mit den Teilexperimenten

(8.2.2) (1) Ziehung einer Stichprobe S aus G,

(2) Ermittelung (Erhebung/Messung ...) von Y.

Von der Beschreibung des Experiments (8.2.2)(1) durch W-Räume/W-Verteilungen handelt das vorliegende Buch in großen Teilen (cf. auch (1.3.11)). Für die Beschreibung des Experiments (8.2.2)(2) führen wir nun einen Wahrscheinlichkeitraum $\mathcal{A}$ ein, der die Y-Antworten der Elemente von G als "Zufallsereignisse" darstellt. Es wird nicht nötig sein, in notationelle Details zu gehen. Wir schreiben kurz:

(8.2.3) $\mathcal{A}$ = **Antwortraum** (für Y auf G)
= W-Raum, der angibt, welche Y-Antworten von Elementen aus G mit welchen Wahrscheinlichkeiten gegeben werden.
$\mathcal{P}$ = W-Verteilung auf dem Antwortraum.
($\mathcal{P}$ liefert lediglich die wahrscheinlichkeitstheoretische Beschreibung des Antwortverhaltens;
$\mathcal{P}$ hat nichts mit Stichproben-Verteilungen zu tun.)

Man mag sich $\mathcal{A}$ als gegebene "Super-Population" — ähnlich wie in Abschnitt 6.7 — vorstellen. (Siehe als Illustration auch (6.7.1), wo das "Befragungsergebnis" (gewählte Partei) eben nicht von vornherein feststeht.) Jede tatsächlich gegebene Y-Antwort eines bestimmten Elementes u_j ist die Realisation einer (auf $\mathcal{A}$ erklärten) Zufallsvariablen; wir bezeichnen diese Variable mit

(8.2.4) $\mathcal{Y}_j$ = [Y-**Antwort**] von u_j (wenn u_j in die Stichprobe käme!)
= auf $\mathcal{A}$ (8.2.3) erklärte Zufallsvariable, deren Werte die möglichen Y-Antworten von u_j sind (mit der durch $\mathcal{A}$ induzierten Verteilung $\mathcal{P}$).

Bemerkung
Es mag hilfreich sein, zur Illustration der soeben eingeführten und sogleich noch einzuführenden Begriffe und Ideen zwischendurch im **Beispiel** (8.4.12) nachzulesen, das im übernächsten Abschnitt steht und der besseren Übersichtlichkeit wegen nicht "zerlegt" wurde.

Ein weiteres **Beispiel** ist das in 8.1 behandelte Problem:

$$\mathcal{Y}_j \in \{0, 1\}, \quad \mathcal{P}(\{\mathcal{Y}_j = 1\}) = \begin{cases} p_\mathsf{E} \cdot q_\mathsf{E} & \text{für alle } j \in G_\mathsf{E} \text{ (siehe (8.1.2)(3))}, \\ 0 & \text{für alle } j \notin G_\mathsf{E}\,. \end{cases}$$

Freilich wird der dort eingeschlagene Weg der Problemlösung für die Behandlung der nunmehr allgemeineren Probleme nicht ausreichend sein. ■

Wir unterstellen nun, daß es für jedes $u_j \in G$ ein wohldefiniertes "Durchschnittsverhalten" bei den Y-Antworten gibt; wir unterstellen also die Existenz des über dem W-Raum $\mathcal{A}$ für jedes u_j zu bildenden "individuellen" Erwartungswertes der "möglichen" Antworten:

(8.2.5) (individuelle) Durchschnittsantwort

$$y_j^0 = \mathcal{E}(\mathcal{Y}_j) \text{ für (8.2.4)} \quad (\text{mit } \mathcal{E} = \text{Erwartungswert bzgl. } \mathcal{P}).$$

Des weiteren unterstellen wir, daß dieses "Durchschnittsverhalten" für jedes j bei der Stichprobenziehung erhalten bleibt. (Man kann dies als Einschränkung der in (8.2.1)(3) und (4) genannten Gründe ansehen.) Wir haben dann auch im gesamten (i.e. für (8.2.2)(1) **und** (2) "zuständigen") W-Raum

(8.2.6) $\mathrm{E}(\mathcal{Y}_j \mid \mathsf{S}) = y_j^0$ für (8.2.4).

(Der Deutlichkeit wegen: (8.2.6) gilt unabhängig davon, ob nun das spezielle Element u_j in S vorkommt oder nicht!)

(8.2.7) Definition
*$\mathcal{V}_j = \mathcal{Y}_j - y_j^0$ (mit (8.2.4), (8.2.5)) heißt **Antwortvariabilität von** u_j. Schreibe auch kurz: $\boldsymbol{\mathcal{V}} = (\mathcal{V}_1, \ldots, \mathcal{V}_N)$. Es gilt also*

(1) $\mathcal{Y}_j = y_j^0 + \mathcal{V}_j$ *mit* $\mathcal{E}(\mathcal{V}_j) = 0$ *für alle* $j = 1, \ldots, N$.

Verzerrung: "Durchschnittliche" versus "wahre" Antwort

Es ist denkbar, unter allen möglichen Werten von $\mathcal{Y}_j$ einen Wert auszuzeichnen als den "wahren" Y-Wert von u_j. Dieser "wahre" Y-Wert muß nicht identisch sein mit y_j^0. Wir schreiben daher:

(8.2.8) y_j^w = **wahrer** Y**–Wert** von u_j

und unterstellen implizit, daß y_j^w durch (8.2.8) "wohldefiniert" und "sinnvoll" ist.

(8.2.9) Bemerkung
Die Möglichkeit der Rede vom "wahren" Wert in (8.2.8) beruht auf der Annahme, daß der "wahre" Y–Wert gleichsam unabhängig von allen faktischen "Meßergebnissen" (Y–Antworten) zulässig/korrekt/sinnvoll definiert ist. Es mag Fragestellungen und Situationen geben, wo diese Auszeichnung eines $\mathcal{Y}_j$–Wertes und damit auch die Unterscheidung zwischen y_j^w und y_j^0 vertretbar/vernünftig ist. In außerordentlich vielen Fragestellungen (insbesondere in den Sozialwissenschaften, in Psychologie, Pädagogik ...) wird man mit gutem Grund lediglich zulassen wollen, daß y_j^w nicht schon durch (8.2.8), sondern erst durch

(1) $y_j^w = y_j^0$ (mit (8.2.5))

wohldefiniert ist. Die Rede von y_j^w in (8.2.8), die nicht mit (1) übereinstimmt, muß sich auf anderes noch als die Antworten von u_j berufen; denn u_j kann — ex definitione — nur über y_j^0 Auskunft geben. Die Gefahr, die damit einhergeht, ist offenkundig: z.B. redet dann jemand über die "wahren" Bedürfnisse, die "wahren" Interessen, die "wahren" Überzeugungen von u_j , obgleich u_j systematisch davon ausgeschlossen ist, sich dazu äußern zu können. Deshalb: Man hüte sich vor (8.2.8) ohne (8.2.9)(1)! (Siehe jedoch (8.4.5).) ■

Mit der Einführung von y_j^w (8.2.8) — unabhängig von y_j^0 — hat man die Möglichkeit gewonnen, eine (systematische) **Verzerrung** (**"bias"**) zum Ausdruck zu bringen:

(8.2.10) $b_j = y_j^0 - y_j^w$ heißt **(Antwort–)Verzerrung** von u_j.

Statt (1) kann man dann auch schreiben:

(8.2.11) $\mathcal{Y}_j = y_j^w + b_j + \mathcal{V}_j$ mit $\mathcal{E}(\mathcal{V}_j) = 0$ $(j = 1, \ldots, N)$.

(8.2.12) Bemerkung
Gelegentlich schreibt man (8.2.7)(1) und (8.2.11) als **Meßfehler–Modelle** (siehe z.B. COCHRAN (1972), S. 437 ff): Ist y_{jr} bzw. v_{jr} die r–te Messung von $\mathcal{Y}_j$ bzw. der bei dieser Messung auftretende "Meßfehler" $(y_{jr} - y_j^0)$, so hat man

$$y_{jr} = y_j^0 + v_{jr} \qquad \text{bzw.} \qquad y_{jr} = y_j^w + b_j + v_{jr} \; .$$ ■

Antwortvarianz

Da die y_j^{w}, b_j in (8.2.11) Konstante sind, ist die Varianz von $\mathcal{Y}_j$ (bzgl. $\mathcal{P}$) gleich der von $\mathcal{V}_j$. Wir führen daher die folgenden Symbole für die Varianzen/Kovarianzen der $\mathcal{V}_j$ resp. der $\mathcal{Y}_j$ (siehe (8.2.7)(1)) ein:

(8.2.13) $\sigma_{ij} = \mathcal{E}(\mathcal{V}_i \cdot \mathcal{V}_j) = \mathrm{Cov}_{\mathcal{P}}(\mathcal{V}_i, \mathcal{V}_j) = \mathrm{Cov}_{\mathcal{P}}(\mathcal{Y}_i, \mathcal{Y}_j) \quad$ für $i \neq j$;

$$\sigma_{ii} = \sigma_i^2 = \mathcal{E}(\mathcal{V}_i^2) = \mathrm{Var}_{\mathcal{P}}\, \mathcal{V}_i = \mathrm{Var}_{\mathcal{P}}\, \mathcal{Y}_i \ ;$$

$$\sigma_{\mathcal{V}}^2 = \frac{1}{N} \sum_{j=1}^{N} \sigma_j^2 \ ;$$

$$\rho_{\mathcal{V}} = \frac{1}{N(N-1)} \sum\nolimits_{\{ {i,j=1 \atop i \neq j} \}}^{N} \frac{\sigma_{ij}}{\sigma_{\mathcal{V}}^2} .$$

(8.2.14) Definition

σ_i^2 heißt ***Antwortvarianz von*** *u_i , $\sigma_{\mathcal{V}}^2$ heißt* ***durchschnittliche Antwortvarianz*** *(auch: durchschnittliche Varianz der Antwortvariabilität/der Meßfehler); $\rho_{\mathcal{V}}$ heißt* ***Korrelationskoeffizient der Antwortvariabilität.***

Alle bisherigen Begriffsbildungen dieses Abschnitts beziehen sich auf das *stochastische* (Antwort–) Verhalten im *Antwortraum*, nicht auf das Verhalten bei der Ermittelung der [Y–Antwort] auf Stichproben. Doch lassen sich die in (8.2.14) eingeführten Ausdrücke durch das *Antwortverhalten auf Stichproben* (worüber ausführlich der nächste Abschnitt 8.3 handelt) illustrieren:

(8.2.15) Satz

Wählt man eine einfache oZ–Stichprobe $(\mathsf{U}_1, \mathsf{U}_2)$ *der Länge 2 aus G und ist*

V_i = ***Antwortvariabilität des Stichprobenelements*** U_i

— *i.e.* $\mathsf{V}_i = \mathcal{V}_j$ *für* $\mathsf{U}_i = u_j$ *$(i = 1, 2)$ —, so gilt:*

(1) $\mathrm{Var}\, \mathsf{V}_i = \sigma_{\mathcal{V}}^2 \quad (i = 1, 2)$;

(2) $\mathrm{Cov}(\mathsf{V}_1, \mathsf{V}_2) = \rho_{\mathcal{V}} \cdot \sigma_{\mathcal{V}}^2$.

Beweis:

Zu (1): Es ist — mit (9.3.13) und $\boldsymbol{\mathcal{V}} = (\mathcal{V}_1, \ldots, \mathcal{V}_N)$ —

$$\mathrm{E}(\mathsf{V}_i) = \mathcal{E}\left[\mathrm{E}[\mathsf{V}_i \mid \boldsymbol{\mathcal{V}}]\right] = \mathcal{E}\left(\frac{1}{N}\sum_{j=1}^{N} \mathcal{V}_j\right) = \frac{1}{N}\sum_{j=1}^{N} \mathcal{E}(\mathcal{V}_j) = 0$$

wegen (8.2.7)(1) und da $P(\mathsf{U}_i = u_j) = 1/N$ ist (siehe (2.2.6)). Also ist Var $\mathsf{V}_i = \mathrm{E}(\mathsf{V}_i^2) = \mathcal{E}(\mathrm{E}(\mathsf{V}_i^2 \mid \mathcal{V}))$. Ferner ist $\mathrm{E}(\mathsf{V}_i^2 \mid \mathcal{V}) = \frac{1}{N}\sum_j \mathcal{V}_j^2$,. Also haben wir

$$\mathrm{E}(\mathsf{V}_i^2) = \mathcal{E}\left(\frac{1}{N}\sum\nolimits_{j=1}^{N} \mathcal{V}_j^2\right) = \frac{1}{N}\sum\nolimits_{j=1}^{N} \mathcal{E}(\mathcal{V}_j^2) = \sigma_{\mathcal{V}}^2 .$$

Zu (2): $\mathrm{E}(\mathsf{V}_1 \cdot \mathsf{V}_2) = \mathcal{E}(\mathrm{E}(\mathsf{V}_1 \cdot \mathsf{V}_2 \mid \mathcal{V}))$. Nun ist aber (mit (2.2.7))

$$\mathrm{E}(\mathsf{V}_1 \cdot \mathsf{V}_2 \mid \mathcal{V}) = \frac{1}{N(N-1)} \sum\nolimits_{\left\{ {i,j=1 \atop i \neq j} \right\}}^{N} \mathcal{V}_i \cdot \mathcal{V}_j .$$

Folglich ist

$$\mathrm{E}(\mathsf{V}_1 \cdot \mathsf{V}_2) = \frac{1}{N(N-1)} \sum\nolimits_{\left\{ {i,j=1 \atop i \neq j} \right\}}^{N} \mathcal{E}(\mathcal{V}_i \cdot \mathcal{V}_j),$$

und die Behauptung folgt sogleich. ∎

Antwort–Merkmale und –Funktionale auf G

Es wird sich als nützlich erweisen, die folgenden **Merkmale** (resp. **Zufallsvariablen** auf G mit der durch die uniforme Verteilung P_0 induzierten Verteilung) zu definieren:

(8.2.16) (1) $Y^0 : u_j \longrightarrow Y^0(u_j) = y_j^0$: **Durchschnittsantworten** auf G ;

(2) $Y^w : u_j \longrightarrow Y^w(u_j) = y_j^w$: **wahre Antworten** auf G ;

(3) $B : \; u_j \longrightarrow B(u_j) = b_j$: **Antwort–Verzerrungen** auf G .

(Natürlich ist $B = Y^0 - Y^w$.) Desgleichen führen wir — analog zu (6.7.2) — die folgenden **Zufallsfunktionen** (auch **Zufalls–Funktionale**) ein, die im Gegensatz zu Zufalls*variablen* als "Werte" keine reellen Zahlen sondern Zufallsvariable (!!) haben (siehe z.B. Neveu (1965), S. 86); solche Zufallsfunktionen heißen auch "random functions"):

(8.2.17) (1) $\mathcal{Y} : u_j \longrightarrow \mathcal{Y}(u_j) = \mathcal{Y}_j$: **Antwort–Funktional** auf G ;

(2) $\mathcal{V} : u_j \longrightarrow \mathcal{V}(u_j) = \mathcal{V}_j$: **Variabilitäts–Funktional** auf G .

Faßt man eine reelle Zahl als "degenerierte" Zufallsvariable auf, läßt sich jede Zufallsvariable als — sozusagen "degenerierte" — Zufallsfunktion interpretieren. Statt (8.2.7)(1) resp. (8.2.11) für alle $j = 1, \ldots, N$ anzugeben, können wir nun folgende Relation zwischen Zufallsfunktionen konstatieren:

(8.2.18) $\mathcal{Y} = Y^0 + \mathcal{V}$ resp. $\mathcal{Y} = Y^{\mathrm{w}} + B + \mathcal{V}$.

Mit den in (8.2.16) gegebenen Zufallsvariablen sind auch deren Mittelwerte erklärt:

(8.2.19) (1) $\mu_Y^0 = \frac{1}{N}\sum_{j=1}^{N} y_j^0 = \mathrm{E}_{P_0}(Y^0)$:
Mittelwert der Durchschnittsantworten ;

(2) $\mu_Y^{\mathrm{w}} = \frac{1}{N}\sum_{j=1}^{N} y_j^{\mathrm{w}} = \mathrm{E}_{P_0}(Y^{\mathrm{w}})$:
Mittelwert der wahren Antworten

(3) $b = \mu_Y^0 - \mu_Y^{\mathrm{w}} = \frac{1}{N}\sum_{j=1}^{N} b_j = \mathrm{E}_{P_0}(B)$:
Mittelwert der Antwortverzerrungen,
kurz: **Antwortverzerrung.**

Alle diese drei Parameter sind in der Regel unbekannt und aus Stichprobenergebnissen zu schätzen. Wir wollen im folgenden Abschnitt untersuchen, wie weit die aus dem 2. Kapitel wohlbekannte Schätzung durch das Stichprobenmittel $\overline{Y}$ auch unter den Voraussetzungen dieses Abschnittes nutzbar ist.

8.3 Mittelwert–Schätzung bei Antwort–Variabilität

Antwortvariabilität auf Stichproben

Nach wie vor sind wir daran interessiert, Informationen über uns interessierende Merkmals–Parameter auf G aus Stichprobenerhebungen zu erhalten. Wir suchen also Schätzer für den Durchschnittswert der "wahren" Y-Werte — μ_Y^{w} — und/oder für den Durchschnittswert der "mittleren" Y-Werte — μ_Y^0 — (und/oder für die "mittlere" Verzerrung $b = \mu_Y^0 - \mu_Y^{\mathrm{w}}$). Allerdings werden wir nun auch auf Stichproben "Antwortvariabilitäten" vorfinden, die das angesprochene Schätzproblem erschweren.

Es sei $\mathsf{S} = (\mathsf{U}_1, \ldots, \mathsf{U}_n)$ eine einfache (mZ- oder oZ-)Stichprobe aus G. Setze:

(8.3.1) (1) $\mathsf{Y}_i = \mathcal{Y}(\mathsf{U}_i) = Y$**–Antwort (–Verhalten) von** U_i, i.e.
$\mathsf{Y}_i = \mathcal{Y}_j$ für $\mathsf{U}_i = u_j$ (mit (8.2.4), (8.2.17)(1));

(2) $\mathsf{V}_i = \mathcal{V}(\mathsf{U}_i)$ (mit (8.2.7) resp. (8.2.17)(2))
= **Antwortvariabilität von** U_i ;

(3) $Y_i^0 = Y^0(\mathsf{U}_i)$, $Y_i^{\mathrm{w}} = Y^{\mathrm{w}}(\mathsf{U}_i)$, $B_i = Y_i^0 - Y_i^{\mathrm{w}} = B(\mathsf{U}_i)$ (mit (8.2.16)).

Natürlich können nur die Y_i ermittelt werden! (Es sei denn, wir unterstellten (8.4.5).)

Die arithmetischen Mittel der Y_i resp. V_i resp. Y_i^0 resp. Y_i^{w} resp. B_i bezeichnen wir mit:

$$\overline{\mathsf{Y}} \quad \text{resp.} \quad \overline{\mathsf{V}} \quad \text{resp.} \quad \overline{Y^0} \quad \text{resp.} \quad \overline{Y^{\mathrm{w}}} \quad \text{resp.} \quad \overline{B}.$$

Aufgrund von (8.2.18) gilt:

(8.3.2) (1) $\mathsf{Y}_i = Y_i^0 + \mathsf{V}_i = Y_i^{\mathrm{w}} + B_i + \mathsf{V}_i$ für $i = 1, \ldots, n$;

(2) $\overline{\mathsf{Y}} = \overline{Y^0} + \overline{\mathsf{V}} = \overline{Y^{\mathrm{w}}} + \overline{B} + \overline{\mathsf{V}}$.

Mit den in (8.3.1) erklärten Zufallsvariablen und –Funktionalen hat man auch die Stichproben–Varianzen / -Kovarianzen und die “korrigierten” Varianzen / Kovarianzen (siehe (1.3.25)(2), (3), (6.0.6)); wir bezeichnen sie mit

$$S_{\mathsf{Y}}^2 \quad \text{resp.} \quad S_{\mathsf{V}}^2 \quad \text{resp.} \quad S_{Y^0}^2 \quad \text{resp.} \quad S_{Y^0,\mathsf{V}}$$
$$S_{\mathsf{Y}}^{*\,2} \quad \text{resp.} \quad S_{\mathsf{V}}^{*\,2} \quad \text{resp.} \quad S_{Y^0}^{*\,2} \quad \text{resp.} \quad S_{Y^0,\mathsf{V}}^{*} .$$

Aus (8.3.2)(1), (2) läßt sich bekanntlich herleiten:

(8.3.3) $S_{\mathsf{Y}}^{*2} = S_{\mathsf{Y}^0}^{*2} + S_{\mathsf{V}}^{*2} + 2S_{\mathsf{Y}^0,\mathsf{V}}^{*}$.

In Anlehnung an die Untersuchungen des 2. Kapitels — insbesondere (2.4.8) — behandeln wir nun die Frage, ob das ermittelbare arithmetische Mittel $\overline{\mathsf{Y}}$ als Schätzer in Frage kommt. Wir untersuchen daher zunächst, wie groß

(8.3.4) (1) $\mathrm{E}(\overline{\mathsf{Y}})$ (siehe (8.3.6)(1)),

(2) $\mathrm{Var}\,\overline{\mathsf{Y}}$ (siehe (8.3.6)(2)),

(3) $\mathrm{E}\left(\dfrac{1-f}{n} S_{\mathsf{Y}}^{*2}\right)$ (siehe (8.3.17) und (8.3.21))

unter den in 8.2 gemachten und hier unterstellten Voraussetzungen sind.

Schätzung von μ_Y^0

Für weitere Berechnungen ist folgende Aussage wichtig:

(8.3.5) Lemma

(1) $\mathrm{E}(Y_i^0 \mid \mathcal{V}) = \mathrm{E}(Y_i^0) = \mu_Y^0$ *(Notation:* (8.2.5) bis (8.2.7), (8.3.1), (8.2.19)*)*;

(2) $\mathrm{E}(\mathsf{V}_i \mid \mathcal{V}) = \frac{1}{N}\sum_{j=1}^N \mathcal{V}_j$.

(Hierbei ist weiterhin $\mathcal{V} = (\mathcal{V}_1, \ldots, \mathcal{V}_N)$ *.)*

Beweis:
Zu (1): Wegen (8.2.6) ist Y_i^0 von $\mathcal{V}$ unabhängig. Der Rest folgt aus (8.2.19).

Zu (2): Siehe Beweis von (8.2.15)(1). ∎

Um den Mittelwert (in G) der durchschnittlichen Antworten (der $u \in G$) — also μ_Y^0 (8.2.19) — schätzen zu können, zeigen wir:

(8.3.6) Satz

Für $\widehat{\mu_Y^0} = \overline{\mathsf{Y}}$ *gilt:*

(1) $\mathrm{E}\left(\widehat{\mu_Y^0}\right) = \mu_Y^0 = \mathrm{E}\left(\overline{\mathsf{Y}}\right)$;

(2) $$\mathrm{Var}\,\widehat{\mu_Y^0} = \frac{1-f^*}{n}\sigma_{Y^0}^2 + \frac{1}{N}\sigma_{\mathcal{V}}^2(1+(N-1)\rho_{\mathcal{V}}) + \frac{1-f^*}{n}\cdot\frac{N-1}{N}\sigma_{\mathcal{V}}^2(1-\rho_{\mathcal{V}})$$
$$= \mathrm{Var}\left(\overline{\mathsf{Y}}\right) \quad \textit{mit } (8.2.13),\ (2.4.5).$$

Beweis:
Zu (1): Wegen (8.3.2)(2) genügt es zu zeigen:

(8.3.7) $\mathrm{E}(\overline{\mathsf{V}}) = 0$ resp. $\mathrm{E}(\mathsf{V}_i) = 0$ für alle $i = 1, \ldots, n$.

In der Tat ist mit (9.3.8)

$$\mathrm{E}(\mathsf{V}_i) = \mathrm{E}\big(\mathrm{E}(\mathsf{V}_i \mid \mathcal{V})\big) = \frac{1}{N}\sum_{j=1}^N \mathrm{E}(\mathcal{V}_j) = 0$$

(mit Lemma (8.3.5)(2) und (1)).

Zu (2): Zunächst ist (mit (8.3.2), (8.3.5))

$$\mathrm{E}(\overline{\mathsf{Y}} \mid \mathcal{V}) = \mathrm{E}(\overline{Y^0}) + \frac{1}{N}\sum_{j=1}^N \mathcal{V}_j = \mathrm{E}(\overline{Y^0}) + \mathrm{E}(\overline{\mathsf{V}} \mid \mathcal{V}) \ .$$

Also ist

$$\mathrm{Var}\big(\mathrm{E}(\overline{\mathsf{Y}} \mid \mathcal{V})\big) = \frac{1}{N^2}\left(\sum_{j=1}^N \mathrm{Var}\,\mathcal{V}_j + \sum_{\{\substack{i,j=1\\ i\neq j}\}}^N \mathrm{Cov}(\mathcal{V}_i, \mathcal{V}_j)\right) = \mathrm{Var}\big(\mathrm{E}(\overline{\mathsf{V}} \mid \mathcal{V})\big).$$

Beachtet man nun (8.2.13), so erhält man

$$\textbf{(8.3.8)}\quad \operatorname{Var}\mathrm{E}(\overline{\mathrm{Y}} \mid \mathcal{V}) = \frac{1}{N}\sigma^2_{\mathcal{V}}(1+(N-1)\rho_{\mathcal{V}}) = \operatorname{Var}\mathrm{E}(\overline{\mathrm{V}} \mid \mathcal{V})\,.$$

Ferner haben wir (mit (2.4.8)(2) !!)

$$\textbf{(8.3.9)}\ (1)\quad \operatorname{Var}\overline{Y}^0 = \frac{1-f^*}{n}\sigma^2_{Y^0}\,,$$

$$(2)\quad \operatorname{Var}(\overline{\mathrm{V}} \mid \mathcal{V}) = \frac{1-f^*}{n}\left(\frac{1}{N}\sum_{j=1}^{N}\mathcal{V}_j^2 - \left(\frac{1}{N}\sum_{j=1}^{N}\mathcal{V}_j\right)^2\right) = \frac{1-f^*}{n}\cdot S^2_{\mathcal{V}}$$ mit

$$(3)\quad S^2_{\mathcal{V}} = \left(\frac{1}{N}\sum_{j=1}^{N}\mathcal{V}_j^2 - \left(\frac{1}{N}\sum_{j=1}^{N}\mathcal{V}_j\right)^2\right)\,;$$

ähnlich folgt aus (6.0.9) mutatis mutandis:

$$\operatorname{Cov}(\overline{Y}^0, \overline{\mathrm{V}} \mid \mathcal{V}) = \frac{1}{n}(1-f^*)\frac{1}{N}\sum_{j=1}^{N}(y_j^0 - \mu_Y^0)\cdot\mathcal{V}_j$$

und daher

$$\mathrm{E}\big(\operatorname{Cov}(\overline{Y}^0, \overline{\mathrm{V}} \mid \mathcal{V})\big) = 0.$$

Also ist

$$\begin{aligned}\mathrm{E}\big(\operatorname{Var}(\overline{\mathrm{Y}} \mid \mathcal{V})\big) &= \mathrm{E}\big(\operatorname{Var}\overline{Y}^0 + \operatorname{Var}(\overline{\mathrm{V}} \mid \mathcal{V})\big) = \operatorname{Var}\overline{Y}^0 + \mathrm{E}\big(\operatorname{Var}(\overline{\mathrm{V}} \mid \mathcal{V})\big)\\ &= \frac{1}{n}(1-f^*)\left(\sigma^2_{Y^0} + \frac{1}{N}\sum_{j=1}^{N}\mathrm{E}(\mathcal{V}_j^2) - \frac{1}{N^2}\sum_{i,j}\mathrm{E}(\mathcal{V}_i\mathcal{V}_j)\right)\,.\end{aligned}$$

Beachtet man nun (8.2.13), so führt eine leichte Rechnung zu der Aussage:

$$\begin{aligned}\textbf{(8.3.10)}\quad \mathrm{E}\big(\operatorname{Var}(\overline{\mathrm{Y}} \mid \mathcal{V})\big) &= \frac{1-f^*}{n}\sigma^2_{Y^0} + \frac{1-f^*}{n}\sigma^2_{\mathcal{V}}\frac{N-1}{N}(1-\rho_{\mathcal{V}})\\ &= \operatorname{Var}\overline{Y}^0 + \mathrm{E}\big(\operatorname{Var}(\overline{\mathrm{V}} \mid \mathcal{V})\big)\\ &= \operatorname{Var}\overline{Y}^0 + \frac{1-f^*}{n}\cdot\mathrm{E}\left(S^2_{\mathcal{V}}\right) \qquad \text{(mit (8.3.9)(2),(3)).}\end{aligned}$$

Addiert man nun die linken Seiten (8.3.8) und (8.3.10), so erhält man $\operatorname{Var}\overline{\mathrm{Y}}$ mit (9.4.3); addiert man die rechten Seiten von (8.3.8) und (8.3.10), so gewinnt man die rechte Seite in (8.3.6)(2) und damit die Behauptung. ■

$\overline{\mathsf{Y}}$ ist nach (8.3.6) zwar ein unverzerrter Schätzer für μ_Y^0, im allgemeinen jedoch *nicht* für μ_Y^w. Mit (8.2.19) haben wir aus (8.3.6)(1):

(8.3.11) $\mathrm{E}(\overline{\mathsf{Y}}) = \mu_Y^w + b = \mu_Y^0$.

Das Problem der Schätzung des "wahren" Mittelwertes μ_Y^w ist durch $\overline{\mathsf{Y}}$ also noch nicht gelöst, wenn man nicht von vornherein $b = 0$ unterstellt (siehe hierzu (8.2.9)). Wir werden dieses Problem in Abschnitt 8.4 weiter erörtern (siehe (8.4.2) bis (8.4.5)).

Antwortvarianz

Zur Varianz von $\overline{\mathsf{Y}}$ bemerken wir, daß sie die Summe aus $\mathrm{Var}\,\overline{Y^0}$ und $\mathrm{Var}\,\overline{\mathsf{V}}$ ist, wie unmittelbar aus den zweiten Gleichungen in (8.3.8) und (8.3.10) hervorgeht. Wir haben also die instruktive Darstellung:

(8.3.12) (1) $\mathrm{Var}\,\widehat{\mu_Y^0} = \mathrm{Var}\,\overline{\mathsf{Y}} = \mathrm{Var}\,\overline{Y^0} + \mathrm{Var}\,\overline{\mathsf{V}} = \mathrm{Var}\,\overline{Y^0} + V_A$ mit

(2) $V_A = \mathrm{Var}\,\overline{\mathsf{V}}$.

(8.3.13) Definition
V_A (8.3.12)(2) *heißt* ***Antwortvarianz der Stichprobe****, kurz auch nur* ***Antwortvarianz***. $\mathrm{Var}\,\overline{Y^0}$ *heißt* ***eigentliche Varianz (in der Stichprobe)***.

(8.3.14) Bemerkung
Wäre die Antwort aller u_j nun doch "deterministisch" (i.e. hätte jedes u_j nur jeweils einen einzigen Wert als Y-Antwort zur Verfügung), so wäre die in (8.2.4) erklärte Variable $\mathcal{Y}_j$ offenbar gleich der Konstanten y_j^0 für alle $j = 1, \ldots, N$. Für die Y_i aus (8.3.1) hätten wir dann: $\mathsf{Y}_i = Y_i^0$ für alle i, also auch $\overline{\mathsf{Y}} = \overline{Y^0}$. Die *eigentliche Stichprobenvarianz* $\mathrm{Var}\,\overline{Y^0}$ ist also die Varianz der Schätzung $\overline{\mathsf{Y}}$ bei **Abwesenheit** von Antwortvariabilität. ∎

Eine explizite Darstellung der Antwortvarianz ist natürlich aufgrund von (8.3.8) und (8.3.10) ebenfalls leicht erhältlich:

(8.3.15)
$$\begin{aligned} \mathsf{V}_A = {} & \mathrm{Var}\,\overline{\mathsf{V}} = \left[\mathrm{Var}\,\mathrm{E}(\overline{\mathsf{V}} \mid \mathcal{V})\right] + \left[\mathrm{E}\big(\mathrm{Var}\,(\overline{\mathsf{V}} \mid \mathcal{V})\big)\right] \\ = {} & \left[\frac{1}{N}\sigma_{\mathcal{V}}^2(1 + (N-1)\rho_{\mathcal{V}})\right] + \left[\frac{1-f^*}{n} \cdot \frac{N-1}{N}\sigma_{\mathcal{V}}^2(1 - \rho_{\mathcal{V}})\right] . \end{aligned}$$

(8.3.16) Bemerkung
Wenn man davon ausgehen kann, daß das Antwortverhalten der statistischen Einheiten $u \in G$ nicht aufeinander "abgestimmt" sondern gleichsam "unabhängig" voneinander ist, sollte $\rho_{\mathcal{V}} = 0$ sein (siehe auch (8.2.15)(2)). Dann wäre die Antwortvarianz der Stichprobe

$$\mathsf{V}_{\mathcal{A}} = \frac{1}{N}\sigma_{\mathcal{V}}^2 + \frac{1-f^*}{n} \cdot \frac{N-1}{N}\sigma_{\mathcal{V}}^2 \,.$$ ■

Varianz–Schätzung

Der in (8.3.6)(2) gegebene Ausdruck ist recht "komplex". Um zu untersuchen, wie seine Schätzung (aufgrund einer Stichprobe $\mathsf{Y}_1, \dots, \mathsf{Y}_n$) möglich ist, lösen wir zunächst die in (8.3.4)(3) gestellte Aufgabe.

(8.3.17) Satz

$$\mathrm{E}\left(\frac{1-f}{n} S_{\mathsf{Y}}^{*2}\right) = \frac{1}{n}(1-f^*)\sigma_{Y^0}^2 + \frac{1}{n}(1-f^*)\frac{N-1}{N}\sigma_{\mathcal{V}}^2(1-\rho_{\mathcal{V}}) \,.$$

Beweis: Zunächst ist nach (2.4.8)(4)

(8.3.18) $\mathrm{E}\big((1-f)S_{\mathsf{Y}^0}^{*2}\big) = (1-f^*)\sigma_{Y^0}^2 \,.$

Desgleichen folgt aus (2.4.8)(4):

$$\mathrm{E}(S_{\mathsf{V}}^{*2} \mid \mathcal{V})(1-f) = (1-f^*)S_{\mathcal{V}}^2 \qquad \text{mit (8.3.9)(3).}$$

Mit (8.3.10) erhalten wir daher

(8.3.19) $\mathrm{E}\big((1-f)S_{\mathsf{V}}^{*2}\big) = (1-f^*)\dfrac{N-1}{N}\sigma_{\mathcal{V}}^2(1-\rho_{\mathcal{V}}).$

Schließlich folgern wir aus (6.0.7):

$$\mathrm{E}(S_{\mathsf{Y}^0,\mathsf{V}}^{*} \mid \mathcal{V})(1-f) = (1-f^*)\frac{1}{N}\sum_{j=1}^{N}(y_j^0 - \mu_Y^0)\mathcal{V}_j.$$

Da der Erwartungswert dieses Ausdrucks gleich Null ist, haben wir

(8.3.20) $\mathrm{E}\big((1-f)S_{\mathsf{Y}^0,\mathsf{V}}^{*}\big) = 0.$

Aus (8.3.3), (8.3.18), (8.3.19), (8.3.20) folgt nun die Behauptung (8.3.17). ■

Leichte Umformungen (zunächst mit Hilfe von (8.3.9)(1) und (8.3.15) und dann mit (8.3.12) und (8.3.8)) zeigen, daß wir (8.3.17) auch wie folgt schreiben können:

(8.3.21) Satz

$$\begin{aligned} \mathrm{E}\Big(\frac{1-f}{n}\,S_{\mathrm{Y}}^{*2}\Big) &= \mathrm{Var}\,\overline{Y}^{0} + \mathrm{E}\big(\mathrm{Var}(\overline{\mathrm{V}} \mid \mathcal{V})\big) \\ &= \mathrm{Var}\;\overline{\mathrm{Y}} - \frac{1}{N}\sigma_{\mathrm{V}}^{2}\big(1 + (N-1)\rho_{\mathrm{V}}\big)\,. \end{aligned}$$

Wir haben also: $\frac{1-f}{n}\,S_{\mathrm{Y}}^{*2}$ *unterschätzt* $\mathrm{Var}\,\widehat{\mu_{\mathrm{Y}}^{0}} = \mathrm{Var}\,\overline{\mathrm{Y}}$ *um die Größe* $\frac{1}{N}\sigma_{\mathrm{V}}^{2}\big(1 + (N-1)\rho_{\mathrm{V}}\big)$. *Bei unkorreliertem Antwortverhalten (im Sinne von* (8.3.16)*) hat diese Unterschätzung (Verzerrung) (lediglich) den Wert* $\sigma_{\mathrm{V}}^{2}/N$.

(Bemerke: $\mathrm{Var}\,\widehat{\mu_{\mathrm{Y}}^{0}}$ kann überschätzt werden bei negativer Unterschätzung — i.e. wenn $1 + (N-1)\rho_{\mathrm{V}} < 0$ ist.)

8.4 Über den Umgang mit Stichproben bei Verzerrungen und Variabilität in den Antworten

Mit der Einführung von Verzerrung und Variabilität — wie dies in 8.2 geschehen ist — stellen sich (im Anschluß an die Berechnungen aus 8.3, insbesondere (8.3.6)) vor allem die folgenden drei Probleme:

(8.4.1) (1) Wie kann man Verzerrungen erkennen und schätzen?

(2) Wie kann man Antwortvariabilität erkennen und schätzen?

(3) Wie ist (unter diesen "neuen" Bedingungen 8.2) eine Stichprobe im Vergleich mit einer Vollerhebung zu bewerten?

Zu (8.4.1)(1):

Hat man das Ziel, die **Verzerrung** b (8.2.19)(3) zu beseitigen und den wahren Mittelwert $\mu_{\mathrm{Y}}^{\mathbf{T}}$ (8.2.19)(2) zu schätzen, so wird man wegen (8.3.6)(1), (8.3.11) nach

(8.4.2) $\widehat{b}$ = Schätzfunktion für b

suchen, um dann mit Hilfe von

(8.4.3) $\widehat{\mu}_Y^w = \overline{Y} - \widehat{b}$

eine Schätzung von μ_Y^w zu gewinnen. Wegen (8.3.11) hat man dann sofort die Aussage:

(8.4.4) Ist $E(\widehat{b}) = b$, so ist $E(\widehat{\mu}_Y^w) = \mu_Y^w$.

Solange man die in 8.2 gemachten Annahmen über den Charakter einer Erhebung/Messung von Y nicht revidiert, wird es unmöglich sein, (8.4.2) und (8.4.3) als jeweils unverzerrte Schätzer aufgrund einer Stichprobe S zu erhalten. Als einziger Ausweg bietet sich an, folgende Annahme zusätzlich einzuführen:

(8.4.5) Es existiert ein weiteres Erhebungsverfahren — das wir **geeicht** nennen —, das die direkte Beobachtung von y_j^w oder b_j auf u_j gestattet. (Man könnte auch vom **Kontroll– (Erhebungs–) Verfahren** reden.)

Da man im allgemeinen davon ausgehen muß, daß ein "geeichtes" Verfahren (z. B. eine Messung mit einem ständig kontrollierten geeichten Spezial–Instrument ohne Meßfehler) aufwendiger ist als ein "normales", den Modellvorstellungen des Abschnittes 8.2 genügenden Erhebungsverfahren, wird man mit einer kleinen Stichprobe $\mathbf{S}$ auskommen wollen, um dort $\widehat{b}$ (8.4.2) resp. $\widehat{\mu}_Y^w$ (8.4.3) zu ermitteln. Wir wollen die Einzelheiten der Wahl von $\mathbf{S}$ hier nicht erörtern. (Der Leser sei z.B. auf KONIJN (1973), S. 394 ff verwiesen.)

Freilich muß man — im Anschluß an (8.2.9) — äußerst skeptisch sein, was die Möglichkeit von (8.4.5) in solchen Bereichen angeht, in denen die "Eichung" von Meß–/Erhebungsverfahren gewiß als problematisch gilt. (Diese Situation dürfte in den Sozialwissenschaften, in der Pädagogik, in der Psychologie oft vorliegen — jedenfalls dann, wenn die Frage zugelassen ist, **was** es denn eigentlich ist, das mit einem als "geeicht"/"standardisiert" deklarierten Verfahren gemessen wird!) Kann man jedoch (8.4.5) nicht mit gutem (wissenschaftlichen) Gewissen aufrecht erhalten, muß die Idee des "wahren" Wertes (8.2.8) und damit die Idee der Verzerrung (8.2.10) als "nicht operational", als gleichsam "leer" und töricht verworfen werden. (Zitat aus COCHRAN (1972), S. 453: "Eine konstante Verzerrung in allen Stichprobeneinheiten ist kaum aufzudecken." Frage: **Wer** hat dann die Kompetenz, von "Verzerrung" zu reden?)

Anders mag die Situation durchaus sein, wenn die "unkontrollierte" Erhebung von Y darin besteht, daß die $u_i \in G$ ihren klar definierten Y–Wert selbst ermitteln (z.B. indem sie eine bestimmte Bestandsgröße zählen) und in einen Zählbogen/Fragebogen eintragen — und dabei "mogeln". Ein amtlicher/geschulter Interviewer kann diese "Mogelei" erkennen und eine Kontrollerhebung (im Sinne von

(8.4.5)) durchführen (indem er selber die Bestandsgröße auszählt). (Viele Arbeiten von STRECKER, STECKER et al befassen sich mit diesem Thema, bespielsweise STRECKER et al (1983).)

Zu (8.4.1)(2):

Im Gegensatz zur Verzerrung ist die Antwortvariabilität aufgrund von "normalen", nicht besonders geeichten (siehe (8.4.5)) Erhebungsverfahren nachweisbar/schätzbar. Eine Möglichkeit der Schätzung der Antwortvarianz $\mathsf{V}_{\mathcal{A}}$ (8.3.15) wird dadurch gegeben, daß man Y auf S nicht nur einmal, sondern mehrmals erhebt. Wir betrachten die **zwei**malige Erhebung (auf **derselben** Stichprobe). Für jede dieser Erhebungen werden die Annahmen des Abschnitts 8.2 unterstellt. Ferner seien beide Erhebungen voneinander unabhängig. Wir präzisieren:

(8.4.6) (1) $\mathcal{Y}_{jt} = Y$–Antwort von u_j bei t–ter Erhebung (analog zu (8.2.4)),

(2) $y^0_{jt} = \mathcal{E}(\mathcal{Y}_{jt})\,; \quad \mathcal{V}_{jt} = \mathcal{Y}_{jt} - y^0_{jt}$ (wegen (8.2.5)),

sofern u_j in die Stichprobe S käme $(t = 1, 2\,;\ j = 1, \ldots, N)$.

Daß die beiden Erhebungen nach demselben Verfahren vorgenommen werden, drücken wir aus durch die Annahme

(8.4.7) $[\,\mathcal{V}_{j1}$ hat (in $\mathcal{A}$) dieselbe Verteilung wie $\mathcal{V}_{j2}\,]$.

Auf der einfachen Stichprobe $\mathsf{S} = (\mathsf{U}_1, \ldots, \mathsf{U}_n)$ haben wir nunmehr statt (8.3.1):

(8.4.8) (1) $\mathsf{Y}_{it} =$ Y–Antwort von U_i bei t–ter Erhebung,

$\mathsf{V}_{it} =$ Antwortvariabilität von U_i bei t–ter Erhebung,

$Y^0_{it} =$ "durchschnittliche" (in $\mathcal{A}$ (8.2.3)) Y–Antwort von U_i bei t–ter Erhebung.

(2) Für *jede* der zwei Erhebungen $(\mathsf{Y}_{1t}, \ldots, \mathsf{Y}_{nt})$ auf der einfachen Zufalls–Stichprobe S gelten natürlich die bislang für die Stichprobe (8.3.1) — $(\mathsf{Y}_1, \ldots, \mathsf{Y}_n)$ — getroffenen Annahmen (mutatis mutandis).

Mit offensichtlicher Notation haben wir daher — wegen (8.3.2) — für die arithmetischen Mittel der beiden Erhebungen

(8.4.9) $\overline{\mathsf{Y}}_t = \overline{Y}^0_t + \overline{\mathsf{V}}_t \qquad (t = 1,\ 2).$

Für die weiteren Überlegungen ist entscheidend die folgende

(8.4.10) Annahme über das Antwortverhalten bei Wiederholungszählungen

$(\mathsf{V}_{11},\ldots,\mathsf{V}_{n1})$ und $(\mathsf{V}_{12},\ldots,\mathsf{V}_{n2})$ sind voneinander unabhängig; also:
$(\mathsf{Y}_{11},\ldots,\mathsf{Y}_{n1})$ und $(\mathsf{Y}_{12},\ldots,\mathsf{Y}_{n2})$ sind voneinander unabhängig; also
$(Y^0_{11},\ldots,Y^0_{n1})$ und $(Y^0_{12},\ldots,Y^0_{n2})$ sind voneinander unabhängig.

Unter den getroffenen Annahmen läßt sich die Antwortvarianz $\mathsf{V}_{\mathcal{A}}$ nun in folgender Weise schätzen.

(8.4.11) Satz

Setze $\widehat{\mathsf{V}}_{\mathcal{A}} = \frac{1}{2}\left(\overline{\mathsf{Y}}_1 - \overline{\mathsf{Y}}_2\right)^2$. *Dann gilt:*

(1) $$\mathrm{E}\left(\widehat{\mathsf{V}}_{\mathcal{A}}\right) = \mathsf{V}_{\mathcal{A}} + \frac{1}{2}\mathrm{E}\left(\left(\overline{Y}^0_1 - \overline{Y}^0_2\right)^2\right) \geq \mathsf{V}_{\mathcal{A}}\,,$$

wobei $\mathsf{V}_{\mathcal{A}}$ *die Antwortvarianz* (8.3.12) *bei einer einfachen Zufallsstichprobe* S *der Länge* n *ist.*

(2) *Unter der (naheliegenden) Annahme, daß (wegen* (8.4.7)*) gilt:*

$$[\mathcal{Y}_{j1} \text{ hat (in } \mathcal{A}) \text{ dieselbe Verteilung wie } \mathcal{Y}_{j2}] \qquad \text{für alle } j = 1,\ldots,N\,,$$

ist für alle $j = 1,\ldots,N$ *das* (*i n d i v i d u e l l e*) *durchschnittliche Antwortverhalten (siehe* (8.2.5)*) bei allen Erhebungen identisch. Dann gilt also für alle* j

$$y^0_{jt} = y^0_j \quad \text{für } t = 1, 2\,, \quad \text{folglich } \overline{Y}^0_1 = \overline{Y}^0_2\,, \quad \text{und es ist}$$

$$\mathrm{E}\left(\widehat{\mathsf{V}}_{\mathcal{A}}\right) = \mathsf{V}_{\mathcal{A}}\,.$$

Beweis: Es genügt, (8.4.11)(1) zu beweisen. Es ist wegen (8.4.10), (8.4.9), (8.3.12) und $\mathrm{E}(\overline{\mathsf{Y}}_t) = \mathrm{E}(\overline{Y}^0_t)$

$$\begin{aligned}
\mathrm{E}\left(\left(\overline{\mathsf{Y}}_1 - \overline{\mathsf{Y}}_2\right)^2\right) &= \mathrm{Var}\,\overline{\mathsf{Y}}_1 + \mathrm{Var}\,\overline{\mathsf{Y}}_2 + \left(\mathrm{E}(\overline{\mathsf{Y}}_1 - \overline{\mathsf{Y}}_2)\right)^2 \\
&= 2\cdot V_{\mathcal{A}} + \mathrm{Var}\,\overline{Y}^0_1 + \mathrm{Var}\,\overline{Y}^0_2 + \left(\mathrm{E}(\overline{Y}^0_1 - \overline{Y}^0_2)\right)^2 \\
&= 2\cdot V_{\mathcal{A}} + \mathrm{E}\left(\left(\overline{Y}^0_1 - \overline{Y}^0_2\right)^2\right).
\end{aligned}$$

■

(8.4.12) Beispiel

Es sei $G = \{u_1,\ldots,u_8\}$, und die Antworten der u_i aus G seien voneinander unabhängig (siehe auch (8.3.16)), so daß $\mathcal{P}$ (8.2.3) durch die bedingten W Verteilungen der u_j Antworten, also durch

$$\mathcal{P}_j = \mathcal{P}(\cdot \mid j) = \text{W Verteilung der Antworten von } u_j\,,$$

gegeben ist (nämlich als Produktverteilung der $\mathcal{P}_j$). Wir definieren nun den **Antwortraum** $\mathcal{A}$, indem wir folgende (i.a. natürlich unbekannte) $(\mathcal{Y}_j, \mathcal{P}_j)$–Werte unterstellen — ergänzt (z.B.) jeweils mit

wahrer Wert y_j^w = [maximal möglicher $\mathcal{Y}_j$–Wert]

und (gem. (8.2.5) berechnet)

individueller durchschnittlicher Y–Wert y_j^0

in der **Population**:

j	1			2			3				4	5		6	7			8	
$\mathcal{Y}_j$	1	2	4	1	2	3	2	3	4	5	2	3	5	3	1	2	4	4	6
$\mathcal{P}_j$	.5	.3	.2	.6	.2	.2	.4	.3	.2	.1	1	.5	.5	1	.6	.3	.1	.6	.4
y_j^0	1.9			1.6			3.0				2	4.0		3	1.6			4.8	
y_j^w	4			3			5				2	5		3	4			6	

Die **Antwortvariabilitäten** $\mathcal{V}_j = \mathcal{Y}_j - y_j^0$ ließen sich natürlich sofort angeben, wenn die $(\mathcal{Y}_j, \mathcal{P}_j)$–Werte bekannt wären. Beispielsweise hat $\mathcal{V}_1$

die Werte	−0.9	0.1	2.1	resp.
mit Wahrscheinlichkeiten	0.5	0.3	0.2	resp.

Ebenso könnte man dann auch gem. (8.2.10) die

Antwort–Verzerrungen −2.1 , −1.4 , −2.0 , 0 , −1.0 , 0 , −2.4 , −1.2

angeben. Die in (8.2.13) eingeführten **Varianzen** ergäben sich dann ebenfalls. Beispielsweise ist

$$\sigma_1^2 = 0.81 \cdot 0.5 + 0.01 \cdot 0.3 + 4.41 \cdot 0.2 = 1.29 \; .$$

Die **Covarianzen** σ_{ij}^2 $(i \neq j)$ sind unter den in diesem Beispiel gemachten Annahmen der "Unabhängigkeit" der Elemente von G gleich Null.

Desgleichen berechnet man den (eigentlich natürlich unbekannten und zu schätzenden (!)) Parameter **Mittelwert der Durchschnittsantworten** $\mu_Y^0 = 2.7375$.

Es wurde nun folgende einfache *mZ*–Stichprobe $\mathsf{S} = (\mathsf{U}_1, \mathsf{U}_2, \mathsf{U}_3, \mathsf{U}_4)$ gezogen, auf der zweimal voneinander unabhängig die Erhebung von Y erfolgte. Dabei bestimmt $\mathcal{P}_j$, welcher der oben angegebenen $\mathcal{Y}_j$–Werte bei der ersten bzw. zweiten Erhebung von u_j als Antwort "realisiert" wurde. Man erhielt (z.B.) für die

Stichprobe:	U_i	3	6	1	7	
	Y_{i1}	3	3	1	1	$\overline{\mathsf{Y}}_1 = 2.00$
	Y_{i2}	2	3	4	2	$\overline{\mathsf{Y}}_2 = 2.75$

Aus den beiden Erhebungen hat man natürlich nun zwei gem. (8.3.6)(1) **unverzerrte Schätzer** für μ_Y^0 . Die **Schätzung** für die **Antwortvarianz** ergibt sich gem. (8.4.11): $\widehat{V}_A = (2.00 - 2.75)^2 = 0.5625$. ■

Zu (8.4.1)(3):

Mit der Einführung von $\mathcal{Y}_j$ (8.2.4) als Zufallsvariable für die Y-Antworten von u_j (für alle j) erhält auch eine Vollerhebung einen Stichprobencharakter; man könnte sagen:

(8.4.13) eine **Vollerhebung** von Y auf G ist eine gem. $\mathcal{P}$ gezogene "Stichprobe" aus $(\mathcal{Y}_1, \ldots, \mathcal{Y}_N)$ der Länge 1 (!).

Diese "Stichprobe" wird durch das Antwortverhalten, gegeben durch die Verteilung $\mathcal{P}$ auf $\mathcal{A}$ (siehe (8.2.3)) bestimmt (so wie in der Superpopulations-Theorie der "aktuelle" Populationsparameter $(y_1, \ldots, y_N)$ aus der Superpopulation aller möglichen Populations-Parameter hervorgeht). Dieser Stichprobencharakter ist es, den man dafür "verantwortlich" machen kann, daß (in (8.3.6)(2)) die Varianz von $\overline{\mathsf{Y}}$ (auf einer Stichprobe S der Länge n) auch für $n \to \infty$ (bei *mZ*-Stichproben) resp. $n \to N$ (bei *oZ*-Stichproben) **nicht** gegen Null geht. Die Stichprobe S mag so groß sein wie sie will: $\operatorname{Var}\overline{\mathsf{Y}}$ wird eine gewisse Untergrenze nicht unterschreiten! Man ersieht aus (8.3.6), daß gilt:

(8.4.14) $\operatorname{Var}\overline{\mathsf{Y}} \geq \sigma_V^2 \rho_V$ für alle n (!).

Aufgrund von (8.4.13) und (8.4.14) schwindet der "Wert", den Vergrößerungen der Stichprobenlänge bei einfachen Zufallsstichproben ansonsten haben. Da (im wesentlichen) $\operatorname{Var}\overline{\mathsf{Y}}$ gegen die rechte Seite von (8.4.14) für $n \to \infty$ (resp. N) geht, schlägt sich eine Verlängerung der Stichprobe lediglich in höheren Kosten nieder, sofern $\operatorname{Var}\overline{\mathsf{Y}}$ schon in der Nähe der in (8.4.14) angegebenen Untergrenze ist.

Die Situation kann noch ungünstiger werden, wenn die Annahme revidiert werden muß, daß σ_V^2 und ρ_V konstant sind und nicht mit n wachsen! Es wäre nämlich denkbar, daß eine Erhöhung von n zu geringerer Sorgfalt bei der Erhebung von Y führt, so daß man in (8.3.6)(2) ein sogar mit n wachsendes σ_V^2 hätte. Genauere Aussagen hierzu sind jedoch kaum ohne weitere Modell-Vorstellungen und an der Praxis orientierten Überlegungen zum "Antwortverhalten" möglich.

Weitere Literatur:

Chaudhuri, A. (1992); Eriksson, S. A. (1973); Horvitz, D. G., Greenberg, B. G., Abernathy, J. R. (1976); Koch, G. G. (1973); Koop, J. C. (1974); Lanke, J. (1976); Lessler, J. T., Kalsbeek, W. D. (1992); Marquis, K. H., Marquis, M. S., Polich, J. M. (1986); Stenger, H. (1977); Strecker, H. (1971), (1980), (1981a), (1981b), (1995); Strecker, H., Wiegert, R. (1984), (1985), (1986b), (1989a), (1989b); Strecker, H., Wiegert, R., Kafka, K. (1984); Warner, S. L. (1965), (1976); Weichselberger, K. (1971);

Kapitel 9

Mathematischer Anhang

In diesem Anhang stellen wir einige Aussagen zusammen, die in den vorangegangenen Kapiteln benötigt werden und die nicht unmittelbar zur Stichprobentheorie gehören. Einige der Aussagen werden üblicherweise nicht zu dem elementaren Grundwissen gerechnet, das im Grundstudium der Statistik für Wirtschaftswissenschaftler vermittelt wird. Die im folgenden betrachteten Wahrscheinlichkeitsräume sind endlich, die darauf erklärten Zufallsvariablen folglich diskret.

9.1 Zufallsexperimente

Ein **Zufallsexperiment** $\mathcal{Z}$ wird durch seinen **Wahrscheinlichkeitsraum** (**W–Raum**) $(\Omega, \mathcal{B}, P)$ vollständig beschrieben:

(9.1.1) (1) $\Omega =$ mögliche Ergebnisse von $\mathcal{Z}$
$=$ Menge der "Elementarereignisse";

(2) $\mathcal{B} =$ Menge der betrachteten Ereignisse = **Ereignis–Algebra**;
Ereignisse sind Teilmengen von Ω:
A (mit $A \subset \Omega$) symbolisiert "$\mathcal{Z}$ hat ein Ergebnis in A" ;

(3) $P =$ Wahrscheinlichkeitsfunktion, die jedem Ereignis $A \in \mathcal{B}$ die Wahrscheinlichkeit $P(A)$ für den Eintritt von A zuordnet
$=$ **Wahrscheinlichkeitsverteilung** (**W–Verteilung**) auf $\mathcal{B}$.

Wir schreiben

(9.1.2) $\mathcal{Z} \cong (\Omega, \mathcal{B}, P)$,

um auszudrücken, daß $(\Omega, \mathcal{B}, P)$ der Wahrscheinlichkeitsraum des **(Zufalls–)Experiments** $\mathcal{Z}$ ist.

Da wir hier nur *endliche* W–Räume betrachten (da bei *endlichen* Populationen und *fest gegebenen* Stichprobenlängen nur endlich viele Stichprobenergebnisse möglich sind), können wir stets die Gesamtheit aller Teilmengen von Ω als Ereignis–Algebra $\mathcal{B}$ nehmen. Wir führen daher im folgenden i.d.R. $\mathcal{B}$ nicht mehr explizit auf. (Siehe auch (1.3.10) und die Notation S in (1.3.11).)

Es sei nun $\mathcal{Z} = (\mathcal{Z}^{**}, \mathcal{Z}^{*}) \cong (\Omega, P)$ ein Zufallsexperiment, das in der (irgendwie miteinander verknüpften) *gemeinsamen* Ausführung der Experimente $\mathcal{Z}^{**} \cong (\Omega^{**}, P^{**})$ und $\mathcal{Z}^{*} \cong (\Omega^{*}, P^{*})$ besteht. Dann gilt wegen (9.1.1)

(9.1.3) (1) $\Omega = \Omega^{**} \times \Omega^{*}$;

(2) P^{**} und P^{*} sind Randverteilungen von P :

$$P^{*}(A^{*}) = P(\Omega^{**} \times A^{*}) \quad \text{resp.} \quad P^{*}(\omega^{*}) = \sum_{\omega^{**}} P(\omega^{**}, \omega^{*})\,;$$
$$P^{**}(A^{**}) = P(A^{**} \times \Omega^{*}) \quad \text{resp.} \quad P^{**}(\omega^{**}) = \sum_{\omega^{*}} P(\omega^{**}, \omega^{*})\,.$$

Wir nennen $\mathcal{Z}^{*}$ und $\mathcal{Z}^{**}$ **Teilexperimente** von $\mathcal{Z}$.

Wir nennen $\mathcal{Z}^{*} \cong (\Omega^{*}, P^{*})$ ein **durch $\mathcal{Z}^{**}$ bedingtes Experiment**, falls gilt:

(9.1.4) (1) Für jedes Ergebnis $\omega^{**} \in \Omega^{**}$ von $\mathcal{Z}^{**}$ ist definiert das Experiment

$$\mathcal{Z}^{*}_{\omega^{**}} \cong (\Omega^{*}_{\omega^{**}}, P^{*}_{\omega^{**}})\,;$$

(2) $\mathcal{Z}^{*}$ besteht aus der *Experiment–Familie* $\{\mathcal{Z}^{*}_{\omega^{**}} : \omega^{**} \in \Omega^{**}\}$ $(\Omega^{*} = \bigcup_{\omega^{**}} \Omega^{*}_{\omega^{**}}\,,\ P^{*}\ (9.1.5))$.

Für die Stichprobentheorie typische Situationen sind die Ziehung einer "Doppelstichprobe" und die Ziehung einer *mehrstufigen* Stichprobe: die Ziehung der Stichprobe der *zweiten* Stufe (z.B.) erfolgt aus dem Ergebnis — oder mit Hilfe des Ergebnisses — der Stichprobenziehung der *ersten Stufe*. Für das *gemeinsame* Experiment $\mathcal{Z} = (\Omega, P)$ — also z.B. die Ziehung einer "Doppel–Stichprobe" — notieren wir dann auch kurz und nachlässig, jedoch verständlich,

$$\mathcal{Z} = (\mathcal{Z}^{**}, \mathcal{Z}^{*}) \text{ statt } \mathcal{Z} = (\mathcal{Z}^{**}, \{\mathcal{Z}^{*}_{\omega^{**}} : \omega^{**} \in \Omega^{**}\})\,.$$

(BEHNEN/NEUHAUS (1984) [z.B. S. 67 ff] sprechen von der **Koppelung** von (Teil–)Experimenten.) Für die (uns i.d.R. besonders interessierende) "Randverteilung" P^{*} erhalten wir

(9.1.5) $P^{*}(\omega^{*}) = P(\Omega^{**}, \omega^{*}) = \sum_{\omega^{**}} P(\omega^{**}, \omega^{*}) = \sum_{\omega^{**}} P^{*}_{\omega^{**}}(\omega^{*}) \cdot P^{**}(\omega^{**})$ mit

$$P^{*}_{\omega^{**}}(\omega^{*}) = P(\omega^{*} \mid \omega^{**}) := P(\Omega^{**} \times \omega^{*} \mid A_{\omega^{**}}) \quad \text{und} \quad A_{\omega^{**}} = \omega^{**} \times \Omega^{*}\,.$$

9.2 Multinomial–, Binomialverteilung

Zur Definition von Multinomial und Binomialverteilung verweisen wir auf Pokropp (1990), S. 126 ff und S. 175. Dort ist in (7.2.10), S. 129, formuliert und bewiesen der folgende

(9.2.1) Satz

Sind $Z_1, \ldots, Z_n$ unabhängige, auf demselben Wahrscheinlichkeitsraum erklärte Zufallsvariablen, die alle $BV(1;p)$ (d.h. Bernoulli verteilt mit Parameter p oder binomialverteilt mit den Parametern 1 und p) sind, so gilt: $\sum_{i=1}^{n} Z_i$ ist eine $BV(n;p)$ verteilte (mit Parametern n und p binomial verteilte) Variable.

Wir zeigen ferner

(9.2.2) Satz

Sind $Z_1, \ldots, Z_k$ auf demselben Wahrscheinlichkeitsraum erklärte Zufallsvariablen mit einer gemeinsamen Multinomialverteilung mit den Parametern $(n\,;\,p_1, \ldots, p_k)$, so gilt:

(1) *Die bedingte gemeinsame Verteilung von $Z_1, \ldots, Z_{k-1}$, gegeben $Z_k = z$, ist multinomial mit den Parametern $(n - z\,;\, p_1' = p_1/(1-p_k), \ldots, p_{k-1}' = p_{k-1}/(1-p_k))$;*

(2) *Für $i \neq j$ gilt: Die bedingte Verteilung von Z_i, gegeben Z_j z, ist eine $BV(n - z\,;\, p_i/(1-p_j))$-Verteilung.*

Beweis:

(1) Siehe Pokropp (1990), S. 176.

(2) Setze o.B.d.A. $i = 1$, $j = k$. Die Randverteilung von Z_1 aus dieser bedingten Verteilung ist eine $BV(n-z\,;\,p_1')$ Verteilung (siehe Pokropp (1990), Aussage (9.2.7), S. 175). ■

9.3 Bedingte Erwartung

Gegeben sei ein endlicher Wahrscheinlichkeitsraum $(\Omega, \mathcal{B}, P)$, X eine Zufallsvariable darauf. Es sei $A \in \mathcal{B}$ mit $P(A) > 0$.

(9.3.1) Definition
$\mathrm{E}(X \mid A) = \sum_x x \cdot P(X = x \mid A)$ *heißt* **bedingter Erwartungswert von X, gegeben das Ereignis** A .

Statt *eines* Ereignisses A betrachten wir nun mehrere Ereignisse, die eine "Zerlegung" von Ω bilden.

(9.3.2) Definition
$Z_\Omega = (A_1, \ldots, A_k)$ *(mit $A_i \in \mathcal{B}$ für alle i) heißt* **Zerlegung** von Ω, *falls gilt:*

(1) $A_1 \cup \cdots \cup A_k = \Omega$,

(2) $A_i \cap A_j = \emptyset$ für $i \neq j$.

(9.3.3) Satz
Ist $Z_\Omega = (A_1, \ldots, A_k)$ eine Zerlegung von Ω, so gilt für eine Zufallsvariable X:

$$\mathrm{E}(X) = \sum_i \mathrm{E}(X \mid A_i) P(A_i) \ .$$

Beweis:

$$\begin{aligned}
\mathrm{E}(X) &= \sum_x x P(X = x) = \sum_x x P\Big(\bigcup_i \{(X = x) \cap A_i\}\Big) \\
&= \sum_x \sum_i x P((X = x) \cap A_i) = \sum_x \sum_i x P(X = x \mid A_i) P(A_i) \\
&= \sum_i P(A_i) \sum_x x P(X = x \mid A_i) = \sum_i \mathrm{E}(X \mid A_i) P(A_i)
\end{aligned}$$ ■

(9.3.4) Satz
Ist $A \in \mathcal{B}$, $\overline{A} = \Omega - A$, so gilt:

$$\mathrm{E}(X) = \mathrm{E}(X \mid A) P(A) + \mathrm{E}(X \mid \overline{A}) P(\overline{A}) \ .$$

Beweis: Man wende (9.3.3) auf die Zerlegung $\{A, \overline{A}\}$ an. ■

(9.3.5) Definition
Es sei $Z_\Omega = (A_1, \ldots, A_k)$ eine Zerlegung von Ω, X eine Zufallsvariable auf Ω. Definiere eine neue Zufallsvariable $\mathrm{E}(X \mid Z_\Omega)$ — genannt: **bedingte Erwartung von X, gegeben** Z_Ω — *durch die Vorschrift:*

$$\mathrm{E}(X \mid Z_\Omega) : \begin{cases} \Omega \longrightarrow \mathbb{R} \\ \omega \longrightarrow \mathrm{E}(X \mid A_i) \qquad \text{für } \omega \in A_i \,, \ i = 1, \ldots, k \ . \end{cases}$$

$\mathrm{E}(X \mid Z_\Omega)$ ist also auf den Mengen A_i konstant und hat die Werte $\mathrm{E}(X \mid A_i)$ mit den Wahrscheinlichkeiten $P(A_i)$ resp.

(9.3.6) Satz
$\mathrm{E}(X) = \mathrm{E}\big(\mathrm{E}(X \mid Z_\Omega)\big)$ *für jede Zerlegung* $Z_\Omega = (A_1, \ldots, A_k)$.

Beweis: Es ist

$$\begin{aligned} \mathrm{E}\big(\mathrm{E}(X \mid Z_\Omega)\big) &= \sum_i \mathrm{E}(X \mid A_i)P(A_i) = \sum_i \sum_x x\,P(X = x \mid A_i)P(A_i) \\ &= \sum_x \sum_i x\,P\big((X = x) \cap A_i\big) = \sum_x x\,P\Big(\bigcup_i \{(X = x) \cap A_i\}\Big) \\ &= \sum_x x\,P\big((X = x) \cap \Omega\big) = \mathrm{E}(X) . \end{aligned}$$ ■

Wir betrachten nun eine beliebige, auf Ω definierte Zufallsvariable V mit Wertebereich $\{v_1, \ldots, v_k\}$. In kanonischer Weise ist nun die durch V **induzierte Zerlegung** von Ω erklärt:

$$Z_V = (A_1^V, \ldots, A_k^V) \qquad \text{mit} \quad A_i^V = \{\omega \in \Omega : V(\omega) = v_i\} \quad \text{für } i = 1, \ldots, k.$$

Wir schreiben dann kurz

(9.3.7) $\mathrm{E}(X \mid V) = \mathrm{E}(X \mid Z_V)$ (mit (9.3.5)).

Nach (9.3.6) gilt also

(9.3.8) $\mathrm{E}(X) = \mathrm{E}\big(\mathrm{E}(X \mid V)\big)$ für jede (auf Ω definierte) Zufallsvariable V.

Für zwei beliebige Zufallsvariable X, Y ist zuweilen folgende Aussage hilfreich:

(9.3.9) Satz
$\mathrm{E}\Big(\mathrm{E}\big(g(X) \cdot h(Y) \mid Y\big)\Big) = \mathrm{E}\Big(h(Y) \cdot \mathrm{E}\big(g(X) \mid Y\big)\Big).$

Beweis:

$$\begin{aligned} \mathrm{E}\Big(\mathrm{E}\big(g(X) \cdot h(Y) \mid Y\big)\Big) &= \sum_y \mathrm{E}\big[g(X)h(Y) \mid y\big] f_Y(y) = \sum_y \mathrm{E}\big[g(X)h(y) \mid y\big] f_Y(y) \\ &= \sum_y h(y)\,\mathrm{E}\big[g(X) \mid y\big] f_Y(y) = \mathrm{E}\Big(h(Y) \cdot \mathrm{E}\big(g(X) \mid Y\big)\Big). \end{aligned}$$ ■

Wir betrachten nun die folgende für die Stichprobentheorie typische Situation:

Das Experiment $\mathcal{Z} \cong (\Omega, P)$ (9.1.3) (= **die Stichprobe** S aus G)

bestehe aus den **Teilexperimenten**

$\mathcal{Z}^{**} \cong (\Omega^{**}, P^{**})$ (= **Stichprobe** S^{**} **aus** G) und

dem bedingten Experiment (siehe (9.1.4))

$\mathcal{Z}^{*} \cong (\Omega^{*}, P^{*})$ (= **Stichprobe** S^{*} **aus dem Ergebnis von** S^{**}) .

Eine auf Ω^* definierte Zufallsvariable X^* läßt sich wie folgt "fortsetzen" zur Zufallsvariablen X auf $\Omega = \Omega^{**} \times \Omega^*$:

(9.3.10) $X(\omega^{**}, \omega^*) := X^*(\omega^*)$ für alle $(\omega^{**}, \omega^*) \in \Omega$.

Natürlich drückt (9.3.10) aus, daß es uns nicht auf die "Zwischenergebnisse" der Stichprobe S^{**} ankommt. Wegen

$$\sum_{\omega^{**},\omega^*} X(\omega^{**}, \omega^*) P(\omega^{**}, \omega^*) = \sum_{\omega^{**},\omega^*} X^*(\omega^*) P(\omega^{**}, \omega^*) = \sum_{\omega^*} X^*(\omega^*) P^*(\omega^*)$$

(siehe (9.3.10), (9.1.3)(2)) ist sogleich

(9.3.11) $\mathrm{E}_{P^*}(X^*) = \mathrm{E}_P(X)$ (für (9.3.10)).

Nun definiert das Teilexperiment $\mathcal{Z}^{**}$ in *kanonischer Weise* eine *Zerlegung* von Ω:

(9.3.12) $Z^{**} = \{A_{\omega^{**}} : \omega^{**} \in \Omega^{**}\}$ mit $A_{\omega^{**}} = \{(\omega^{**}, \omega^*) \in \Omega : \omega^* \in \Omega^*\}$.

Aufgrund von (9.3.6) und (9.3.11) gilt für die Zerlegunge (9.3.12) und

(9.3.13) mit *Notation* $\mathrm{E}_{P^*}(X \mid \mathcal{Z}^{**}) := \mathrm{E}_{P^*}(X \mid Z^{**})$:

$$\begin{aligned} \mathrm{E}_{P^*}(X^*) &= \mathrm{E}_P(\mathrm{E}_P(X \mid Z^{**})) &= \mathrm{E}_{P^{**}}[\mathrm{E}_{P^*}(X \mid Z^{**})] \\ &= \mathrm{E}_P(\mathrm{E}_P(X \mid \mathcal{Z}^{**})) &= \mathrm{E}_{P^{**}}[\mathrm{E}_{P^*}(X \mid \mathcal{Z}^{**})] . \end{aligned}$$

Bemerkung

Natürlich gilt (9.3.13) auch dann, wenn es sich bei $\mathcal{Z}^*$, $\mathcal{Z}^{**}$ nicht um Stichprobenziehungen, sondern um irgendwelche Zufallsexperimente handelt. ■

Mit Hilfe von (9.3.13) kann die Berechnung von Erwartungswerten von auf S^* erklärten Statistiken manchmal sehr erleichtert werden, wenn man die Zufallsvariable $\mathrm{E}_P(X \mid \mathcal{Z}^{**})$ "gut kennt" (wie wir sogleich beispielhaft erläutern werden; siehe (9.3.15)). Diese Zufallsvariable hat ja die Werte $\mathrm{E}_P(X \mid A_{\omega^{**}}) = \mathrm{E}(X \mid \omega^{**})$ mit Wahrscheinlichkeiten $P(A_{\omega^{**}}) = P^{**}(\omega^{**})$ resp. Nun ist

(9.3.14) $\mathrm{E}(X \mid A_{\omega^{**}}) = \sum_{\omega} X(\omega) \cdot P(\omega \mid A_{\omega^{**}}) = \sum_{\omega^*} X^*(\omega^*) \cdot P^*_{\omega^{**}}(\omega^*)$ mit $P^*_{\omega^{**}}$ (9.1.5).

(9.3.15) Beispiel
Es sei S^* z.B. eine *einfache Stichprobe der Länge* 1 *aus (dem Ergebnis von)* S^{**}. Dann ist für jede der insgesamt (z.B.) m möglichen Komponenten w_i von ω^{**} bekanntlich

$$P^*_{\omega^{**}}(\mathsf{S}^* = w_i) = P(\mathsf{S}^* = w_i \mid \omega^{**}) = \frac{1}{m} \quad \text{für } \omega^{**} = (w_1, \dots, w_m) \,;$$

also ist

$$\mathrm{E}(X \mid A_{\omega^{**}}) = \sum_{i=1}^{m} X^*(w_i) \cdot \frac{1}{m} \quad \text{für } \omega^{**} = (w_1, \dots, w_m)\,,\ m = m(\omega^{**})\,.$$

Wir haben dann also

$$\mathrm{E}(X \mid \mathcal{Z}^{**}) = \text{arithmetisches Mittel von X auf dem Ergebnis von } \mathcal{Z}^{**}\,. \quad \blacksquare$$

Zusammen mit (9.3.13) erleichtert (9.3.15) (resp. ggf. eine geeignete Modifikation von (9.3.15)) die Berechnung von Erwartungswerten. (Siehe z.B. Abschnitt 7.3.)

9.4 Bedingte Varianz

Gegeben sei weiterhin der endliche Wahrscheinlichkeitsraum $(\Omega, \mathcal{B}, P)$. X und Y seien zwei darauf erklärte (diskrete) Zufallsvariablen.

(9.4.1) Definition
Die auf Ω definierte Zufallsvariable

(9.4.2) $\mathrm{Var}\,(X \mid Y) = \mathrm{E}(X^2 \mid Y) - \big(\mathrm{E}(X \mid Y)\big)^2$

heißt ***bedingte Varianz von X, gegeben Y.***

Man macht sich leicht klar, daß $\mathrm{Var}(X \mid Y)$ die folgenden Werte hat:

$$\mathrm{Var}\,(X \mid y) = \textstyle\sum_x \big(x - \mathrm{E}(X \mid y)\big)^2 f_X(x \mid y) \quad (y \in \{Y\text{–Werte}\})\,;$$

ferner ist natürlich

$$P\big(\mathrm{Var}\,(X \mid Y) = \mathrm{Var}(X \mid y)\big) = P(Y = y)\,.$$

Der folgende Satz erweist sich bei vielen Beweisführungen als nützlich.

(9.4.3) Satz

$$\mathrm{Var}\ X = \mathrm{E}\big(\mathrm{Var}\,(X \mid Y)\big) + \mathrm{Var}\,\big(\mathrm{E}(X \mid Y)\big)\,.$$

Beweis: Var $X = E(X^2) - (E(X))^2 = E[E(X^2 \mid Y)] - \left(E[E(X \mid Y)]\right)^2$ nach (9.3.8). Wir subtrahieren und addieren nun den Ausdruck $E\left([E(X \mid Y)]^2\right)$ und erhalten:

$$\begin{aligned}\text{Var } X &= E[E(X^2 \mid Y)] - E\left([E(X \mid Y)]^2\right) + E\left([E(X \mid Y)]^2\right) - \left(E[E(X \mid Y)]\right)^2 \\ &= E\left(E(X^2 \mid Y) - [E(X \mid Y)]^2\right) + \text{Var } (E(X \mid Y)) \\ &= E(\text{Var } (X \mid Y)) + \text{Var } (E(X \mid Y))\end{aligned}$$

(wobei wir für die letzten beiden Umformungen (9.4.2) benutzten). ∎

Häufig benötigen wir statt der durch Y erzeugten Zerlegung irgendeine beliebige (z.B. durch ein weiteres Zufallsexperiment — wie etwa in (9.3.12) — induzierte) Zerlegung Z_Ω, bezüglich der die bedingte Varianz betrachtet wird. Es ist

(9.4.4) $\text{Var}(X \mid Z_\Omega) = E(X^2 \mid Z_\Omega) - (E(X \mid Z_\Omega))^2$,

(9.4.5) $\text{Var}\, X = E(\text{Var}(X \mid Z_\Omega)) + \text{Var}(E(X \mid Z_\Omega))$.

9.5 Elementares über Nullfolgen

Es seien (a_n) (= Abkürzung für $(a_n : n = 1, 2, \ldots)$) und (b_n) Nullfolgen. Es sei ferner $a_n = O(1/n^t)$, $b_n = O(1/n^s)$. (Zur **Notation:** siehe (3.5.5)(1),(2),(3).) Dann gilt:

(9.5.1) $a_n + b_n = O(1/n^{\min(s,t)})$;

(9.5.2) $a_n \cdot b_n = O(1/n^{(s+t)})$.

Die Beweise von (9.5.1) und (9.5.2) folgen leicht aus (3.5.5)(1),(2).

(9.5.3) Ist $0 < q < 1$, so ist $q^n = O(1/n^\infty)$.

Beweis: Zeige: Für jedes reelle $t > 0$ existiert ein $A(t)$ mit

(9.5.4) $q^n \cdot n^t \leq A(t)$ für alle $n = 1, 2, \ldots$

Es sei n_0 eine natürliche (von t abhängende) Zahl mit $(n_0+1)^t/n_0^t < 1/q$. Dann gilt für alle $n \geq n_0$: $(n+1)^t/n^t < 1/q$. Setze nun

$$A(t) = \text{Max}\{q^m \cdot m^t : m = 1, \ldots, n_0\}\ .$$

Dann erfüllt natürlich $A(t)$ die Bedingung (9.5.4) für alle $n \leq n_0$. Es sei nun $n > n_0$. Dann aber ist — wegen $q\,(n+1)^t/n^t < 1$ — sogleich $q^{(n+1)}(n+1)^t = q^n \cdot n^t \cdot q \cdot \left(\frac{n+1}{n}\right)^t \leq q^n \cdot n^t$; folglich ist $q^n \cdot n^t \leq q^{n_0} \cdot n_0^t$ für alle $n > n_0$. Da aber (9.5.4) bereits für $n = n_0$ gilt, ist (9.5.4) nun auch für alle $n > n_0$ richtig. ■

Aus (9.5.3) lassen sich für Folgen von binomialverteilten Zufallsvariablen wichtige Konsequenzen ableiten:

(9.5.5) Satz
Es sei $(X_{(n)} : n = 1, 2, \ldots)$ *eine Folge von Zufallsvariablen;* $X_{(n)}$ *sei* $BV(n;p)$-*verteilt mit* $0 < p < 1$. *Dann gilt:*

(1) $P(X_{(n)} = 0) = O(1/n^\infty)$;

(2) *für jede feste natürliche Zahl* k *ist* $P(X_{(n)} \leq k) = O(1/n^\infty)$.

Beweis: Es genügt offensichtlich, (2) zu zeigen. Dazu genügt es wegen (9.5.1) zu beweisen, daß gilt:

(9.5.6) $P(X_{(n)} = k) = O(1/n^\infty)$ für jede natürliche Zahl k $(n \in \mathbb{N})$.

Es ist $\quad P(X_{(n)} = k) = \binom{n}{k} p^k (1-p)^{n-k} = \frac{n!}{k!(n-k)!} p^k (1-p)^{-k} (1-p)^n$

$$\leq \frac{1}{k!} n^k p^k (1-p)^{-k} (1-p)^n = c_k \cdot a_n \qquad \text{mit } a_n = n^k (1-p)^n\ .$$

Da c_k nicht von n abhängt, genügt es für den Nachweis von (9.5.6) zu zeigen, daß $a_n = O(1/n^\infty)$ ist. Wegen $a_n \cdot n^t = (1-p)^n \cdot n^{(k+t)}$ und (9.5.4) bleibt aber $a_n \cdot n^t$ beschränkt für jedes t , und (9.5.6) ist bewiesen. ■

9.6 Asymptotische Aussagen über Stichprobenmomente

(9.6.1) Bemerkung
In diesem Abschnitt betrachten wir *Stichprobenmomente* von auf *einfachen Zufalls-Stichproben* definierten Variablen. Aus *beweistechnischen* Gründen sind in der

Literatur — insbesondere in STENGER (1971), S.49 bis S.59, wovon wir sogleich oft Gebrauch machen werden — einige Aussagen nur für Stichproben *mit Zurücklegen* formuliert. Sie gelten jedoch auch für einfache Zufalls-Stichproben *ohne Zurücklegen* (siehe z.B. HANSEN/HURWITZ/MADOW (1953), S.88). Man müßte dann freilich für beweistechnische Zwecke — damit n gegen ∞ gehen kann, obwohl stets $n < N$ ist — die Population G (und damit N) beliebig "vergrößern" (können)(!), ohne wesentliche Charakteristika — wie z.B. Momente der auf G betrachteten Merkmale — zu verändern. ■

(9.6.2) Satz

Es sei Z eine auf einem geeigneten W-Raum erklärte Zufallsvariable, $\mathbf{Z} = (Z_1, \ldots, Z_n)$ sei eine einfache mZ-Stichprobe aus Z. Zu jedem natürlichen n betrachen wir eine solche Stichprobe und deren Momente $\overline{Z}$ und S_Z^2 (analog zu (1.3.25)(1), (1.3.25)(2)). Ferner sei $\mu = \mathrm{E}(Z)$ und $\sigma^2 = \mathrm{Var}(Z)$. Dann gilt:

(1) *Ist* $\mu \neq 0$, *so ist* $P(\overline{Z} = 0) = \mathrm{O}(1/n^{\infty})$;

(2) *Ist* $\sigma^2 \neq 0$, *so ist* $P(S_Z^2 = 0) = \mathrm{O}(1/n^{\infty})$.

Beweis:

Zu (1): Für jede natürliche Zahl r gilt

$$\textbf{(9.6.3)}\quad \mathrm{E}(|\overline{Z} - \mu|^r) = \begin{cases} \mathrm{O}(1/n^{r/2}) & \text{für gerades } r\,, \\ \mathrm{O}(1/n^{(r+1)/2}) & \text{für ungerades } r\,. \end{cases}$$

Den Beweis zu (9.6.3) entnehme man z.B. HANSEN/HURWITZ/MADOW (1953), S. 87ff. Aus (9.6.3) erhält man

$$\textbf{(9.6.4)}\quad P\big(|\overline{Z} - \mu| > c\big) = \mathrm{O}(1/n^{\infty}) \text{ für jedes } c > 0\,,$$

wie man z.B. STENGER (1971), S. 50 (Satz 2) entnimmt. Aus (9.6.4) folgt sofort die Behauptung (1).

Zu (2): Für jede natürliche Zahl r gilt

$$\textbf{(9.6.5)}\quad \mathrm{E}\big((S_Z^2 - \sigma^2)^{2r}\big) = \mathrm{O}(1/n^r).$$

Den Beweis zu (9.6.5) entnehme man z.B. STENGER (1971), S. 64f (Satz 2). Wiederum folgt wie oben (analog zu Aussage (9.6.4)) die Aussage

$$\textbf{(9.6.6)}\quad P\big(|S_Z^2 - \sigma^2| > c\big) = \mathrm{O}(1/n^{\infty}) \text{ für jedes } c > 0\,,$$

und hieraus erhält man sofort die Behauptung (2). ■

Wir werden im folgenden *mehrere* Zufallsvariable — etwa $Z_{(1)}, \ldots, Z_{(k)}$ — und deren Stichprobenmomente, insbesondere die arithmetischen Mittel $\overline{Z}_{(1)}, \ldots, \overline{Z}_{(k)}$, betrachten, wobei die Stichprobenlängen für alle k Variablen gleich n sind. Ferner unterstellen wir ausdrücklich, daß die dem betrachteten W-Raum zugrunde liegende Menge, auf der die Variablen definiert sind, endlich ist. Der Wertevorrat von $\overline{Z}_{(1)}, \ldots, \overline{Z}_{(k)}$ bleibt daher für alle n beschränkt. Ferner werden wir nur solche Funktionen $H(\overline{Z}_{(1)}, \ldots, \overline{Z}_{(k)})$ betrachten, bei denen $\overline{Z}_{(j)}$, sofern es im Nenner eines Bruches auftritt, nur mit Wahrscheinlichkeit $O(1/n^\infty)$ den Wert 0 annimmt, so daß für approximative Berechnungen von solchen Bereichen (mit $\overline{Z}_{(j)} = 0$) abgesehen werden und stets folgende "technische" Bedingung unterstellt werden kann (siehe auch CRAMÉR (1974), S.354), die gleichsam auch den Wertevorrat der Funktion H "im wesentlichen" beschränkt:

(9.6.7) Es gibt postive reelle Zahlen c und d mit $|H(\overline{Z}_{(1)}, \ldots, \overline{Z}_{(k)})| \leq c \cdot n^d$.

Dadurch erzielt man beweistechnische Erleichterungen, von denen wir im folgenden stillschweigend profitieren werden.

(9.6.8) Satz

Es sei $H(z_1, \ldots, z_k)$ eine auf $\mathbb{R}^k$ erklärte, dreimal stetig differenzierbare Funktion im Punkte $(\mu_1, \ldots, \mu_k)$ mit $\mu_i = E(Z_{(i)})$, die (9.6.7) erfüllt. Es sei ferner

$$H_s = \left.\frac{\partial H(z_1, \ldots, z_k)}{\partial z_s}\right|_{(\mu_1, \ldots, \mu_k)}, \qquad H_{s,t} = \left.\frac{\partial^2 H(z_1, \ldots, z_k)}{\partial z_s \partial z_t}\right|_{(\mu_1, \ldots, \mu_k)}$$

sowie

$$\sigma_{s,t} = \operatorname{Cov}(\overline{Z}_{(s)}, \overline{Z}_{(t)}) \quad \text{für } s \neq t, \qquad \sigma_{s,s} = \operatorname{Var}(\overline{Z}_{(s)}) .$$

Dann gilt:

(1) $E(H(\overline{Z}_{(1)}, \ldots, \overline{Z}_{(k)})) = H(\mu_1, \ldots, \mu_k) + \frac{1}{2}\sum_{s,t=1}^k H_{s,t}\sigma_{s,t} + O(n^{-3/2})$;

(2) $\operatorname{Var}(H(\overline{Z}_{(1)}, \ldots, \overline{Z}_{(k)})) = \sum_{s,t=1}^k H_s H_t \sigma_{s,t} + O(n^{-3/2})$;

(3) $\sigma_{s,t} = O(1/n)$;

(4) $E(H(\overline{Z}_{(1)}, \ldots, \overline{Z}_{(k)})) = H(\mu_1, \ldots, \mu_k) + O(1/n)$.

(9.6.9) Bemerkung

Aufgrund von (2.4.8)(2) und (6.0.9) könnten wir obige Formeln ergänzen durch

$\sigma_{s,t} = (1 - f^*)(1/n) \cdot \operatorname{Cov}(Z_{(s)}, Z_{(t)})$
mit $\operatorname{Cov}(Z_{(t)}, Z_{(t)}) = \operatorname{Var} Z_{(t)}$ und f^* (2.4.5).

Beweis (Skizze):
Wegen (9.6.4) brauchen wir uns, wenn wir von Termen der Ordnung $\mathrm{O}(1/n^\infty)$ absehen, nur mit H in einer Umgebung von $(\mu_1, \ldots, \mu_k)$ zu befassen. Natürlich gilt (9.6.4) mutatis mutandis für die k Variablen $\overline{Z}_{(1)}, \ldots, \overline{Z}_{(k)}$ gleichzeitig.

Desgleichen kann man (9.6.3) für mehrere Variablen formulieren und analog zu (9.6.3) beweisen (man modifiziere HANSEN/HURWITZ/MADOW (1953), S. 87ff, entsprechend), z.B.:

(9.6.10) Für einfache *mZ*- u n d *oZ*-Stichproben gilt:

$$\mathrm{E}\big(|\overline{Z}_{(s)} - \mu_s|^t\,|\overline{Z}_{(i)} - \mu_i|^r\,|\overline{Z}_{(j)} - \mu_j|^m\big) = \mathrm{O}(n^{-(t+r+m)/2}) \ .$$

(Für den Fall, daß $t + r + m$ ungerade ist, ist der Term sogar $\mathrm{O}(n^{-(t+r+m+1)/2})$.) Für den Fall $k = 1$ und gerader Potenz findet man einen detaillierten Beweis für *mZ*-Stichproben bei STENGER (1971), S. 56ff.

Nach Voraussetzung läßt sich H um $(\mu_1, \ldots, \mu_k)$ in eine Taylor-Reihe wie folgt entwickeln (siehe z.B. OSTROWSKI (1961), S. 166ff):

(9.6.11)
$$\begin{aligned} H(\overline{Z}_{(1)}, \ldots, \overline{Z}_{(k)}) &= H(\mu_1, \ldots, \mu_k) + \sum_i (\overline{Z}_{(i)} - \mu_i) H_i \\ &+ \frac{1}{2} \sum_{i,j} (\overline{Z}_{(i)} - \mu_i)(\overline{Z}_{(j)} - \mu_j) H_{i,j} \ + \ R_3 \ , \end{aligned}$$

wobei man wegen (9.6.10) für den Rest R_3 zeigen kann:

(9.6.12) $\mathrm{E}(R_3) = \mathrm{O}(n^{-3/2})$.

Für den Fall $k = 1$ und *mZ*-Stichproben findet man einen detaillierten Beweis von (9.6.12) in STENGER (1971), S. 52f.

Nach diesen Vorbereitungen kommen wir nun zu den einzelnen Behauptungen des Satzes.

Zu (1): Man bilde in (9.6.11) $\mathrm{E}(H)$ und beachte (9.6.12).

Zu (2): Man berechne aus (9.6.11) die Funktion H^2 und bilde sodann $\mathrm{E}(H^2)$; ferner berechne man aus (1) $\big(\mathrm{E}(H)\big)^2$. Eine etwas umständliche Rechnung (unter Beachtung von (9.6.10) mutatis mutandis) zeigt dann, daß $\mathrm{E}(H^2) - \big(\mathrm{E}(H)\big)^2 = \mathrm{Var}(H)$ tatsächlich gleich dem in (2) angegebenen Ausdruck ist.

Zu (3): folgt aus (9.6.10) (z.B. mit $t = r = 1$, $m = 0$); man kann jedoch $\sigma_{s,t}$ auch direkt berechnen (wie in (6.0.9)) und so die Behauptung erhalten.

Zu (4): folgt natürlich aus (1) und (3). ■

Literaturverzeichnis

Abkürzungen:

AMS	Annals of Mathematical Statistics
AS	Annals of Statistics
ASTA	Allgemeines Statistisches Archiv
ISR	International Statistical Review / Review of the International Statistical Institute
Jahrbücher	Jahrbücher für Nationalökonomie und Statistik
JASA	Journal of the American Statistical Association
JRSS	Journal of the Royal Statistical Society
Sankhyā	Sankhyā: The Indian Journal of Statistics
SH	Statistische Hefte

ANDREATTA, G., KAUFMAN, G. M. (1986): Estimation of Finite Population Properties when Sampling is without Replacement and Proportional to Magnitude. *JASA* **81**.

ANDERSON, D. W., KISH, L., CORNELL, R. G. (1976): Quantifying Gains from Stratification for Optimum and Approximately Optimum Strata Using a Bivariate Normal Model. *JASA* **71**.

ARNOLD, B. C., GROENEVELD, R. A. (1981): Maximal Deviation Between Sample and Population Means in Finite Populations. *JASA* **76**.

ASOK, C., SUKHATME, B. V. (1976): On Sampford's Procedure of Unequal Probability Sampling Without Replacement. *JASA* **71**.

AVADHANI, M. S., SUKHATME, B. V. (1973): Controlled Sampling with Equal Probabilities and Without Replacement. *ISR* **41**.

BAMBERG, G. (1976): Lineare Bayes–Verfahren in der Stichprobentheorie. Mathematical Systems in Economics, Vol. **27**.

BANSAL, M. L., SINGH, R. (1986): On the Generalization of Rao, Hartley and Cochran's Scheme. *Metrika* **33**.

BASLER, H. (1979): Zur Definition von Zufallsstichproben aus endlichen Grundgesamtheiten. *Metrika* **26**.

BAXI, H. R. S. (1971): A Note on Unit–Stratified Design. *ISR* **39**.

BAYLESS, D. L., RAO, J. N. K. (1970): An Empirical Study of Stabilities of Estimators and Variance Estimators in Unequal Probability Sampling. *JASA* **65**.

BEHNEN, K., NEUHAUS, G. (1984): Grundkurs Stochastik. Teubner Studienbücher, Teubner Verlag, Stuttgart.

BELLHOUSE, D. R., RAO, J. N. K. (1975): Systematic Sampling in the Presence of a Trend. *Biometrika* **62**.

BELLHOUSE, D. R., THOMPSON, M. E., GODAMBE, V. P. (1977): Two Stage Sampling with Exchangeable Prior Distributions. *Biometrika* **64**.

BENNET, B. M. (1987): Note on Systematic Sampling. *Biometrika* **29**.

BERG, S. (1972): Double Sampling for Cluster- or Two-Stage Sampling. *ISR* **40**.

BICKEL, P. J., NAIR, V. N., WANG, P. C. C. (1992): Nonparametric Inference under Biased Sampling from a Finite Population. *AS* **20**.

BLIGHT, B. J. N. (1973): Sampling from an Autocorrelated Finite Population. *Biometrika* **60**.

BLIGHT, B. J. N., SCOTT, A. J. (1973): A Stochastic Model for Repeated Surveys. *JRSS*, Series B, **35**.

BREWER, K. R. W. (1979): A Class of Robust Sampling Designs for Large-Scale Surveys. *JASA* **74**.

BREWER, K. R. W., HANIF, M. (1970): Durbin's New Multistage Variance Estimator. *JRSS*, Series B, **32**.

BREWER, K. R. W., HANIF, M. (1983): *Sampling with Unequal Probabilities.* Springer-Verlag, New York etc.

BÜHLER, W., DEUTLER, T. (1975): Optimal Stratification and Grouping by Dynamic Programming. *Metrika* **22**.

BURDICK, R. K., SIELKEN, R. L. JR. (1979): Variance Estimation Based on a Superpopulation Model in Two Stage Sampling. *JASA* **74**.

CASSEL, C. M. (1972): A Model for Studying Robustness of Estimators and Inormativeness of Labels in Sampling with Varying Probabilities, *JRSS*, Series B, **34**.

CASSEL, C. M., SÄRNDAL, C. E., WRETMAN, J. H. (1977): *Foundations of Inference in Survey Sampling.* John Wiley & Sons, New York etc.

CHANDRA, K. S., SAMPATH, S. (1992): Markov Sampling with Auxiliary Information. *SH* **33**.

CHAO, M. T. (1982): A General Purpose Unequal Probability Sampling Plan. *Biometrika* **69**.

CHAUDHURI, A. (1975): A Simple Method of Sampling without Replacement with Inclusion Probabilities Exactly Proportional to Size. *Metrika* **22**.

CHAUDHURI, A. (1976): A Non-Negativity Criterion for a Certain Variance-Estimator. *Metrika* **23**.

CHAUDHURI, A. (1992): Randomized Response: Estimating Mean Square Errors of Linear Estimators and Finding Optimal Unbiased Strategies. *Metrika* **39**.

CHAUDHURI, A., ADHIKARY, A. K. (1983): On the Efficiency of Midzuno and Sen's Strategy Relative to Several Ratio-type Estimators under a Particular Model. *Biometrika* **70**.

CHAUDHURI, A., VOS, J. W. E. (1988): Unified Theory and Strategies of Survey Sampling. North-Holland, Amsterdam etc.

COCHRAN, W. G. (1972): *Stichprobenverfahren.* Walter de Gruyter, Berlin etc.

CHOTAI, J. (1974): A Note on the Rao-Hartley-Cochran Method for PPS Sampling over Two Occasions. *Sankhyā*, Series C, **36**.

COX, D. R. (1952): Estimation by Double Sampling. *Biometrika* **39**.

CRAMÉR, H. (1974): *Mathematical Methods of Statistics* (13th printing). Princeton Univercity Press, Princeton, USA.

DALENIUS, T. (1962): Recent Advances in Sample Survey Theory and Methods. *AMS* **33**.

DALENIUS, T., HODGES, J. L. JR. (1959): Minimum Variance Stratification. *JASA* **54**.

DATTA, G. S., GHOSH, M. (1993): Bayesian Estimation of Finite Population Variances with Auxiliary Information. *Sankhyā*, Series B, **55**.

DESPHANDE, M. N. (1985): Improving on Horvitz-Thompson's Estimator. *Sankhyā*, Series B, **47**.

DESPHANDE, M. N., PRABHU-AJGAONKAR, S. G. (1977): On Multitrial Sampling Methods. *Biometrika* **64**.

DODDS, D. J., FRYER, J. G. (1971): Some Families of Selection Probabilities for Sampling with PPS. *JRSS*, Series B, **33**.

DUMOUCHEL, W. H., DUNCAN, G. J. (1983): Using Sample Survey Weights in Multiple Regression Analyses of Stratified Samples. *JASA* **78**.

ERIKSSON, S. A. (1973): A New Model for Randomized Response. *ISR* **41**.

FERGUSON, T. S. (1967): *Mathematical Statistics*. Academic Press, New York etc.

FLEISCHER, K. (1990): Stratified Sampling using Double Samples. *SH* **31**.

FOREMAN, E. K., BREWER, K. R. W. (1971): The Efficient Use of Supplementary Information in Standard Sampling Procedures. *JRSS*, Series B, **33**.

FRANK, O. (1970): Sampling from Overlapping Subpopulations. *Metrika* **16**.

GABLER, S., SCHWEIGKOFFER, R. (1990): The Existence of Sampling Designs with Preassigned Inclusion Probabilities. *Metrika* **37**.

GAUTSCHI, W. (1957): Some Remarks on Systematic Sampling. *AMS* **28**.

GODAMBE, V. P. (1965): A Review of the Contributions towards a Unified Theory of Sampling from Finite Populations. *ISR* **33**.

GODAMBE, V. P. (1982): Estimation in Survey Sampling: Robustness and Optimality. *JASA* **77**.

GODAMBE, V. P., JOSHI, V. M. (1965): Admissibility and Bayes Estimation in Sampling Finite Populations, I. *AMS* **36**.

GODAMBE, V. P., SPROTT, D. A. (Hrsg.) (1971): Foundations of Statistical Inference. Holt, Rinehart and Winston, Toronto etc.

GOLLNICK, H., THIEL, N. (1980): Ökonometrie. UTB — Ulmer, Stuttgart

GOVINDARAJULU, Z. (1975): *Sequential Statistical Procedures*. American Sciences Press, New York.

DEGRAFT-JOHNSON, K. T., SEDRANSK, J. (1973): Estimation of Domain Means Using Two-Phase Sampling. *Biometrika* **60**.

GUPTA, V. K., NIGAM, A. K., KUMAR, P. (1982): On a Family of Sampling Schemes with Inclusion Probability Proportional to Size. *Biometrika* **69**.

HÁJEK, J. (1964): Asymptotic Theory of Rejective Sampling with Varying Probabilities from a Finite Population. *AMS* **35**.

HANSEN, M. H., HURWITZ, W. N., MADOW, W. G. (1953): *Sample Survey Methods and Theory*. John Wiley & Sons, New York etc.

HANSEN, M. H., MADOW, W. G., TEPPING, B. J. (1983): An Evaluation of Model-Dependent and Probability-Sampling Inferences in Sample Surveys. *JASA* **78**.

HARTLEY, H. O., RAO, J. N. K. (1962): Sampling with Unequal Probabilities and Without Replacement. *AMS* **33**.

HENDERSON, J. M., QUANDT, R. E. (1973): *Mikroökonomische Theorie*. Vahlen-Verlag, München.

HERSON, J. (1976): An Investigation of Relative Efficiency of Least-Squares Prediction to Conventional Probability Sampling Plans. *JASA* **71**.

HERZEL, A. (1986): Sampling without Replacement with Unequal Probabilities: Sample Designs with Preassigned Joint Inclusion Probabilities of any Order. Metron - Rivista internationale di statistica **XLIV**.

HEDAYAT, A. S., SINHA, B. K. (1991): Design and Inference in Finite Population Sampling. Wiley, New York etc.

HOLST, L. (1973): Some Limit Theorems with Applications in Sampling Theory. *AS* **1**.

HOLT, D., SMITH, T. M. F. (1979): Post Stratifikation. *JRSS*, Series A, **142**.

HOLT, D., SMITH, T. M. F., WINTER, P. D. (1980): Regression Analysis of Data from Complex Surveys. *JRSS*, Series A, **143**.

HORVITZ, D. G., GREENBERG, B. G., ABERNATHY, J. R. (1976): Randomized Response: A Data-Gathering Device for Sensitive Questions. *ISR* **44**.

IACHAN, R. (1983): Asymptotic Theory of Systematic Sampling. *AS* **11**.

ISAKI, C. T., FULLER, W. A. (1982): Survey Design Under the Regression Superpopulation Model. *JASA* **77**.

JINN, J. H., SEDRANSK, J., SMITH, P. (1987): Optimal Two-Phase Stratified Sampling for Estimation of the Age Composition of a Fish Population. *Biometrika* **43**.

JOHNSON, N. L., SMITH JR., H. (Hrsg.) (1969): New Developments in Survey Sampling. John Wiley & Sons, New York etc.

JOSHI, V. M. (1965a) resp. (1965b): Admissibility and Bayes Estimation in Sampling Finite Populations, II/III. *AMS* **36**.

JOSHI, V. M. (1968a): Note on a Minimax Design for Cluster Sampling. *AMS* **39**.

JOSHI, V. M. (1968b): Admissibility of the Sample Mean as Estimate of the Mean of a Finite Population. *AMS* **39**.

JOSHI, V. M. (1970): Note on the Admissibility of the Sen-Yates-Grundy Variance Estimator and Murphey's Estimator and its Variance Estimator. *Sankhyā*, Series A, **32**.

JOSHI, V. M. (1971a): A Note on Admissible Sampling Designs for a Finite Population. *AMS* **42**.

JOSHI, V. M. (1971b): Hyperadmissibility of Estimators for Finite Populations. *AMS* **42**.

JOSHI, V. M. (1971c): Admissibility of Arbitrary Estimators as Estimators of their Expectations ... *AMS* **42**.

JOSHI, V. M. (1972): A Note on Hyperadmissibility of Estimators for Finite Populations. *AMS* **42**.

JOSHI, V. M. (1977): A Note on Estimators in Finite Populations. *AS* **5**.

JOSHI, V. M. (1979a): The Best Strategy for Estimating the Mean of a Finite Population. *AS* **7**.

JOSHI, V. M. (1979b): Joint Admissibility of the Sample Means as Estimators of the Means of Finite Populations. *AS* **7**.

KARLTON, G. (1979): Ultimate Cluster Sampling. *JRSS*, Series A, **142**.

KARLIN, S. (1974): Inequalities for Symmetric Sampling Plans, I. *AS* **2**.

KELLERER, H. (1963): *Theorie und Technik des Stichprobenverfahrens.* Deutsche Statistische Gesellschaft, München.

KISH, L. (1976): Optima and Proxima in Linear Sampling Designs. *JRSS*, Series A, **139**.

KISH, L., FRANKEL, M. R. (1974): Inference from Complex Samples. *JRSS*, Series B, **36**.

KOCH, G. G. (1973): An Alternative Approach to Multivariate Response Error Models for Sample Survey Data with Applications to Estimators Involving Subclass Means. *JASA* **68**.

KOCH, G. G., FREEMAN, D. H. FREEMAN, J. L. (1975): Strategies in the Multivariate Analysis of Data from Complex Surveys. *ISR* **43**.

KOKAN, A. R., KHAN, S. (1967): Optimum Allocation in Multivariate Surveys: An Analytical Solution. *JRSS*, Series B, **29**.

KONIJN, H. S. (1973): *Statistical Theory of Sample Survey Design and Analysis.* North-Holland, Amsterdam etc.

KOOP, J. C. (1971): On Splitting a Systematic Sample for Variance Estimation. *AMS* **42**.

KOOP, J. C. (1974): Notes for a Unified Theory of Estimation ... Taking into Account Response Errors. *Metrika* **21**.

KORWAR, R. M., SERFLING, R. J. (1970): On Averaging over Distinct Units in Sampling with Replacement. *AMS* **41**.

KOSSACK, C. F., BAXI, H. R. S. (1971): On Designing of a Unit–Stratified Survey Design for a Discrete Set of Observations. *ISR* **39**.

KREIENBROCK, L. (1989): Einführung in die Stichprobenverfahren: Lehr– und Übungsbuch der Angewandten Statistik. Oldenbourg, München.

KRICKEBERG, K. (1963): *Wahrscheinlichkeitstheorie.* Teubner–Verlag, Stuttgart.

KRISHNAIAH P. R., RAO, C. R. (Hrsg.) (1988): Sampling (Handbook of Statistics Vol. 6). North–Holland, Amsterdam.

KRUSKAL, W., MOSTELLER, F. (1979a–c): Representative Sampling. I: Non–Scientific Literature; II: Scientific Literature, Excluding Statistics; III: Current Statistical Literature. *ISR* **47**.

KUMAR, P., KATHURIA, O. P., AGARWAL, S. K. (1984): On a Sampling Scheme with Inclusion Probability Proportional to Size. *Mathematische Operationsforschung und Statistik. Series statistics*, **15**.

LANKE, J. (1972): Sampling Distinguishable Elements with Replacement. *AMS* **43**.

LANKE, J. (1973): On UMV–Estimators in Survey Sampling. *Metrika* **20**.

LANKE, J. (1974): On Non–Negative Variance Estimators in Survey Sampling. *Sankhyā*, Series C, **36**.

LANKE, J. (1976): On the Degree of Protection in Randomized Interviews. *ISR* **44**.

LEINER, B. (1989): Stichprobentheorie: Grundlagen, Theorie und Technik. Oldenbourg, München.

LESSLER, J. T., KALSBEEK, W. D. (1992): Nonsampling Error in Surveys. Wiley, New York etc.

LEVI, P. S., LEMESHOW, S. (1991): Sampling of Populations: Methodes and Applications. Wiley, New York etc.

LITTLE, R. J. A. (1983): Estimating a Finite Population Mean From Unequal Propability Samples. *JASA* **78**.

LIU, T. P. (1983): A General Completeness Theorem in Sampling Theory. *JRSS*, Series B, **45**.

MANOUSSAKIS, E. (1977): Repeated Sampling with Partial Replacement of Units. *AS* **5**.

MARQUIS, K. H., MARQUIS, M. S., POLICH, J. M. (1986): Response Bias and Reliability in Sensitive Topic Surveys. *JASA* **81**.

MILBRODT, H. (1987): A Note on Hájek's Theory of Rejective Sampling. *Metrika* **34**.

MORIMOTO, H. (1973): Statistical Structure of the Problem of Sampling from Finite Populations. *AMS* **43**.

MUKHOPADHYAY, P. (1975): An Optimum Sampling Design to Base HT–Method of Estimating a Finite Population Total. *Metrika* **22**.

MUKHOPADHYAY, P. (1993): Estimation of a Finite Population Total Under Regression Models: A Review. *Sankhyā*, Series B, **55**.

V. NEUMANN, J., MORGENSTERN, O. (1968): *Theory of Games and Economic Behaviour.* Princeton Univercity Press, Princeton, USA.

NEVEU, J. (1965): Mathematical Foundations of the Calculus of Probability. Holden–Day, San Francisco etc.

OMULE, S. A. Y (1985): Optimum Design in Multivariate Stratified Sampling. *Biometrika* **27**.

OSTROWSKI, A. (1961): *Vorlesungen über Differential– und Integralrechnung.* Band II. Birkhäuser–Verlag, Basel etc.

PADMAWAR, V. R., MUKHOPADHYAY, P. (1984): Estimation of Symmetric Functions of a Finite Population. *Metrika* **31**.

PATHAK, P. K. (1962a): On Simple Random Sampling with Replacement. *Sankhyā*, Series A, **24**.

PATHAK, P. K. (1962b): On Sampling with Unequal Probabilities. *Sankhyā*, Series A, **24**.

PATHAK, P. K. (1976): Unbiased Estimation in Fixed Cost Sequential Sampling Schemes. *AS* **4**.

Pötter, U., Rendtel, U. (1993): Über Sinn und Unsinn von Repräsentativitätsstudien. *ASTA* **77**.

Pokropp, F. (1974): Eigenschaften von Schätzungen aus geschichteten Doppelstichproben. *ASTA* **58**.

Pokropp, F. (1984a): Zur Grundlegung von Stichproben aus endlichen Gesamtheiten mit etikettierbaren Elementen. *ASTA* **68**.

Pokropp, F. (1984b): Optimale Korrekturen bei Kontroll–Erhebungen auf Doppelstichproben. *Jahrbücher* **199**

Pokropp, F. (1984c): Der Verhältnis–Schätzer aus einer Doppel–Stichprobe als Prädiktor in einem Super–Populations–Modell. Diskussionsbeiträge zur Statistik und Quantitativen Ökonomik. Universität der Bundeswehr Hamburg 17.

Pokropp, F. (1985): Optimally Corrected Estimates in Double Sampling from Finite Populations. Methods of Operations Research 50.

Pokropp, F. (1987): Zur Begründung einiger Schätzer mit Hilfe von Vorkenntnissen in der Stichprobentheorie. *Jahrbücher* **203**

Pokropp, F. (1988a): Der homogene Regressions–Schätzer. *Jahrbücher* **204**.

Pokropp, F. (1988b): Simulations–Studie zur Schätzung mit Vorkenntnis auf endlichen Populationen. Diskussionsbeiträge zur Statistik und Quantitativen Ökonomik. Universität der Bundeswehr Hamburg 35.

Pokropp, F. (1989): Zur Begründung von Verhältnis–Schätzern bei endlichen Populationen aus quasi–heteroskedastischen Modellen. *ASTA* **73**.

Pokropp, F. (1990): *Einführung in die Statistik.* Vandenhoeck & Ruprecht, Göttingen.

Pokropp, F. (1994): *Lineare Regression und Varianzanalyse.* Oldenbourg Verlag München.

Pokropp, F. (1996): Bootstrapping for the Selection of GLS–Estimates in Conventional Sampling Theory. Diskussionsbeiträge zur Statistik und Quantitativen Ökonomik, Nr. 69. Universität der Bundeswehr Hamburg.

Quatember, A. (1994): Der Schichtungseffekt bei der Erhebung von Anteilen — Der Genauigkeitsgewinn gemessen am Grad des Zusammenhanges zwischen Untersuchungs– und Schichtmerkmal. *ASTA* **78**.

Raj, D. (1968): Sampling Theory. McGraw–Hill, New York etc.

Raj, D. (1972): The Design of Sample Surveys. McGraw–Hill, New York etc.

Raj, D., Khamis, S. H. (1958): Some Remarks on Sampling with Replacement. *AMS* **29**.

Ramachandran, G., Rao, T. J. (1974): Allocation to Strata and Relative Efficiencies of Stratified and Unstratified π PS Sampling Schemes. *JRSS*, Series B, **36**.

Ramakrishnan, M. K. (1970): A Note on the Comparison of Sampling with and without Replacement. *Sankhyā*, Series A, **32**.

Ramakrishnan, M. K. (1973): An Alternative Proof of the Admissibility of the Horvitz–Thompson Estimator. *AS* **1**.

Rao, J. N. K. (1969): Ratio and Regression Estimates. In: Johnson/Smith (1969).

Rao, J. N. K. (1973): On Double Sampling for Stratifikation and Analytical Surveys. *Biometrika* **60**.

Rao, J. N. K., Hartley, H. O., Cochran, W. G. (1962): On a Simple Procedure of Unequal Probability Sampling without Replacement. *JRSS*, Series B, **24**.

Rao, J. N. K., Kuzik, R. A. (1974): Sampling Errors in Ratio Estimation. *Sankhyā*, Series C, **36**.

Rao, J. N. K., Ramachandran, V. (1974): Comparison of the Separate and Combined Ratio Estimators. *Sankhyā*, Series C, **36**.

Rao, J. N. K., Vijayan, K. (1977): On Estimating the Variance in Sampling with PP to Aggregate Size. *JASA* **72**.

RAO, J. N. K., WU, C. F. J. (1988): Resampling Inference with Complex Survey Data. *JASA* **83**.

RAO, P. S. R. S. (1974): Jack-Knifing the Ratio Estimator. *Sankhyā*, Series C, **36**.

RAO, P. S. R. S. (1975): On the Two-Phase Ratio Estimator in Finite Populations. *JASA* **70**.

RAO, T. J. (1966): On the Variance of the Ratio Estimator for Midzuno-Sen Sampling Scheme. *Metrika* **10**.

RAO, T. J. (1971): π PS Sampling Designs and the Horvitz-Thompson Estimator. *JASA* **66**.

RAO, T. J. (1972): On the Variance of the Ratio Estimator. *Metrika* **18**.

RAO, T. J. (1977): Estimating the Variance of the Ratio Estimator for Midzuno-Sen Sampling Scheme. *Metrika* **24**.

RAO, T. J. (1984): Some Aspects of Random Permutation Models in Finite Population Sampling Theory. *Metrika* **31**.

REDDY, V. N. (1974): On a Transformed Ratio Method of Estimation. *Sankhyā*, Series C, **36**.

REDDY, V. N. (1975): A Note on the Efficiency of Ratio Estimator under a Superpopulation Model. *Sankhyā*, Series C, **37**.

RENDTEL, U. (1991): Die Schätzung von Populationswerten in Panelerhebungen. *ASTA* **75**.

ROSÉN, B. (1972): Asymptotic Theory for Successive Sampling with Varying Probabilities without Replacement. I/II. *AMS* **43**.

ROYALL, R. M. (1968): An Old Approach to Finite Population Sampling Theory. *JASA* **63**.

ROYALL, R. M. (1970a): Finite Population Sampling - On Labels in Estimation. *AMS* **41**.

ROYALL, R. M. (1970b): On Finite Population Sampling Theory under Certain Linear Regression Models. *Biometrika* **57**.

ROYALL, R. M. (1971): Linear Regression Models in Finite Population Sampling. In: GODAMBE/SPROTT (1971).

ROYALL, R. M. (1976): The Linear Least-Squares Prediction Approach to Two-Stage Sampling. *JASA* **71**.

ROYALL, R. M. (1986): The Prediction Approach to Robust Variance Estimation in Two-Stage Cluster Sampling. *JASA* **81**.

ROYALL, R. M., CUMBERLAND, W. G. (1978): Variance Estimation in Finite Population Sampling. *JASA* **73**.

ROYALL, R. M., CUMBERLAND, W. G. (1981): The Finite-Population Linear Regression Estimator and Estimators of Its Variance — An Empirical Study. *JASA* **76**.

ROYALL, R. M., EBERHARDT, K. R. (1975): Variance Estimates for the Ratio Estimator. *Sankhyā*, Series C, **37**.

ROYALL, R. M., HERSON, J. (1973a): Robust Estimation in Finite Populations. I. *JASA* **68**.

ROYALL, R. M., HERSON, J. (1973b): Robust Estimation in Finite Populations. II: Stratification on a Size Variable. *JASA* **68**.

SAHOO, J., SAHOO, L. N., MOHANTY, S. (1994): An Alternative Approach to Estimation in Two-Phase Sampling Using Two Auxiliary Variables. *Biometrika* **36**.

SAMPFORD, M. R. (1967): On Sampling without Replacement with Unequal Probabilities of Selection. *Biometrika* **54**.

SÄRNDAL, C. E. (1968): The Use of a Stratification Variable in Estimation by Proportional Stratified Sampling. *JASA* **63**.

SÄRNDAL, C. E. (1976): On Uniformly Minimum Variance Estimation in Finite Populations. *AS* **4**.

SÄRNDAL, C. E., SWENSSON, B., WRETMAN, J. (1992): Model Assisted Survey Sampling. Springer, Berlin etc.

SCHÄFFER, K. A. (1971): Planung geschichteter Stichproben bei Vorgabe von Genauigkeitsforderungen für mehrere Merkmale. *ASTA* **55**.

SCHNEEBERGER, H. (1970): Optimierung in der Stichprobentheorie durch Schichtung. *SH* **11**.

SCHNEEBERGER, H. (1973): Optimale Aufteilung des Stichprobenumfangs bei mehreren Merkmalen. *Metrika* **20**.

SCHNEEBERGER, H. (1984): Some Characteristics of Neyman's Allocation. *Jahrbücher* **199**.

SCHNEEBERGER, H. (1986): Proportional and Optimum Allocation in Two-Stage Sampling. *Sankhyā*, Series B, **48**.

SCHNEEBERGER, H., GOLLER, W. (1979): On the Problem of the Feasibility of Optimal Stratification Points According to Dalenius. *SH* **20**.

SCHNEEBERGER, H., PÖLLOT, J.-P. (1985): Optimum Stratification with two Variates. *SH* **26**.

SCOTT, A. J., BREWER, K. R. W., HO, E. W. H. (1978): Finite Population Sampling and Robust Estimation. *JASA* **73**.

SCOTT, A., SMITH, T. M. F. (1974): Linear Superpopulation Models in Survey Sampling. *Sankhyā*, Series C, **36**.

SCOTT, A., SMITH, T. M. F. (1975): Comments on the Efficient Use of Supplementary Information in Standard Sampling Procedures by Foreman/Brewer. *JRSS*, Series B, **37**.

SEN, A. R., SELLERS, S., SMITH, G. E. J. (1975): The Use of a Ratio Estimate in Successive Sampling. *Biometrika* **31**.

SENGUPTA, S. (1988): Optimality of a Design-Unbiased Strategy for Estimating a Finite Population Variance. *Sankhyā*, Series B, **50**.

SINGH, D., JINDAL, K. H., GARG, J. N. (1968): On Modified Systematic Sampling. *Biometrika* **55**.

SINGH, R. (1972): On Pathak and Rao's Estimate in PPS with Replacement Sampling Over Two Occasions. *Sankhyā*, Series A, **34**.

SINGH, R. (1975a): An Alternative Method of Stratification on the Auxiliary Variable. *Sankhyā*, Series C, **37**.

SINGH, R. (1975b): On Optimum Stratification for Proportional Allocation. *Sankhyā*, Series C, **37**.

SINGH, R., SINGH, B. (1974): On Replicated Samples Drawn with Rao, Hartley and Cochran's Scheme. *Sankhyā*, Series C, **36**.

SINHA, B. K., PANTULA, S. G. (1986): Linear Invariance and Admissibility in Sampling Finite Populations. *Sankhyā*, Series B, **48**.

SKINNER, C. J. (1986): Design Effects of Two-Stage Sampling. *JRSS*, Series B, **48**.

SMITH, M. F. (1976): The Foundations in Survey Samling: A Review. *JRSS*, Series A, **139**.

SMITH, T. M. F. (1984): Present Position and Potential Developments: Some Personal Views — Sample Surveys. *JRSS*, Series A, **147**.

SMOUSE, E. P. (1984): A Note on Bayesian Least Squares Inference for Finite Population Models. *JASA* **79**.

SMOUSE, E. P. (1982): Bayesian Estimation of a Finite Population Total Using Auxiliary Information in the Presence of Nonresponse. *JASA* **77**.

SOLOMON, H., ZACKS, S. (1970): Optimal Design of Sampling from Finite Populations: A Critical Review and Indication of New Research Areas. *JASA* **65**.

SOM, R. K. (1973): A Manual of Sampling Techniques. London.

SRINATH, K. P. (1971): Multiphase Sampling in Nonresponse Problems. *JASA* **66**.

SRINATH, K. P., HIDIROGLOU, M. A. (1980): Estimation of Variance in Multi-Stage Sampling. *Metrika* **27**.

STANGE, K. (1971): Eine Bemerkung zum optimalen Auswahlsatz bei geschichteten Stichproben. *Metrika* **17**.

STATISTISCHES BUNDESAMT (Hrsg.) (1960): Stichproben in der amtlichen Statistik. Stuttgart etc.

STATISTISCHES BUNDESAMT (Hrsg.) (1976): Das Arbeitsgebiet der Bundesstatistik. Stuttgart etc.

STENGER, H. (1971): *Stichprobentheorie.* Physica–Verlag, Würzburg etc.

STENGER, H. (1972a): Effizienzvergleiche zwischen Stichprobenverfahren. *SH* **13**.

STENGER, H. (1972b): Lineare und nichtlineare Schätzfunktionen in der Stichprobentheorie. *SH* **13**.

STENGER, H. (1973): Symmetriebegriffe in der Stichprobentheorie. *SH* **14**.

STENGER, H. (1974a): Schätzbare Parameterfunktionen in der Stichprobentheorie. *Metrika* **21**.

STENGER, H. (1974b): Mehrstufige Stichprobenverfahren. *Metrika* **21**.

STENGER, H. (1977): Antwortvariabilität als Fehlerquelle. *ASTA* **61**.

STENGER, H. (1979a): A Minimax Approach to Randomization and Estimation in Survey Sampling. *AS* **7**.

STENGER, H. (1979b): Loss–Functions and Admissible Estimators in Survey Sampling. *Metrika* **26**.

STENGER, H. (1986): Stichproben. Heidelberg etc.

STENGER, H. (1989): Asymptotic Analysis of Minimax Strategies in Survey Sampling. *AS* **17**.

STRECKER, H. (1971): Ein Modell zur Ermittelung von Angabefehlern in statistischen Erhebungen. *Metrika* **17**.

STRECKER, H. (1979): The Efficiency of Sample Models with Equal and with Varying Probability of Selection. *Jahrbücher* **194**.

STRECKER, H. (1980): Model for the Decomposition of Errors in Statistical Data into Components, and the Ascertainment of Respondent Errors by Means of Accuracy Checks. *Jahrbücher* **195**.

STRECKER, H. (1981a): Ein Beitrag zur Genauigkeit statistischer Daten. In: Probleme internationaler wirtschafts– und sozialstatistischer Vergleiche. Bund–Verlag.

STRECKER, H. (1981b): Mean Square Error und Qualität statistischer Daten in Erhebungen. *SH* **22**.

STRECKER, H. (1995): Ein Beitrag zu Fehlern in statistischen Erhebungen. Der Netto– und Bruttofehler sowie Beispiele für besondere Fehlerursachen. *ASTA* **79**.

STRECKER, H., WIEGERT, R., PEETERS, J., KAFKA, K. (1983): *Messung der Antwortvariabilität auf Grund von Erhebungsmodellen mit Wiederholungszählungen.* Vandenhoeck & Ruprecht, Göttingen.

STRECKER, H., WIEGERT, R. (1984): Der Mean Square Error und die Antwortvarianz bei Erhebungen — Darstellung und Schätzung. *ASTA* **68**.

STRECKER, H., WIEGERT, R., KAFKA, K. (1984): Practical Determination of a Response Variance on the Basis of Survey Models with Re–enumerations. *Jahrbücher* **199**.

STRECKER, H., WIEGERT, R. (1985): Estimation of the Response Variance in Surveys. *Contributions to Econometrics and Statistics Today.*

STRECKER, H., WIEGERT, R. (1986a): Mehrdimensionale Verhältnisschätzung — Verbesserung der Präzision? *Wirtschafts– und Sozialstatistik.*

STRECKER, H., WIEGERT, R. (1986b): Die Antwortvariabilität bei statistischen Erhebungen — Wiederholungszählungen und Schätzung der Antwortvarianz. Östereichische Zeitschrift für Statistik und Informatik **3**.

STRECKER, H., WIEGERT, R. (1989a): Antwortvariabilität und Adjustierung. *ASTA* **73**.

STRECKER, H., WIEGERT, R. (1989b): Wirtschaftsstatistische Daten und ökonomische Realität. *Jahrbücher* **206**.

SUDMAN, S. (1966): Probability Sampling with Quotes. *JASA* **61**.

SWINDEL, B. F., YANDLE, D. O. (1972): Allocation in Stratified Sampling as a Game. *JASA* **67**.

TAM, S. M. (1984): Optimal estimation in Survey Sampling under a Regression Superpopulation Model. *Biometrika* **71**.

THEUERKAUF, I. (1981): *Sequentielle Schätzverfahren.* Studien zur Angewandten Wirtschaftsforschung und Statistik. Vandenhoeck & Ruprecht, Göttingen.

THOMPSON, S. K. (1992): Sampling. Wiley, New York etc.

THOMPSON, S. K. (1994): Adaptive Sampling. Wiley, New York etc.

THOMSEN, I. (1977): On the Effect of Stratification when Two Stratifying Variables are Used. *JASA* **72**.

TIN, M., TOE, T. (1972): Estimation for Domains in Multistage Sampling. *JASA* **67**.

TSUI, K. W. (1983): A Class of Admissible Estimators of a Finite Population Total. *Annals of the Institute of Statistical Mathematics*, Part A, **35**.

VALLIANT, R. (1985): Nonlinear Prediction Theory and the Estimation of Proportions in a Finite Population. *JASA* **80**.

VIJAYAN, K. (1975): On Estimating the Variance in Unequal Probability Sampling. *JASA* **70**.

WARNER, S. L. (1965): Randomized Response: A Survey Technique for Eliminating Evasive Answer Bias. *JASA* **60**.

WARNER, S. L. (1976): Optimal Randomized Response Models. *ISR* **44**.

WEICHSELBERGER, K. (1971): Über die statistischen Eigenschaften von Korrekturen aufgrund repräsentativer Verfahrenskontrollen. *Metrika* **17**.

WETZEL, W. (1985): *Realisation von Einschlußwahrscheinlichkeiten bei symmetrischen Stichproben festen Umfangs mit Zurücklegen der Elemente.* In: Statistik zwischen Theorie und Praxis. Vandenhoeck & Ruprecht, Göttingen.

WIEGERT, R., STRECKER, H. (1991): Verallgemeinerte lineare Schätzung, Anwendung beim Wirksamkeitsvergleich verschiedener Stichprobenmodelle. *ASTA* **75**.

WOLTER, K. M. (1984): An Investigation of Some Estimators of Variance for Systematic Sampling. *JASA* **79**.

WOLTER, K. M. (1985): Introduction to Variance Estimation. Springer, Berlin etc.

WRIGHT, R. L. (1983): Finite Population Sampling With Multivariate Auxiliary Information. *JASA* **78**.

WYNN, H. P. (1976): Connected Finite Population Sampling Plans. *Biometrika* **63**.

WYNN, H. P. (1977a): Minimax Purposive Survey Sampling Designs. *JASA* **72**.

WYNN, H. P. (1977b): Convex Sets of Finite Population Sampling Plans. *AS* **5**.

YATES, F., GRUNDY, P. M. (1953): Selection without Replacement from within Strata with PPS. *JRSS*, Series B, **15**.

ZINGER, A. (1980): Variance Estimation in Partially Systematic Sampling. *JASA* **75**.

Symbolverzeichnis

#, $\#_e$	(1.3.1), (1.3.4), (1.3.7)
γ	(6.1.1)
μ , μ_Y	(1.3.15)
$\mu_{\mathbf{Y}}^{0}$, $\mu_{\mathbf{Y}}^{\mathbf{w}}$	(8.2.19)
μ_i	(3.1.3), (3.1.4)
μ^K	(5.1.6)
μ_X	(4.3.2), (6.0.5)
μ_ε	(6.0.5)
$\widehat{\mu}$	(1.4.3), (1.4.4)
$\widehat{\mu}$	(2.1.2), (2.2.2)
$\widehat{\mu}_A$	(2.7.7)
$\widehat{\mu}_i$	(3.2.1), (3.2.5)
$\widehat{\mu}_i^*$	(3.5.3)
$\widehat{\mu}_{\mathbf{Dif}}$	(6.2.1)
$\widehat{\widehat{\mu}}_{\mathbf{Dif}}$	(7.3.1)
$\widehat{\mu}_{\mathbf{G}}$	(3.2.2), (3.2.8)
$\widehat{\mu}_{\mathbf{G}}^*$	(7.2.4)
$\widehat{\mu}_{\mathbf{GG}}$, $\widehat{\mu}_{\mathbf{GG}}^*$	(7.1.6)
$\widehat{\mu}_{\mathbf{HH}}$	(4.2.5)
$\widehat{\widehat{\mu}}_{\mathbf{HH}}$	(7.4.6)
$\widehat{\mu}_{\mathbf{HR}}$	(6.6.1)
$\widehat{\widehat{\mu}}_{\mathbf{HR}}$	(7.3.1)
$\widehat{\mu}_{\mathbf{HReg}}$	(6.4.1)
$\widehat{\mu}_{\mathbf{HRmod}}$	(6.6.1)
$\widehat{\mu}_{\mathbf{HT}}$	(4.4.6)
$\widehat{\mu}_{\mathbf{Reg}}$	(6.3.1)
$\widehat{\widehat{\mu}}_{\mathbf{Reg}}$	(7.3.1)
$\widehat{\mu}^{\mathrm{T}}$	(2.6.2)
$\widehat{\mu}_{\mathbf{K,HH}}$	(5.2.2)
$\widehat{\mu}_{\mathbf{K,HT}}$	(5.3.4)
$\widehat{\mu}_{\mathbf{NG}}$	(3.5.4)
$\widehat{\mu}_{\mathbf{V}}$	(4.6.7), (6.5.1)
$\widehat{\widehat{\mu}}_{\mathbf{V}}$	(7.3.1)
$\widehat{\mu}_X^*$	(7.3.1)
π_i	(4.1.3)
π_{ij}	(4.1.3)
$\boldsymbol{\pi}_{ij}$	(5.3.2)
$\boldsymbol{\pi}_j$	(5.3.2)
ρ_K	(5.5.7), (5.5.8)
σ^2, σ_Y^2, σ^{*2}	(1.3.15)
σ_K^2	(5.4.4)
σ_{XY}	(6.0.5)
σ_i^2	(3.1.3), (3.1.4)
σ_{intern} , σ_{extern}	(3.1.5)
$\widehat{\sigma}_{\mathbf{HT}}^2$	(4.4.10)
$\widehat{\sigma}_{\mathbf{K,HT}}^2$	(5.3.6)
$\widehat{\sigma}_{\mathbf{K,YG}}^2$	(5.3.6)
$\widehat{\sigma}_{\mathbf{YG}}$	(4.4.10)
$\widehat{\sigma}_i^*$	(7.1.15)

Symbol	Abschnitt
P^*, P^{**}	(9.1.3), (9.1.5)
P_i	(4.2.4)
P_i^*	(7.4.5)
P_{mZ}	(2.1.1)
P_0	(1.3.23)
P_0^n	(2.1.1)
P^X	(4.3.2)
P^n	(4.2.2)
$P_{\mathbf{LM}}$	(4.6.3)
P_{oZ}	(2.2.1)
$\mathcal{P}$	(6.7.2), (8.2.3)
p_i^*	(7.4.2)
p_j	(4.1.1)
p_j^X	(4.3.2)
$\boldsymbol{P}$	(5.1.7)
$\boldsymbol{P}_0$	(5.4.1)
$\boldsymbol{P}_i$	(5.1.10)
$\boldsymbol{P}_{(r)}$	(5.1.9)
$\boldsymbol{p}_j$	(5.1.7), (5.1.8)
R	(5.1.1), (5.1.2)
r	(5.1.9)
S_{XY}, S^*_{XY}	(6.0.6)
S_Y^2, S^2, S^{*2}	(1.3.25)
S_i^2, S_i^{*2}	(3.2.6)
S	(1.3.4)
S_i	(3.1.7)
S^*, S_i^*	(7.5.2)
$\mathsf{S}_{\mathrm{Dop}}$	(7.3.1)
s	(1.3.4)
s_i	(3.1.7)
$\mathcal{S}$	(6)
$\mathcal{S}$	(7.3.1)
$\boldsymbol{S}$	(1.3.7)
S^r	(1.3.7)
u_i	(1.3.1), (1.3.2)
u_i^*	(7.1.3)
u'_j	(4.3.7)
U_i	(1.3.4)
u_i	(1.3.4), (6)
$\mathbf{s}$	(7.1.3)
$\mathbf{s}_i$	(7.1.3)
$\mathcal{U}_i$	(7.1.3)
$\mathcal{U}_i$	(7.3.1)
V^*, V_0^*	(3.3.13), (3.3.17)
$\mathcal{V}_j$	(8.2.7)
V_i	(8.3.1)
$V_{\mathcal{A}}$	(8.3.13)
Var	(1.3.24), (1.4.7)
$\mathrm{Var}_{P_{(n)}}$	(1.4.7)
$\widehat{\mathrm{Var}}$	(1.4.12)
$\boldsymbol{X}$	(6.0.1)
$\boldsymbol{X}$, X_i	(2.2.8)
X_i	(6.0.6)
$\boldsymbol{x}_i$	(6.0.1)
Y	(1.3.15)
Y^K	(5.1.5)
Y_i^K	(5.1.10)
Y_j	(1.3.20)
Y^0, Y^w	(8.2.16)
Y_i	(8.3.1)

Stichwortverzeichnis

www.ingramcontent.com/pod-product-compliance
Lightning Source LLC
LaVergne TN
LVHW010650300926
849161LV00005B/1085
* 9 7 8 3 4 8 6 2 3 8 5 6 3 *